中国高等职业技术教育研究会推荐

高职高专机电类专业"十二五"规划教材

汽车机械基础

主　编　娄万军

副主编　韩清林　韩东霞

主　审　卢素琴

西安电子科技大学出版社

内 容 简 介

　　本教材是高职高专机电类专业规划教材,全书共分为四篇。第一篇为机械识图,主要包括正投影的基本知识、机件的表达方法、零件图和装配图;第二篇为械制造基础,主要包括金属材料及热处理概论、互换性与技术测量和金属制造工艺;第三篇为机械原理与机械零件,主要包括机械基础知识、平面连杆机构、凸轮机构、联接、带传动、齿轮传动、轮系和轴类部件;第四篇为液压与液力传动,主要包括液压传动、液压泵、液压缸和液压马达、液压控制阀和液压回路。本教材力求简洁明了,注重理论联系实际,强调了各种知识在实际中的应用,着重培养学生分析和解决问题的能力,充分体现了高职高专的教育特色。

　　本教材可供高职高专机械类专业使用,还可供各类成人高校的相关专业使用。

　　★ 本书配有电子教案,有需要的老师可与出版社联系,免费提供。

图书在版编目(CIP)数据

汽车机械基础/娄万军主编.

一西安:西安电子科技大学出版社,2007.5(2013.1重印)

中国高等职业技术教育研究会推荐. 高职高专机电类专业"十二五"规划教材

ISBN 978 - 7 - 5606 - 1808 - 1

Ⅰ. 汽…　Ⅱ. 娄…　Ⅲ. 汽车－机械学－高等学校:技术学校－教材　Ⅳ. U463

中国版本图书馆 CIP 数据核字(2007)第 020390 号

策　　划　马武装
责任编辑　寇向宏　马武装
出版发行　西安电子科技大学出版社(西安市太白南路2号)
电　　话　(029)88242885　88201467　　邮　　编　710071
网　　址　www. xduph. com　　　　电子邮箱　xdupfxb001@163.com
经　　销　新华书店
印刷单位　陕西华沐印刷科技有限责任公司
版　　次　2007年5月第1版　2013年1月第3次印刷
开　　本　787毫米×1092毫米　1/16　印　张　24.375
字　　数　578千字
印　　数　7001～10 000册
定　　价　35.00元
ISBN 978 - 7 - 5606 - 1808 - 1/TH · 0071
XDUP 2100001 - 3

序

进入 21 世纪以来，随着高等教育大众化步伐的加快，高等职业教育呈现出快速发展的形势。党和国家高度重视高等职业教育的改革和发展，出台了一系列相关的法律、法规、文件等，规范、推动了高等职业教育健康有序的发展。同时，社会对高等职业教育的认识在不断加强，高等技术应用型人才及其培养的重要性也正在被越来越多的人所认同。目前，高等职业教育在学校数、招生数和毕业生数等方面均占据了高等教育的半壁江山，成为高等教育的重要组成部分，在我国社会主义现代化建设事业中发挥着极其重要的作用。

在高等职业教育大发展的同时，必须重视内涵建设，不断深化教育教学改革。根据市场和社会的需要，不断更新教学内容，编写具有鲜明特色的教材是其必要任务之一。

为配合教育部实施紧缺人才工程，解决当前机电类精品高职高专教材不足的问题，西安电子科技大学出版社与中国高等职业技术教育研究会在前两轮联合策划、组织编写了"计算机、通信电子及机电类专业"系列高职高专教材共 100 余种的基础上，又联合策划、组织编写了"数控、模具及汽车类专业"系列高职高专教材共 60 余种。这些教材的选题是在全国范围内近 30 所高职高专院校中，对教学计划和课程设置进行充分调研的基础上策划产生的。教材的编写采取在教育部精品专业或示范性专业(数控、模具和汽车)的高职高专院校中公开招标的形式，以吸收尽可能多的优秀作者参与投标和编写。在此基础上，召开系列教材专家编委会，评审教材编写大纲，并对中标大纲提出修改、完善意见，确定主编、主审人选。该系列教材着力把握高职高专"重在技术能力培养"的原则，结合目标定位，注重在新颖性、实用性、可读性三个方面能有所突破，体现高职高专教材的特点。第一轮教材共 36 种，已于 2001 年全部出齐，从使用情况看，比较适合高等职业院校的需要，普遍受到各学校的欢迎，一再重印，其中《互联网实用技术与网页制作》在短短两年多的时间里先后重印 6 次，并获教育部 2002 年普通高校优秀教材奖。第二轮教材共 60 余种，在 2004 年已全部出齐，且大都已重印，有的教材出版一年多的时间里已重印 4 次，反映了市场对优秀专业教材的需求。本轮教材预计 2006 年全部出齐，相信也会成为系列精品教材。

教材建设是高职高专院校基本建设的一项重要工作，多年来，各高职高专院校都十分重视教材建设，组织教师参加教材编写，为高职高专教材从无到有、从有到优、到特而辛勤工作。但高职高专教材的建设起步时间不长，还需要做艰苦的工作，我们殷切地希望广大从事高职高专教育的教师，在教书育人的同时，组织起来，共同努力，为不断推出有特色、高质量的高职高专教材作出积极的贡献。

中国高等职业技术教育研究会会长

2005 年 10 月

高职高专机电类专业"十二五"规划教材

编审专家委员会名单

主　　任：刘跃南　（深圳职业技术学院教务长，教授）

副 主 任：方　新　（北京联合大学机电学院副院长，教授）

　　　　　刘建超　（成都航空职业技术学院机械工程系主任，副教授）

　　　　　杨益明　（南京交通职业技术学院汽车工程系主任，副教授）

数控及模具组：组长：刘建超（兼）（成员按姓氏笔画排列）

　　　　　王怀明　（北华航天工业学院机械工程系主任，教授）

　　　　　孙燕华　（无锡职业技术学院机械与汽车工程系主任，副教授）

　　　　　皮智谋　（湖南工业职业技术学院机械工程系副主任，副教授）

　　　　　刘守义　（深圳职业技术学院工业中心主任，教授）

　　　　　陈少艾　（武汉船舶职业技术学院机电工程系主任，副教授）

　　　　　陈洪涛　（四川工程职业技术学院机电工程系副主任，副教授）

　　　　　钟振龙　（湖南铁道职业技术学院机电工程系主任，副教授）

　　　　　唐　健　（重庆工业职业技术学院机械工程系主任，副教授）

　　　　　戚长政　（广东轻工职业技术学院机电工程系主任，教授）

　　　　　谢永宏　（深圳职业技术学院机电学院副院长，副教授）

汽车组：组长：杨益明（兼）（成员按姓氏笔画排列）

　　　　　王世震　（承德石油高等专科学校汽车工程系主任，教授）

　　　　　王保新　（陕西交通职业技术学院汽车工程系讲师）

　　　　　刘　锐　（吉林交通职业技术学院汽车工程系主任，教授）

　　　　　吴克刚　（长安大学汽车学院教授）

　　　　　李春明　（长春汽车工业高等专科学校汽车工程系副主任，教授）

　　　　　李祥峰　（邢台职业技术学院汽车维修教研室主任，副教授）

　　　　　汤定国　（上海交通职业技术学院汽车工程系主任，高讲）

　　　　　陈文华　（浙江交通职业技术学院汽车系主任，副教授）

　　　　　徐生明　（四川交通职业技术学院汽车系副主任，副教授）

　　　　　韩　梅　（辽宁交通职业技术学院汽车系主任，副教授）

　　　　　葛仁礼　（西安汽车科技学院教授）

　　　　　颜培钦　（广东交通职业技术学院汽车机械系主任，副教授）

项目策划：马乐惠　　　　策　　划：马武装　毛红兵　马晓娟

前　　言

　　本书是根据高等职业院校机械工程类专业为社会培养应用型人才的改革要求而组织编写的。全书分为四篇，共 20 章，主要包括机械识图、机械制造基础、机械原理与机械零件、液压与液力传动。为了突出高职高专的特色，本书整合力度较大，特别是把机械识图编入本书，而且将工程力学知识融于第三篇机械原理与机械零件当中。

　　"汽车机械基础"是机械类专业的基础课程，由于知识点较多，因此我们编写时力求做到简洁明了，以实用性为标准，注重理论联系实际，简化理论性较强的内容，突出各种知识在实际中的应用，着重培养学生分析、解决问题的能力，充分体现高职高专教育的特色。本书还配有大量的结构原理插图，有助于学生学习和理解，并且在编写时全书都采用了新的国家标准。

　　本书既可作为高等职业专科学校教材，也可用于各类成人高校的相关专业使用。

　　参加本书编写的有娄万军(第 8、9、11、12 章)、韩清林(第 17、18、19、20 章)、韩东霞(第 1、2、3 章)、夏志华(第 5、6、7 章)、马骊歌(第 13、14、15)和马琳(第 4、10、16 章)。全书由娄万军担任主编，韩清林、韩东霞任副主编，卢素琴担任主审。

　　由于编者水平有限，书中难免存在缺点和不足，敬请广大读者批评指正。

编　者
2007 年 1 月

目　　录

第三篇　机械原理与机械零件

第四篇 液压与液力传动

第一篇　机械识图

第1章　正投影的基本知识

1.1　正投影法与三视图

1.1.1　正投影法

1. 投影法的基本概念

在生活中，投影现象随处可见，如平常说的"立竿见影"指的就是投影现象。

如图 1-1 所示，将薄板△ABC 放在平面 P 和光源 S 之间，从 S 发出的光经 A、B、C 三点向 P 面投射，并交 P 面于 a、b、c 三点。平面 P 称为投影面，SA、SB、SC 称为投射线，△abc 称为△ABC 在投影面 P 上的投影。这种投射线通过物体向选定的平面投射，并在该面上得到图形的方法称为投影法。根据投影法所得到的图形称为投影图。发自投射中心且通过被表示物体上各点的直线称为投射线。在投影法中，得到投影的面称为投影面。

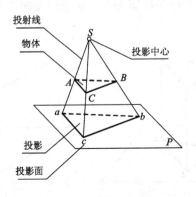

图 1-1　中心投影法

2. 投影法的分类

投影法分为两大类，即中心投影法和平行投影法。

中心投影法是指投射线汇交于一点的投影法（投射中心位于有限远处）。采用中心投影法绘制的图样具有较强的立体感，因而在建筑工程的外形设计中经常使用。但由图 1-1 可知，如果改变物体和光源的距离，则物体投影的大小将发生变化。由于中心投影法所得的图形不能反映物体的真实形状和大小，因此在机械图样中较少使用。

平行投影法是指投射线相互平行的投影法（投射中心位于无限远处）。在平行投影法中，按投射线是否垂直于投影面，又可分为斜投影法和正投影法。

斜投影法是指投射线与投影面相倾斜的平行投影法。根据斜投影法所得到的图形，称为斜投影或斜投影图，如图 1-2(a)所示。

正投影法是指投射线与投影面相垂直的平行投影法。根据正投影法所得到的图形，称为正投影或正投影图，如图 1-2(b)所示。

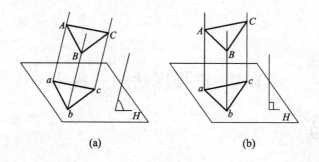

(a)　　　　　　　　　　　　(b)

图 1-2　平行投影法
(a) 斜投影法；(b) 正投影法

因为正投影法的投射线相互平行且垂直于投影面，所以，当空间的平面图形平行于投影面时，其投影将反映该平面图形的真实形状和大小，即使改变它与投影面之间的距离，其投影形状和大小也不会改变。因此，绘制机械图样主要采用正投影法。

3. 正投影的基本特性

1）显实性

当平面图形（或直线段）平行于投影面时，其投影反映实形（或实长）的性质，称为显实性，如图 1-3 所示。

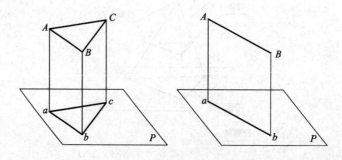

图 1-3　正投影的显实性

2）积聚性

当平面图形（或直线段）垂直于投影面时，其投影积聚为一直线（或一个点）的性质，称为积聚性，如图 1-4 所示。

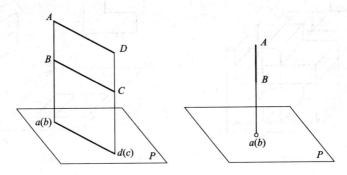

图 1-4　正投影的积聚性

3）类似性

当平面图形（或直线段）倾斜于投影面时，其投影变小（或变短），但投影的形状仍与原来形状相类似的性质，称为类似性，如图 1-5 所示。

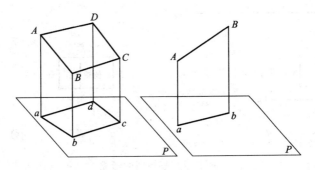

图 1-5　正投影的类似性

1.1.2　三视图的形成及其对应关系

1. 三视图的形成

1）三投影面体系的建立

三投影面体系是由三个相互垂直相交的投影平面所组成的，如图 1-6 所示。其中，正立投影面简称正立面，用 V 表示；水平投影面简称水平面，用 H 表示；侧立投影面简称侧立面，用 W 表示。三个投影面两两相交，其交线 OX、OY、OZ 称为投影轴，三个投影轴相互垂直且交于一点 O，称为投影原点。

2）物体在三投影面体系中的投影

将物体置于三投影面体系中，按正投影法分别

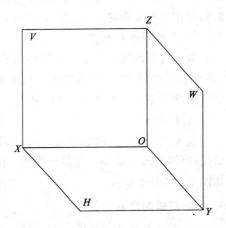

图 1-6　三投影面体系的建立

向 V、H、W 三个投影面进行投影，即可得到物体的相应投影，如图 1-7(a)所示。

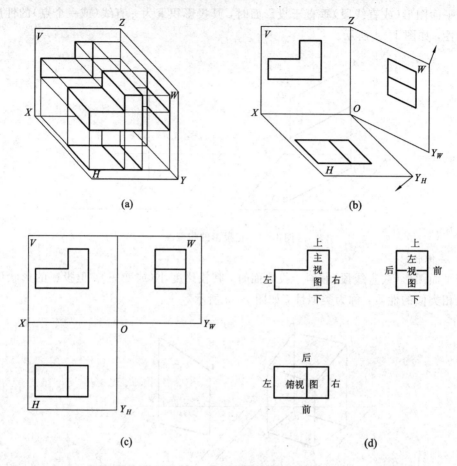

(a)　　　　　　　　　　　　　　　(b)

(c)　　　　　　　　　　　　　　　(d)

图 1-7　三视图的形成

(a) 物体置于三投影面体系中；(b) 三投影面图；(c) 三投影面展开图；(d) 三视图

在机械制图中，通常把物体在投影平面上的相应投影称为视图。将物体从前向后投射，在 V 面上所得的正面投影称为主视图；将物体从上向下投射，在 H 面上所得的水平投影称为俯视图；将物体从左向右投射，在 W 面上所得的侧面投影称为左视图。

3) 三投影面的展开

为了便于画图，须将三个互相垂直的投影面展开。展开规定：V 面保持不动，H 面绕 OX 轴向下旋转 $90°$，W 面绕 OZ 轴向右旋转 $90°$，使 H、W 面与 V 面重合为一个平面，这个平面就是图纸，如图 1-7(b)所示。展开后，主视图、俯视图和左视图的相对位置如图 1-7(c)所示。

这里应注意，当投影面展开时，OY 轴被分为两处，随 H 面旋转的用 OY_H 表示，随 W 面旋转的用 OY_W 表示。为简化作图，在画三视图时，不必画出投影面的边框线和投影轴，如图 1-7(d)所示。

2. 三视图之间的关系

1) 三视图的位置关系

由投影面的展开过程可以看出，三视图之间的位置关系为以主视图为准，俯视图在主视图的正下方，左视图在主视图的正右方。

2）三视图之间的投影关系

从三视图的形成过程中可以看出，主视图和俯视图都反映了物体的长度，主视图和左视图都反映了物体的高度，俯视图和左视图都反映了物体的宽度。由此可以归纳出，主、俯、左三个视图之间的投影关系为主、俯视图长对正；主、左视图高平齐；俯、左视图宽相等。三视图之间的这种投影关系也称为视图之间的三等关系（三等规律）。作图时，为了体现宽相等，可引出45°辅助线来求得其对应关系。应当注意，这种关系无论是对整个物体还是对物体的局部均是如此，如图1-8所示。

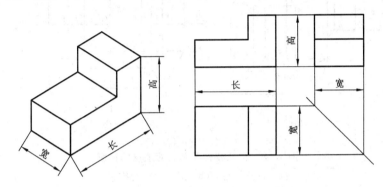

图1-8　三视图间的三等关系

3）视图与物体的方位关系

主视图反映了物体的上、下和左、右位置关系；俯视图反映了物体的前、后和左、右位置关系；左视图反映了物体的上、下和前、后位置关系。

在看图和画图时必须注意，以主视图为准，俯视图、左视图远离主视图的一侧表示物体的前面，靠近主视图的一侧表示物体的后面，如图1-7(d)所示。

1.2　基本体的投影

基本体分为平面立体和曲面立体两类。表面均为平面的立体，称为平面立体；表面为曲面或曲面与平面的立体，称为曲面立体。

1.2.1　平面立体

由于平面立体的各表面都是平面图形，而平面图形是由直线段围成，直线段又由其两端点所定，因此，绘制平面立体的投影可归结为画出各平面间的交线和各顶点的投影。平面立体主要有棱柱和棱锥两种。

1. 棱柱

侧棱线互相平行的平面立体称为棱柱，下面以正三棱柱为例进行分析。

1）棱柱的投影

如图1-9(a)所示，将三棱柱的顶面和底面置于水平面位置，左前面和右前面置于铅垂面位置，后面置于正平面位置。在这种位置下可得到三棱柱的投影特点：① 顶面与底面的水平投影重合，具有显实性，为正三角形；② 三个侧面的水平投影分别积聚在三角形的三条边上；③ 左前面和右前面的正面投影是两个相连的矩形线框，其侧面投影重合在一起。作三棱柱的投影图时，先画俯视图，然后根据三棱柱的高按投影规律依次画出主视图和左视图，如图1-9(b)所示。

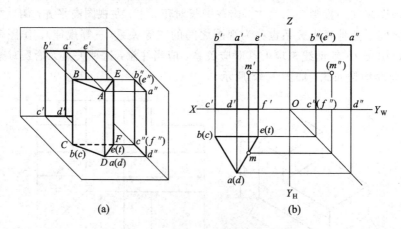

图1-9　正三棱柱及其表面上点的投影
(a) 正三棱柱；(b) 正三棱柱的投影

图1-10为正五棱柱和正六棱柱的投影图，通过观察可见棱柱投影的特点是：一个投影面的图形是反映实形的正多边形，此为形状特征明显的视图；其他两个投影面的图形为若干个矩形。

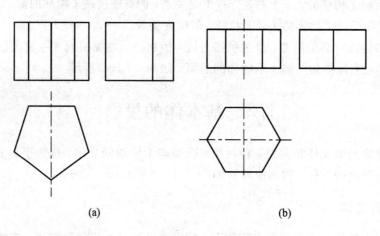

图1-10　正五棱柱和正六棱柱的投影图
(a) 正五棱柱；(b) 正六棱柱

2) 棱柱表面上点的投影

在棱柱表面上取点，首先要判别此点位于立体的哪一个表面上，其三面投影是否可见，然后按面上取点的方法作出点的投影。如图1-9(b)所示，已知三棱柱体表面上一点 M 的正面投影 m'，求作 m 和 m''。首先根据点的位置和可见性判别出 M 点位于右前面上，然后根据右前面是铅垂面，其水平投影积聚为一直线直接作出 M 点的水平投影 m，再根据点的两面投影求出 M 点的另外一面投影 m''，最后判别点的投影的可见性。因为点 M 位于右前面上，所以其正面投影可见，侧面投影不可见，水平投影因积聚在直线上，可不判断可见性。

2. 棱锥

侧棱线交于一点的平面立体称为棱锥，下面以正三棱锥为例进行分析。

1）棱锥的投影

如图 1-11(a)所示，将三棱锥的底面置于水平面位置，左前面和右前面为一般位置平面，后面置于侧垂面位置。在这种位置下得到三棱锥的投影特点：① 底面的水平投影具有显实性，为正三角形；② 三个侧面的水平投影具有类似性，为三个等腰三角形；③ 左前面和右前面的正面投影是两个相连的直角三角形线框组成的等腰三角形，和后面的正面投影重合在一起；④ 左前面和右前面的侧面投影重合在一起。作棱锥的投影图时，先画俯视图，然后根据三棱锥的高，按投影规律依次画出主视图和左视图，如图 1-11(b)所示。

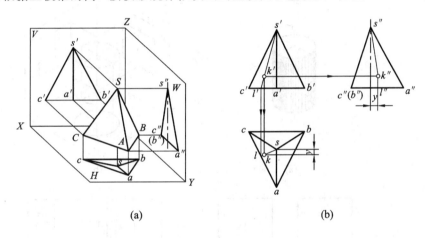

(a)　　　　　　　　　　　　　　(b)

图 1-11　正三棱锥及其表面上点的投影

(a) 正三棱锥投影图；(b) 正三棱锥的三视图

图 1-12 为正四棱锥和正六棱锥的投影图，通过观察可见棱锥投影的特点是：三个投影面的投影图形均为若干个相似的三角形。

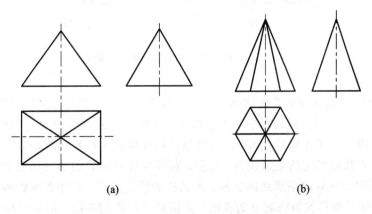

(a)　　　　　　　　　　　　　　(b)

图 1-12　正四棱锥和正六棱锥的投影

(a) 正四棱锥；(b) 正六棱锥

2）棱锥表面上点的投影

如图 1-11(b)所示，已知三棱锥表面上点 K 的正面投影 k'，求作 k 和 k''。利用辅助线法由 s' 过 k' 作辅助线 $s'l'$，再由 $s'l'$ 作出 sl，并在 sl 上定出 k，根据 K 点的两面投影，利用三等规律作出 K 点的侧面投影 k''。最后判别点的投影的可见性，因点 K 位于左前面上，所以其三面投影均可见。

1.2.2　曲面立体

1. 圆柱

圆柱面是由一条直母线绕平行于它的轴线回转而成的。母线的任意位置上的线称为素线，如图 1-13(a)所示，圆柱体是由圆柱面与上下两底面所围成的。

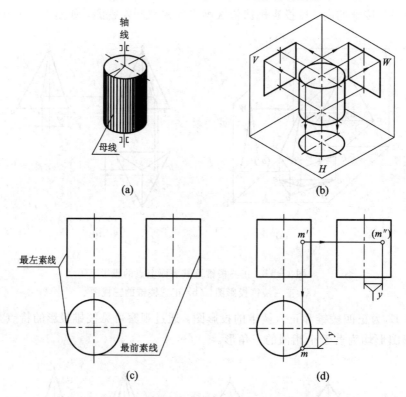

图 1-13　圆柱体的三视图及表面上点的投影

1）圆柱的投影

图 1-13(b)是轴线为铅垂线的圆柱体的投影情况，图 1-13(c)为该圆柱体的三视图。圆柱投影的特点：① 圆柱面的水平投影积聚为一个圆；② 正面投影为一个矩形线框，是前后两半圆柱分界的转向轮廓线，其中两条竖线是圆柱面最左和最右两条素线的投影；③ 侧面投影是和正面投影相同的矩形线框，是左、右两半圆柱分界的转向轮廓线，其中两条竖线是圆柱面最前和最后两条素线的投影。画圆柱的投影图时，先用点画线画出轴线和圆的对称中心线，然后画形状特征明显的视图，即积聚为圆的俯视图，最后根据圆柱体的高度画出另外两个视图。

2）圆柱体表面上点的投影

最前、最后、最左和最右四条素线将圆柱体分为左前、左后、右前和右后四部分。在圆柱体表面取点时，首先要判断点位于四部分中的哪一部分，然后求出点的各面投影并判别投影的可见性。如图 1-13(d)所示，已知圆柱面上点 M 的正面投影 m'，求作 m 和 m''。首先根据 m' 的位置和可见性，判断 M 点位于右前柱面上，根据圆柱面水平投影的积聚性直接作出 m，再按投影关系作出 m''。由于 M 点位于右前位置，所以侧面投影 m'' 不可见。

2. 圆锥

圆锥面是由一条直母线绕与它倾斜相交的轴线回转而成的，母线的任意位置称为素线。如图 1-14(a)所示，圆锥体是由圆锥面与底面所围成的。

1）圆锥的投影

图 1-14(b)是轴线为铅垂线的圆锥体的投影情况。图 1-14(c)为该圆锥体的三视图。圆锥投影的特点：① 圆锥体的水平投影为一个圆；② 正面投影为一个等腰三角形，是前、后两半圆锥分界的转向轮廓线，其中两条腰是圆锥体最左和最右两条素线的投影；③ 侧面投影是和正面投影相同的等腰三角形，是左、右两半圆锥分界的转向轮廓线，其中两条腰是圆锥体最前和最后两条素线的投影。画圆锥的投影图时，先用点画线画出轴线和圆的对称中心线，然后画形状特征明显的视图，即圆的俯视图，最后根据圆锥体的高度画出另外两个视图。

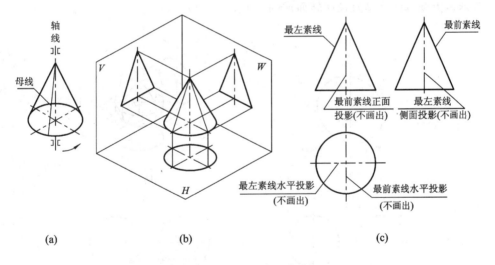

(a)　　　　　　　　　(b)　　　　　　　　　(c)

图 1-14　圆锥的三视图

2）圆锥体表面上点的投影

最前、最后、最左和最右四条素线将圆锥体分为左前、左后、右前和右后四部分。在圆锥体表面取点时，首先要判断点位于四部分中的哪一部分，然后求出点的各面投影并判断投影的可见性。由于圆锥面没有积聚性，因此作图时要引入辅助线。如图 1-15 所示，已知圆锥面上点 M 的正面投影 m'，求作 m 和 m''。首先根据 m' 的位置和可见，判断 M 点位于左前圆锥面上，其三面投影均可见。具体作图方法有两种：

① 辅助素线法。如图 1-15(a)所示，过锥顶 s' 和点 m' 作一辅助素线 $s'm'$ 并延长，交底面于 a'，作出 sa 和 $s''a''$，再由 m' 根据投影规律作出 m 和 m''。

② 辅助圆法。如图 1-15(b)所示，过 m' 作圆锥轴线的垂直线，分别交圆锥最左和最右轮廓线于 a'、b'（为辅助圆具有积聚性的投影），以 s 为圆心，$a'b'$ 为直径作辅助圆的水平投影，m 必在此辅助圆上，再由 m' 和 m 求出 m''。

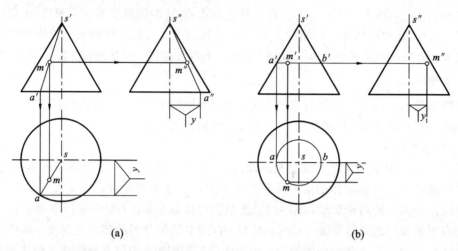

图 1-15　圆锥体表面上点的投影

3. 圆球

圆球是由圆母线绕其直径回转而成的，如图 1-16(a)所示。

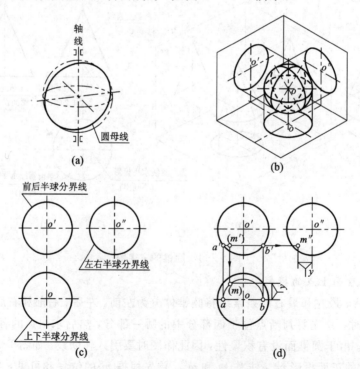

图 1-16　圆球的三视图及表面上点的投影

1）圆球的投影

从图 1-16(b)可看出，圆球投影的特点：① 圆球的三个视图都是直径相等的圆，其直径和球径相等；② 主视图圆是前后半球分界的轮廓圆，俯视图圆是上下半球分界的轮廓圆，左视图圆是左右半球分界的轮廓。作圆球的投影图时，先画出三个圆的对称中心线，定出球心的三面投影，然后画出与球等径的三个圆，如图 1 - 16(c)所示。

2）圆球表面上点的投影

如图 1 - 16(d)所示，已知圆球上点 M 的正面投影 m'，求作 m 和 m''。首先根据 m' 的位置和正面投影不可见，判断 M 点位于球的左下后方，除侧面投影可见外其余两面投影均不可见。作图采用辅助圆法：过 m' 作 ox 的平行线交球的正面投影于 $a'b'$，作出 $a'b'$ 的水平投影 ab，以 o 为圆心、oa 为半径画圆并与过 m' 的投影连线交于 m，再由 m 和 m' 求出 m''。

1.2.3　基本体的尺寸标注法

1. 平面立体

平面立体一般应标注出其底面尺寸和高度，如图 1 - 17(a)所示。底面为正多边形时，可标注其外接圆直径，如图 1 - 17(b)所示；底面为正方形时，可用"边长×边长"或"□边长"形式标注，如图 1 - 17(c)所示；正六棱柱的底面也可标注其对边距，如图 1 - 17(d)所示。

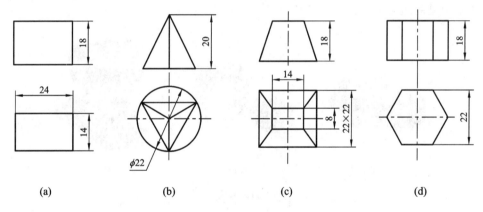

(a)　　　　　　(b)　　　　　　(c)　　　　　　(d)

图 1 - 17　平面立体的尺寸标注法

2. 曲面立体

如图 1 - 18 所示，圆柱、圆锥应标注底圆直径和高度尺寸，直径最好注在非圆视图上，在直径尺寸数字前要加注"ϕ"，而圆球要在尺寸数字前加注"$S\phi$"或"SR"。

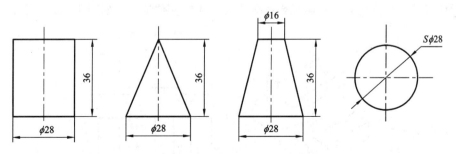

图 1 - 18　曲面立体的尺寸标注法

1.3 组 合 体

就形体的角度来分析，任何机器零件都可以看成是由一些简单的基本体经过叠加或切割等方式组合而成的，这种由两个或两个以上的基本体组合而成的物体称为组合体。

掌握组合体的画图与读图的方法是十分重要的，这将为进一步学习零件图的绘制与识读打好基础。

1.3.1 组合体的形体分析法

1. 组合体的组合形式

组合体的组合形式通常分为叠加型、切割型和综合型三种。叠加型组合体是由若干基本体叠加而成的，如图 1-19(a)所示的简化螺栓就是由六棱柱和圆柱叠加而成的；切割型组合体可以看成是由基本体经过切割或穿孔后形成的，如图 1-19(b)所示的简化螺母是由六棱柱经过中心切割穿孔后形成的；综合型组合体则是既有叠加又有切割，如图 1-19(c)所示的轴承座是由四个基本体经叠加再分别切去三个圆柱体形成的，综合型是组合体中最常见的组合形式。

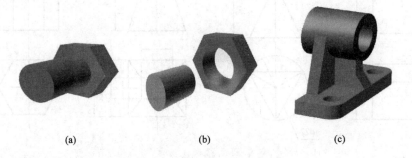

(a) 　　　　　　　　　(b) 　　　　　　　　　(c)

图 1-19 组合体的组合形式
(a) 简化螺栓；(b) 简化螺母；(c) 轴承座

2. 组合体相邻表面的连接关系

组合体相邻表面连接时构成一个完整的平面，称为平齐。若两形体表面平齐，则画图时不可用线隔开，如图 1-20 所示。反之，组合体相邻表面连接时相互错开，称为不平齐。若两形体表面不平齐时，两表面投影的分界处应用粗实线隔开，如图 1-21 所示。

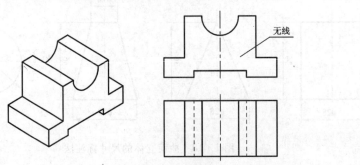

无线

图 1-20 表面平齐的画法

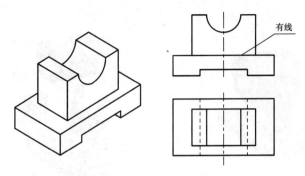

图 1-21　表面不平齐的画法

当两个形体表面(平面与曲面或曲面与曲面)光滑连接时称为相切,相切处无分界线,在视图上不应画线。如图 1-22 所示的组合体由耳板和圆筒组成,耳板前面、后面与圆柱面相切,无交线,故主、左视图相切处不画线,耳板上表面的投影按三等关系画至切点处。两个基本体表面相交是另外一种组合体表面邻接的形式,两表面相交时产生的截交线或相贯线应在视图中按投影规律画出其投影。

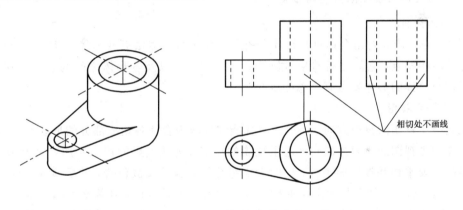

图 1-22　表面相切的画法

3. 形体分析法

假想把组合体分解成若干个基本形体,分清它们的形状、组合形式和相对位置,分析它们的表面连接关系以及投影特性,这种分析方法就称为形体分析法。

如图 1-23 所示的轴承座,根据其形体特点,可将其假想分解成底板、套筒、支撑板和肋板四个部分,这四部分以叠加的形式组合在一起。可以看出,分解以后的基本形体可以是一个基本体,也可以是一个基本体经过一定的切割或者基本体的简单组合。分解以后的各部分形体必须简单明了。

分析基本体的相对位置:轴承座为左右对称,支撑板与肋板一前一后在底板的上面,套筒的后表面伸出支撑板的后表面。

分析基本体之间的表面连接关系:支撑板的后面与底板的后面平齐,支撑板的左右侧面与套筒表面相切,前表面与套筒相交;肋板的左右侧面及前表面与圆筒相交,底板的顶面与支撑板、肋板的底面重合。

化整为零的分析,使复杂的问题简单化,从而可方便、快速地解决问题。形体分析法是组合体画图、读图和尺寸标注过程中用到的一种最基本的方法。

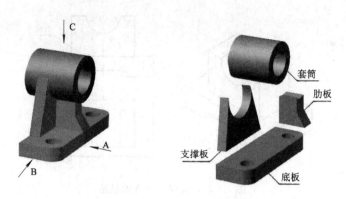

图 1-23　组合体的形体分析
(a) 分解前；(b) 分解后

1.3.2　组合体三视图的画法

1. 画组合体三视图的方法与步骤

1) 形体分析

画图之前，应先对组合体进行形体分析，了解该组合体由哪些形体所组成。分析各组成部分的结构特点，它们之间的相对位置和组合形式，以及各形体之间的表面连接关系，从而对该组合体的形体特点有个总的概念。

2) 选择主视图

先选择主视图的投射方向，一般应选择能够反映组合体各组成部分的形状和相对位置的方向作为主视图的投射方向；再定主视图的位置，为使投影能得到实形，便于作图，应使物体的主要平面和投影面平行；同时考虑组合体的自然安放位置，并要兼顾其他两个视图表达的清晰性，虚线要尽量少。如图 1-23(a) 所示的轴承座，在箭头所指的各个投射方向中，选择 A 向作为主视图的投射方向比较合理。主视图选定后，俯视图和左视图也就随之确定了。

3) 选比例、定图幅、布置视图

视图确定后，应根据组合体的大小和复杂程度，按照国标要求选择比例和图幅。在表达清晰的前提下，尽可能选用 1：1 的比例。图幅的大小既要考虑到绘图所占的面积，还要留足标注尺寸和标题栏的位置。布置视图时要确定各视图的位置。

4) 作图步骤

(1) 布置视图，画出作图基准线，即对称中心线、主要回转体的轴线、底面及重要端面的位置线。

(2) 画图。画图的顺序为先画主要部分，后画次要部分；先画基本形体，再画切口、穿孔等局部形体。画图时，组合体的每一部分应该是三个视图配合画，每部分应从反映形状特征和位置特征最明显的视图入手，然后通过三等关系，画出其他两面投影，而不要先画完一个视图，再画另一个视图。这样，不但可以避免多线、漏线，还可提高画图效率。

(3) 应认真检查底稿，尤其要考虑各形体之间表面连接处的投影是否正确。确认无误后，按标准线型描深，完成全图。

2. 画图举例

1）叠加型组合体示例

例 1 - 1　画出图 1 - 23 所示组合体的三视图。

形体分析见前文所述，作图步骤分别如图 1 - 24 所示。

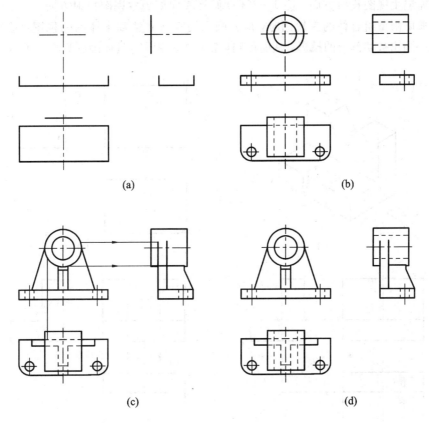

(a)　　　　　　　　　　　　　(b)

(c)　　　　　　　　　　　　　(d)

图 1 - 24　叠加型组合体的画图示例

　　（a）布图，定基准线；（b）画底板和套筒；（c）画支撑板和肋板；（d）检查，描深

2）切割型组合体示例

例 1 - 2　画出图 1 - 25 所示组合体的三视图。

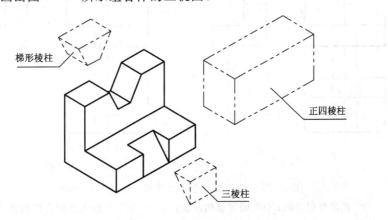

梯形棱柱

正四棱柱

三棱柱

图 1 - 25　切割型组合体的形体分析

（1）进行形体分析。切割型组合体可以看成是由一个基本体被切去某些部分后形成的。图1-25所示的组合体可以看成是一个四棱柱依次切去正四棱柱（前上）、梯形棱柱（后上）和三棱柱（前下）几部分后形成的，各部分形体左右都是对称的。它们的切割位置如图1-25的细双点画线所示。

（2）确定主视图投射方向。图1-26（a）所示A向即为主视图投射方向。

（3）画切割型组合体的三视图时，应先画出切割前完整基本体的三视图，然后按照切割过程逐一画出被切部分的投影，从而得到切割体的三视图。具体画图步骤如图1-26所示。

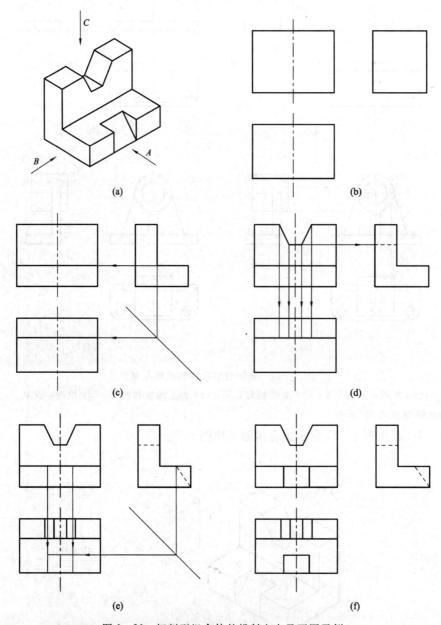

图1-26 切割型组合体的投射方向及画图示例
（a）确定投射方向；（b）画完整的四棱柱；（c）从左视图入手切去正四棱柱；
（d）从主视图入手切去梯形棱柱；（e）切去三棱柱；（f）检查，描深

1.3.3 组合体的尺寸标注

1. 尺寸基准

标注尺寸的起点即为尺寸基准。由于组合体具有长、宽、高三个方向，因此每个方向至少应有一个尺寸基准。基准的确定应体现组合体的结构特点，一般选择组合体的对称平面、底面、较大的端面及回转体的轴线等作为尺寸基准。对于图 1-27 所示的轴承座来说，应选择轴承座左右对称平面、底板的后端面及底板的底面分别作为长、宽、高三个方向的尺寸基准。基准一旦选定，组合体的主要尺寸就应从基准出发进行标注。

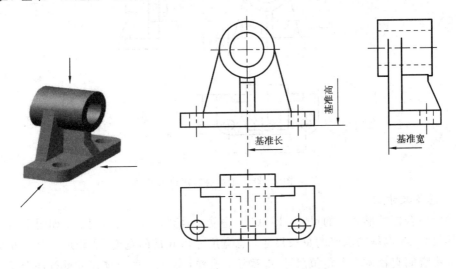

图 1-27 尺寸基准的选择

2. 尺寸种类

1）定形尺寸

确定组合体中各组成部分大小的尺寸，称为定形尺寸。如图 1-27 所示的轴承座，各部分的定形尺寸如图 1-28 所示，其中，底板长 60、宽 22、高 6，两圆孔直径 $\phi6$，圆弧半径 $R6$；支撑板长 42、宽 6、高 26，圆孔直径 $\phi22$；肋板长 6、宽分别为 10、16，高分别为 13、26，圆弧直径 $\phi22$；套筒直径 $\phi14$、$\phi22$，宽 24。

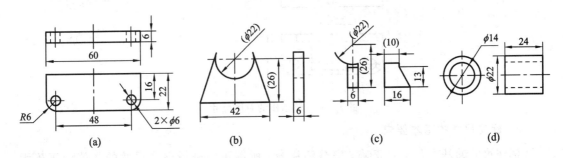

图 1-28 轴承座各组成部分的定形尺寸

（a）底板；（b）支撑板；（c）肋板；（d）套筒

2）定位尺寸

确定组合体各组成部分之间相对位置的尺寸，称为定位尺寸。如图 1 - 29 所示，俯视图中的 16 和 48 分别是底板上两圆孔长度和宽度方向的定位尺寸，即钻孔的位置；主视图中的 32 是套筒在高度方向的定位尺寸；左视图中的 6 是套筒在宽度方向的定位尺寸。当对称形体处于对称平面上，或形体之间接触或平齐时，其位置可直接确定，不须注出其定位尺寸。需要注意的是，定位尺寸必须从基准直接注出。

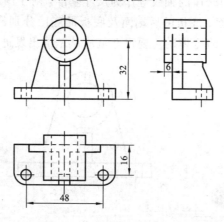

图 1 - 29 轴承座的定位尺寸

3）总体尺寸

确定组合体外形大小的尺寸，即总长、总宽、总高，称为总体尺寸。如图 1 - 30 中底板的定形尺寸 60 也是轴承座的总长尺寸，总宽尺寸由底板的宽度 22 和定位尺寸 6 决定，总高尺寸由套筒直径 $\phi22$ 及定位尺寸 32 确定，这样，轴承座的总体尺寸就标注全了。此时需注意，当组合体的一端或两端为回转体时，为明确回转体的确切位置，常将总体尺寸注到回转体的轴线位置，而不直接注出，以避免重复。

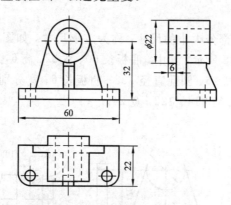

图 1 - 30 轴承座的总体尺寸

3. 标注尺寸的基本要求

标注尺寸的基本要求是正确、完整和清晰。所谓正确是指标注尺寸的数值应正确无误，注法符合国家标准规定；完整是指标注的尺寸应能完全确定物体的形状和大小，既不重复，也不遗漏；清晰是指尺寸布置应清晰，便于标注和看图。为了保证尺寸标注的清晰，应注意以下几个方面：

（1）为使图形清晰，应尽量将尺寸注在视图外面，相邻视图有关尺寸最好注在两视图之间，并应尽量避免标注在虚线上，以便于看图。如图1-31（a）所示，孔径$\phi6$注在左视图上就是为避免尺寸注在虚线上。

（2）同一形体定形尺寸和定位尺寸要尽量集中标注在一个视图上，并尽可能标注在反映该形体形状特征的视图上。

（3）圆柱、圆锥的直径最好注在非圆视图上，圆弧半径必须注在投影为圆弧的视图上。如图1-31（a）中的孔径$\phi15$、$\phi10$和圆弧半径$R10$。

（4）同方向平行尺寸，应使小尺寸在内，大尺寸在外，间隔均匀，依次向外分布，尽量避免尺寸界限与尺寸线相交，以免影响看图。同一方向串联尺寸，箭头应首尾相连，排在同一直线上。如图1-31（a）中的12、8和26。

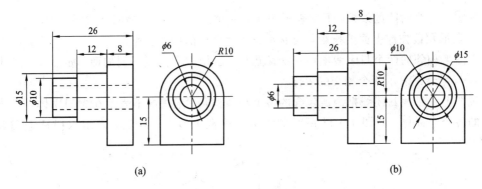

(a)　　　　　　　　　　　　　(b)

图1-31　清晰地标注尺寸示例

（a）正确；（b）错误

4. 标注尺寸的步骤

标注组合体的尺寸时，应首先进行形体分析，选择尺寸基准，然后依次注出定形尺寸、定位尺寸和总体尺寸，最后进行核对、调整，使所标注的尺寸正确、完整、清晰。经过这些步骤后的轴承座尺寸标注见图1-32。

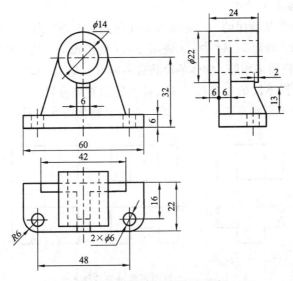

图1-32　轴承座尺寸标注示例

1.3.4　组合体的看图方法

画图是运用正投影原理将物体画成视图以表达物体形状的过程；看图是根据给定的视图，经过形体分析及投影分析，想象物体形状的过程。

1. 看图的要点

1）要搞清楚视图中图线及线框的含义

视图中的每条图线，可能是曲面体的转向轮廓素线的投影，或两表面的交线的投影，也可能是具有积聚性的立体表面的投影。图1-33中，$1'$表示圆柱面的最下转向轮廓素线的投影，$2'$表示六棱柱前下和后下两侧面的交线的投影，$3'$表示六棱柱左面具有积聚性的投影。

视图上一个封闭的线框，通常表示物体上一个表面（平面或曲面）的投影。图1-33中，线框a'表示六棱柱前上面的投影，线框b'表示六棱柱前面的投影。

视图上相邻的两个封闭线框，一般情况下表示物体上位置不同的面。如图1-33中的线框a'与b'分别表示两个相交的表面。

视图上一个大封闭线框内所包含的各个小线框，一般情况下表示在大的立体上凸出或凹下的各个小立体。如图1-33所示的六边形线框里包含一个圆，表示六棱柱上凸起的圆柱。

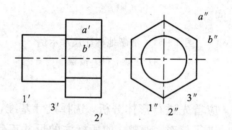

图1-33　视图中线条与线框的含义

2）几个视图联系起来看图

由于每个视图都是从物体的一个方向投射而得到的图形，因而一般情况下，一个视图无法确定物体的形状。如图1-34中，主视图相同，而俯视图不同，因此各自的形状也就不同。有时，即使两个视图都相同，物体的形状也不能惟一确定。如图1-35中，主视图和俯视图完全一样，但根据不同的左视图，可以看出所示物体分别表示了不同的形状。因此，看图时一定要将几个视图联系起来识读，才可能得到物体的真实形状。

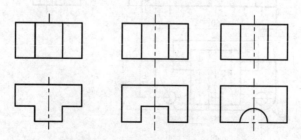

图1-34　一个视图不能确定物体的形状

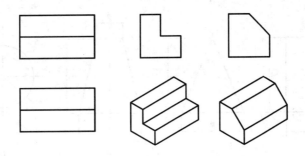

图 1 - 35　两个视图不能确定物体的形状

3）要熟悉视图中的形体表达特征

三视图中每个视图都有各自的表达内容，其中最能反映物体形状特征的视图称为形状特征视图。如果善于抓住形状特征视图，那么想象物体形状就很容易。而反映各形体之间相对位置最为明显的视图称为位置特征视图，只有抓住物体的位置特征视图，才可想象出形体之间的相对位置。若形状和位置都明确了，视图也就看懂了。

在学过的各类基本体的三视图中，若有两个视图的轮廓形状为矩形，则该基本体应为柱；若两个视图为三角形，则该基本体应为锥；若两个视图为梯形，则该基本体应为棱台或圆台。要想明确判断上述基本体是棱柱（棱锥、棱台），还是圆柱（圆锥、圆台），还必须借助第三个视图的形状。第三个视图若为多边形，该基本体就为棱柱（棱锥、棱台）；若为圆，则该基本体就为圆柱（圆锥、圆台）。只要把这些基本体的形体表达特征熟练掌握，就能方便、快速地读图了。

如图 1 - 36 所示的三视图，通过观察可以判断出俯视图是形状特征明显的视图，由此就能想象出它的形状为半圆头的长方体上有三个圆柱。按投影关系找出长方体和三个圆柱的其他视图的投影，在主视图上很容易判断出中间圆柱叠加在长方体上，另外两个圆柱被穿孔切割掉了，即主视图为位置特征明显的视图。只要抓住主、俯这两个视图配合看，即使不要左视图，也能想象出它的形状和相对位置。

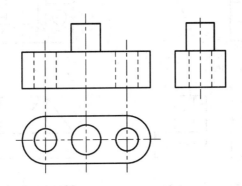

图 1 - 36　抓住形状和位置特征看图

4）要善于结合尺寸来看图

尺寸是图样的一个重要内容，在看图时不能忽略。结合尺寸看图可以节省视图的数量，如图 1 - 37 所示，结合尺寸标注，只要一个视图就可以看懂图形。

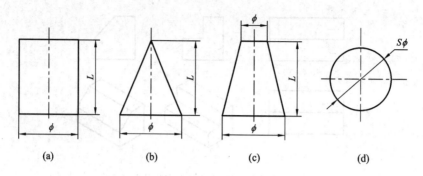

图 1-37　结合尺寸看图

(a) 圆柱；(b) 圆锥；(c) 圆台；(d) 圆球

2. 看图的基本方法和步骤

1) 形体分析法

看图的基本方法与画图的方法一样，也是应用形体分析法。在看图时通过形体分析，将物体分解成几个简单线框(部分)，再经过投影分析，想象出物体每部分的形状，并确定其相对位置、组合形式和表面连接关系，最后经过归纳、综合得出物体的完整形状。

2) 看图的一般步骤

(1) 抓住特征分部分。由于画图时主视图都尽可能地反映了物体的形状结构特征，因此，在分部分时一般从主视图入手，将每一个闭合的线框分解成一部分，在看部分图时要抓大放小，一般只抓实线框，如图 1-38(a)所示，将主视图分解成 A、B 和 C 三部分。

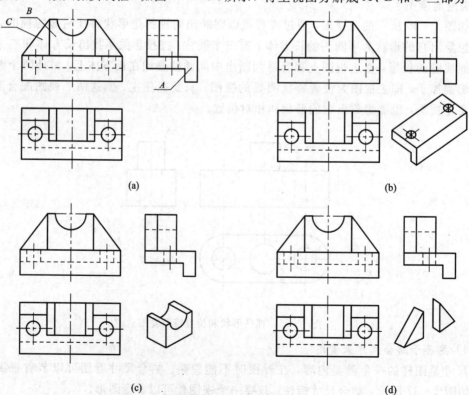

图 1-38　形体分析法看图步骤

（2）投影分析想象形状。将物体分解为几个组成部分之后，就依据三等关系找出每部分的对应投影。由于物体每一部分的形状特征和位置特征并非集中在同一个视图上，而是每一个视图可能都有一些，因此要从每一部分的形状特征明显的视图入手，想象出每部分的形状。如图 1-38 所示，形体 A 从左视图出发，结合主、俯视图中的对应投影，经分析为"L"形矩形板，钻有两个圆柱孔，见图 1-38(b)；形体 B 从主视图出发，根据三等关系，在其他视图中找出对应投影，经过分析可知为长方体上部切掉一个半圆柱，见图 1-38(c)；经过同样的分析，形体 C 为三棱柱，见图 1-38(d)。

（3）综合起来想象整体。想象出每部分的形状之后，再结合位置特征明显的视图进行分析，根据三视图搞清楚形体间的相对位置、组合形式和表面连接关系等，综合想象出物体的完整形状。如图 1-39 所示，通过对三视图的分析，可知长方体 B 在底座 A 上方，左右对称且后面平齐；三棱柱在长方体 B 左右两侧，后面也平齐。

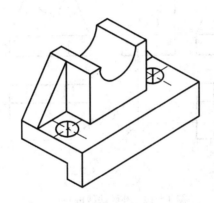

图 1-39　综合组合体各部分的形状

3. 看图训练方法

在看图练习中，通常要求补画视图中所缺的图线，或要求由已知的两个视图补画第三个视图，这是检验和提高看图能力的常见方法，也是提高空间想象力和思维能力的有效途径。

1）补画缺线

视图虽然缺线，但表达的物体却是确定的。补画缺线通常分两步进行：首先，根据视图当中的已知图线，利用形体分析的看图方法想象出物体的形状，找出缺线的视图；然后，在看懂图的基础上，根据投影规律，从视图中特征明显之处入手，在另外两个视图中，分别找出对应投影，缺一处补一处。

例 1-3　补画图 1-40 所示视图中的缺线。

根据视图中给出的图线可以看出，该物体是一个 L 形板，分别切去左前角三棱柱、后角左右对称的三棱柱和带有半圆的长方体，三个视图均有缺线。

后角左右对称的三棱柱和带有半圆的长方体从主视图出发，补出俯视图、左视图中所缺的图线；左前角三棱柱从俯视图出发，补出主视图、左视图所缺的图线，如图 1-40 所示。

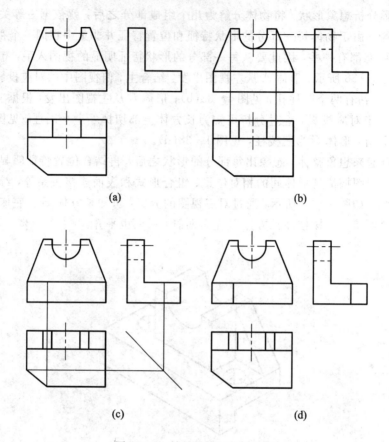

图 1-40 补画缺线的作图步骤

2) 补画视图

补画视图实质是看图与画图的综合训练，一般可分两步进行：首先，根据已给出的两个视图，利用形体分析法想象出物体的形状；然后，在看懂图的基础上补画第三视图。作图时，可根据投影规律，按照物体的组成部分逐一作出第三投影。

例 1-4 补画图 1-41(a)所示的左视图。

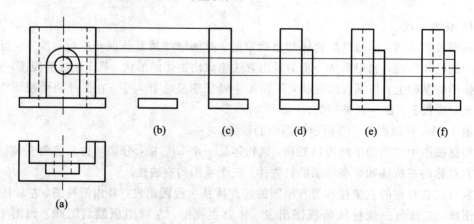

图 1-41 补画视图的作图步骤

　　根据给出的主视图、俯视图，可以看出该物体由底板、立板和靠板三部分依次叠加后切去长方槽和圆柱体而组成。

　　作图时，按照先叠加后切割的顺序即可补出左视图，具体步骤如图 1 – 41 的(b)～(f)所示。

　　补画完缺线和第三视图之后，还应进行全面的检查，即根据三视图重新想象物体的形状，查漏补缺，检查无误后描深。

第2章 机件的表达方法

在实际生产中，机件的结构形状是千差万别的，有的机件用前面介绍的三个视图还不能表达清楚，还需要采用其他表示法。因此，国家标准《技术制图》、《机械制图》中规定了视图、剖视图和断面图等多种图样画法。熟悉这些基本的表达方法，就可以根据不同机件的结构特点，从中选取适当的表示方法，从而完整、简便地表达各种机件的内外结构形状，并可以快速地看懂图样所表达的内容。

2.1 视 图

视图通常有基本视图、向视图、局部视图和斜视图，主要用来表达机件的外部结构形状。视图的画法应遵守 GB/T 17451—1998、GB/T 4458.1—2002 的规定。

1. 基本视图

将机件向基本投影面投射所得的视图，称为基本视图。基本投影面共有六个，如图 2-1(a)所示。将物体置于六个基本投影面中间分别向每个投影面进行正投影就得到了六个基本视图：主视图(从前向后投射)、俯视图(从上向下投射)、左视图(从左向右投射)、右视图(从右向左投射)、仰视图(从下向上投射)和后视图(从后向前投射)。

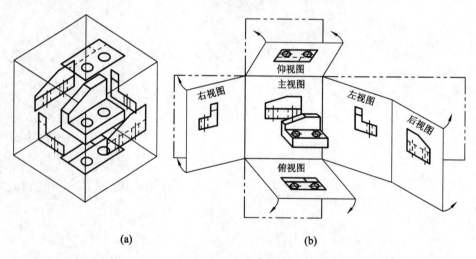

(a)   (b)

图 2-1 六个基本视图的形成

六个基本投影面的展开方法是：规定正立面不动，其他投影面按图 2-1(b)所示的箭头方向展开至与正立面处于同一平面上。展开后六个基本视图的配置关系如图 2-2 所示，此时一律不标注视图名称，它们仍保持"长对正、高平齐、宽相等"的投影关系，即主、俯、仰、后长相等，其中主、俯、仰长对正，主、左、右、后高平齐，俯、左、右、仰宽相等。

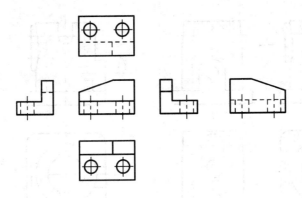

图 2-2　六个基本视图的配置

2. 向视图

　　向视图是可以自由配置的视图。当基本视图不能按规定的位置配置时,可采用向视图的表达方式。采用向视图时必须进行标注,在向视图的上方用大写拉丁字母标注该向视图的名称,在相应视图附近用箭头指明投射方向,并注上相同的字母,如图 2-3 所示。

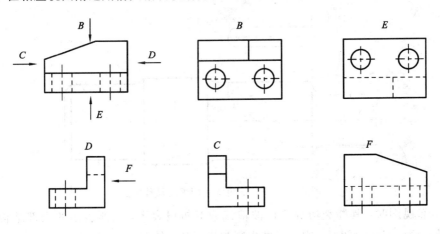

图 2-3　向视图

　　需要注意的是:表示投射方向的箭头应尽量配置在主视图上,后视图的投影方向应在左右两个向视图中任选,这样就可避免画错方位。

3. 局部视图

　　将机件的某一部分向基本投影面投射所得的图形称为局部视图,如图 2-4(a)所示的机件,若选用主、俯两个基本视图,其主要形体已表达清楚,但还有左右两个凸台的形状尚未表达清楚,若因此再画两个完整的基本视图(左视图和右视图),则大部分投影重复。如果只画出未表达清楚的那一部分,就要应用局部视图。这样表达机件既清楚又避免了不必要的重复,如图 2-4(b)所示。

　　局部视图既可按基本视图的配置形式配置,如图 2-4(b)中的 A;又可按向视图的配置形式配置,如图 2-4(b)中的 B;还可按第三角画法(详见 2.5 节)配置在视图上所需表示物体局部结构的附近,并用细点画线将两者相连,如图 2-5 所示。

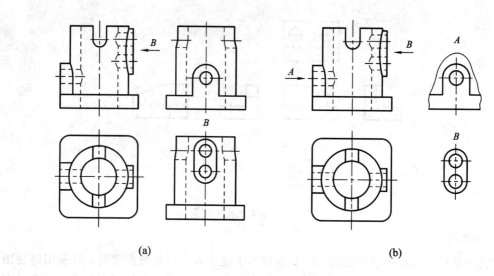

(a)   (b)

图 2-4 局部视图

(a) 机件的基本视图；(b) 机件的局部视图

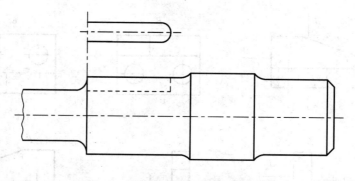

图 2-5 按第三角画法配置的局部视图

画局部视图时，其断裂边界应以波浪线或双折线表示；当所表示的局部结构是完整的，且外轮廓线又成封闭时，则不必画出断裂边界线，如图 2-4(b) 中的 B。

标注局部视图时，通常在其上方用大写的拉丁字母标出视图的名称，在相应视图附近用箭头指明投射方向，并注上相同的字母，如图 2-4(b) 所示。当局部视图按基本视图配置，中间又没有其他图形隔开时，则不必标注，如图 2-4 中 A 向可省略不注。

4. 斜视图

将机件向不平行于任何基本投影面的平面投射所得的视图称为斜视图。

如图 2-6(a) 所示的机件，其右上方具有倾斜结构，在俯、左视图上均不能反映实形，这给画图和看图带来困难，且不便于标注尺寸。这时，可选用一个平行于倾斜部分的投影面，按箭头所示投影方向在投影面上作出该倾斜部分的投影，即为斜视图。由于斜视图常用于表达机件上倾斜部分的实形，因此，机件的其余部分不必全部画出，而可用双折线（或波浪线）断开。

斜视图通常按向视图的配置形式配置并标注，如图 2-6(a) 所示。必要时，允许将斜视图旋转配置，此时，应标注旋转符号，表示该视图名称的大写拉丁字母应靠近旋转符号的箭头端，如图 2-6(b)所示。也允许将旋转角度标注在字母之后，如图 2-6(c)所示。

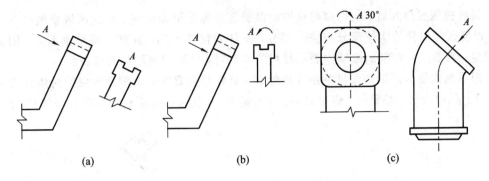

(a)　　　　　　　　　(b)　　　　　　　　　(c)

图 2-6　斜视图

2.2　剖　视　图

当机件的内部结构比较复杂时，视图上会出现较多虚线而使图形不清晰，不便于看图和标注尺寸。为了清晰地表达机件的内部结构形状，常采用剖视图的表达方法。剖视图的画法应遵循 GB/T 17452～17453—1998、GB/T 4458.6—2002 的规定。

2.2.1　剖视图概述

1. 剖视图的概念

假想用剖切面剖开机件，将处在观察者与剖切面之间的部分移去，而将其余部分向投影面投射所得的图形称为剖视图，简称剖视。剖视图的形成过程如图 2-7(a)所示，图 2-7(b)中的主视图即为机件的剖视图。

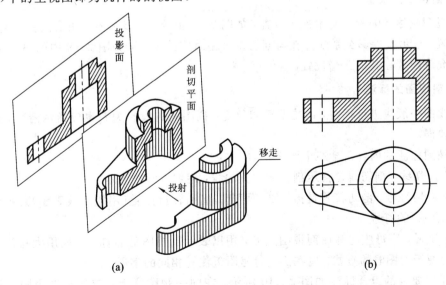

(a)　　　　　　　　　(b)

图 2-7　剖视图及其形成过程
(a) 剖视图的形成过程；(b) 机件的剖视图

2.剖面符号

机件被假想剖开后，剖切面与机件的接触部分称为剖面区域。在此区域要画出剖面符号，以便区分机件的实体部分和空心部分。机件的材料不同，其剖面符号也不同，国家标准规定：当不需要在剖面区域中表示材料的类别时，可采用通用剖面线表示。

通用剖面线应以适当角度的细实线绘制，最好与主要轮廓或剖面区域的对角线成45°，如图2-8(a)所示。必要时，也可以采用30°或60°等适当角度绘制，如图2-8(b)所示。

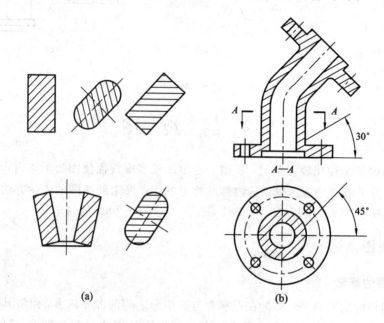

(a)　　　　　　　　　　　　　(b)

图2-8　通用剖面线画法

3.剖视图的配置

剖视图应尽量配置在基本视图位置，如图2-9中的B—B所示。如果无法配置在基本视图位置，也可按投影关系配置在与剖切符号相对应的位置，如图2-9中的A—A所示，必要时允许配置在其他适当位置。

4.剖视图的标注

剖视图一般应进行标注，以指明剖切位置，视图间的投影关系也应指示清楚，避免造成看图错误。

剖视图标注的内容包括三个要素：

(1)剖切线。剖切线是指示剖切面位置的线，用细点画线表示。

(2)剖切符号。剖切符号是指示剖切面起、迄和转折位置(用粗实线表示)及投射方向(用箭头表示)的符号。

(3)字母。字母应注写在剖视图上方，用以表示剖视图的名称，一般用大写拉丁字母表示。为便于看图时的查找，应在剖切符号附近注写相同的字母。

以上三要素的组合标注如图2-10所示。在同一张图样上，应尽量选用同一种标注形式。

标注时，一般应在剖视图的上方标出剖视图的名称"X—X"，在相应的视图上用剖切符号表示剖切位置和投射方向，并标注相同的字母，如图 2-9 所示。当剖视图按投影关系配置，中间又无其他图形隔开时，可省略表示投射方向的箭头，如图 2-9 中 A—A 的箭头是可以省略的；当单一剖切平面通过机件的对称或基本对称平面，且剖视按投影关系配置，中间又无图隔开时，可不必标注，如图 2-7(b)中的主视图。

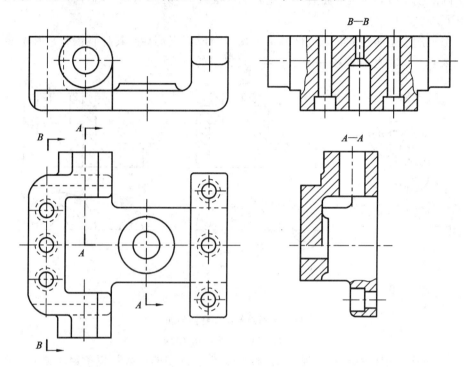

图 2-9　剖视图的配置

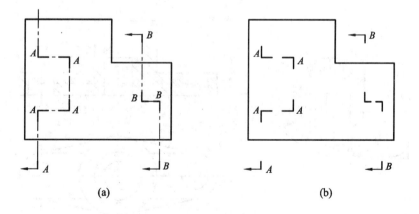

(a)　　　　　　　　　　　　　(b)

图 2-10　剖视图的标注

5. 剖视图的画法

首先，确定剖切面的位置。一般用平面作为剖切面(也可用柱面)。为了清楚地表达机件内部结构的真实形状，剖切平面通常平行于投影面，并且尽量通过机件的对称平面或内部孔、槽等结构的轴线，如图 2-7(a)所示。

接着，画剖视图。先画剖切平面与机件实体接触部分的投影，即剖面区域的轮廓线，然后再画出剖切区域之后的机件可见部分的投影，如图2-7(b)中的主视图。

最后，在剖面区域内画出剖面线。

6. 画剖视图应注意的问题

（1）画剖视图时，剖切平面后的可见轮廓线必须全部画出，不得遗漏，图2-11(c)中的主视图就漏线了。

（2）由于剖切是假想的，当机件的某个视图画成剖视图后，其他视图仍应按完整机件画出。图2-11(c)中的俯视图只画了一半，是错误的。

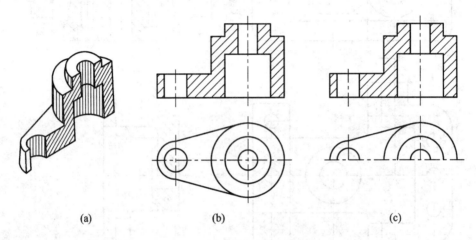

(a)　　　　　　　　　(b)　　　　　　　　　(c)

图2-11　画剖视图应注意的问题（一）

(a)机件；(b)正确；(c)错误

（3）凡剖视图中已经表达清楚的结构，在其他视图中的虚线可以省略不画，但必须保留那些不画就无法表达机件形状结构的虚线，如图2-12所示。

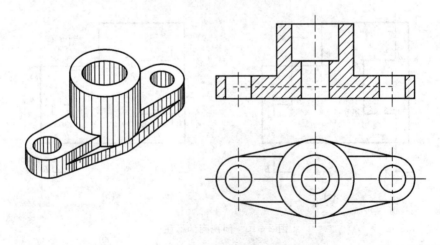

图2-12　画剖视图应注意的问题（二）

2.2.2　剖切面的分类

根据机件内部结构形状的特点和表达需要，国家标准规定了单一剖切面、几个平行的剖切面和几个相交的剖切面三种剖切面供绘图时选用。

1. 单一剖切面

当机件的内部结构位于一个剖切面上时，可选用一个剖切面将机件整体或局部剖开来获得剖视图。单一剖切面可以是平行于基本投影面的平面，如图 2 - 13(a)所示的主视图；也可以是垂直于某一基本投影面的平面，如图 2 - 13(a)所示的 $A—A$；也可以是柱面，如图 2 - 13(b)所示，采用柱面剖切时，剖视图应按展开方式绘制。

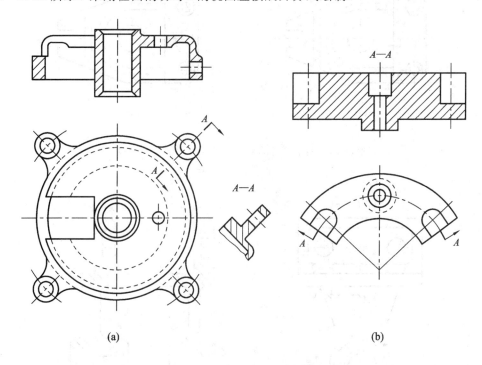

图 2 - 13　单一剖切面获得的剖视图

2. 几个平行的剖切平面

当机件的内部结构位于几个平行平面上时，可采用几个平行的剖切平面来获得剖视图。如图 2 - 14(a)、2 - 15(a)所示，机件上几个孔的轴线不在同一平面内，如果用一个剖切平面剖切，则不能将内部形状全部表达出来。为此，需要采用两个互相平行的剖切平面沿不同位置孔的轴线剖切，这样才可在一个剖视图上把几个孔的形状表达清楚。

要正确选择剖切平面的位置，在图形内就不应出现不完整要素。当在图形内出现不完整要素时，应适当调配剖切平面的位置，如图 2 - 14(b)中，用椭圆圈出的部分出现不完整要素，是错误的。

采用几个平行的剖切平面剖开机件所绘制的剖视图，规定要表示在同一图形上，所以不能在剖视图中画出各剖切平面的交线，如图 2 - 15(b)中，用椭圆圈出的部分画出了剖切平面的交线，是错误的。

当机件上的两个要素在图形上具有公共对称中心线或轴线时，可以各画一半。此时应以对称中心线或轴线为界，如图 2 - 9 的 $A—A$ 所示。

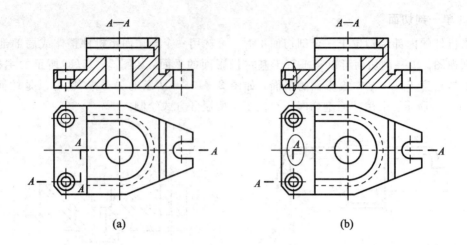

图 2-14　两个平行的剖切平面获得的剖视图(一)

(a) 正确；(b) 错误

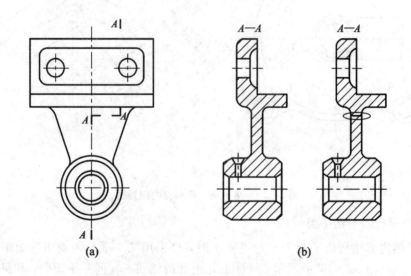

图 2-15　两个平行的剖切平面获得的剖视图(二)

(a) 正确；(b) 错误

3. 几个相交的剖切面

当机件的内部结构用单一剖切面不能表达清楚时，可用几个相交的剖切平面来获得剖视图。用几个相交的剖切平面获得的剖视图应旋转到一个投影平面上。采用这种方法画剖视图时，先假想按剖切位置剖开机件，然后将被剖切平面剖开的结构及其有关部分旋转到与选定的投影面平行再进行投射，相交的剖切平面可以是两个或两个以上，但它们的交线必须垂直于某一投影平面，如图 2-16 所示。

在剖切平面后的其他结构，一般仍按原来位置投射，如图 2-17 中的油孔。当剖切后产生不完整要素时，应将此部分按不剖绘制，如图 2-18 中的臂。

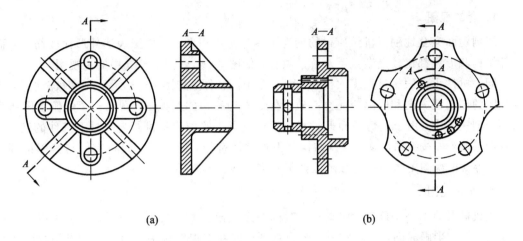

图 2-16　旋转绘制的剖视图

（a）两个剖切平面获得的剖视图；（b）三个剖切平面获得的剖视图

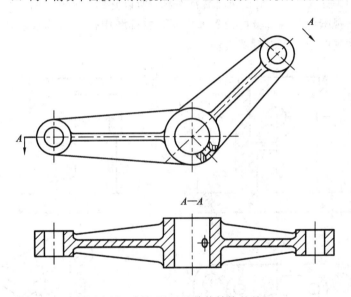

图 2-17　剖切平面后其他结构的处理

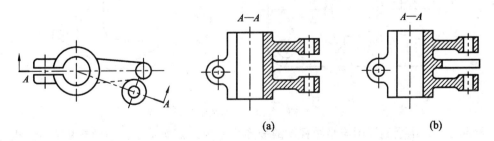

图 2-18　剖切产生的不完整要素的处理

2.2.3　剖视图的种类及其应用

根据剖视图被剖切的范围，可将其分为全剖视图、半剖视图和局部剖视图三种。

1. 全剖视图

用剖切面完全地剖开机件所得的剖视图称为全剖视图，适用于表达外形比较简单，而内部结构和形状都比较复杂且不对称的机件，如图2-11～图2-15中的主视图。

同一机件可以假想进行多次剖切，画出多个剖视图，如图2-9所示。此时需注意，各剖视图的剖面线方向和间隔应完全一致。在图2-16(a)的左视图、图2-17的俯视图所表示的全剖视图中，由于剖切平面通过机件上的肋板，按国家标准规定，对于机件的肋、轮辐及薄壁等，如按纵向剖切，这些结构都不画剖面符号，而以粗实线将它们与其邻接部分分开，所以主视图中肋板的轮廓范围内不画剖面线。

2. 半剖视图

当机件具有对称平面时，向垂直于对称平面的投影面上投射所得的图形，可以对称中心线为界，一半画成剖视图，另一半画成视图，这种剖视图称为半剖视图。半剖视图既表达了机件的内部形状，又保留了外部形状，所以常用于表达内、外形状都比较复杂的对称机件。如图2-19所示，机件左右和前后都对称，所以它的主视图、俯视图和左视图都画成半剖视图。半剖视图中剖视部分的位置通常是：主视图中位于对称线右侧；俯视图中位于对称线下方；左视图中位于对称线右侧。

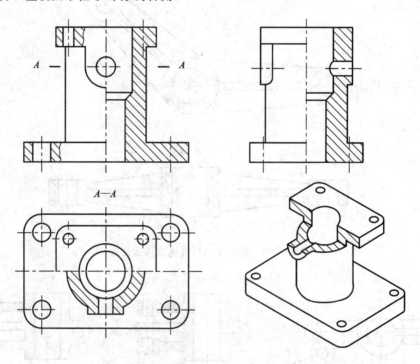

图2-19 半剖视图

必须注意，半个剖视图与半个视图的分界线应为细点画线，不得画成粗实线。机件内部形状已在半剖视图中表达清楚的，在另一半表达外形的视图中一般不再画出虚线。看图时，以半个视图对称想象机件的外部形状，以半个剖视图对称想象机件的内部形状，综合在一起就将机件的内外结构看懂了。

当机件的形状接近对称，且不对称部分已另有图形表达清楚时，也可画成半剖视图，如图 2-20 所示。

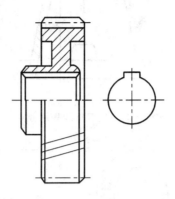

图 2-20　机件接近对称的半剖视图

3. 局部剖视图

用剖切面局部地剖切机件所得的剖视图称为局部剖视图，主要用于表达机件的局部内部形状结构或实心机件，如轴、杆、螺钉等上面的孔或槽等，以及对称机件的轮廓线与中心线重合，不宜采用半剖视图时等。局部剖视图的剖切位置和剖切范围可根据需要而定，是一种比较灵活的表达方法，如能运用得当，可使图形表达得简洁而清晰。

如图 2-21 所示的箱体，其顶部有一矩形孔，底板上有四个安装孔，箱体的前后、左右、上下都不对称。为了兼顾内外结构形状的表达，将主视图画成两个不同剖切位置的局部剖视图。在俯视图上，为了保留顶部的外形，也采用了局部剖视图。

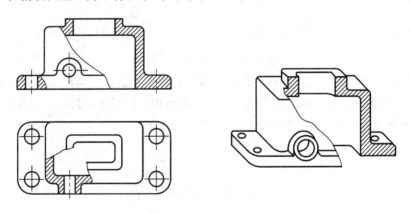

图 2-21　局部剖视图

当单一剖切平面的剖切位置明确时，局部剖视图不必标注，如图 2-21 所示。

局部剖视图存在一个被剖部分与未剖部分的分界线，这是局部剖视图与全剖视图的主要区别。这个分界线可用波浪线表示，如图 2-21 所示。为了方便计算机绘图，也可采用双折线表示，如图 2-22 所示。

波浪线应画在机件的实体上，不能超出实体的轮廓线，也不能画在机件的中空处，如图 2-23(a) 所示；波浪线不能画在轮廓线的延长线上，也不能用轮廓线代替或与图样上其他图线重合，如图 2-23(b) 所示。

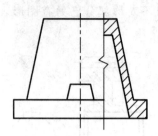

图 2-22　用双折线表示分界线

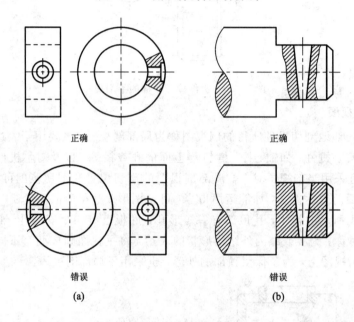

正确　　　　　　　　　　　　正确

错误　　　　　　　　　　　　错误

(a)　　　　　　　　　　　　(b)

图 2-23　波浪线的正确画法

当被剖的局部结构为回转体时，允许将该结构的中心线作为局部剖视图与视图的分界线，如图 2-24 所示；当被剖的局部结构不是回转体时，就不能以其中心线为界，只能以波浪线作为分界线，如图 2-25 所示。

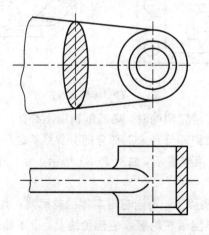

图 2-24　被剖切结构为回转体的局部剖视图

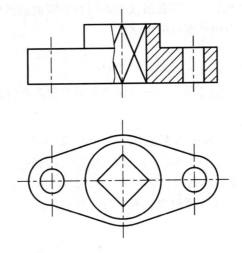

图 2 - 25　被剖切结构不是回转体的局部剖视图

在绘制局部剖视图时，有两种表示形式，一种是直接在原视图上表示，即用波浪线或中心线作为被剖部分和未剖部分的分界线，如图 2 - 21～图 2 - 25 所示；而另一种则是移出原视图表示，必要时，移出原视图的局部剖视图可旋转绘制，如图 2 - 13(a)中 *A—A* 所示。

<h1 align="center">2.3　断　面　图</h1>

2.3.1　断面图的概念

假想用剖切面将机件的某处切断，仅画出该剖切面与机件接触部分的图形，称为断面图。常采用断面图来表达机件上某些结构的断面形状，这种方法既可以使图形清晰，又便于标注尺寸。

如图 2 - 26 所示的轴，主视图上表明了键槽的形状和位置，若在左视图中用虚线表示键槽的深度，则图形很不清晰，此时采用断面图来表达就很方便。

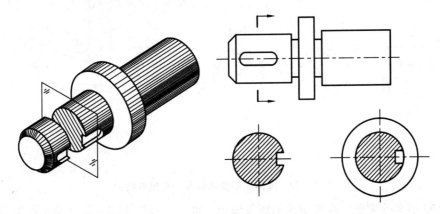

图 2 - 26　断面图的形成及其与剖视图的区别

断面图与剖视图的区别在于：断面图仅画被剖切后断面的形状，而剖视图除画出断面的形状外，还要画出位于剖切平面后的形状。

2.3.2　断面图的种类

根据断面图在图中配置的不同，可分为移出断面图和重合断面图两种。

1. 移出断面图

画在视图外的断面图称为移出断面图，移出断面图的轮廓线用粗实线画出。如图 2-27 所示。由两个或多个相交的剖切平面剖切机件所得到的移出断面图一般应断开绘制，如图 2-28 所示。当剖切平面通过回转面形成的孔和凹坑的轴线时，这些结构按剖视绘制，如图 2-29(a)所示；当剖切平面通过非圆孔，会导致出现两个完全分离的断面时，则其结构应按剖视绘制，如图 2-29(b)所示。

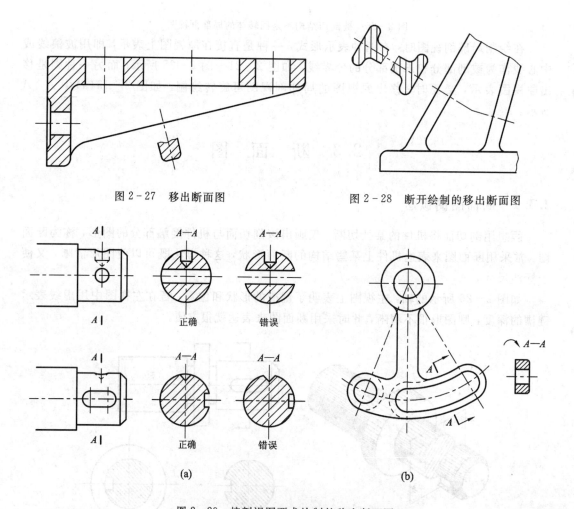

图 2-27　移出断面图　　　　　　图 2-28　断开绘制的移出断面图

(a)　　　　　　　　　　　(b)

图 2-29　按剖视图要求绘制的移出断面图

移出断面图通常配置在剖切线的延长线上，如图 2-27、图 2-28 所示，必要时允许画在其他适当的位置，如图 2-29(a)中的 $A—A$。在不致引起误解时，允许将图形旋转，其标注形式如图 2-29(b)中的 *A—A*；当断面图形对称时，移出断面图可配置在视图的中断处，如图 2-30 所示。

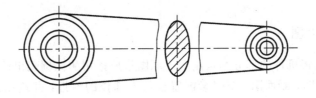

图 2-30　配置在视图中断处的移出断面图

2. 重合断面图

画在视图之内的断面图称为重合断面图，重合断面图的轮廓线用细实线绘制。当视图中的轮廓线与重合断面图的图形重叠时，视图中的轮廓线仍应连续画出，不可间断，如图 2-31 所示。

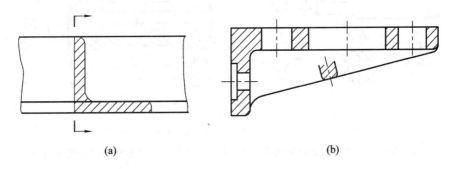

(a)　　　　　　　　　　　　　　　(b)

图 2-31　重合断面图

2.3.3　断面图的标注

一般应用大写的拉丁字母标注移出断面图的名称"*X—X*"，在相应的视图上用剖切符号表示剖切位置和投射方向（用箭头表示），并标注相同的字母，剖切符号之间的剖切线可省略不画，如图 2-32 中的 *B—B*。

配置在剖切符号延长线上的不对称移出断面不必标注字母，如图 2-26 和图 2-32 中的 *A—A*。不配置在剖切符号延长线上的对称移出断面（如图 2-32 中的 *C—C*），以及按投影关系配置的移出断面图（如图 2-29(a)所示 *A—A*），一般不必标注箭头。配置在剖切线延长线上的对称移出断面不必标注字母和箭头，如图 2-27 和图 2-28。

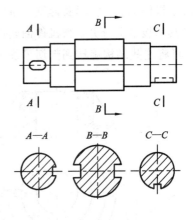

图 2-32　移出断面图标注

不对称的重合断面图可省略标注，见图 2-31(a)。对称的重合断面图（见图 2-31(b)）和配置在视图中断处的对称移出断面图（见图 2-30）不必标注。

2.4 其他表达方法

2.4.1 局部放大图

局部放大图是将机件的部分结构用大于原图形所采用的比例画出的图形。局部放大图可画成视图、剖视图、断面图，应尽量配置在放大部位的附近，并应用细实线圈出被放大的部位。当同一机件上有几个被放大的部分时，必须用罗马数字依次标明被放大的部位，并在局部放大图的上方标出相应的罗马数字和所采用的比例，见图 2-33(a)。对于同一机件上不同部位的放大图，当图形相同或对称时，只须画出一个，如图 2-33(b)所示。

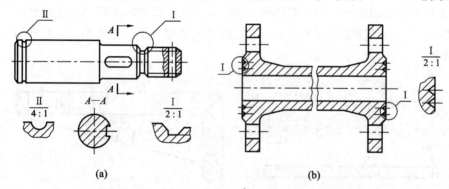

图 2-33 局部放大图的画法

(a) 有几个被放大部分的局部放大图；(b) 被放大部位图形相同的局部放大图

2.4.2 简化画法

1. 机件的肋、轮辐及薄壁画法

对于机件的肋、轮辐及薄壁，如按纵向剖切，这些结构都不画剖面符号，而用粗实线将它与其邻接部分分开。当机件回转体上均匀分布的肋、轮辐、孔等结构不处于剖切平面上时，可将这些结构旋转到剖切平面上画出，如图 2-34 所示。

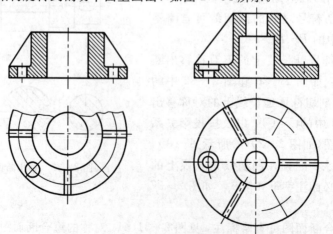

图 2-34 机件上肋、轮辐及薄壁的简化画法

2. 相同结构的画法

当机件上有按规律分布的相同结构要素(如齿、槽、孔等)时,允许只画出其中一个或几个完整结构,其余的可用细实线连接或仅画出它们的中心位置,如图 2-35 所示。

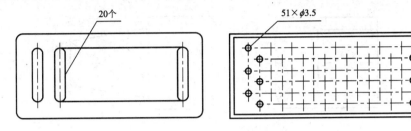

图 2-35 相同结构的简化画法

3. 对称机件的画法

在不致引起误解时,对称机件的视图可只画 1/2 或 1/4,并在对称中心线的两端画出两条与其垂直的平行细线,如图 2-36 所示。

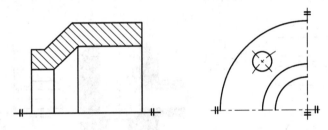

图 2-36 对称机件的简化画法

4. 倾斜圆或圆弧画法

与投影面倾斜角度小于或等于 30°的圆或圆弧,其投影可用圆或圆弧代替真实投影的椭圆,如图 2-37 所示。

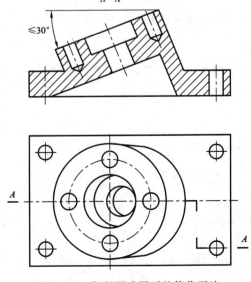

图 2-37 倾斜圆或圆弧的简化画法

5. 平面画法

当回转零件上的平面在图形中不能充分表达时，可用两条相交的细实线表示这些平面，如图 2-38 所示。

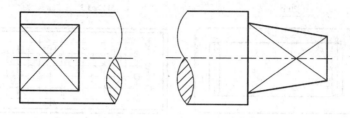

图 2-38　回转体上平面的简化画法

6. 省略剖面符号及涂色、点阵画法

在不致引起误解的情况下，剖面区域内的剖面线可省略，如图 2-39(a)，也可以用涂色或点阵代替剖面线，如图 2-39(b)。

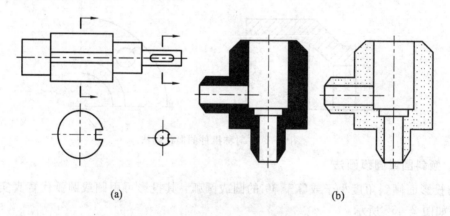

(a)　　　　　　　　　　　　　　　　(b)

图 2-39　剖面符号的简化画法
(a) 省略剖面符号；(b) 涂色或点阵

7. 较长机件画法

较长的机件(如轴、杆、型材或连杆等)沿长度方向的形状一致或按一定规律变化时，允许断开后缩短绘制，但标注尺寸时仍标注其实际尺寸，如图 2-40 所示。

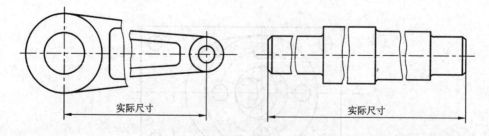

图 2-40　较长机件的简化画法

2.4.3　螺纹及螺纹紧固件的规定画法

螺纹是在圆柱或圆锥表面上，沿着螺旋线所形成的具有规定牙型的连续凸起。在圆柱或圆锥外表面上形成的螺纹称为外螺纹，在内表面上形成的螺纹称为内螺纹。

1. 螺纹的规定画法

1）单个螺纹画法

螺纹牙顶的投影用粗实线表示；牙底的投影用细实线表示，并画入螺杆的倒角或倒圆部分；在垂直于螺纹轴线的投影面的视图中，表示牙底圆的细实线只画约 3/4 圈（空出的约 1/4 圈的位置不作规定），此时，螺杆或螺孔上的倒角投影不应画出；有效螺纹的终止界线（简称螺纹终止线）用粗实线表示，螺尾部分一般不必画出；无论是外螺纹还是内螺纹，在剖视图和断面图中，剖面线都应画到粗实线，如图 2-41(b) 及图 2-42(a) 所示。绘制不穿通螺孔时一般应将钻孔深度与螺纹部分深度分别画出，如图 2-42(a) 所示；不可见螺纹的所有图线用虚线绘制，如图 2-42(b) 所示。

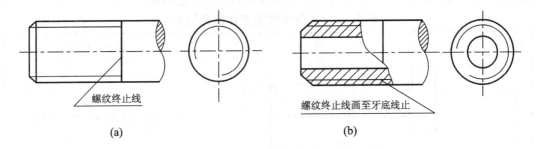

(a)　　　　　　　　　　　　　(b)

图 2-41　外螺纹画法

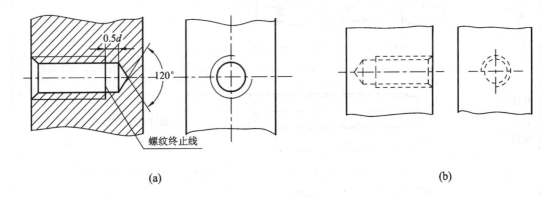

(a)　　　　　　　　　　　　　(b)

图 2-42　内螺纹画法

2）螺纹连接的画法

用剖视图表示一对内外螺纹连接时，其旋合部分应按外螺纹的画法绘制，其余部分仍按各自的画法表示，如图 2-43 所示。绘图时需注意：表示内、外螺纹大、小径的粗细实线必须分别对齐，且与倒角大小无关。

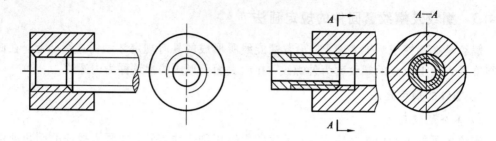

图 2-43　螺纹连接的剖视画法

2. 螺纹紧固件的规定画法

螺纹紧固件就是运用一对内外螺纹的连接作用来连接和紧固一些零部件。

1）常用螺纹紧固件及其标记

常用的螺纹紧固件有螺栓、螺柱、螺钉、螺母和垫圈等。其结构和尺寸均以标准化，使用时按规定标记选用即可。表 2-1 为常用螺纹紧固件的标记示例。

表 2-1　常用螺纹紧固件的标记示例

名称	图　　　例	规定标记示例
六角头螺栓	M12 50	螺栓 GB/T5782—2000 M12×50
双头螺柱	M12 50	螺柱 GB/T898—1988 M12×50
开槽盘头螺钉	M10 45	螺钉 GB/T67—2000 M10×45
Ⅰ型六角螺母	M16	螺母 GB/T6170—2000 M16

续表

名称	图　　例	规定标记示例
Ⅰ型六角开槽螺母	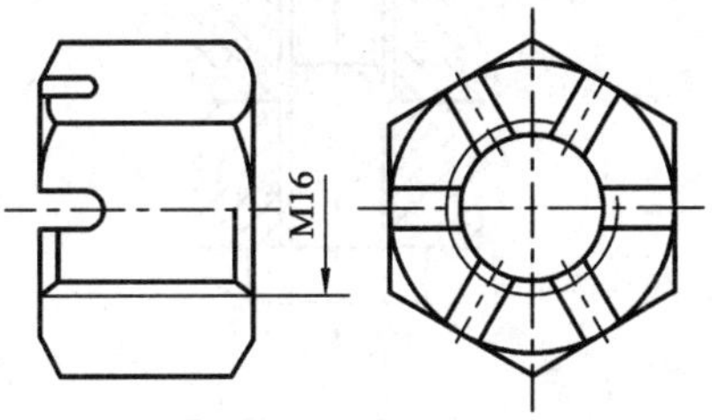	螺母 GB/T6178—1986 M16
平垫圈	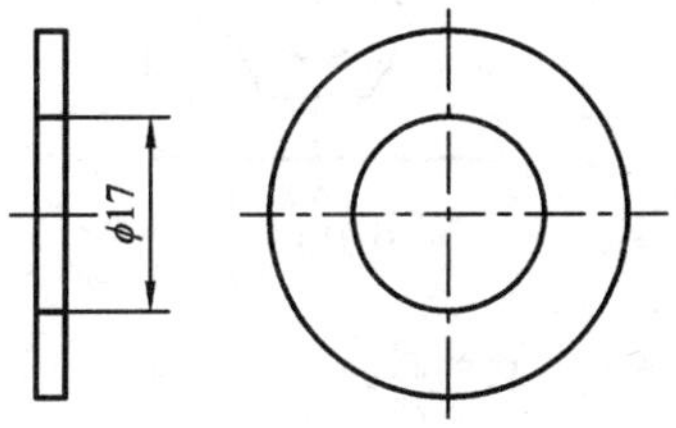	垫圈 GB/T97.1—2002 16—140HV
弹簧垫圈	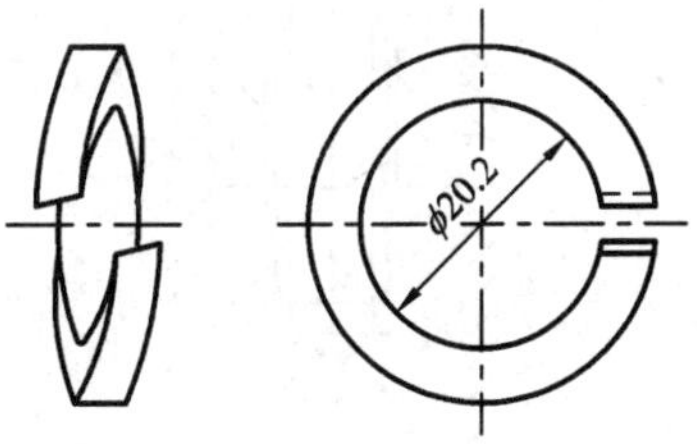	垫圈 GB/T93—1987 20

　　2）螺栓连接

　　螺栓连接由螺栓、螺母、弹簧垫圈等组成，用于连接两个不太厚并能钻成通孔的零件。在装配图中，两零件的接触面只画一条线，非接触面画两条线；在剖视图中，相邻的两零件的剖面线方向应相反，或方向一致但间隔不等；当剖切平面通过螺杆的轴线时，对于螺栓、螺柱、螺钉、螺母及垫圈等均按未剖切绘制，见图 2-44（a）所示。螺纹紧固件的工艺结构，如倒角、退刀槽、缩颈、凸肩等均可省略不画，见图 2-44（b）所示。

　　3）双头螺柱连接

　　螺柱连接由螺柱、螺母、弹簧垫圈等组成，当被连接的两个零件中有一个较厚，不易钻成通孔时，可制成螺孔，采用螺柱连接。

　　螺柱连接画法如图 2-45（a）所示。画图时要注意旋入端应完全旋入螺孔中，旋入端的螺纹终止线应与两个被连接零件接触面平齐。不穿通的螺纹孔可不画出钻孔深度，仅按有效螺纹部分的深度画出，见图 2-45（b）所示。

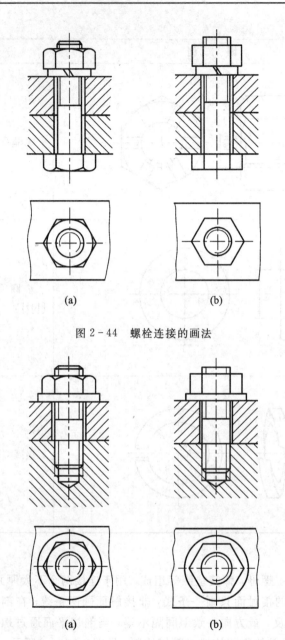

图 2-44　螺栓连接的画法

图 2-45　双头螺柱连接的画法

4）螺钉连接

螺钉按用途可分为连接螺钉和紧定螺钉两种，螺钉连接一般用在不经常拆卸且受力不大的地方。

通常在较厚的零件上制出螺孔，另一零件上加工出通孔。连接时，将螺钉穿过通孔旋入螺孔拧紧即可。螺钉的螺纹终止线应在螺孔顶面以上，螺钉头部的一字槽在端视图中应画成 45°方向。对于不穿通的螺孔，可以不画出钻孔深度，仅按螺纹深度画出，如图 2-46所示。

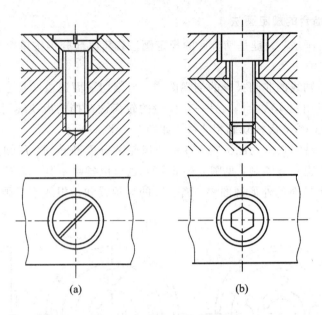

图 2 - 46　螺钉连接的画法

2.4.4　齿轮的规定画法

齿轮是传动零件,不仅可以用来传递动力,还能改变转速和回转方向。齿轮的结构中只有轮齿部分采用标准结构,因此它属于标准常用件。

1.　单个圆柱齿轮的规定画法

如图 2 - 47 所示,一般用两个视图表示单个齿轮。轮齿部分一般按规定画法绘制:齿顶圆和齿顶线用粗实线绘制;分度圆和分度线用细点画线绘制;齿根圆和齿根线用细实线绘制,也可省略不画。在剖视图中,齿根线用粗实线绘制,当剖切平面通过齿轮的轴线时,轮齿一律按不剖处理;当需要表示齿线的特征时,可用三条与齿线方向一致的细实线表示,直齿则不需表示。轮齿外的部分按投影关系正常绘制。

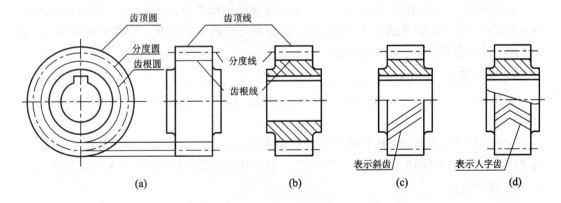

图 2 - 47　单个圆柱齿轮的规定画法
(a) 视图;(b) 全剖视图;(c) 半剖视图;(d) 局部剖视图

2. 圆柱齿轮啮合的规定画法

两齿轮的啮合画法，关键是啮合区的规定画法，其他部分仍按单个齿轮的规定画法绘制。啮合区的规定画法是：

在平行于齿轮轴线的非圆投影的剖视图中，当剖切平面通过两啮合齿轮的轴线时，将一个齿轮的齿顶线用粗实线绘制，另一个齿轮的轮齿被遮挡的齿顶线用虚线绘制；两轮分度线重合，画细点画线，齿根线画粗实线，如图 2-48(a)所示。

在垂直于齿轮轴线投影为圆的视图中，两齿轮的分度圆相切，用细点画线绘出。啮合区内的齿顶圆均用粗实线绘制，见图 2-48(b)，也可以省略不画，见图 2-48(c)；在平行于齿轮轴线的投影平面的外形视图中，啮合区的齿顶线和齿根线不必画出，节线画成粗实线，见图 2-48(d)。

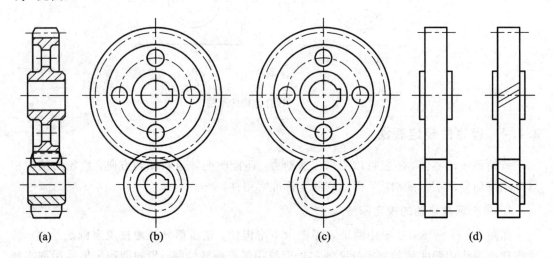

(a)   (b)   (c)   (d)

图 2-48 圆柱齿轮啮合的规定画法

2.4.5 滚动轴承的规定画法

滚动轴承是支承轴的一种标准部件，由于其具有结构紧凑、摩擦力小、效率高等优点，因而得到广泛应用。滚动轴承是标准部件，使用时必须按要求选用。当需要画滚动轴承的图形时，可采用简化画法或规定画法。

1. 简化画法

简化画法可采用通用画法或特征画法，见表 2-3 所示，但在同一图样中一般只采用其中一种画法。

在剖视图中，当不需要确切地表示滚动轴承的外形轮廓、载荷特性、结构特征时，可用通用画法；在剖视图中，如需较形象地表示滚动轴承的结构特征时，可采用特征画法。

2. 规定画法

必要时，在滚动轴承的产品图样、产品样本、产品标准、用户手册和使用说明书中可采用表 2-3 的规定画法绘制滚动轴承。

表 2 - 3　常用滚动轴承的画法及尺寸比例示例

轴承类型	通 用 画 法	特 征 画 法	规 定 画 法
深沟球轴承 6000 型			
圆锥滚子轴承 30000 型			
推力球轴承 51000 型			

2.5　第三角画法简介

技术制图规定:"技术图样应采用正投影法绘制,并优先采用第一角画法。必要时(如按合同规定等)允许使用第三角画法。"

世界上多数国家(如中国等)都是采用第一角画法,但有些国家(如美国等)则采用第三角画法。为了便于国际间的技术交流和协作,我们应该对第三角画法有所了解。

图 2-49 为三个互相垂直相交的投影面,将空间分为八个部分,每部分为一个分角,依次为第 I、II、III、…、VIII分角。

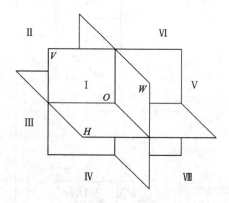

图 2-49　八个分角

第一角画法是将物体放在第 I 分角内(H 面之上、V 面之前、W 面之左),使物体处于观察者与投影面之间,即保持视线一物体一投影面的位置关系,然后用正投影法获得视图的方法。

第三角画法是将物体放在第 III 分角内(H 面之下、V 面之后、W 面之左),使物体处于视线一投影面一物体的位置关系(假想投影面是透明的),然后用正投影法获得视图的方法。

图 2-50 所示为采用第一角和第三角画法时两者之间位置关系的变化,第三角画法中俯视图在主视图的上方,右视图在主视图的右方。

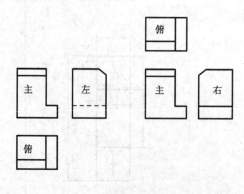

图 2-50　第一角与第三角位置关系的变化

　　采用第三角画法时，必须在图样中画出第三角投影的识别符号，一般标在标题栏上方即可。图 2-51 为第一角和第三角画法的识别符号。

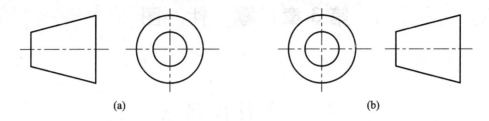

(a)　　　　　　　　　　　　　　　　　　　(b)

图 2-51　第一角与第三角的识别符号

(a) 第一角；(b) 第三角

第3章　零　件　图

3.1　零件图概述

1. 零件图的作用

零件是组成机器的基本单元,任何机器或部件都是由若干个零件按一定的技术要求装配而成的,而零件又是根据零件图加工出来的。零件图是表达零件的结构形状、尺寸大小及技术要求的图样,是设计部门提供给生产部门的重要技术文件之一,是生产中进行加工制造和测量检验零件质量的主要依据。

2. 零件图的内容

如图 3-1 所示,一张完整的零件图应该包括四项内容:一组视图、完整的尺寸、技术要求和标题栏。

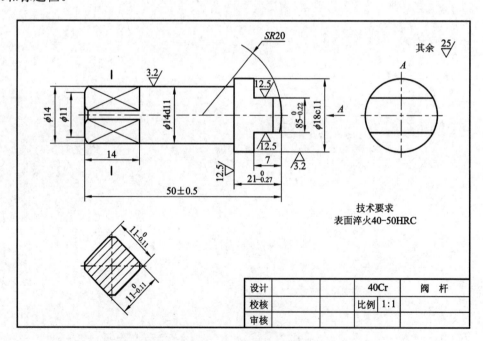

设计			40Cr	阀　杆
校核			比例 1:1	
审核				

图 3-1　阀杆的零件图

(1) 一组视图:综合运用视图、剖视图和断面图等各种表达方法,正确、完整、清晰、简便地表达零件的形状结构。

(2) 完整的尺寸:用一组完整、正确、清晰、合理的尺寸来决定零件的形状大小。

(3) 技术要求:用国家标准中规定的符号、数字、字母和文字等说明零件在制造、检验、安装时应达到的各项技术要求，有关技术要求的详细内容在后面的文中予以介绍。

（4）标题栏：用于填出零件的名称、材料、数量、重量、绘图的比例及制图、审核人的姓名和日期等的框格。

3.2 零件表达方案的选择

3.2.1 视图的选择

为把零件的内、外形状和结构完整、正确、清晰地表达出来，合理选择零件的图样表达方案对于读图和绘图都是至关重要的。

1. 主视图的选择

主视图是表达零件的最重要的一个视图，选择得恰当与否，不仅关系到看图是否方便，同时直接影响所需其他视图的数目及配置。选择主视图时，应考虑以下几个原则：

（1）形状特征原则。与画组合体视图一样，首先应该在形体分析的基础上，选择能够比较充分地反映零件形状特征的投射方向作主视图。

（2）工作位置原则。零件的工作位置是指零件在机器工作时所处的位置。选择主视图与工作位置一致，有利于和装配图对照，便于进行机器的装配。

（3）加工位置原则。零件的加工位置是指零件在机床上加工时主要的装夹位置。这样选择主视图，目的是为了在加工零件时，图物可以直接对照，有利于工人操作和测量尺寸。

以上是零件主视图的选择原则，在运用时，在保证表达清楚结构形状特征的前提下，应优先考虑加工位置原则，其次考虑工作位置原则。

2. 其他视图的选择

主视图选定之后，要分析还有哪些形状结构没有表达清楚，考虑选择其它适当的视图，将主视图没有表达清楚的零件结构表达清楚。

其他视图的选择原则是：① 在充分表达出零件内、外结构形状的前提下，尽可能使其他视图的数量最少；② 画图时，应充分运用剖视图、断面图等各种表达方法，尽量避免使用虚线；③ 通过比较，选择最佳的表达方案。

3.2.2 典型零件表达方法的分析

零件的种类很多，不能一一加以分析，这里仅选取有代表性的轴套类、轮盘类、又架类和箱体类等典型零件进行分析。

1. 轴套类零件

轴一般是用来支撑传动零件和传递动力的；套一般装在轴上，起轴向定位、传动或连接等作用。这类零件包括各种轴、丝杆、套筒、衬套等。

轴套类零件大多数是由若干不等径的圆柱体同轴组合成的，其轴向尺寸远大于径向尺寸，轴上有轴肩、键槽、螺孔、倒角、退刀槽、圆角等结构。

图 3-2 所示为一传动轴，该类零件一般只选用一个主视图，轴线水平放置，这样既符合零件的工作位置和加工位置原则，又表达了阶梯轴、键槽等结构的基本形状、相对位置

和轴向尺寸大小。该传动轴用了三个移出断面图表达每个键槽处的断面结构；用 A 向局部视图表达轴右端面上两个螺孔的分布情况，其螺孔深度由主视图上的局部剖视来反映；用局部放大图来表明退刀槽的细小结构，同时便于标注尺寸。

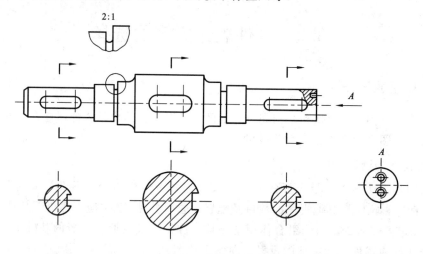

图 3 - 2　轴套类零件的表达方法

2. 轮盘类零件

轮一般用来传递动力和扭矩；盘主要起支撑、轴向定位以及密封等作用。这类零件包括齿轮、手轮、皮带轮、飞轮、法兰盘、端盖等。

轮盘类零件的主体一般也为回转体，与轴套类零件不同的是其轴向尺寸小于径向尺寸。这类零件上常有退刀槽、凸台、凹坑、倒角、圆角、轮齿、轮辐、筋板、螺孔、键槽和作为定位或连接用的孔等结构。

图 3 - 3 所示为一端盖，该类零件一般常用两个基本视图表达，轴线水平放置，这样便于加工、测量。主视图作全剖视，主要表达轴孔、螺孔的结构和内、外凸台形状；左视图则表达端盖外形和三个耳座及螺孔的分布情况。

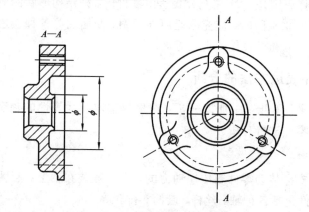

图 3 - 3　轮盘类零件的表达方法

3. 叉架类零件

叉架类零件包括各种用途的拨叉和支架。拨叉主要用在机床、内燃机等各种机器的操纵机构上，操纵机器，调节速度；支架主要起支承和联接的作用。这类零件包括各种拨叉、连杆、摇杆、支架、支座等。

　　叉架类零件结构形状大都比较复杂，且相同的结构不多，多数由铸造或模锻制成毛坯后，经必要的机械加工而成。这类零件上的结构，一般可分为工作部分和联系部分。工作部分指该零件与其他零件配合或连接的套筒、叉口、支撑板、底板等；联系部分指将该零件各工作部分联系起来的薄板、肋板、杆体等。零件上常具有铸造或锻造圆角、拔模斜度、凸台、凹坑或螺栓过孔、销孔等结构。

　　图 3-4 所示为一支架，该零件用了两个基本视图，主视图按支架的工作位置投射并采用了全剖视，主要表达两个套筒孔的内部结构及外形情况；左视图则表达支架的整体外形及连接方式。C 视图和 $D—D$ 剖视图主要表达倾斜托板的形状以及与支架体连接方位和凸台的分布情况，另外还反映了锥孔和阶梯孔的内部情况。

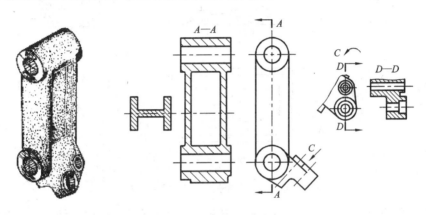

图 3-4　叉架类零件的表达方法

4. 箱壳类零件

　　箱壳类零件多为铸件，一般可起支撑、容纳、定位和密封等作用。这类零件包括箱体、外壳、座体等。

　　箱壳类零件是机器或部件上的主体零件之一，其结构形状往往比较复杂。以图 3-5 所示的蜗轮减速器箱体为例，箱壳类零件大致由以下几个部分构成：① 容纳运动零件和储存润滑液的内腔，由厚薄较均匀的壁部组成；② 支撑和安装运动零件的孔及安装端盖的凸台（或凹坑）、螺孔等；③ 将箱体固定在机座上的安装底板及安装孔；④ 加强肋、润滑油孔、油槽、放油螺孔等。

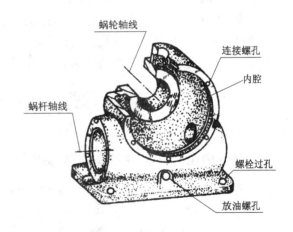

图 3-5　蜗轮减速箱箱体

　　该类零件通常以最能反映其形状特征及结构间相对位置的一面作为主视图的投射方向，以自然安放位置或工作位置作为主视图的摆放位置。一般需要两个或两个以上的基本视图才能将其主要结构形状表示清楚，并且要根据具体零件的需要选择合适的视图、剖视图、断面图来表达其复杂的内外结构。往往还需局部视图、局部剖视和局部放大图等来表达尚未表达清楚的局部结构。

　　图3-6所示是图3-5所示蜗轮减速箱箱体的视图。图中的主视图，既符合形体特征原则，也符合工作位置原则。

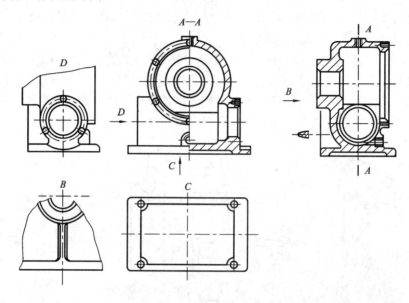

图3-6　箱壳类零件的表达方法

　　主视图符合半剖视的条件，采用了半剖视，既表达了箱体的内部结构，又表达了箱体的外部形状；左视图采用全剖视，用来配合主视图，着重表达箱体内腔的结构形状，同时也对蜗轮的轴承孔、润滑油孔、放油螺孔、后方的加强肋板形状等进行了表达；B向局部视图表达出蜗轮轴承孔下方筋板的位置和结构形状；C向视图表达出底板的整体形状、底板上凹坑的形状及安装螺栓的过孔情况；D向局部视图表达了蜗杆轴承孔端面螺孔的分布情况及底板上方左右端圆弧凹槽的情况；左视图旁边的移出断面表达了肋板的断面形状。

3.3　零件图的尺寸标注

3.3.1　零件图上尺寸标注的基本要求

　　零件图上的尺寸标注是零件图的主要内容之一，是零件加工和检验的重要依据。零件图上的尺寸标注应符合下列要求：

　　(1) 正确：尺寸标注必须符合技术制图与机械制图国家标准中的规定，做到标注规范、正确。

　　(2) 完整：标注的各类尺寸要齐全，既不遗漏，也不重复。

　　(3) 清晰：标注的尺寸必须排列整齐、注写清晰，便于查找和阅读。

　　(4) 合理：标注的尺寸要既能满足设计要求，又符合生产实际。

　　对于前三项要求，在1.3.3节组合体的尺寸标注中已经进行过较详细的讨论。本节着重讨论尺寸标注的合理性问题和常见结构的尺寸注法，并进一步说明清晰标注尺寸的注意事项。

3.3.2 尺寸基准的选择

基准是标注尺寸的起点。要把零件图尺寸标注得合理，一个关键问题是应从设计和加工的实际要求出发，选择适当的尺寸基准。根据基准在生产过程中的作用不同，基准可分为设计基准和工艺基准。

设计基准是根据机器的结构和设计要求，在设计中用以确定零件在机器中的位置及其几何关系的基准。如图 3-7 所示的轴承座，在标注高度方向的尺寸时，以轴承座的底面为基准，以便保证轴孔到底面的距离；在标注长度方向尺寸时，应当以其对称平面为基准，以便保证底板上两孔之间的距离及其对于轴孔的对称关系。底面和对称面就是轴承座的设计基准。

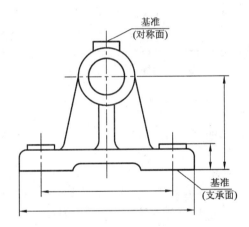

图 3-7 轴承座的设计基准

工艺基准是根据零件加工制造和测量检验等方面的要求所选定的基准。如图 3-8 中的轴的端面 A 为测量尺寸 40 mm 的测量基准，轴线既是设计基准又是测量径向直径尺寸的工艺基准。

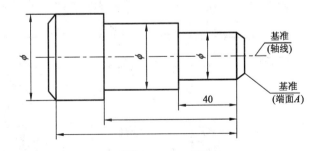

图 3-8 轴的设计基准和工艺基准

每一个零件都有长、宽、高三个方向的尺寸，因而在每一个方向上至少应当选择一个基准。但根据零件的设计、制造、测量需要，一般还要附加一些基准。通常把确定重要尺寸的基准称为主要基准，一般都是设计基准；而把附加的基准称为辅助基准，一般都是工艺基准。主要基准和辅助基准之间、两辅助基准之间都需要直接标注尺寸，使其联系起来。如图 3-9 所示的蜗轮轴，其轴线既是径向尺寸 $\phi40$、$\phi35$、$\phi30$ 的设计基准，又是加工时两端用顶尖支撑的工艺基准。工艺基准和设计基准重合时，加工后的尺寸容易达到设计要求。为了保证蜗轮与蜗杆啮合的准确，选用安装蜗轮的轴段 $\phi40$ 的左端面为轴向设计基准，标注尺寸 7、54；选用轴段 $\phi30$ 的右边端面为辅助基准，标注尺寸 70、182，两个基准之间的联系尺寸是 163。

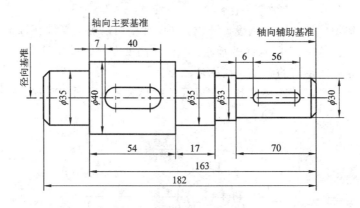

图 3-9 蜗轮轴的尺寸基准

3.3.3 合理标注尺寸的注意事项

标注尺寸时应合理，一般要注意以下几点：

（1）重要尺寸必须从基准出发直接标出。如图 3-10(a)中的尺寸都是重要尺寸，应直接注出，不能像图 3-10(b)那样将 A 注成 $C+D$，将 B 注成 $L-2E$。

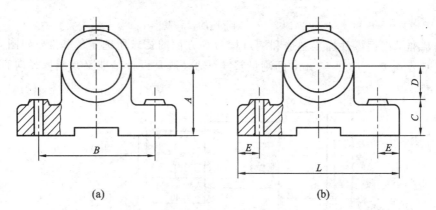

图 3-10 重要尺寸的注法
(a) 正确；(b) 错误

（2）不能注成封闭尺寸链。如图 3-11(b)所示，将同一方向的尺寸注成首尾相连的封闭形式，称为封闭尺寸链。如按 37、$15_{-0.140}^{\quad 0}$ 两尺寸加工合格后，则总长 52 受到上述两尺寸的影响而难于达到精度要求，所以将要求不高的尺寸 37 不在图上进行标注，成为不封闭的尺寸链，如图 3-11(a)所示。

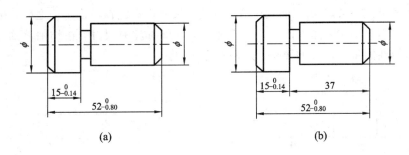

图 3-11　不能注成封闭尺寸链

(a) 正确；(b) 错误

(3) 按加工工艺标注尺寸。不同的加工工艺，其尺寸应分别标注，以便加工时查找尺寸方便。如图 3-9 所示，铣削加工的轴向尺寸全部标注在视图的上方，而车削加工的轴向尺寸全部标注在视图的下方。

(4) 考虑加工和测量的方便。在满足零件使用性能的要求下，标注尺寸时应考虑便于加工和测量，如图 3-12、图 3-13 所示。

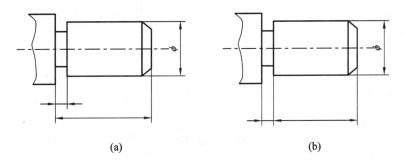

图 3-12　尺寸标注应考虑加工方便

(a) 正确；(b) 错误

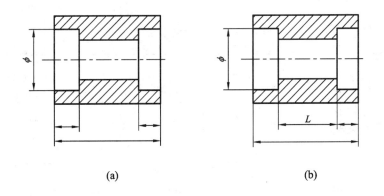

图 3-13　尺寸标注应考虑测量方便

(a) 正确；(b) 错误

(5) 合理标注毛坯面尺寸。毛坯面和机械加工面之间的尺寸标注时，应把毛坯面尺寸单独标注，并且只使其中一个毛坯面和机械加工面联系起来。如图 3-14(a) 所示，其加工

面通过尺寸 A 仅与一个不加工面发生联系，其他尺寸都标注在不加工面之间，这种注法是正确的。图 3-14(b) 中，加工面与三个不加工面之间都注有尺寸，在切削该加工面时，要同时达到所标注的每个尺寸的要求，这是不可能的。

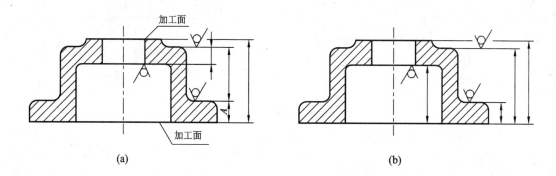

图 3-14　毛坯面的尺寸标注

(a) 正确；(b) 错误

　　关于清晰标注尺寸的问题，应考虑的因素很多，需要通过大量实践，不断总结提高，才能做得较好。

3.3.4　常见零件结构的尺寸标注

　　零件上常见的结构较多，它们的尺寸注法已基本标准化。表 3-1 为零件上常见孔的尺寸注法。

表 3-1　零件上常见孔的尺寸注法

结构类型		普通注法	旁　注　法	说　　明
光孔	一般孔	$6×\phi7$	$6×\phi7 \downarrow 10$　　　$6×\phi7 \downarrow 10$	$6×\phi7$ 表示四个孔的直径均为 $\phi7$（下同）
	精加工孔	$6×\phi7^{+0.012}_{0}$	$6×\phi7^{+0.012}_{0} \downarrow 10$　　$6×\phi7^{+0.012}_{0} \downarrow 10$	钻孔深为 12，钻孔后需精加工至 $\phi7^{+0.012}_{0}$，精加工深度为 10
	锥销孔	锥销孔 $\phi7$	锥销孔 $\phi7$　　　锥销孔 $\phi7$	$\phi7$ 为与锥销孔相配合的圆锥销小头直径（公称直径），锥销孔通常是相邻两零件装配在一起时加工的

结构类型		普 通 注 法	旁 注 法	说 明
沉孔	锥形沉孔	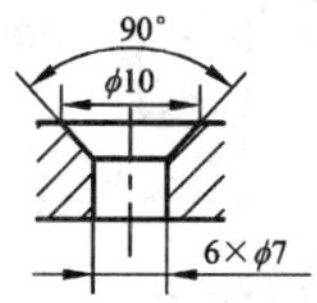	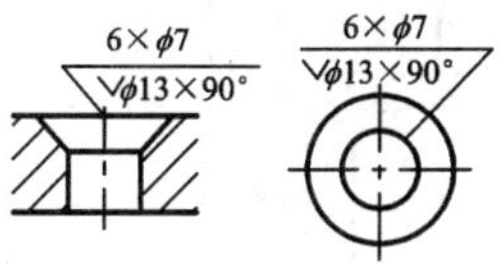	锥形部分大端直径为 $\phi13$，锥角为 $90°$
	柱形沉孔	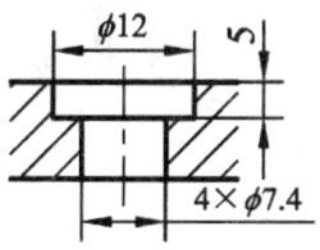	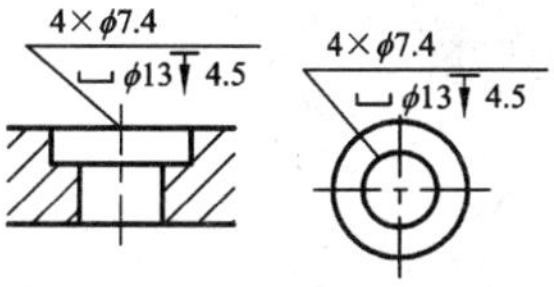	大孔直径为 $\phi13$，深度为 4.5
螺孔	通孔	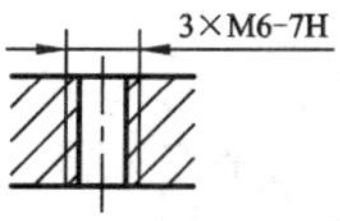	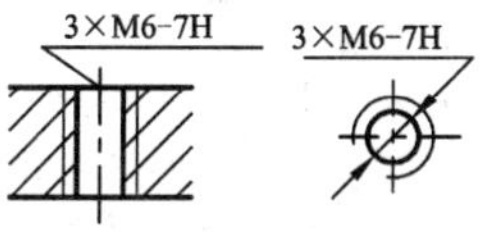	$3 \times M6-7H$ 表示三个直径为 $\phi6$，中径、顶径公差带为 7H 的螺孔
	不通孔	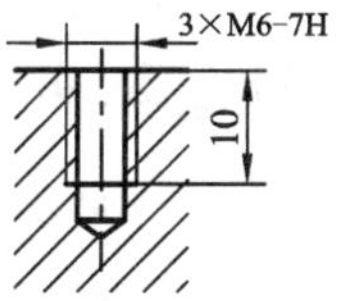	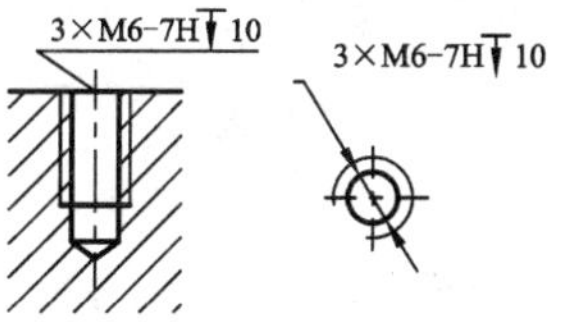	深 10 是指螺孔的有效深度是 10，螺孔深度以保证有效深度为准，也可查有关手册

3.4 零件的工艺结构

在确定零件的结构形状时要考虑是否便于加工制造和装配。零件上为满足加工制造、装配和测量等工艺而设计的结构称为零件的工艺结构，包括铸造工艺结构和机械加工工艺结构等。

3.4.1 铸造工艺结构

1. 铸造圆角

铸造表面的相交处应有圆角过渡，以防止起模时尖角处落砂和在冷却过程中产生缩孔和裂纹，如图 3-15 所示。铸造圆角的半径一般取壁厚的 0.2～0.3 倍，且同一铸件的圆角半径应尽量相同。

2. 拔模斜度

造型时为了起模方便，铸件的内外壁沿起模方向应设计必要的拔模斜度，如图 3-16 所示。一般为 $3°\sim6°$ 左右，在图样上可以不画也不标注，只在技术要求中说明即可。

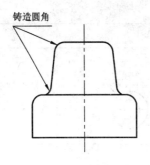

图 3 - 15　铸造圆角

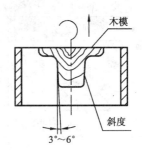

图 3 - 16　拔模斜度

3. 铸件壁厚

铸件壁厚应力求均匀。若壁厚相差较大时，要逐渐过渡以防止产生缩孔或裂纹，如图 3 - 17 所示。

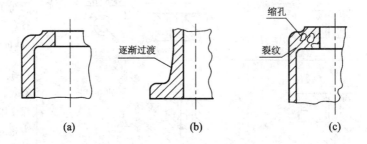

(a)　　　　　　　　(b)　　　　　　　　(c)

图 3 - 17　铸件壁厚应均匀

3.4.2　机械加工工艺结构

1. 倒角或圆角

为了便于装配和防止划伤人手，常在轴端、孔端和台阶处加工出倒角，如图 3 - 18 所示。

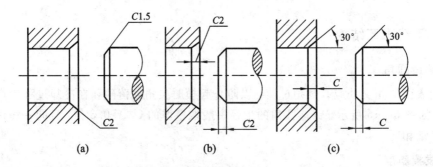

(a)　　　　　　　　(b)　　　　　　　　(c)

图 3 - 18　倒角

为了避免应力集中，轴肩、孔肩转角处常加工成圆角，如图 3 - 19 所示。

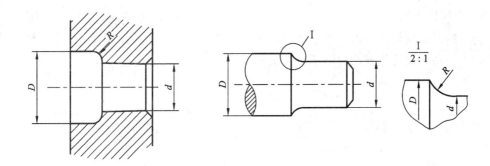

图 3 - 19 圆角

2. 钻孔结构

零件上各种不同形式和用途的孔，大部分是用钻头加工而成的。需钻孔的零件，设计时应保证钻头的轴线垂直于被钻孔零件的表面，并且不应有半悬空孔，否则不易钻入，使孔的位置不易钻准，甚至折断钻头。另外还应留足钻孔的空间位置，便于钻孔。如图 3 - 20 所示为钻孔对零件结构的要求。

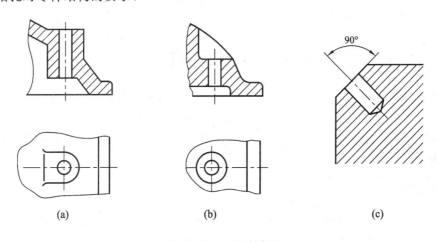

(a)   (b)   (c)

图 3 - 20 钻孔结构

3. 退刀槽和砂轮越程槽

车削螺纹和磨削加工时，为了便于刀具或砂轮进入或退出加工面，装配时保证与相邻零件靠紧，可预先加工出退刀槽、砂轮越程槽或工艺孔，如图 3 - 21 所示。

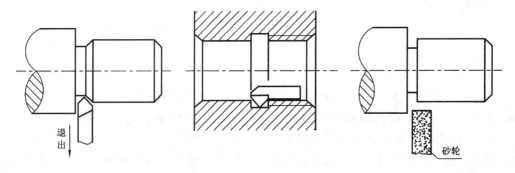

图 3 - 21 退刀槽与越程槽

4. 凸台和凹坑

为了降低机械加工成本及便于装配，应尽量减少加工面积及接触面积。常见的方法是把要加工的部分设计作成凸台和凹坑，如图 3 - 22 所示。

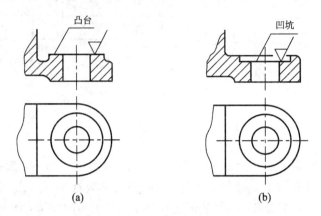

图 3 - 22 凸台和凹坑

（a）凸台；（b）凹坑

3.5 读 零 件 图

在零件设计制造、机器安装、机器的使用和维修及技术革新、技术交流等工作中，常常要读零件图。读零件图的目的是为了弄清零件图所表达零件的结构形状、尺寸和技术要求，以便指导生产和解决有关的技术问题，这就要求工程技术人员必须具有熟练阅读零件图的能力。

读零件图的基本要求如下：

（1）了解零件的名称、用途和材料。

（2）分析零件各组成部分的几何形状、结构特点及作用。

（3）分析零件各部分的定形尺寸和各部分之间的定位尺寸。

（4）熟悉零件的各项技术要求。

3.5.1 读零件图的方法和步骤

1. 概括了解

从标题栏内了解零件的名称、材料、比例等，并浏览视图，可初步得知零件的用途和形体概貌。

2. 详细分析

（1）分析表达方案。分析零件图的视图布局，找出主视图、其他基本视图和辅助视图所在的位置。根据剖视、断面的剖切方法、位置，分析剖视、断面的表达目的和作用。

（2）分析形体，想出零件的结构形状。这一步是看零件图的重要环节。先从主视图出发，联系其他视图，利用投影关系进行分析。一般采用形体分析法逐个弄清零件各部分的结构形状和相互位置关系，想象出整个零件的结构形状。在进行这一步分析时，往往还需结合零件结构的功能来进行，使分析更加容易。

（3）分析尺寸。先找出零件长、宽、高三个方向的尺寸基准；然后从基准出发，搞清楚哪些是主要尺寸；再用形体分析法找出各部分的定形尺寸和定位尺寸。

（4）分析技术要求。分析零件的尺寸公差、形位公差、表面粗糙度和其他技术要求，弄清楚零件的哪些尺寸要求高，哪些尺寸要求低，哪些表面要求高，哪些表面要求低，哪些表面不加工，以便进一步考虑相应的加工方法。

综合前面的分析，把图形、尺寸和技术要求等全面、系统地联系起来，并参阅相关资料，得出零件的整体结构、尺寸大小、技术要求及零件的作用等完整的概念。

3.5.2 读零件图举例

例 3-1 读齿轮轴零件图（见图 3-23）。

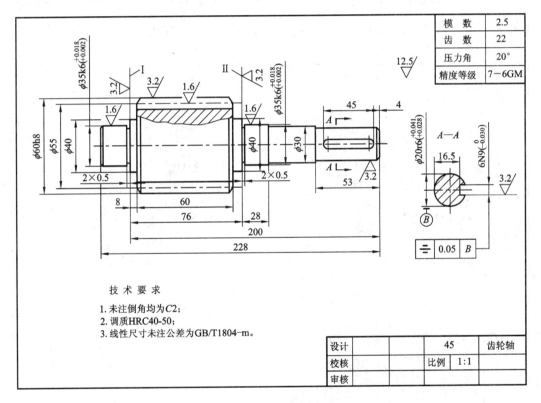

图 3-23 齿轮轴零件图

1. 概括了解

从标题栏可知，该零件为齿轮轴。齿轮轴是用来传递动力和运动的，其材料为 45 号钢，属于轴类零件。从总体尺寸看，最大直径为 60 mm，总长为 228 mm，属于较小的零件。

2. 详细分析

（1）分析表达方案和形体结构。齿轮轴的表达方案由主视图和移出断面图组成，轮齿部分作了局部剖。主视图（结合尺寸）已将齿轮轴的主要结构表达清楚了，齿轮轴由几段不同直径的回转体组成。最大圆柱上制有轮齿，最右端圆柱上有一键槽，零件两端及轮齿两端有倒角，Ⅰ、Ⅱ两端面处有砂轮越程槽。移出断面图用于表达键槽深度和进行有关尺寸标注。

（2）分析尺寸。在该齿轮轴中，两 $\phi35k6$ 轴段及 $\phi20r6$ 轴段用来安装滚动轴承及联轴器，为使传动平稳，各轴段应同轴，故径向尺寸的基准为齿轮轴的轴线。端面Ⅰ用于安装挡油环及轴向定位，所以端面Ⅰ为长度方向的主要尺寸基准，以此为基准注出了尺寸 2、8、76 等。端面Ⅱ为长度方向的第一辅助尺寸基准，从此基准注出了尺寸 2、28。齿轮轴的右端面为长度方向尺寸的另一辅助基准，以此为基准注出了尺寸 4、53 等。

轴向的重要尺寸，如键槽长度 45，齿轮宽度 60 等已直接注出。

（3）分析技术要求。不难看出两个 $\phi35$ 及 $\phi20$ 的轴颈处有配合要求，尺寸精度较高，均为 6 级公差，相应的表面粗糙度要求也较高，分别为 $\frac{1.6}{\sqrt{}}$ 和 $\frac{3.2}{\sqrt{}}$。对键槽提出了对称度要求。另外对热处理、倒角、未注尺寸公差等提出了 3 项文字说明要求。

例 3-2　读泵体零件图（如图 3-24 所示）。

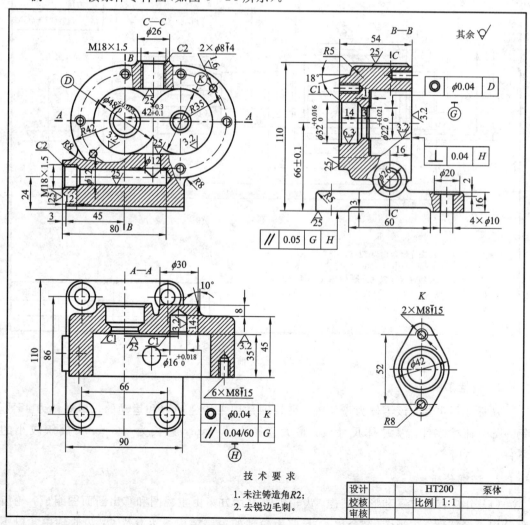

图 3-24　泵体零件图

1. 概括了解

通过标题栏了解零件的名称为泵体，是齿轮油泵中的一个主要零件。从它的空腔部分看，泵体的作用是安装一对啮合齿轮，以使齿轮运转时，将油从上部进油口吸入，从下部出油口压出。毛坯为铸造件，材料为灰铸铁 HT200，比例为 1∶2 等。

2. 详细分析

(1) 分析表达方案和形体结构。泵体零件图由主、左、俯三个基本视图和一个局部视图组成。在主视图中，对进、出油口作了局部剖，它反映了壳体的结构形状及齿轮腔的进、出油口在长、高方向的相对位置。俯视图画成全剖视图(A—A)，将安装一对齿轮的齿轮腔及安装两齿轮轴的孔和 6 个螺孔剖出。同时还反映了安装底板的形状、四个螺栓孔的分布情况，以及底板与壳体的相对位置。左视图画成局部剖视图，从剖视图上看，剖切位置过主动轴的轴孔轴心线，但该孔已在全剖的俯视图中表示清楚。看来，这个剖视图主要是为了表达腰圆形凸台(见 K 向视图)上两个螺孔及进、出油口与壳体、安装底板之间的相对位置。通过对一组视图的观察、分析，可了解到零件的大体结构、形状。

(2) 分析尺寸。看零件图上的尺寸，应首先找出三个方向的尺寸基准，然后从基准出发，按形体分析法，找出各组成部分的定形、定位尺寸。泵体长度方向的基准为安装板的左端面。主动轴轴孔和出油口端面即以此为基准而注出定位尺寸 45、3，再以主动轴轴孔的轴线为辅助基准，注出它与被动轴轴孔的中心距 $42^{+0.3}_{+0.1}$。高度方向的基准为安装板的底面，以此为基准注出两轴孔的中心高为 66±0.1、出油口的中心高为 24。宽度方向的基准为安装板和出油孔道的对称平面，以此为基准确定壳体前端面的定位尺寸 16。通过尺寸分析，进一步看清该零件各部分的形状、大小和相对位置。

(3) 分析技术要求。为了保证齿轮、轴与泵体装配后油泵的工作性能，图上标注了轴孔 $\phi16^{+0.018}_{0}$、$\phi22^{+0.021}_{0}$ 及齿轮腔 $\phi48^{+0.028}_{0}$ 的尺寸偏差，以及两孔轴线对齿轮腔轴线的同轴度公差为 $\phi0.04$，$\phi16$ 孔轴线对于 $\phi22$ 孔轴线的平行度公差为 0.04/60 等位置公差要求。

第4章 装 配 图

4.1 装配图的作用和内容

装配图是表达机器或部件的工作原理、装配关系、传动路线、连接方式及零件的基本结构的图样。装配图和零件图一样，是生产和科研中的重要技术文件之一。

1. 装配图的作用

装配图在科研和生产中起着十分重要的作用。在设计产品时，通常是根据设计任务书，先画出符合设计要求的装配图，再根据装配图画出符合要求的零件图；在制造产品的过程中，要根据装配图制定装配工艺规程来进行装配、调试和检验产品；在使用产品时，要从装配图上了解产品的结构、性能、工作原理及保养、维修的方法和要求。

图4-1所示为滑动轴承的分解图，滑动轴承是支撑轴的一个部件。它的主体部分是轴承座和轴承盖。为了减少轴、孔之间的摩擦力和便于磨损后维修，用轴衬和轴接触，并制成上下两部分，采用耐磨材料铸造青铜，中间还开有油槽，以利润滑。为了调整轴衬与轴的松紧，轴承座和盖之间还留有间隙。为了注入润滑油，在轴承盖顶部安装油杯，通过固定套和上轴衬定位。最后通过螺栓连接将轴承座与轴承盖连接在一起。

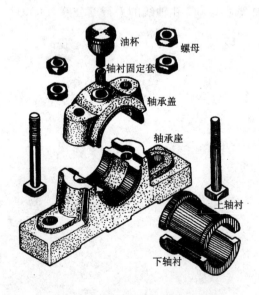

图4-1 滑动轴承分解图

2. 装配图的内容

图 4-2 为滑动轴承的装配图,从中可以看出一张装配图应包括五项内容:一组视图、必要的尺寸、技术要求、零件的序号和明细栏以及标题栏。

(1)一组视图。用以表达机器或部件的工作原理、装配关系、传动路线、连接方式及零件的基本结构。

(2)必要的尺寸。用以表示机器或部件的性能、规格、外形大小及装配、检验、安装所需的尺寸。

(3)技术要求。用符号或文字注写的机器或部件在装配、检验、调试和使用等方面的要求、规则和说明等。

(4)零件的序号和明细栏。组成机器或部件的每一种零件(结构形状、尺寸规格及材料完全相同的为一种零件)在装配图上,必须按一定的顺序编上序号,并编制出明细栏。明细栏中注明各种零件的序号、名称、数量、材料、备注等内容,以便读图、图样管理及进行生产准备、生产组织等工作。

(5)标题栏。说明机器或部件的名称、图样代号、比例、重量及责任者的签名和日期等内容。

4.2 装配图的表达方法

本书前面的章节中介绍了表达机件的各种表达方法,这些表达方法对表达机器(或部件)同样适用。但由于装配图是表达由若干零件所组成的机器(或部件),所以,除了选用前面所讨论的各种表达方法外,还有一些表达机器(或部件)的特殊表达方法和规定画法。

1. 装配图的规定画法

为了使看图者能够顺利地读懂装配图反映的各零件间的结合情况,国家标准规定绘制装配图时应遵守以下规定:

(1)两相邻零件的接触表面、基本尺寸相同的配合面,规定只画一条轮廓线,非接触面、非配合面,即使间隙很小,也要夸大地画出各自的轮廓线,即在该处画出两条线。如图4-2 所示,其中上下轴衬与轴承盖和轴承座内孔为配合面,只画一条线。螺母与轴承盖之间是接触面,也只画一条线;螺栓杆身与轴承盖和轴承座的通孔之间为非接触面,虽然间隙很小,但仍要画出各自的轮廓线。

(2)在剖视和断面图中,相邻的两个(或两个以上)零件的剖面线方向应相反,或虽方向一致但间距大小不同、互相错开,以区分不同的零件。在同一张装配图中,同一零件的剖面线方向和间距,在所有剖视、断面图中都必须一致。

(3)在装配图中,对于实心件(轴等)和标准件(如螺栓、螺母、垫圈、键、销杆、球等),当剖切平面通过其轴线(沿纵向剖切)时,这些零件均按不剖绘制,即不画剖面线。如图4-2 中的螺母、螺栓。

按照以上基本规定,我们可以从装配图上剖与不剖,剖面线的方向与间隔的差异,相邻两零件之间画一条或两条线,将装配图中各零件的轮廓范围分清,查明装配关系,顺利地看懂装配图。

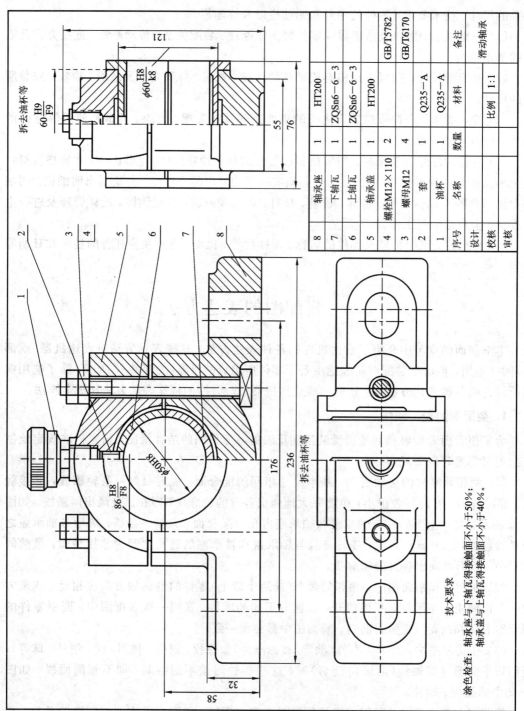

8	轴承座	1	HT200		备注
7	下轴瓦	1	ZQSn6-6-3		滑动轴承
6	上轴瓦	1	ZQSn6-6-3		
5	轴承盖	1	HT200		
4	螺栓M12×110	2		GB/T5782	
3	螺母M12	4		GB/T6170	
2	套	1	Q235-A		
1	油杯	1	Q235-A		
序号	名称	数量	材料		
设计			比例	1:1	
校核					
审核					

技术要求

涂色检查：轴承座与下轴瓦得接触面不小于50%；
　　　　　轴承盖与上轴瓦得接触面不小于40%。

图 4-2　滑动轴承装配图

2. 装配图的特殊表达方法

1) 拆卸画法

装配体上零件间往往有重叠现象,当某些零件遮住了需要表达的结构与装配关系时,可采用以下拆卸画法:

(1) 假想将一些零件拆去后再画出剩下部分的视图,如图 4-2 中左视图就是假想拆去螺栓、螺母、油杯等后画出的。

(2) 假想沿零件的结合面剖切,相当于把剖切面一侧的零件拆去,再画出剩下部分的视图,如图 4-2 俯视图所示。此时,零件的结合面上不画剖面线,但被剖切到的零件必须画出剖面线。

2) 假想画法

(1) 当需要表达所画装配体与相邻零件或部件的关系时,可用细双点划线假想画出相邻零件或部件的轮廓,如图 4-3 中的主轴箱。

(2) 当需要表达某些运动零件或部件的运动范围及极限位置时,可用细双点划线画出其极限位置的外形轮廓,如图 4-3 中操纵杆的 Ⅱ、Ⅲ。

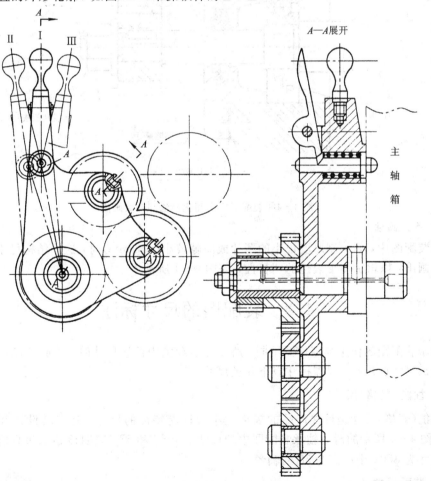

图 4-3 三星齿轮传动机构的展开画法

3）展开画法

为了表达传动机构的传动路线和装配关系，可假想按传动顺序沿轴线剖切，然后依次将各剖切平面展开在一个平面上，画出其剖视图。此时应在展开图的上方注明"X—X 展开"字样，如图 4-3 所示。

4）简化画法

如图 4-4 所示，在装配图中可以采用以下简化画法：

（1）在装配图中，零件的工艺结构，如小圆角、倒角、退刀槽等可不画出。

（2）在装配图中，螺栓、螺母等可按简化画法画出。

（3）对于装配图中若干相同的零件组，如螺栓、螺母、垫圈等，可以详细地画出一组或几组，其余只用细点划线表示出装配位置即可。

（4）装配图中的滚动轴承，可以只画出一半，另一半按规定画法画出。

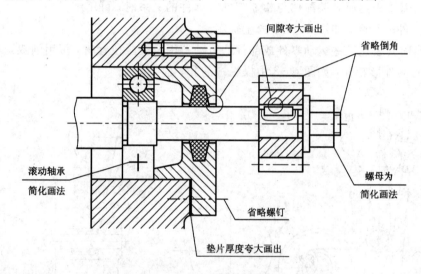

图 4-4　装配图中的简化画法和夸大画法

5）夸大画法

在装配图中，如绘制厚度很小的薄片或间隙较小（≤2 mm）时，这些结构可不按原比例而夸大画出，以增加图形表达的明显性，如图 4-4 所示。

4.3　装配图的尺寸标注

由于装配图的作用与零件图不同，所以在装配图中标注尺寸时，不必把制造零件时所需的全部尺寸标出来，只需标注以下几类尺寸。

1. 性能（规格）尺寸

性能（规格）尺寸是反映产品的规格大小及性能特征的尺寸，是产品设计和选用的依据。如图 4-2 所示的滑动轴承装配图中的尺寸 $\phi50H8$ 和 58，表明该轴承座只能用于支撑基本尺寸为 $\phi50$、中心高为 58 的轴颈。

2. 装配尺寸

装配尺寸是与产品及其组成部分的装配质量有关的尺寸，一般分为以下两类：

（1）配合尺寸。配合尺寸是指零件间配合性质的尺寸，如图 4-2 中轴承座与轴承盖之间的配合尺寸为 86H8/F8；上下轴衬与轴承盖、座间的配合尺寸为 ϕ60H8/k8。

（2）相对位置尺寸。相对位置尺寸是零件或部件间在装配时需要保证相对位置的尺寸，如图 4-2 中轴承盖与轴承座两平面的间距 2 为相对位置尺寸。

3. 安装尺寸

安装尺寸是零、部件与机器间或机器与地基间在安装时的尺寸，如图 4-2 中轴承座的两孔中心距为 176。

4. 外形尺寸

外形尺寸是机器或部件的最大外形轮廓尺寸，即总长、总宽、总高尺寸，如图 4-2 中滑动轴承的总长 236、总宽 76 和总高 121 都属于外形尺寸。

以上几类尺寸并非在每张装配图上都必须注全，要根据具体情况而定。另外，有时同一个尺寸可能有多种含义，如图 4-2 中的尺寸 58，既是规格尺寸又是安装尺寸。

4.4　装配图中零部件的序号和明细栏

为方便读图和组织生产，装配图中所有的零部件都必须编写序号，并与明细栏中的序号一致，以便统计零件数量，准备生产。同时，在看装配图时，也可根据零件序号查阅明细栏，用以了解零件的名称、材料及数量等，有利于看图及图样管理。

1. 零部件的序号及其编排方法

如图 4-2 所示，装配图中零部件的序号及其编排方法如下：

（1）在装配图中每个零件的可见轮廓线内画一小黑点，用细实线引出指引线，并在其末端的横线上注写零件序号。若所指的零件很薄或为涂黑者，可用箭头代替小黑点。

（2）每种零件或组件都要进行编号。形状、尺寸完全相同的零件只编一个序号，数量填写在明细栏中。同一标准的组件如滚动轴承、电机等也只编一个序号。

（3）装配关系清楚的紧固件组，可以采用公共指引线，如图 4-2 中螺栓连接序号 3、4 的形式。

（4）指引线应尽可能分布均匀，不能彼此相交。当通过有剖面线的区域时，不应与剖面线平行，必要时指引线可以画成折线，但只可曲折一次。

（5）装配图中的序号应按水平或垂直方向排列整齐。序号按顺时针或逆时针方向顺次排列，在整个图上无法连续时，可只在每个水平或垂直方向顺次排列。

零件序号的编制方法一般是将一般件与标准件混合编制在一起，也可只将一般件编号填入明细栏，而将标准件直接在图上标出或另列专门表格。

2. 明细栏

明细栏应放在标题栏的上方，并与标题栏相连接，当地方不够时，可将明细栏的一部分移至标题栏的左边，若还不够可再向左移，其格式如图 4-2 所示。零件序号应自下而上有序填写，以便增加或有漏编零件时，可以向上添加。标准件应填写其形式规格和标准代号，有些零件的重要参数（如齿轮的齿数、模数等）可填入备注栏内。零件的明细栏除其外边框线为粗实线，其余各线均为细实线。

4.5　读装配图

在生产中，经常要读装配图。例如，当零件最后加工完后，需要按照装配图把它们装配在一起；当机器发生故障时，需要对照装配图进行修理。

1. 读装配图的要求

通过读装配图应达到以下三项要求：

（1）了解机器的工作原理，即了解机器或部件是怎样实现其功能的，运动和动力是如何传递的。

（2）了解各零件之间的装配关系，即了解各零件的相对位置、联接、固定方式、配合松紧程度和装拆顺序。

（3）了解各零件的名称、数量、材料、重量、作用和主要结构形状。

2. 读装配图的步骤和方法

现以齿轮油泵装配图（见图 4-5）为例，说明读装配图的一般步骤和方法。

1）了解概况，分析视图关系

读装配图时，首先应看标题栏、明细栏和技术要求。从标题栏中了解机器或部件的名称、比例和用途等。从明细栏中了解零件的名称、数量、材料等。从技术要求中了解机器或部件的技术性能指标。例如，从图 4-5 中可知，产品的名称是齿轮油泵，是机器中用来输送一定压力油的部件。从明细栏里可知该部件共有 11 种零件以及它们的名称、代号、数量、材料等；从代号和数量栏中可统计出标准零件有 2 种（螺钉和销）共 8 件，常用件有 1 种（齿轮）共 2 件，其他零件有 8 种共 8 件。从技术要求中可知齿轮油泵的装配质量指标是齿轮啮合面的接触长度和能承受的压力。了解上述情况后，对齿轮油泵就有了初步认识。

了解概况后，就可以分析视图关系了。分析视图关系是为了弄清楚装配图采用了哪些视图、剖视图、断面图，它们之间的相互关系和各自的表达意图，为下阶段深入读图做准备。例如，齿轮油泵装配图用两个视图表达，全剖的主视图表达了零件间的装配关系，左视图沿泵盖与泵体结合面剖开，并局部剖出油孔，表示了部件吸、压油的工作原理及其外部特征。

2）分析装配干线，看懂零件形状，明确装配关系

这是读装配图的关键阶段，要求深入细致地读图。读图时，应以反映装配关系最明显的视图（一般为主视图）为主，配合其他视图，首先分析装配干线。例如，从主视图上可分析出以主动轴轴线为主的一条装配干线，如主动轴、圆柱销、齿轮、填料、压盖、压紧螺母等都是沿着这条轴线依次装配起来的。

（1）分析了装配干线后，再在装配图中区分出不同的零件，看懂零件形状和作用。在装配图中区分不同零件，最常用的方法有以下三种：

① 利用剖面线的方向和间隔来区分。

② 利用轴、杆等实心件和标准件不剖的规定来区分。

③ 利用视图间的三等投影规律来区分。

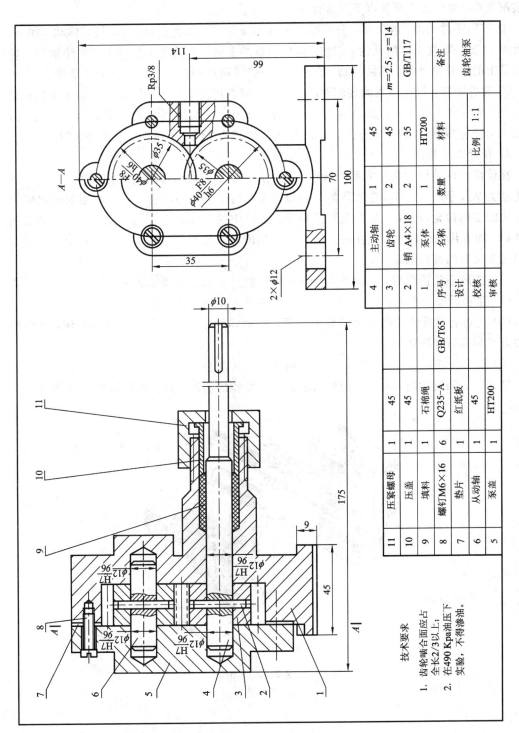

11	压紧螺母	1	45				4	主动轴	1	45	$m=2.5$, $z=14$
10	压盖	1	45				3	齿轮	2	45	GB/T117
9	填料	1	石棉绳				2	销 A4×18	2	35	
8	螺钉 M6×16	6	Q235-A	GB/T65			1	泵体	1	HT200	备注
7	垫片	1	红纸板				序号	名称	数量	材料	
6	从动轴	1	45				设计			比例	1:1
5	泵盖	1	HT200				校核				
							审核			齿轮油泵	

图 4 – 5　齿轮油泵装配图

技术要求
1. 齿轮啮合面应占全长2/3以上；
　 在490 Kpa油压下实验，不得漏油。

（2）在分析装配干线和看懂零件形状的基础上，按每条装配干线，弄清楚机器或部件的装配关系。装配关系可从以下几方面来分析：

① 辨别零件的动、静关系。分清哪些零件是运动的、如何运动的（旋转、移动、摆动、往复等），哪些零件是不能动的。例如，齿轮油泵的泵体和泵盖是不能动的，主动轴与从动轴及其上的齿轮是动的。零件的动、静关系，一般可通过配合关系和联结关系来辨别。

② 装拆顺序。齿轮油泵的装配顺序是：先用销 2 将齿轮 3 分别固定在主动轴 4 和从动轴 6 上，然后将主动轴 4 和从动轴 6 放入泵体的孔中；再将泵盖 5 套上用螺钉 8 固定，最后在主动轴左端装上填料 9、压盖 10，并旋入压紧螺母 11。拆卸顺序与装配顺序相反。

3）分析工作原理

在读懂零件结构和装配关系的基础上，再进一步了解机器部件的工作原理。分析时可从传动关系入手，例如，齿轮油泵的工作原理是：当两齿轮做啮合传动时，逐渐退出啮合区一边的油被齿轮带走，压力降低形成负压，油池中的油在大气压力作用下，进入油泵的吸油口，随着齿轮的转动，正在进入啮合区一边的油被齿轮挤压形成一定的压力从压油口压出送至机器的高压管路中。

通过前阶段的读图后，结合下列问题再来检验是否真正读懂了装配图。

（1）是否看懂全部零件（特别是主要零件）的基本结构形状和作用。

（2）是否看懂反映工作原理的装配关系，运动零件如何运动，运动范围如何，零件的联接方式和装拆顺序如何。

（3）图上所注尺寸各属于哪一类？采用了哪几种配合？

结合以上问题读图，就会对齿轮油泵有一个完整的认识，其立体图如图4-6所示。

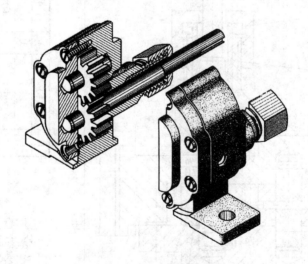

图 4-6 齿轮油泵立体图

第二篇　机械制造基础

第 5 章　金属材料及热处理概论

金属材料是现代机械制造业的基本材料,广泛应用于制造生产及生活用品。金属材料之所以获得广泛应用,是由于它具有许多良好的性能。

金属材料分为黑色金属和有色金属两类。

黑色金属包括铸铁和钢。碳的质量分数超过 2%的铁碳合金称为铸铁;碳的质量分数小于 2%的铁碳合金称为钢。

钢铁以外的金属材料称为有色金属材料或非铁金属材料。当前,在全世界的金属材料总产量中,钢铁占 95%,是金属材料的主体;有色金属材料约占 5%,处于补充地位,但它的作用却是钢铁材料无法代替的。

有色金属材料与钢铁材料相比较,其突出的优良性能主要在物理性能和化学性能两方面。钛和钛合金的耐蚀性优于不锈钢;铜及铝的导电和导热性明显高于铁合金;镍铬合金的电阻率高,同时还有高的抗氧化性和塑性;铅具有高的抗 x 射线和 γ 射线穿透的能力;铅、锡基合金和某些铝基、铜基合金具有优良的减摩性能等。关于力学性能,一般来说,钢铁强度高,而多数有色金属塑性好。若考虑到铝及铝合金的相对密度低于钢,并且比强度是用材料的相对密度除以强度得出的,则铝或铝合金的比强度和比刚度均比钢铁成倍地提高。

热处理是指金属或合金在固态范围内,通过一定的加热、保温和冷却的方法改变金属或合金的内部组织,从而得到所需性能的一种工艺操作。

5.1　金属及合金的主要性能

金属材料的性能是指用来表征材料在给定外界条件下的行为参量。当外界条件发生变化时,同一种材料的某些性能也会随之变化。通常所指金属材料的性能包括以下两个方面:

(1) 使用性能。使用性能是为了保证零件、工程构件或工具等的正常工作,材料所应具备的性能，包括物理性能（如熔点、导热性、热膨胀性等）、化学性能（如耐腐蚀性、抗氧化性等）、力学性能等。金属材料的使用性能决定了其应用范围、安全可靠性和使用寿命等。

（2）工艺性能。工艺性能是指金属在制造加工过程中反映出来的各种性能，即反映金属材料在被制成各种零件、构件和工具的过程中，材料适应各种冷、热加工的性能，主要包括铸造、压力加工、焊接、切削加工、热处理等方面的性能。

5.1.1　金属及合金的物理、化学性能

1. 金属材料的物理性能

金属材料的本质不发生变化所表现的性能称为物理性能，包括密度、熔点、导热性、导电性、磁性等。涉及到金属加工的主要物理性能有如下几种。

（1）密度及熔点。金属的密度就是单位体积金属的质量；金属的熔点用温度来衡量。不同用途的机器零件，对金属材料的密度和熔点要求也不同。如飞机和汽车上的许多零件和构件，要选用密度比较小的铝、镁合金来制造，而重型机器上的许多构件，则必须用密度较大的钢铁材料来制造。又如铸钢、铸铁和铸造铝合金的熔点各不相同，在铸造时三者的熔炼工艺就有很大的差别。

（2）导热性。金属传导热的性能称为导热性，一般用热导率 λ 来衡量金属导热性的好坏，λ 值越大，导热性越好。在热加工时，若金属的导热性很差，在加热或冷却时，尤其以较快的速度加热或冷却时，会在金属中产生较大的温度差而引起较大的热应力，从而导致工件变形甚至产生裂纹。因而对导热性差的材料，应减慢其加热或冷却速度。例如，高速钢的导热性较差，在锻造时就应该用很慢的速度进行加热，否则易产生裂纹。

（3）热膨胀性。金属在温度升高时体积膨胀的现象称为热膨胀性，用线膨胀系数 α 表示，其单位是 $1/℃$ 或 $1/K$，即温度每升高 $1℃$，其单位长度的膨胀量。α 值越大，金属的尺寸或体积随温度变化而变化的程度就越大。

2. 金属材料的化学性能

金属材料的化学性能是指金属材料在室温或高温条件下抵抗各种腐蚀介质对其化学侵蚀的能力，一般包括耐蚀性、抗氧化性和化学稳定性。

由于金属材料的氧化和腐蚀不仅破坏零件的表面质量，而且还会降低零件的精度，严重的局部腐蚀和应力共同作用，还会使零件产生破坏。因此对处于高温或在腐蚀性介质中的工件，首先要考虑的是它们的化学稳定性。

5.1.2　金属及合金的力学性能及工艺性能

1. 金属及合金的力学性能

金属及合金的机械性能即金属材料的力学性能。所谓力学性能是指金属在外力作用下所表现出来的性能。力学性能包括强度、塑性、硬度、冲击韧性及疲劳强度等。

1）强度

强度是指在外力作用下材料抵抗变形和断裂的能力，是材料最重要、最基本的力学性能指标之一。

　　静载时的强度测定可用材料进行拉伸试验。关于强度及其测定将在后面的力学部分进一步深入研究。

　　2）疲劳

　　金属材料在极限强度以下，长期承受交变负荷（即大小、方向反复变化的载荷）的作用，在不发生显著变形的情况下而突然断裂的现象称为疲劳。

　　金属材料在重复或交变应力作用下，经过周次 N 的应力循环仍不发生断裂时所能承受的最大应力称为疲劳极限。在重复或交变力作用下，循环一定周次后断裂时所能承受的最大应力，叫疲劳强度。此时，N 称为材料的疲劳寿命。某些金属材料在重复或交变应力作用下没有明显的疲劳极限，常用疲劳强度表示。

　　3）塑性

　　塑性是指金属材料在外力作用下，产生永久变形而不致破裂的能力。许多零件或毛坯是通过塑性变形而成形的，要求材料有较高的塑性，并且为防止零件工作时脆断，也要求材料有一定的塑性。塑性也是金属材料的主要力学性能指标之一，常用的塑性指标有断后伸长率 δ 和断面收缩率 ψ。关于塑性的测定将在后面的力学部分进一步深入研究。

　　4）韧性

　　韧性是指金属材料在冲击力（动力载荷）的作用下而不破坏的能力。金属的韧性通常随加载速度的提高、温度的降低以及应力集中程度的加剧而减少。韧性高的材料在断裂前要发生明显的塑性变形，由可见的塑性变形至断裂会经过一段较长的时间，能引起人们注意，一般不会造成严重事故。韧性低的材料脆性大，材料断裂前没有明显的征兆，因而危险性极大。评定材料韧性的力学性能指标是冲击韧度和断裂韧度。

　　金属材料抵抗冲击载荷的能力称为冲击韧度。不少机器零件如冲床连杆、曲轴等，在工作时要承受冲击载荷，且冲击所引起的变形和应力比静载时大得多，如果仍只用静载荷作用下的抗拉强度来设计计算，就不能保证零件工作时的安全性，因此必须同时考虑金属材料的冲击韧度。目前，工程上一般用金属夏比冲击试验来测定金属材料的冲击韧度值 α_k。

　　金属夏比冲击试验是先将被测的金属材料制成一定形状和尺寸的试样（图 5-1(a) 为 u 形缺口冲击试样），将其安放在冲击试验机上，把具有一定重量 G 的摆锤提到 h_1 高度后，使摆锤自由下落（见图 5-1(b)）。

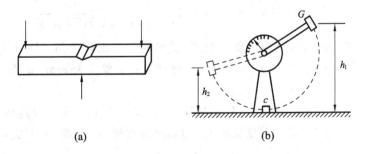

(a)　　　　　　　　　　　　(b)

图 5-1　冲击试验原理图

　　冲断试样后，摆锤摆至 h_2 高度，其位能的变化值即为摆锤对试样所做的冲击功，即

$$A_k = G(h_1 - h_2)$$

冲击功除以冲击试样缺口处初始截面积即为冲击韧度 α_k，即

$$\alpha_k = \frac{A_k}{S}$$

式中：α_k 为冲击韧度，单位为 J/cm^2；A_k 为冲击功，单位为 J；S 为试样缺口处初始截面积，单位为 cm^2。

α_k 值越大，金属材料的冲击韧度越好，对于重要零件，要求 $\alpha_k > 50\ J/cm^2$。实践中往往是零件要经过小能量多次重复冲击才被冲断，因此 α_k 值一般只作为设计计算的参考。

5）硬度

硬度是指金属抵抗硬物体压入其表面的能力。硬度不是一个单纯的物理量，而是反映弹性、强度、塑性等的一个综合性能指标。

硬度是各种零件和工具必须具备的性能指标。机械制造业所用的刀具、量具、模具等，都应具备足够的硬度才能保证使用性能和寿命，因此，硬度是金属材料重要的力学性能之一。硬度又可间接地反映金属的强度及金属在化学成分、金相组织和热处理工艺上的差异。与拉伸试验相比，硬度试验简便易行，因而硬度试验应用十分广泛。

测定金属材料硬度的方法很多，常用的是布氏硬度试验和洛氏硬度试验。

（1）布氏硬度。布氏硬度用 HB 表示，是用淬硬小钢球或硬质合金球压入金属表面，以其压痕面积除以加在钢球上的载荷，所得的商即为金属的布氏硬度数值。图 5-2 所示为布氏硬度试验原理图。

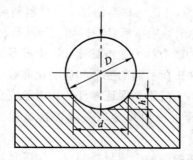

图 5-2　布氏硬度试验原理图

布氏硬度按下式计算：

$$HBS(HBW) = \frac{F}{S} = 0.102\frac{2F}{\pi D(D - \sqrt{D^2 - d^2})}$$

式中：HBS（HBW）为用钢球（或硬质合金球）试验时的布氏硬度值；F 为试验力，单位为 N；S 为球面压痕表面积，单位为 mm^2；D 为球体直径，单位为 mm；d 为压痕平均直径，单位为 mm。

从上式中可以看出，当试验力（F）、球体直径（D）一定时，布氏硬度值仅与压痕直径（d）的大小有关。d 越小，布氏硬度值越大，也就是硬度越高。相反，d 越大，布氏硬度值越小，硬度也越低。

通常布氏硬度值不标单位。在实际应用中，布氏硬度一般不用计算，而是用专用的刻度放大镜量出压痕直径（d），根据压痕直径的大小，再从专门的硬度表中查出相应的布氏硬度值。

布氏硬度符号,如硬度机压头为淬火钢球时用 HBS 表示,适用于硬度较低(HB<450)的材料;硬度机压头为硬质合金钢球时用 HBW 表示,适用于硬度较高(450≤HB≤650)的材料。由于布氏硬度压痕较深且面积较大,故不适宜测试太薄的试样和成品零件的硬度。

生产中常用布氏硬度法测定经退火、正火和调质的钢件,以及铸铁、有色金属、低合金结构钢等毛坯或半成品的硬度。标注布氏硬度时,符号"HBS"或"HBW"之前为硬度值,符号后面用数值按顺序依次表示球体直径、试验力和试验保持时间(10~15 s 不标注),并用斜线分别隔开。

例如:170HBS10/30000/30,表示用直径 10 mm 的淬火钢球压头在 30000 N 试验力作用下保持 30 s,测得的布氏硬度值为 170;500HBW5/7500,表示用直径 5 mm 的硬质合金球在 7500 N 试验力作用下保持 10~15 s,测得的布氏硬度值为 500。

(2) 洛氏硬度。用一定的试验力 F,将顶角为 120° 的金刚石圆锥体或直径为 1.588 mm 的淬火钢球压入被测金属表面,然后根据压痕的深度确定被测金属材料硬度值的方法称为洛氏硬度测试法。

图 5-3 为洛氏硬度试验原理图。一般洛氏硬度机不需要直接测量压痕深度,其值可由刻度盘上的指针指示出来。

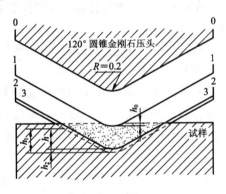

图 5-3　洛氏硬度试验原理图

根据所加试验力的大小和压头类型的不同,洛氏硬度可分为 HRA、HRB、HRC 三种,它们的测量范围和应用范围也不同(见表 5-1)。

表 5-1　常用洛氏硬度的试验条件和应用范围

硬度符号	所用压头	测量范围(硬度)	总载荷/N	应用举例
HRA	金刚石圆锥	70~85	588.4(60kgf)	碳化物、硬质合金、淬火工具钢、浅层表面硬化钢
HRB	φ1.5875 mm 钢球	25~100	980.7(100kgf)	软钢、铜合金、铝合金
HRC	金刚石圆锥	20~67	1471.1(150kgf)	淬火钢、调质钢、深层表面硬化钢

洛氏硬度的标注法比布氏硬度简单,但仍是硬度值在硬度代号的前面,如 60HRC 表示用 C 标尺所测得的洛氏硬度值为 60。

洛氏硬度压痕小，可测较薄的材料和硬的材料或成品件的硬度。一般生产中以 HRC 用得最多，HRC 与 HBS 的数值关系（当 HBS＞220 时）约为 1∶10。

2. 金属及合金的工艺性能

工艺性能指金属材料在加工过程中所表现出来的性能，即接受加工难易程度的性能。工艺性能主要有铸造性、切削加工性、焊接性、可锻性、冲压性、顶锻性、冷弯性和热处理工艺性等。在设计机械零件和选择加工方法时，都要考虑金属材料的工艺性能。如灰铸铁具有优良的铸造性能和切削加工性能，常用来铸造机械零件，但其锻造性能差，不能锻造，焊接性能也较差；而低碳钢的锻造性能和焊接性能都很好。热处理工艺通常作为改善切削加工性能或使零件得到所要求的最终性能而安排在有关工序之间。

1）铸造性

铸造是将熔融金属浇注、压射或吸入铸型腔中，待其凝固后而得到一定形状和性能铸件的方法。由此可知，铸造性是指金属熔化成液态后，在铸造成形时所具有的一种特性。衡量铸造性的指标有流动性、收缩性和偏析趋势。

（1）流动性。流动性是液态金属充满铸型的能力。流动性越好，液态金属充满铸型的能力越强，容易铸造细、薄、精密的铸件。流动性差，铸型就不易被液态金属充满，铸件就容易造成"缺肉"而成为废品。

（2）收缩性。收缩性是指铸件在冷却凝固时，体积和线性尺寸收缩的程度。收缩不利于金属铸造，它将使铸件产生缩孔、缩松、变形等缺陷。

（3）偏析趋势。偏析趋势是指铸件凝固后出现的化学成分和组织上不均匀的现象，从而导致铸件各部位的力学性能差异。一般说来，合金钢的偏析倾向较大，高碳钢的偏析倾向比低碳钢大，因此，这类钢需要通过铸后热处理（扩散退火）来消除偏析。

2）切削加工性

金属材料在切削加工时所表现的性能，称为切削加工性。切削加工性的优劣反映出金属材料经过切削加工而成为合乎要求工件的难易程度。切削加工性与多种因素有关，如材料的组织、成分、硬度、强度、塑性、韧性、导热性、金属加工硬化程度以及热处理等。评价金属材料的切削加工性是比较复杂的，它包括切削力、切削热、对刀具的磨损、断屑性能、表面粗糙度等。一般根据材料的韧性和硬度作大致的判断。硬度在 170～230HBS 之间，并有足够脆性的金属材料，有良好的切削加工性。硬度和韧性过高或过低，切削性能均不理想。金属材料的切削加工性很难用一个指标来评定，通常用切削率或切削加工系数来相对地表示。

一般来说，有色金属比黑色金属材料的切削加工性好，铸铁比钢的切削加工性好，中碳钢又比低碳钢的切削加工性好。

3）焊接性

用焊接方法将两种相同或不同的金属材料焊合在一起，并能获得优良性能的焊缝称为焊接性。

一般来说，导热性过高或过低、热膨胀性大、塑性低或焊接时容易氧化、吸气的金属，其焊接性比较差。低碳钢具有良好的焊接性，中碳钢中等，高碳钢、高合金钢、铸铁和铝合金的焊接性较差。

4）可锻性

可锻性是指金属材料在锻造过程中承受塑性变形的性能。如果金属材料的塑性好，易于锻造成形而不发生破裂，就认为其可锻性好。铜、铝的合金在冷态下就具有很好的可锻性；碳钢在加热状态下，可锻性也很好；而青铜的可锻性就差些。至于脆性材料的可锻性就更差，如铸铁几乎不能锻造。

5）冲压性

冲压性是指金属经过冲压变形而不产生裂纹等缺陷的性能。许多金属产品的制造都要经过冲压工艺，如汽车壳体、搪瓷制品坯料。为保证制品的质量和工艺的顺利进行，用于冲压的金属板、带等必须具有合格的冲压性能。

检验金属材料冲压性的方法叫杯突试验（也叫艾利克森试验）。试验过程是：用规定的钢球或球形冲头顶压夹紧在压模内的试样，直至试样产生第一个裂纹为止。这时的压入深度叫杯突深度。杯突深度不小于规定时就认为合格。材料能承受的杯突深度越大，则冲压性越好。

6）顶锻性

顶锻性是指金属材料承受打铆、镦头等顶锻变形的性能。金属必须具有良好的顶锻性。

金属的顶锻性是用顶锻试验测定的，在常温下进行的叫冷顶锻试验；在锻造温度范围内进行的叫热顶锻试验。进行顶锻试验时，应将试样锻短至规定长度（一般为长度的1/3、1/2 或 2/5），锻后检查试样侧面，如无裂缝、扯破、气泡等即为合格。

7）冷弯性

金属材料在常温下能承受弯曲而不破裂的性能，称为冷弯性。出现裂纹前能承受的弯曲程度越大，则材料的冷弯性越好。弯曲程度一般用弯曲角度或弯芯直径 d 对材料厚度 a 的比值来表示，弯曲角度越大或弯芯直径 d 对材料厚度 a 的比值越小，则材料的冷弯性就越好。

金属材料的弯曲是靠弯曲处附近的塑性变形来实现的，因此，塑性越大，冷弯性也越好。

8）热处理工艺性

热处理工艺性是指金属经过热处理后，其组织和性能改变的能力，包括淬硬性、淬透性、回火脆性、氧化及脱碳趋势等。

3. 合金元素对钢性能的影响

合金是指由两种或两种以上的元素（其中至少有一种是金属元素）所组成的具有金属性质的物质。钢中的主要合金元素对钢的作用及其性能的影响相当复杂，它对钢的组织也有很大影响。下面仅简述几种主要影响。

1）强化铁素体

大多数合金元素（除铅外）都能溶于铁素体，形成合金铁素体。由于合金元素与铁的晶格类型和原子半径的差异，引起铁素体的晶格畸变，产生固溶强化作用，使铁素体的强度、硬度提高，塑性和韧性下降。合金元素对铁素体韧性的影响与它们的含量有关，例如，当 Si<1.00%，Mn<1.50%时，铁素体韧性没有下降，当含量超过此值时，韧性则有下降的趋势；而铬和镍在适当范围内（Cr<2.0%，Ni<5.0%）可使铁素体的韧性提高。

2）形成合金碳化物

锰、铬、钼、钨、钒、钛等元素与碳能形成碳化物。根据合金元素与碳的亲和力不同，它们在钢中形成的碳化物可分为两类。

（1）合金渗碳体。锰、铬、钼、钨等弱、中强碳化物形成元素一般倾向于形成合金渗碳体，如$(Pe，Mn)_3C$，$(Fe，Cr)_3C$，$(Fe，W)_3C$ 等。合金渗碳体较渗碳体略为稳定，硬度也略高。

（2）特殊化合物。钒、铌、钛等强碳化物形成元素能与碳形成特殊碳化物，如 VC、TiC 等。特殊碳化物比合金渗碳体具有更高的熔点、硬度和耐磨性，而且更稳定，不易分解，能显著提高钢的强度、硬度和耐磨性。

3）细化晶粒

几乎所有的合金元素都有抑制钢在加热时的奥氏体晶粒长大的作用，达到细化晶粒的目的。强碳化物形成元素钒、铌、钛等形成的碳化物及铝在钢中形成的 AlN 和 Al_2O_3 细小质点，均能强烈地阻碍奥氏体晶粒长大，使合金钢在热处理后获得比碳钢更细的晶粒。

4）提高钢的淬透性

除钴外，所有的合金元素溶于奥氏体后，均可增加过冷奥氏体的稳定性，推迟其向珠光体的转变，使 C 曲线右移，从而减小淬火临界冷却速度，提高钢的淬透性。

合金元素加入后可提高钢的淬透性，因此，在获得同样淬硬层深度的情况下，可以采用冷却能力较低的淬火介质，以减小形状复杂的零件在淬火时的变形和开裂。在淬火条件相同的条件下，合金钢可获得较深的淬硬层，能使大截面的零件获得均匀一致的组织，从而得到较好的力学性能。常用的提高淬透性的合金元素有钼、锰、铬、镍和硼等。

5）提高钢的回火稳定性

淬火钢在回火时抵抗软化的能力，称为钢的回火稳定性。合金钢在回火过程中，由于合金元素的阻碍作用，使马氏体不易分解，碳化物不易析出，即使析出后也不易聚集长大，而保持较大的弥散度，所以钢在回火过程中硬度下降较慢。和碳钢相比，在相同的回火温度下，合金钢比相同含碳量的碳素钢具有更高的硬度和强度；在强度要求相同的条件下，合金钢可在更高的温度下回火，以充分消除内应力，而使韧性更好。

高的回火稳定性使钢在较高温度下仍能保持高硬度和高耐磨性。金属材料在高温下保持高硬度的能力称为热硬性，这种性能对一些工具钢具有重要意义。如高速切削时，刀具温度很高，刀具材料的回火稳定性高，就可以提高刀具的使用寿命。

5.2　常用的金属材料和非金属材料

5.2.1　碳素钢

通常将含碳量在 $0.02\%\sim2.11\%$ 的铁碳合金称为碳钢，又称碳素钢。碳钢的冶炼较简便，价格低廉，在工业上使用极为广泛。实际使用的碳钢，其含碳量一般不超过 1.4%，而且除了铁和碳这两种元素外，由于冶炼过程的原因，还含有少量的硫、磷、锰、硅等常存杂质元素。

1. 常存杂质元素对碳钢性能的影响

1）硫的影响

硫是由生铁和燃料带入钢中的杂质。由于硫元素的存在，当钢材加热到 $1000\sim1200℃$ 进行锻造或轧制时，导致钢材沿晶界开裂，这种现象称为热脆。此外，硫对钢的焊接性也有不良作用，它会使焊缝容易产生热裂。在焊接过程中，硫易于氧化生成 SO_2 气体，使焊缝中产生气孔和疏松。

但含硫量较多的钢，可与锰形成较多的 MnS，在高温下具有一定塑性，从而避免了热脆性。在切削加工中，MnS 能起断屑的作用，可改善钢的切削加工性，这是硫有利的一面。

2）磷的影响

磷也是冶炼时由于矿石和炼钢铁水带入钢中的。磷有强烈的固溶强化作用，即使少量的磷都能使钢的强度和硬度显著提高，但使塑性和韧性大大下降。这种脆化现象在低温时更严重，故称为冷脆。一般认为钢中的磷是有害杂质，要严格控制其含量。

3）锰的影响

锰有较好的脱氧能力，能清除钢中的 FeO，降低钢的脆性。同时，锰能取代 FeS 中的铁而与硫形成高熔点的 MnS，以防止硫在钢中所产生的热脆性。锰既能溶入铁素体中，又能溶入渗碳体中，使钢的强度与硬度得到提高。因此，锰是有益杂质。

4）硅的影响

在钢中，硅大多溶入铁素体中，使铁素体强度和硬度得到提高。因此，硅也是有益杂质。

2. 碳钢的分类

碳钢的分类方法很多，下面介绍几种常用的分类法。

（1）按钢中的含碳量分类：

① 低碳钢，含碳量$\leqslant0.25\%$；

② 中碳钢，含碳量在 $0.25\%\sim0.60\%$；

③ 高碳钢，含碳量$>0.60\%$。

（2）按钢的质量分类：

① 普通碳素钢，钢中硫的含量$\leqslant0.050\%$，磷的含量$\leqslant0.045\%$；

② 优质碳素钢，钢中硫、磷的含量约$\leqslant0.040\%$；

③ 高级优质碳素钢，钢中硫的含量$\leqslant0.030\%$，磷的含量$\leqslant0.035\%$。

（3）按钢的用途分类：

① 碳素结构钢，用于制造各种工程结构件和机械零件的碳素钢，大多数为低碳钢和中碳钢；

② 碳素工具钢，用于制造各种刃具、模具和量具的碳素钢，大多数为高碳钢。

（4）按冶炼方法和设备的不同，碳钢可分为平炉钢和转炉钢两类，每一类还可根据炉衬材料的不同，分为酸性钢和碱性钢两种。

（5）按钢液脱氧程度的不同，碳钢又可分为沸腾钢、镇静钢和半镇静钢。

3. 碳素结构钢

碳素结构钢的杂质和非金属夹杂物较多，但冶炼容易，工艺性好，价格便宜，产量大，在性能上能满足一般工程结构及普通零件的要求，因而应用普遍。碳素结构钢通常轧制成钢板和各种型材(如圆钢、方钢、扁钢、槽钢、工字钢、钢筋等)，用于厂房、桥梁、船舶等建筑或一些受力不大的机械零件(如铆钉、螺钉、螺母等)。

碳素结构钢的牌号由代表屈服点的汉语拼音字母"Q"、屈服点数值、质量等级符号和脱氧方法符号四个部分按顺序组成。质量等级符号用字母 A、B、C、D 表示，其中 A 级的硫磷含量最高，D 级的硫磷含量最低。脱氧方法符号用 F、b、Z、TZ 表示，F 是沸腾钢，b 是半镇静钢，Z 是镇静钢，TZ 是特殊镇静钢。Z 与 TZ 符号在钢号组成表示方法中都予以省略。例如，Q235－AF 表示屈服点为 235 MPa 的 A 级沸腾钢。

碳素结构钢按屈服点高低分为 Q195、Q215、Q235、Q255、Q275 五个不同强度级别的牌号。在钢的强度、级别和质量等级等方面为使用部门提供了较大的选择余地。

Q195、Q215 具有高的塑性、韧性和焊接性能，良好的压力加工性能，但强度低。适用于制造地脚螺栓、犁铧、烟筒、屋面板、铆钉、低碳钢丝、薄板、焊管、拉杆、吊钩、支架、焊接结构。

Q235 具有良好的塑性、韧性、焊接性能、冷冲压性能和冷弯性能，以及一定的强度，广泛应用于一般要求的零件和焊接结构，如受力不大的拉杆、连杆、销、轴、螺钉、螺母、套圈、支架、机座、建筑结构、桥梁等。

Q255 具有较好的强度、塑性和韧性以及较好的焊接性能和冷、热压力加工性能，用于制造要求强度不太高的零件，如螺栓、键、摇杆、轴、拉杆和钢结构用各种型钢、钢板等。

Q275 具有较高的强度，较好的塑性和切削加工性能，一定的焊接性能，小型零件可以淬火强化，用于制造要求强度较高的零件，如齿轮、轴、链轮、键、螺栓、螺母、农机用型钢、输送链和链节。

4. 优质碳素结构钢

优质碳素结构钢是按化学成分和力学性能供应的，钢中所含硫、磷及非金属夹杂物量较少，常用来制造重要的机械零件，使用前一般都要经过热处理来改善力学性能。

优质碳素结构钢的牌号用两位数字表示，这两位数字表示该钢的平均含碳量的万分数，例如，45 表示平均含碳量为 0.45% 的优质碳素结构钢；08 表示平均含碳量为 0.08% 的优质碳素结构钢。

优质碳素结构钢根据钢中含锰量的不同，分为普通含锰量钢(Mn＝0.35%～0.80%)和较高含锰量钢(Mn＝0.7%～1.2%)两组。较高含锰量钢在牌号后面标出元素符号"Mn"。例如，10F 是平均含碳量为 0.10% 的优质碳素结构钢，沸腾钢；20G 是平均含碳量为 0.20% 的优质碳素结构钢，锅炉用钢。与普通含锰量的碳素结构钢相比，较高含锰量的碳素结构钢具有较高的淬透性以及较高的强度和硬度。

与碳素结构钢相比，优质碳素结构钢对硫、磷等杂质限制较严，硫、磷含量均不大于 0.035%，除 08、10、15 钢可浇铸成沸腾钢，08～25 钢可浇铸成半镇静钢外，其余均为镇静钢，钢的组织均匀致密，偏析程度小，质量好。

优质碳素结构钢的性能主要取决于含碳量，含碳量越高，钢的强度、硬度越高，塑性、韧性越低。根据含碳量的不同，分为低碳钢、中碳钢和高碳钢。低碳结构钢有良好的塑性和韧性，常经表面热处理制造成表面硬而耐磨、心部有良好韧性的零件，如销轴、受力不大的小齿轮等。含碳量较低的低碳钢，如 08、08F、08AL 等，有很好的塑性和冲压成形性能，是常用的冲压用钢，广泛用作汽车壳体、搪瓷器皿等。中碳钢结构性能适中，经过调质热处理后有较高的综合力学性能，常用来制造一些尺寸较小的调质零件，如小轴、齿轮等，也可在正火状态下或经表面淬火制造一些对性能要求不高而尺寸较大的零件。高碳钢有较高的强度和硬度，常用来制造弹簧和要求耐磨的零件，也大量用来拉制高强钢丝和制造钢丝绳。

优质碳素结构钢的主要缺点是淬透性差，因而不适于制造对性能要求较高、截面尺寸较大、形状较复杂的零件。

5. 碳素工具钢

碳素工具钢是用于制造刀具、模具和量具的钢。由于大多数工具都要求高硬度和高耐磨性，故碳素工具钢含碳量均在 0.70%～1.30% 范围内，都是优质钢或高级优质钢。

碳素工具钢简称碳工钢，碳素工具钢的牌号以汉字"碳"的汉语拼音字母头"T"及后面的阿拉伯数字表示，其数字表示钢中平均含碳量的千分数，例如，T8 表示平均含碳量为 0.80% 的碳素工具钢。若为高级优质碳素工具钢，则在牌号后面标以 A，如 T12A 表示平均含碳量为 1.2% 的高级优质碳素工具钢。不同牌号的工具钢用于制造不同使用要求的各类工具。牌号数字越大，含碳量越高，钢在热处理后的硬度和耐磨性越好，但韧性越差。所以，侧重要求韧性的工具如錾子、凿子、冲子、榔头等多采用 T7、T8 钢；侧重硬度和耐磨性要求的工具（如锉刀、刨刀）多采用 T12、T13；而要求较高硬度和一定韧性的工具（如小钻头、丝锥、低速车刀等）多采用 T9、T10、T11 等钢。

碳素工具钢只适用于在刃部受热温度较低（200℃以下）、低速、小走刀量的机用工具、手工工具、小型冷模具、量具等方面。碳素工具钢的主要缺点是淬透性差，当工具直径或厚度大于 15 mm 时，由于淬硬层太薄而不能使用，碳素工具钢需要用水淬，形状较复杂的工具易于淬火变形，开裂危险性大；碳素工具钢回火稳定性小，热硬性低，刃部受热至 200～250℃时其硬度和耐磨性已迅速下降，因此当刀具性能要求较高时，就必须采用合金工具钢。

5.2.2　合金钢

1. 合金钢的分类

合金钢的种类繁多，分类方法有多种，常见的分类方法有：

（1）按其合金元素总含量的多少分类：

① 低合金钢，合金元素总含量<5.0%；

② 中合金钢，合金元素总含量为 5.0%～10.0%；

③ 高合金钢，合金元素总含量>10.0%。

（2）按用途分类：

① 合金结构钢，用于制造各种机械零件和工程结构件；

② 合金工具钢，用于制造各种工具；

③ 特殊性能钢，是指具有一些特殊性能的钢。

2. 低合金高强度结构钢

低合金高强度结构钢指含有锰及钒、铌、钛等少量合金元素，用于工程和一般结构的钢种。依靠这些元素的作用，使其强度比碳素结构钢高 $30\%\sim150\%$，并在保持低碳的条件下，获得不同的强度等级。用低合金高强度结构钢代替碳素结构钢使用，可以减轻结构自重，节约金属材料消耗，提高结构承载能力并延长其使用寿命。

低合金高强度结构钢的牌号由代表屈服点的汉语拼音字母 Q、屈服点数值、质量等级符号(A、B、C、D、E)三个部分按顺序排列组成，如 Q390A 为屈服点 390 MPa 的 A 级低合金高强度结构钢。

3. 合金结构钢

除了低合金高强度结构钢外，其他合金结构钢的编号采用"数字＋化学元素＋数字"的表示方法。前面的数字表示钢的平均含碳量，以万分之几表示，例如，平均含碳量为 0.25%，则以 25 表示。合金元素直接用化学元素符号(或汉字)表示，后面的数字表示前面合金元素的平均含量的百分之几。当合金元素的含量小于 1.5% 时，编号中只表明合金元素的符号，其后的数字一般不标出。如果平均含量等于或大于 1.5%，2.5%，3.5%，…，则相应以 2，3，4，…表示。如果为高级优质钢，则在钢号后面加"高"或"A"字。例如：40Cr 表示 $C=0.4\%$，$Cr<1.5\%$；$60Si_2Mn$ 表示 $C=0.60\%$，$Si=2.0\%$，$Mn<1.5\%$。

结构钢中的滚动轴承钢比较例外，在钢号前冠以"G"("滚"字的汉语拼音第一个字母大写)，合金元素铬后的数字表示铬的平均含量，但以千分之几表示，其含碳量不标出，这种特殊情况需要区别开来，例如：GCr15 表示 $C=0.95\%\sim1.05\%$，$Cr=1.5\%$。

4. 合金工具钢

当合金工具钢中的平均含碳量大于或等于 1.0% 时，不标出数字；平均含碳量小于 1.0% 时，以千分之几标出数字。例如：CrW5 表示平均含碳量大于 1.0%，不标出，$Cr<1.5\%$，$W=5.0\%$；9Mn2V 表示平均含碳量为 0.90%，要标出，$Mn=2\%$，$V<1.5\%$。

5. 特殊用途钢

在特殊用途钢中，耐热钢、不锈钢牌号表示方法和合金工具钢基本相同，钢号前面的数字表示含碳量的千分之几，如 9Cr18 表示 $C=0.9\%$，$Cr=18\%$。但对于含碳量小于 0.03% 或 0.08%，在钢号前分别冠以"00"或"0"，如 00Cr18Ni10，0Cr18 等。

5.2.3 铸铁

铸铁是应用广泛的一种铁碳合金材料，其碳的质量分数在 2.11% 以上，实际生产中的铸铁含碳量一般在 $4.0\%\sim6.5\%$ 之间，铸铁材料基本上以铸件形式应用，但近年来，铸铁板材、棒材的应用也日见增多。

在铸铁化学成分中，除了铁和碳以外，还有硅、锰、磷、硫及其他合金元素。碳除极少量固溶于铁素体外，还因化学成分、熔炼处理工艺和结晶条件的不同，以游离状态(即石墨)或以化合形态(即渗碳体或其他碳化物)存在。

与钢相比，铸铁成本低，铸造性能良好，体积收缩不明显，而且在力学性能、可加工性、耐磨性、耐蚀性、热导率和减振性能之间有良好的配合，也具有强度。其缺点是冲击、韧性值较低，均质性较差，缺乏塑性变形能力，焊接性差。

铸铁是工厂中应用最广泛的铸造材料，大部分机械设备的箱体、壳体、机座、支架和受力不等的零件多用铸铁制造。某些承受冲击不大的重要零件，如小型柴油机的曲轴，也多用球墨铸铁制造。

1. 铸铁的分类

（1）按碳的析出状态和断口颜色分为灰铸铁、白口铸铁、麻口铸铁。

（2）按化学成分分为普通铸铁和合金铸铁。

（3）按生产方法和组织性能分为灰铸铁、可锻铸铁、球墨铸铁、蠕墨铸铁及特种性能铸铁。

2. 铸铁的性能

铸铁的性能包括：抗拉强度、屈服强度、伸长率、弹性模量、疲劳极限、布氏硬度值、冲击韧性、密度、热导率、线胀系数及电阻率。

各种铸铁由于其化学成分、生产方法及组织性能的不同，其性能也不相同。

铸铁中的碳以两种形式存在，即化合物状态的渗碳体和自由状态的石墨。石墨的强度、硬度极低，塑性、韧性几乎为零。当铸铁在极其缓慢的冷却条件下结晶，或在铸铁中含有促进石墨形成元素时，碳便会以稳定的石墨相析出，而不再析出渗碳体。碳以石墨形式析出的过程称为石墨化。化学元素对铸铁性能的影响因素主要是：

（1）碳和硅。碳和硅是铸铁中的两个主要元素，能促进石墨化，石墨碳越多，铸铁越软，因此，往往通过控制两者的含量来保证一定的组织和性能。

（2）锰。锰可阻止石墨化过程，抵消硫的有害影响，因此，铸铁中含有适量的锰是有益的。

（3）硫。硫是一种有害元素，它能强烈地阻止石墨的形成，降低铸铁的流动性，应尽量降低硫的含量。

（4）磷。磷对石墨化无明显影响，含量较高时，可增加铁水的流动性，提高耐磨性，但高磷铁的缺点是质硬性脆。

3. 铸铁的牌号表示方法

各种铸铁代号，由表示该铸铁特征的汉语拼音字母的第一个大写正体字母组成，当两种铸铁名称的代号字母相同时，可在该大写正体字母后加小写正体字母来区别，同一名称铸铁，需要细分时，取其细分特点的汉语拼音第一个大写正体字母，排列在后面。

例如：QT400—17 中，QT 为球墨铸铁代号，400 为抗拉强度（MPa），17 为伸长率（%）；MTCu1PTi—150 中，MT 为耐磨铸铁代号，Cu 为铜的元素符号，1 为铜的名义质量分数，P 为磷的元素符号，Ti 为钛的元素符号，150 为抗拉强度（MPa）。

4. 灰铸铁

灰铸铁是使用最广泛的一种铸铁，在各类铸件总量中，灰铸铁占 80% 以上，这是由于灰铸铁的铸造性能、切削加工性、耐磨性能和消振性等都优于其他铸铁，且生产方便，成品率高，成本低。

灰铸铁的组织实际上是在钢的基体上分布了大量的片状石墨。

灰铸铁的牌号由"灰铁"两字的汉语拼音字首"HT"及后面一组数字组成。数字表示的是最低抗拉强度，例如，HT300 表示最低抗拉强度为 300 MPa。

灰铸铁共有 HT100、HT150、HT200、HT250、HT300、HT350、HT400 七种牌号。验收灰铸铁时，各牌号的灰铸铁其抗拉强度应在 $n \sim (n+100)$ MPa 的范围内。

灰铸铁的应用范围很广。一般铁素体灰铸铁和铁素体—珠光体灰铸铁，主要用于受力不大、形状复杂的薄壁小铸件，如盖、外罩、箱体、阀体、轴承座等。珠光体灰铸铁主要用于承受较大载荷、振动和摩擦的零件，如机座、床身、汽缸体、齿轮箱等。孕育铸铁主要用于截面较大、载荷高的重要零件，如齿轮、凸轮、压力机机身、滑阀壳体等。

5. 球墨铸铁

球墨铸铁是指其中的碳以球状石墨存在的铸铁。球墨铸铁是通过将灰铸铁原材料熔化后经球化处理后得到的。

球化处理是在铁水浇铸前加入少量的球化剂及孕育剂，使石墨以球状析出。球墨铸铁与灰铸铁相比，它的碳、硅含量较高，以利于石墨球化。

球墨铸铁牌号用"球铁"二字的汉语拼音字首"QT"表示，字母后面有两组数字，前面一组数字表示该铸铁的最低抗拉强度，后面一组数字表示最低延伸率。例如：QT400-15中，QT 表示球墨铸铁，400 表示最低抗拉强度为 400 MPa，15 表示最低延伸率为 15%。

球墨铸铁在机械制造、交通、冶金、化工等工业部门都得到广泛的应用。可用它部分代替钢来制造一些复杂的，且强度、硬度、韧性和耐磨性要求较高的零件，如柴油机曲轴、凸轮轴、减速箱齿轮、机床主轴及轧钢机轧辊等。

6. 可锻铸铁

可锻铸铁俗称玛钢、马铁。它是白口铸铁通过石墨化退火，使渗碳体分解而获得团絮状石墨的铸铁。因其具有一定的塑性变形的能力，故得名可锻铸铁，实际上可锻铸铁并不能锻造。

可锻铸铁牌号是用"可铁"两字的汉语拼音字首"KT"表示。如果是黑心可锻铸铁，在 KT 后面用 H 表示；如果是白心可锻铸铁，在 KT 后面用 B 表示；如果是珠光体可锻铸铁，在 KT 后面用 Z 表示。然后再加两组数字，第一组数字表示最低抗拉强度，第二组数字表示最低延伸率。例如，KTH300-06 中，KT 表示可锻铸铁，H 表示黑心可锻铸铁，300 表示最低抗拉强度为 300 MPa，06 表示最低延伸率为 6%。

铁素体可锻铸铁适用于制造承受冲击和振动的铸件，如农机件、汽车和拖拉机后桥壳以及管接头等。珠光体可锻铸铁适用于制造某些要求强度高、减摩性好的铸件。

7. 蠕墨铸铁

蠕墨铸铁是近代发展起来的一种新型结构材料。它是在高碳、低硫、低磷的铁水中加入蠕化剂，经蠕化处理后，使石墨变为蠕虫状的高强度铸铁。蠕虫状石墨介于片状石墨和球状石墨之间，金属基体和球墨铸铁相近，因此这种铸铁的性能介于优质灰铸铁和球墨铸铁之间。抗拉强度和疲劳强度相当于铁素体球墨铸铁，减振性、导热性、耐磨性、切削加工性和铸造性能近似于灰铸铁。

蠕墨铸铁已用于制造复杂的大型构件及高强度耐压件，例如，各种泵体、机床床身、柴油机机体、阀体、液压件等。对于要求强度高、导热性能好及热变形量小的铸件，应该选用蠕化率较高（v＞70%）的蠕墨铸铁，如用于生产汽缸盖及排气管等铸件。

5.2.4　有色金属合金

在工业生产中，有色金属材料通常是指铝、铜、镁、锌、钛等金属及其合金。与黑色金属材料(如钢铁)相比,有色金属具有许多特殊的物理、化学和力学性能,因而成为现代工业中不可缺少的材料。有色金属材料种类繁多,在工业中应用较广的是铝、铜及其合金和轴承合金。

1. 铝及其合金

1) 纯铝

铝是目前工业中用量最大的有色金属。铝的相对密度小,仅为 2.7,大约是钢或铁的 1/3,其熔点为 660℃,在冷却过程中无同素异构转变。铝的导电、导热性好,仅次于银、铜和金,且价格较低,资源丰富。铝在空气中有良好的抗蚀性,由于铝与氧亲和力强,在大气中铝极易在表面生成一层致密的 Al_2O_3 膜,阻止了铝的进一步氧化。铝强度低、塑性好,具有良好的塑性加工性能和焊接性能。

影响纯铝性能的主要因素是其所含的杂质,随着 Fe、Si、Cu、Zn 等杂质含量的增加,纯铝的性能将下降。

工业纯铝分铸造纯铝和变形铝两种。铸造纯铝牌号由“Z”和铝的化学元素符号及表示铝纯度百分含量的数字组成,如 ZAl99.5 表示 ω_{Al}＝99.5％的铸造纯铝。变形铝采用 4 位字符牌号命名,即用“1xxx”表示。牌号的最后两位数字表示铝百分含量中小数点后面的两位数字。牌号第二位的字母表示原始纯铝的改型情况,如果字母为 A,则表示原始纯铝,若为其他字母,则表示为原始纯铝的改型,如 1A30 表示 ω_{Al}＝99.30％的原始纯铝。

2) 铝合金

纯铝的强度很低,无法作为承受载荷的结构材料使用,所以,通常在铝中加入一定量的其他元素以制成具有较高强度的铝合金。

铝合金可根据其成分和工艺特点,分为变形铝合金和铸造铝合金两大类。变形铝合金具有较高的强度和良好的塑性,可通过压力加工制作各种半成品,可以焊接,主要用于各类型材和结构件,如发动机机架、飞机大梁等。变形铝合金又可分为防锈铝合金、硬铝合金、超硬铝合金和锻造铝合金。

铸造铝合金包括铝镁、铝锌、铝硅、铝铜等合金。它们有良好的铸造性能,可以铸成各种形状复杂的零件,但塑性低,不宜进行压力加工。目前,应用最广的是硅铝合金。铸造铝合金的代号用“铸铝”的汉语拼音字首“ZL”和 3 位数字表示,其中,第一位数字为合金的类别(1 为 Al—Si 系,2 为 Al—Cu 系,3 为 Al—Mg 系,4 为 Al—Zn 系),后二位数字为合金顺序号,顺序号不同,其化学成分也不同,牌号后面加“A”表示优质。

2. 铜及其合金

1) 纯铜

纯铜又称为紫铜,相对密度为 8.96,熔点为 1083℃,具有良好的导电性、导热性和抗大气腐蚀性,是抗磁性金属,广泛用作电工导体、传热体及防磁器械等。

纯铜强度低、塑性好、焊接性能良好,可进行冷变形强化,但塑性下降显著。纯铜中的杂质主要有 Pb、Bi、O、S、P 等,它们对纯铜的性能影响极大,如 Pb、Bi 可引起铜的“热脆性”,而 S、O 却能导致铜的“冷脆性”,所以,在纯铜中必须控制杂质含量。

工业纯铜的代号有 T1、T2、T3、T4 四个牌号,“T”为铜的汉语拼音字首,其后的数字愈大,纯度愈低。

　　2) 黄铜

　　黄铜是以锌作为主要合金元素的铜合金,通常把铜锌二元合金称为普通黄铜,用"黄"字汉语拼音字首"H"表示,其后附以数字表示平均含铜量,如 H70 表示平均含铜量为 70% 的普通黄铜。在普通黄铜基上加入其他元素的铜合金称为特殊黄铜,仍以"H"表示,后跟其他添加元素的化学符号和平均成分。

3. 轴承合金

　　轴承合金是用来制造滑动轴承中的轴瓦及内衬的合金。当轴承支撑轴进行工作时,轴瓦表面要承受一定的交变载荷,并与轴之间发生强烈的摩擦。为了确保机器正常、平稳、无噪声地运行,减少轴瓦对轴颈的磨损,轴承合金应具备一系列性能要求:一定的强度和疲劳抗力,以承受较高的交变载荷;足够的塑性和韧性,以抵抗冲击和震动并保证与轴的良好配合;较小的摩擦系数和良好的磨合能力,并能储油;良好的导热性、抗蚀性和低的膨胀系数,以防升温导致与轴的咬合。

　　为了满足以上性能要求,轴承合金的组织特点应该是软硬兼有;或者是在软基体上均匀分布着硬质点;或者是在硬基体上均匀分布着软质点。当轴承工作时,软组织很快被磨凹,凸出的硬组织便起支撑轴的作用。这样,既减小了轴与轴瓦的接触面,凹下的空间又可储存润滑油,保证轴承有良好的润滑条件和低的摩擦系数,减轻轴的磨损。此外,偶然进入的外来硬物也能被压入软组织内,不致擦伤轴颈。

　　工业上应用最广的轴承合金是锡基和铅基轴承合金(又称为巴氏合金),其编号为"ZCh+基本元素+主加元素+主加元素含量+辅加元素含量",编号中"Z"、"Ch"为"铸"和"承"字的汉语拼音字首和第一个音节。

　　除了巴氏合金以外,还有铜基、铝基轴承合金,它们的特点是承载能力高,密度较小,导热性和疲劳强度好,工作温度较高,价格便宜。所以,铜基、铝基轴承也广泛用作汽车、拖拉机、内燃机车等一般工业轴承。

5.2.5　非金属材料

　　工业中除大量使用金属材料外,其他的非金属材料,如有机高分子材料、无机非金属材料和复合材料,在近几十年来迅速的发展,也得到愈来愈广泛的应用。

1. 有机高分子材料

　　根据其性质及用途,有机高分子材料主要有塑料、橡胶及胶粘剂等。

　　1) 塑料

　　塑料是应用最广的有机高分子材料,也是最主要的工程结构材料之一。塑料的主要成分是合成树脂,此外还包括填料或增强材料、增塑剂、固化剂、润滑剂、稳定剂、着色剂、阻燃剂等。合成树脂为各种单体通过聚合反应合成的高聚物。树脂在一定的温度、压力下可软化并塑造成形,它决定了塑料的基本属性,并起到粘结剂的作用。其他添加剂是为了弥补或改进塑料的某些性能,例如,填料(木粉、碎布、纤维等)主要起增强和改善性能作用,其用量可达 20%～50%。

　　塑料的相对密度一般只有 1.0～2.0,大约为钢的 1/6,铝的 1/2,这对减轻车辆、飞机、船舶等运输工具的自重意义十分重大。大多数塑料化学稳定性好,对酸、碱和有机溶液都有良好的抗蚀能力,有些还可与陶瓷材料媲美。绝大多数塑料具有良好的电绝缘性和较小的介电损耗,因此是理想的电绝缘材料。大部分塑料摩擦系数低,有自润滑能力,可在湿摩擦和干摩擦条件下有效工作。大部分塑料都可以直接采用注塑或挤压成形工艺,无需切削,所以可提高生产率,降低成本。塑料的不足之处是强度、硬度较低,耐热性差,易老化,易蠕变等。

2)橡胶

橡胶与塑料的不同之处是橡胶在室温下处于高弹态。

工业橡胶的主要成分是生胶。生胶基本上是线型非晶态高聚物,其结构特点是由许多能自由旋转的链段构成柔顺性很大的大分子长链,通常呈卷曲线团状。当受外力时,分子便沿外力方向被拉直,产生变形,外力去除后又恢复到卷曲状态,变形消失。所以,生胶具有很高的弹性。但生胶分子链间的相互作用力很弱,强度低,易产生永久变形。此外,生胶的稳定性差,如会发粘、变硬、溶于某些溶剂等。因此,工业橡胶中还必须加入各种配合剂。

橡胶的性能特点一是高弹性能,即受外力作用而发生的变形是可逆弹性变形,外力去除后,只需要千分之一秒便可恢复到原来的状态;二是强度,即经硫化处理和炭黑增强后,其抗拉强度达 $25\sim35$ MPa,并具有良好的耐磨性。

3)胶粘剂

工程中,工程材料的连接方法除焊接、铆接、螺纹连接之外,还有一种连接工艺称为粘接剂粘接,又称胶接。其特点是接头处应力分布均匀,应力集中小,接头密封性好,而且工艺操作简单,成本低。

常用胶粘剂可分为无机胶和有机胶。有机胶粘剂主要有环氧胶粘剂和改性酚醛胶粘剂。无机胶主要有磷酸型、硼酸型和硅酸型。目前,工程上最常用的是磷酸型。

2. 陶瓷材料

陶瓷是各种无机非金属材料的通称,是现代工业中很有发展前途的一类材料。

传统陶瓷(亦称普通陶瓷)是以天然的硅酸盐矿物质(高岭土、长石、石英等)为原料配制成的。传统陶瓷质地坚硬,并具有良好的抗氧化性、耐蚀性、绝缘性、耐高温、成本低、生产工艺简单,因此广泛应用于日用、电气、化工、建筑等部门,如装饰瓷、餐具、绝缘子、耐蚀容器、管道、设备等。

新型陶瓷(亦称特种陶瓷)是以化工原料(氧化物、氮化物、碳化物等)经配料、成型、烧结而成。它可分为氧化物陶瓷、氮化物陶瓷、碳化物陶瓷。它们的用途非常广,如氧化铝陶瓷广泛用于制造高速切削工具、量规、高温炉零件、空压机泵零件、内燃机火花塞等;氮化硼陶瓷可用来制作金属切削刀具,适用于高硬度金属材料(调质、淬火钢)的精加工,高强度钢和耐热钢的精加工,有色金属的低粗糙度加工等;碳化硅陶瓷可用来制造工作温度高于 1500℃的零件,如火箭喷嘴、热电偶套管、高温电炉零件及各种泵的密封图等。

金属陶瓷是把金属的热稳定性和韧性与陶瓷的硬度、耐火度、耐蚀性综合起来而形成的具有高强度、高韧性、高耐蚀性和高温强度的新型材料。

3. 复合材料

由两种或两种以上物理、化学性质不同的物质,经人工合成的材料称为复合材料。它不仅具有各组成材料的优点，而且还可获得单一材料不具备的优越的综合性能。

日常所见的人工复合材料很多，如钢筋混凝土就是用钢筋与石子、沙子、水泥等制成的复合材料，轮胎是由人造纤维与橡胶复合而成的材料。

复合材料依照增强相的性质和形态，可分为纤维增强复合材料、层合复合材料和颗粒复合材料三类。

1）纤维增强复合材料

玻璃纤维增强复合材料是以玻璃纤维及制品为增强剂，以树脂为粘结剂而制成的，俗称玻璃钢。以尼龙、聚烯烃类、聚苯乙烯类等热塑性树脂为粘结剂制成的热塑性玻璃钢，具有较高的力学、介电、耐热和抗老化性能，工艺性能也好。此类复合材料达到或超过了某些金属的强度，可用来制造轴承、齿轮、仪表盘、壳体、叶片等零件。

碳纤维增强复合材料是以碳纤维或其织物为增强剂，以树脂、金属、陶瓷等为粘结剂而制成的。目前有碳纤维树脂、碳纤维碳、碳纤维金属、碳纤维陶瓷复合材料等，其中以碳纤维树脂复合材料应用最为广泛。

2）层合复合材料

层合复合材料是由两层或两层以上不同性质的材料结合而成，达到增强的目的。层合复合材料比单一塑料承载能力提高 20 倍，导热系数提高 50 倍，热膨胀系数降低 75%，从而改善了尺寸的稳定性。层合复合材料常用作无油润滑轴承，此外还可制作机床导轨、衬套、垫片等。

3）颗粒复合材料

颗粒复合材料是由一种或多种颗粒均匀分布在基体材料内而制成的，颗粒起增强作用。常见的颗粒复合材料有两类：一类是颗粒与树脂复合，如塑料中加颗粒状填料，橡胶用炭黑增强等；另一类是陶瓷粒与金属复合，典型的有金属基陶瓷颗粒复合材料等。

5.3　热处理基本概念

5.3.1　热处理的重要意义

钢的热处理是指将钢在固态下进行不同的加热、保温和冷却，以改变其内部组织，从而获得所需要性能的一种工艺。它是改善钢材加工性能、提高产品质量、降低成本、延长使用寿命、充分发挥材料潜力的重要手段。在机械工业中，绝大部分重要的零件和工、模具都必须进行热处理。例如，现代机床工业中，有 60%～70% 的零件要经过热处理；汽车、拖拉机工业中，有 70%～80% 的零件要进行热处理；而滚动轴承和各种工、模具几乎 100% 地要进行热处理。可见，热处理在机械制造工业中占有十分重要的地位。

热处理与其他加工方法（如压力加工、铸造、焊接等）不同，它不改变工件的形状和大小，而只改变工件的组织和性能。热处理的目的，是为了改善钢的性能，如强度、硬度、塑性、韧性、耐磨性、耐蚀性、加工性能等。

按热处理工艺在机械加工过程中的工艺位置和作用，一般分为预先热处理和最终热处理两种。

预先热处理是安排在铸、锻或焊件毛坯之后，切削加工之前进行的热处理，其工艺位置为锻坯→预先热处理→切削加工。其主要作用是改善工件毛坯的组织和切削加工性能，以及为最终热处理作组织准备。最常用的是退火、正火，对某些高合金钢零件也可能是淬火＋高温回火（调质）。

最终热处理是安排在工件已加工成形之后和最后精加工之前进行的，其工艺位置为锻坯→预先热处理→切削加工→最终热处理→精加工→成品。其作用是使工件达到规定的性能要求，最常用的是淬火＋回火、表面热处理和化学热处理等。最终热处理是保证零件质量的重要热处理工序。

零件的热处理工艺过程，常用图 5-4 所示的热处理工艺曲线来表示，其工艺过程包括三个阶段，即把工件以一定的加热速度加热到规定的温度，并在该温度下保温达规定的时间，然后以一定的冷却速度冷却下来。加热速度、加热温度、

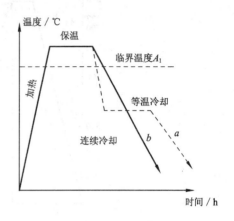

图 5-4　热处理工艺曲线

保温时间及冷却速度，称为热处理过程的工艺参数，变动其中一个参数，都可改变钢的组织，从而改变钢的性能，尤其是冷却速度的影响最为显著。

5.3.2　钢的热处理工艺及分类

1. 钢热处理的组织转变（热处理的基本原理）

1）钢加热时的组织转变与保温

加热是热处理的第一道工序。对钢加热的目的一般是使钢奥氏体化。奥氏体虽然是钢在高温状态时的组织，但其晶粒大小、成分及其均匀程度对钢冷却后的组织和性能有重要影响。因此，了解钢在加热时组织结构的变化规律，是对钢进行正确热处理的先决条件。

如图 5-5 所示，A_1、A_3、A_{cm} 是钢在极缓慢加热和冷却时的临界点，但在实际的加热和冷却条件下，钢的组织转变总有滞后现象，在加热时高于而在冷却时低于临界点。为了便于区别，通常把加热时的各临界点分别用 A_{c1}、A_{c3}、A_{ccm} 来表示，冷却时的各临界点分别用 A_{r1}、A_{r3}、A_{rcm} 来表示。

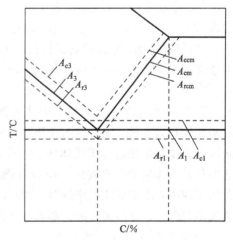

图 5-5　钢在加热和冷却时的临界温度

热处理时须将钢加热到一定温度，使其组织全部或部分转变为奥氏体，这种通过加热获得奥氏体组织的过程称为奥氏体化。如图 5-6 所示，共析钢在 A_1（727℃）温度以下时为珠光体，要使珠光体变为奥氏体，必须把钢加热到 A_1 以上某一温度。对于亚共析钢和过共析钢，应分别加热到 A_3 和 A_{cm} 以上。而且均要保温一段时间，使内外温度一致、成分均匀，以便在冷却后得到均匀的组织和稳定的性能。

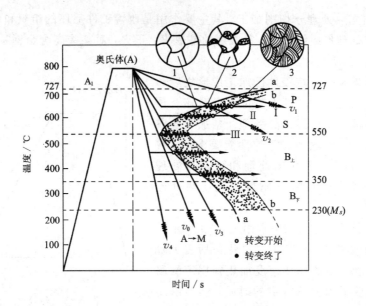

图 5-6　共析钢 S 曲线测定示意图

2）钢冷却时的组织转变

热处理后钢的力学性能，不仅与钢的加热、保温有关，更重要的是与奥氏体冷却转变后所获得的组织有关。

钢在奥氏体化后的冷却方式有两种。

（1）连续冷却。它是将奥氏体化的钢以一定的冷却速度连续冷却到室温（见图 5-6 中曲线 b），使奥氏体在一个温度范围内连续转变。

（2）等温冷却。它是将奥氏体化的钢快速冷却 A_1 到以下某一温度进行保温，使奥氏体在该温度下完成转变，然后冷却到室温（见图 5-6 中曲线 a）。

3）奥氏体的等温转变曲线（S 曲线）

图 5-6 所示是由实验获得的共析钢奥氏体等温转变曲线图，图中粗实线分别为等温冷却曲线和 S 曲线，细实线为连续冷却曲线，虚线为温度线。A_1 线以上的区域是奥氏体稳定区，aa 线左面是过冷奥氏体区。aa 线是奥氏体开始转变线，bb 线是转变终了线，两曲线之间是奥氏体转变的产物区。bb 线右面为奥氏体转变的产物区。奥氏体等温转变曲线通常称为 S 曲线，由于形状像字母"C"，故又称 C 曲线。曲线的转折处（550℃左右）通常称为 C 曲线的"鼻子"。每种成分的钢都有自己的 C 曲线，可在有关的手册中查到。

4）奥氏体等温转变的产物

按转变温度可分为高温、中温、低温转变，在 S 曲线图上可划出三个转变的温度区间：

（1）高温转变。奥氏体过冷到 550～727℃之间，等温转变为层片状铁素体和渗碳体所组成的机械混合物，即珠光体（用 P 表示），称为珠光体型的转变。过冷度越大，层片状越薄，硬度也越高。

（2）中温转变。奥氏体过冷到 230～550℃之间，等温转变为含过量碳的铁素体和微小渗碳体的机械混合物，称为贝氏体（用 B 表示）。贝氏体比珠光体硬度高。

（3）低温转变。奥氏体过冷到 230℃（Ms）以下时，由于温度过低，奥氏体来不及析出，只发生晶格的改变（$\gamma-Fe$ 变为 $\alpha-Fe$），碳原子全部保留在 $\alpha-Fe$ 的晶格中，形成过饱

的 α—Fe 固溶体，称为马氏体（用 M 表示）。马氏体的硬度很高（HRC60～65），但塑性、韧性几乎等于零。

5）奥氏体等温转变曲线的应用

在生产实践中，钢热处理的冷却方式多数为连续冷却。奥氏体的转变是在一个温度区间进行的。将某一冷却速度的冷却曲线画在 S 曲线上（如图 5-6 所示），根据两曲线的相交位置，可以大致确定钢在连续冷却时获得的组织及性能。

当冷却速度为 v_1（相当于随炉冷却）时，按其与 S 曲线相交的位置判断，奥氏体转变珠光体。

当冷却速度为 v_2（相当于在空气中冷却）时，转变产物为索氏体（细珠光体，用 S 表示）。

当冷却速度为 v_4（相当于在水中冷却）时，冷却曲线与 S 曲线不相交，奥氏体过冷到 Ms 以下转变为马氏体。

若过冷速度为 v_0，冷却曲线恰好与 S 曲线"鼻尖"相切，这是奥氏体全部过冷到 Ms 以下转变为马氏体的最小冷却速度，称为临界冷却速度。它对钢的热处理冷却方式有重要意义。

2. 钢的热处理分类

按照加热、冷却的特点和材料成分、组织的变化情况，钢的热处理分为普通热处理和表面热处理两大类。普通热处理工艺主要有退火、正火、淬火和回火，表面热处理常用的为表面淬火和化学热处理。

1）退火

将钢加热到 A_3（亚共析钢）或 A_1（过共析钢）以上某一温度范围，保温一定时间，然后缓慢冷却（一般是随炉冷却）的热处理过程，称为退火。

退火的目的是：① 调整硬度（160～230HBS 为宜），以利于切削加工；② 细化晶粒，改善组织，以提高力学性能或为最终热处理作准备；③ 消除内应力，防止零件的变形或开裂，并稳定其尺寸。

2）正火

将钢加热到 A_3 或 A_{cm} 以上某一温度范围，经保温使之完全奥氏体化后，然后在空气中冷却的热处理工艺，称为正火。

正火的目的与退火相似。与退火相比，正火的冷却速度较快，所以得到的珠光体组织更细，强度和硬度都有所提高。此外，正火操作简单，生产周期短，生产效率高，比较经济。所以正火工艺应用广泛，尤其对低、中碳钢和低碳合金钢特别适用。

3）淬火

淬火是将钢加热到 A_3 或 A_1 以上某一温度范围，保温，然后在水、盐水或油中急剧冷却的热处理工艺。

淬火的目的一般是为了获得马氏体组织，以提高钢的力学性能。例如，各种工具、模具、滚动轴承的淬火，是为了提高硬度和耐磨性；有些零件的淬火，是使强度和韧性得到良好的配合，以适应不同工作条件的需要。对于含碳量很低的钢，进行一般的淬火是没有意义的。

钢在淬火时获得淬硬层深度的能力称为淬透性。淬硬层越深,淬透性越好。淬透性对钢的力学性能影响很大,所以机械设计选材时,应考虑材料的淬透性。

4) 回火

把淬火后的工件重新加热到 A_1 以下某一温度,保温后再以适当的冷却速度冷却到室温的热处理工艺,称为回火。

回火的目的是为了稳定钢在淬火后的组织,消除因淬火冷却过快而产生的内应力,并稳定其尺寸,调整强度、硬度,提高塑性,使工件获得较好的综合力学性能等。故回火总是伴随在淬火后进行的,通常是热处理的最后工序。

淬火钢回火的性能与回火的加热温度有关,硬度和强度随回火温度的升高而降低。根据加热温度的不同,回火可分为低温回火、中温回火和高温回火。

(1) 低温回火(加热温度通常为 $150 \sim 250℃$)。低温回火可减小工件的淬火应力,降低脆性并保持高硬度。用于要求硬度高、耐磨性的零件,如刀具、模具等。回火后的硬度一般为 HRC58~64。

(2) 中温回火(加热温度通常为 $350 \sim 550℃$)。中温回火可显著减小淬火应力,提高弹性。常用于各种弹簧和某些模具,回火后的硬度一般为 HRC35~40。

(3) 高温回火(加热温度通常为 $500 \sim 650℃$)。高温回火可消除淬火应力,使零件获得优良的综合力学性能。通常把"淬火+高温回火"称为调质。调质广泛用于处理各种重要的中碳钢零件,尤其是承受动载荷的零件,如各种轴、齿轮等。回火后的硬度一般为 200~350HBS。

5) 表面淬火

表面淬火是将钢件表层快速加热至淬火温度,随后快速冷却的一种局部淬火工艺。它主要是改变零件的表层组织。这种热处理工艺适用于要求表面硬而耐磨、芯部具有高韧性的零件,如曲轴、花键轴、齿轮、凸轮等。零件在表面淬火前,一般需进行正火或调质处理,表面淬火后要进行低温回火。

按表面加热的方法,表面淬火可分为感应加热表面淬火、火焰加热表面淬火和接触电阻加热表面淬火等。由于感应加热速度快,生产效率高,产品质量好,易实现机械化和自动化,所以感应加热表面淬火应用广泛,但设备较贵,不宜用于单件或形状复杂的零件。

6) 钢的化学热处理

化学热处理是将钢件放在某种化学介质中,通过加热和保温,使介质中的一种或几种元素渗入它的表层,以改变表层的化学成分、组织和性能的热处理工艺。

表面渗层的性能,取决于渗入元素与基体金属所形成合金的性质及渗层的组织结构。常见的化学热处理有渗碳、渗氮、渗铝和渗铬等。其中,渗碳和渗氮应用最多,一般渗碳后还需要进行适当的热处理。

钢的最常用的化学热处理方法及其作用见表 5-2。渗入各种非金属元素的基本过程是:

(1) 介质分解出渗入元素的活性原子;

(2) 活性原子被钢件表面吸收,形成固溶体或化合物;

(3) 钢件表层渗入元素的浓度增高并向内扩散,形成一定厚度的渗层。

表 5－2　钢的常用化学热处理方法及其作用

工 艺 方 法	渗入元素	作　　用	应 用 举 例
渗碳（900～950℃）淬火＋回火	C	提高钢件表面硬度、耐磨性和疲劳强度，使其能承受重载荷	齿轮、轴、活塞销、万向节、链条等
渗氮（500～600℃）	N	提高钢件的表面硬度、耐磨性、抗胶合性、疲劳强度、抗蚀性以及抗回火软化能力	镗杆、精密轴、齿轮、量具、模具等
碳氮共渗淬火＋回火	C，N	提高钢件的表面硬度、耐磨性和疲劳强度，低温共渗还能提高工具的红硬性	齿轮、轴、链条、工模具、液压件等

第6章　互换性与技术测量

互换现象在工业及日常生活中到处都能遇到，例如，机器上丢了一个螺钉，可以按相同的规格装上一个；灯泡坏了，可以换个新的；自行车、缝纫机、钟表的零部件磨损了，也可以换个相同规格的新的零部件，即能满足使用要求。可见，互换性的含义是指同一规格的一批零部件，任取其一，不需任何挑选和修理就能装在机器上，并能满足其使用功能要求。零部件所具有的不经任何挑选或修配便能在同规格范围内互相替换作用的特性叫做互换性。互换性是机器和仪器制造行业中产品设计和制造的重要原则。

机器和仪器制造业中的互换性，通常包括几何参数（如尺寸）和力学性能（如硬度、强度）的互换，本课程仅讨论几何参数的互换。

所谓几何参数，主要包括尺寸大小、几何形状（宏观、微观）以及相互的位置关系等。为了满足互换性的要求，最理想的情况是同规格的零部件其几何参数完全一致，这在我们的生产实践中，由于种种因素的影响，是不可能实现的，也是不必要的。实际上，只要零部件的几何参数在规定的范围内变动，就能满足互换的目的。

允许零件几何参数的变动量称为"公差"。

设计零件时要规定公差。因为加工时会产生误差，所以要使零件具有互换性，就应把零件的误差控制在规定的公差范围内，设计者的任务就在于正确地确定公差，并把它在图样上明确地表示出来。这就是说，互换性要用公差来保证。显然，在满足功能要求的条件下，公差应尽量规定得大些，以获得最佳的技术经济效益。

互换性按其互换程度，可分为完全互换和不完全互换两种。

(1) 完全互换要求零部件在装配时不需要挑选和辅助加工。

(2) 不完全互换允许零部件在加工完后通过测量将零件按实际尺寸分为若干组，使各组组内零件间实际尺寸的差别减小，装配时按对应组进行。这样，既可保证装配精度和使用要求，又能解决加工上的困难，降低成本。但此时，仅组内零件可以互换，组与组之间不可互换，故称为不完全互换。

一般来说，零部件需厂际协作时应采用完全互换性，部件或构件在同一厂制造和装配时，可采用不完全互换性。

6.1　光滑圆柱体结合的公差与配合

圆柱体的结合是由孔与轴构成的在机械制造中应用最广泛的一种结合，这种结合由结合直径与结合长度两个参数确定。从使用要求看，直径通常更重要，而且长径比可规定在一定的范围内，因此，对圆柱体结合可简化为按直径这一主参数考虑。

圆柱体结合的公差与配合是机械工程方面重要的基础标准，它不仅用于圆柱体内、外表面的结合，也用于其他结合中由单一尺寸确定的部分，例如，键结合中键与槽宽，花键结合中的外径、内径及键与槽宽等。

"公差"主要反映机器零件使用要求与制造要求的矛盾；而"配合"则反映组成机器的零件之间的关系。公差与配合的标准化有利于机器的设计、制造、使用和维修。公差与配合标准不仅是机械工业各部门进行产品设计、工艺设计和制订其他标准的基础，而且是广泛组织协作和专业化生产的重要依据。公差与配合标准几乎涉及国民经济的各个部门。因此，国际上公认它是特别重要的基础标准之一。

本章主要阐述公差与配合国家标准的构成规律和特征，在讲叙标准的内容上，凡是有代替旧标准的新标准，均以新标准为主。

6.1.1 术语及定义

1. 孔和轴

（1）孔。孔是指工件的圆柱形内表面，也包括其他内表面中由单一尺寸确定的部分。孔的直径尺寸用 D 表示。

（2）轴。轴是指工件的圆柱形外表面，也包括其他外表面中由单一尺寸确定的部分。轴的直径尺寸用 d 表示。

2. 尺寸

（1）尺寸。用特定单位表示长度值的数值，如长度、宽度、直径、深度等。

（2）基本尺寸。由设计给定的尺寸值称为基本尺寸，一般要符合标准尺寸系列，以减少定值刀具、夹具和量具的种类。

（3）实际尺寸。通过测量所得的尺寸称为实际尺寸。由于存在测量误差，实际尺寸并非被测尺寸的真值，如孔的尺寸 $\phi 25.985$ mm，测量误差在 ± 0.001 mm 以内，实测尺寸的真值将在 $\phi 25.984 \sim \phi 25.986$ mm 之间。真值是客观存在的，但不确定，即实际尺寸具有随机性。因此，只能以测得尺寸作为实际尺寸，但由于形状误差等影响，零件同一表面不同部位的实际尺寸往往是不相等的。

（4）极限尺寸。允许尺寸变化的两个界限值称为极限尺寸。两个界限值中较大的一个称为最大极限尺寸；较小的一个称为最小极限尺寸。孔和轴的最大、最小极限尺寸分别以 D_{max}、D_{min}，d_{max}、d_{min} 表示，如图 6-1 所示。

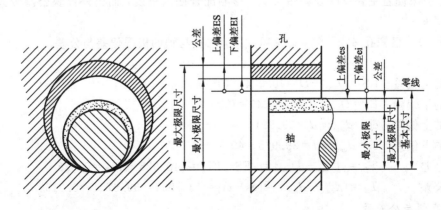

图 6-1 公差与配合示意图

3. 偏差与公差

1）尺寸偏差

某一尺寸减去基本尺寸所得的代数差，即为尺寸偏差（简称偏差）。尺寸偏差分为上偏差和下偏差。

（1）上偏差。最大极限尺寸减去基本尺寸所得的代数差称为上偏差。孔的上偏差用 ES 表示，轴的上偏差用 es 表示。

（2）下偏差。最小极限尺寸减去基本尺寸所得的代数差称下偏差。孔的下偏差用 EI 表示，轴的下偏差用 ei 表示。

孔和轴的上偏差、下偏差用公式表示为

$$ES = D_{max} - D$$
$$es = d_{max} - d$$
$$EI = D_{min} - D$$
$$ei = d_{min} - d$$

2）尺寸公差

允许尺寸的变动量称为尺寸公差（简称公差）。公差等于最大极限尺寸与最小极限尺寸的代数差的绝对值；也等于上偏差与下偏差的代数差的绝对值。孔和轴的公差分别用 T_D 和 T_d 表示。

公差、极限尺寸及偏差的关系如下：

$$T_D = |D_{max} - D_{min}| = |ES - EI|$$
$$T_d = |d_{max} - d_{min}| = |es - ei|$$

公差与偏差的比较：

（1）偏差可以为正值、负值或零，而公差则一定是正值。

（2）极限偏差用于限制实际偏差，而公差用于限制误差。

（3）对于单个零件，只能测出尺寸"实际偏差"，而对于数量足够多的一批零件，才能确定尺寸误差。

（4）偏差取决于加工机床的调整（如车削时进刀的位置），不反映加工的难易，而公差表示制造精度，反映加工难易程度。

（5）极限偏差主要反映公差带位置，影响配合松紧程度，而公差反映公差带大小，影响配合精度。

例 6-1 已知孔 $\phi40^{+0.025}_{0}$，轴 $\phi40^{-0.009}_{-0.025}$，求孔与轴的极限偏差与公差。

解：

孔的上偏差　$ES = D_{max} - D = 40.024 - 40 = +0.025$

孔的下偏差　$EI = D_{min} - D = 40 - 40 = 0$

轴的上偏差　$es = d_{max} - d = 39.991 - 40 = -0.009$

轴的下偏差　$ei = d_{min} - d = 39.975 - 40 = -0.025$

孔公差　　　$T_D = |D_{max} - D_{min}| = |ES - EI| = |40.025 - 40| = 0.025$

轴公差　　　$T_d = |d_{max} - d_{min}| = |es - ei| = |39.991 - 39.975| = 0.016$

3）零线与公差带

（1）公差带图。由于公差及偏差的数值与尺寸数值相比相差甚大，不能使用统一比例表示，故采用公差与配合图解，简称公差带图，如图 6-2 所示。

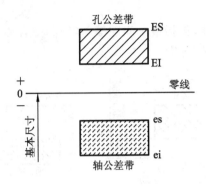

图 6-2　公差带图

（2）零线。在公差带图中，表示基本尺寸的一条直线，以其为基准确定偏差和公差，正偏差位于零线的上方，负偏差位于零线的下方。

（3）尺寸公差带。在公差带图中，由代表上、下偏差的两条直线所限定的一个区域，称为尺寸公差带，如图 6-2 所示。公差带有两个基本参数，即公差带大小与公差带位置。公差带大小由标准公差确定，公差带位置由基本偏差确定。

（4）基本偏差。用以确定公差带相对于零线位置的上偏差或下偏差称为基本偏差，一般为靠近零线或位于零线的那个极限偏差。

（5）标准公差。标准表列中的，用以确定公差带大小的任一公差称为标准公差。

4. 加工误差与公差的关系

工件在加工中，由于工艺系统误差的影响，使加工后零件的几何参数与理想值不相符合，其差别称为加工误差，其中包括：尺寸误差、几何形状误差和位置误差。

（1）尺寸误差。工件加工后的实际尺寸和理想尺寸之差称为尺寸误差。

（2）几何形状误差。它包括宏观几何形状误差、表面微观形状特性及表面波度误差。

① 宏观几何形状误差，即通常所指的形状误差，一般是由机床、刀具、工件所组成的工艺系统的误差所造成的。

② 表面微观特性，通常称为表面粗糙度，它是指加工后，刀具在工件表面留下波峰和波长都很小的波形。

③ 介于宏观几何形状误差与微观几何形状误差之间的几何形状误差，称为表面波度误差，一般是由加工过程中振动引起的，具有明显的周期性。

（3）位置误差。工件加工后，各要素之间的实际相互位置与理想位置的差值。

加工误差是不可避免的，但零件在使用中也不是绝对不允许有误差，其误差值在一定范围内变化是允许的。因此，加工后的零件的误差只要不超过零件的公差，零件就是合格的。所以，公差是限制加工误差的。

5. 配合与配合制

1）配合

基本尺寸相同的，相互结合的孔和轴公差带之间的关系，如图 6-1 所示。

配合有间隙配合与过盈配合，它是指孔的尺寸减去相配合的轴的尺寸所得的代数差。

差值为正时，称为间隙，用 X 表示；差值为负时，称为过盈，用 Y 表示。

2）配合种类

（1）间隙配合。具有间隙（包括最小间隙等于零）的配合称为间隙配合。此时，孔的公差带在轴的公差带之上（见图 6-3）。

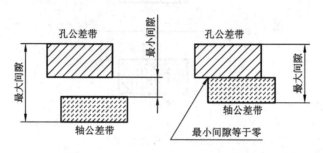

图 6-3 间隙配合

孔的最大极限尺寸减轴的最小极限尺寸所得的代数差称为最大间隙，用 X_{max} 表示，即
$$X_{max} = D_{max} - d_{min} = ES - ei$$

孔的最小极限尺寸减轴的最大极限尺寸所得的代数差称为最小间隙，用 X_{min} 表示。即
$$X_{min} = D_{min} - d_{max} = EI - es$$

配合公差（或间隙公差）是允许间隙的变动量等于最大间隙与最小间隙的代数差的绝对值，也等于相互配合的孔公差与轴公差之和，配合公差用 T_f 表示，即
$$T_f = |X_{max} - X_{min}| = T_D + T_d$$

例 6-2 孔 $\phi 50^{+0.039}_{0}$，轴 $\phi 50^{-0.025}_{-0.050}$，求 X_{max}、X_{min} 及 T_f。

解：
$$X_{max} = D_{max} - d_{min} = 50.039 - 49.950 = 0.089$$
$$X_{min} = D_{min} - d_{max} = 50 - 49.975 = 0.025$$
$$T_f = |X_{max} - X_{min}| = |0.089 - 0.025| = 0.064$$

（2）过盈配合。具有过盈（包括最小过盈等于零）的配合称为过盈配合。此时，孔的公差带在轴的公差带之下（见图 6-4）。

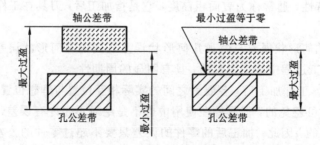

图 6-4 过盈配合

孔的最小极限尺寸减轴的最大极限尺寸所得的代数差称为最大过盈，用 Y_{max} 表示，即
$$Y_{max} = D_{min} - d_{max} = EI - es$$

孔的最大极限尺寸减轴的最小极限尺小所得的代数差称为最小过盈，用 Y_{min} 表示，即

$$Y_{\min} = D_{\max} - d_{\min} = \text{ES} - \text{ei}$$

配合公差(或过盈公差)是允许过盈的变动量,它等于最小过盈与最大过盈之代数差的绝对值,也等于相互配合的孔公差与轴公差之和,即

$$T_f = |Y_{\min} - Y_{\max}| = T_D + T_d$$

例 6 - 3　孔 $\phi 50^{+0.039}_{0}$,轴 $\phi 50^{+0.079}_{+0.054}$,求 $Y_{\max}$、$Y_{\min}$ 及 T_f。

解:

$$Y_{\max} = D_{\min} - d_{\max} = 50 - 50.079 = -0.079$$

$$Y_{\min} = D_{\max} - d_{\min} = 50.039 - 50.054 = -0.015$$

$$T_f = |Y_{\min} - Y_{\max}| = |-0.015 - (-0.079)| = 0.064$$

(3) 过渡配合。可能具有间隙或过盈的配合称为过渡配合。此时,孔的公差带与轴的公差带相互交叠(见图 6 - 5)。

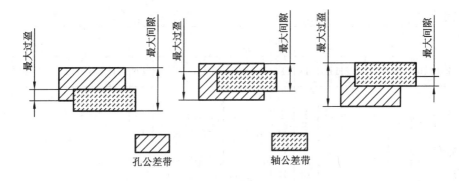

孔公差带　　　轴公差带

图 6 - 5　过渡配合

在过渡配合中,其配合的极限情况是最大间隙与最大过盈。

配合公差等于最大间隙与最大过盈之代数差的绝对值,也等于相互配合的孔与轴公差之和,即

$$T_f = |X_{\max} - Y_{\max}| = T_D + T_d$$

例 6 - 4　孔 $\phi 50^{+0.039}_{0}$ mm,轴 $\phi 50^{+0.034}_{+0.009}$ mm,求 $X_{\max}$、$Y_{\max}$ 及 T_f。

解:

$$X_{\max} = D_{\max} - d_{\min} = 50.039 - 50.009 = 0.030$$

$$Y_{\max} = D_{\min} - d_{\max} = 50 - 50.034 = -0.034$$

$$T_f = |X_{\max} - Y_{\max}| = |0.030 - (-0.034)| = 0.064$$

6.1.2　标准公差与基本偏差

国家标准《极限与配合》中规定了标准公差系列、基本偏差系列和基准制,以适应不同的配合要求。

1. 标准公差系列

标准公差是国标规定的用以确定公差带大小的任一公差值,标准公差值见表 6 - 1,由表可以看出,标准公差与公差等级及基本尺寸有关。

1) 公差等级

公差等级是用来确定尺寸精确程度的等级。在基本尺寸一定的情况下,公差等级系数

是决定标准公差大小的惟一参数。

根据公差等级系数的不同,国标规定标准公差分为 20 个等级。以 IT 后加阿拉伯数字表示。即 IT01、IT0、IT1、IT2、…、IT18。IT 表示标准公差,即国标公差的编写代号,如 IT8 表示标准公差 8 级或 8 级标准公差。从 IT01 到 IT18 等级依次降低,而相应的标准公差值依次增大。

2)基本尺寸

根据标准公差计算公式,每一个基本尺寸都对应一个公差值;但在实际生产中基本尺寸很多,因而就会形成一个庞大的公差数值表,给生产带来麻烦,同时不利于公差值的标准化、系列化。为了减少标准公差的数目,统一公差值,简化公差表格,以便于生产实际应用,国标标准中对基本尺寸进行了分段。

表 6 - 1 标准公差数值

基本尺寸 mm		公差等级																			
		μm											mm								
大于	至	IT01	IT0	IT1	IT2	IT3	IT4	IT5	IT6	IT7	IT8	IT9	IT10	IT11	IT12	IT13	IT14	IT15	IT16	IT17	IT18
⋮	⋮						⋮	⋮	⋮	⋮	⋮	⋮									
30	50					…	7	11	16	25	39	62	…								
50	80					…	8	13	19	30	46	74	…								
80	120					…	10	15	22	35	54	87	…								
120	180					…	12	18	25	40	63	100	…								
⋮	⋮						⋮	⋮	⋮	⋮	⋮	⋮									

2. 基本偏差系列

1)基本偏差及其代号

(1)基本偏差。基本偏差是确定零件公差带相对零线位置的上偏差或下偏差。它是公差带位置标准化的惟一指标,除 JS 和 js 外,均指靠近零线的偏差,它与公差等级无关。而 Js 和 js 公差带是对称于零线分布,其基本偏差是上偏差或下偏差,它与公差等级有关。

(2)基本偏差代号。如图 6-6 所示为基本偏差系列,基本偏差的代号用拉丁字母表示,大写代表孔、小写代表轴。在 26 个字母中,除去容易与其他混淆的五个字母:I、L、O、Q、W(I、l、o、q、w),再加上 7 个用两个字母表示的代号(CD、EF、FG、JS、ZA、ZB、ZC 和 cd、ef、fg、js、za、zb、zc),共有 28 个基本代号,即孔和轴各有 28 个基本偏差。其中 JS 和 js 在各个公差等级中相对于零线是完全对称的。JS 和 js 将逐渐代替近似对称的基本偏差 J 和 j,因此在国家标准中,孔仅留 J6、J7 和 J8,轴仅留 j5、j6、j7 和 j8。

对于轴:a～h 的基本偏差为上偏差 es,其绝对值依次减小;j～zc 的基本偏差为下偏差 ei,其绝对值逐渐增大。

对于孔:A～H 的基本偏差为下偏差 EI,其绝对值依次减小;J～ZC 的基本偏差为上偏差 ES,其绝对值依次增大。H 和 h 的基本偏差为零。

在图 6-6 中，基本偏差系列各公差带只画出一端，另一端未画出，因为它取决于公差带的大小。

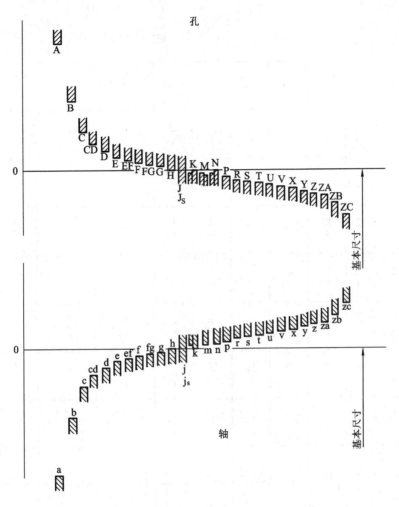

图 6-6　基本偏差系列

2）轴的基本偏差及另一极限偏差

轴的基本偏差数值，可从表 6-2 查得。轴的另一个偏差（上偏差或下偏差）根据轴的基本偏差和标准公差，按下列公式计算：

$$ei = es - IT$$

或

$$es = ei + IT$$

3）孔的基本偏差及另一极限偏差

孔的基本偏差数值，也可从表 6-3 查得。孔的另一个极限偏差可根据孔的基本偏差数值和标准公差值，按下列公式计算：

$$EI = ES - IT$$

或

$$ES = EI + IT$$

表 6 - 2　轴的基本偏差数值

单位：μm

基本偏差代号	a	b	c	cd	d	e	ef	f	fg	g	h	js
公差等级	所有等级　上偏差（es）											偏差 $=\pm\dfrac{IT}{2}$
基本尺寸（mm）												
≤3	−270	−140	−60	−34	−20	−14	−10	−6	−4	−2	0	
>3～6	−270	−140	−70	−46	−30	−20	−14	−10	−6	−4	0	
>6～10	−280	−150	−80	−56	−40	−25	−18	−13	−8	−5	0	
>10～14	−290	−150	−95	—	−50	−32	—	−16	—	−6	0	
>14～18	−290	−150	−95	—	−50	−32	—	−16	—	−6	0	
>18～24	−300	−160	−110	—	−65	−40	—	−20	—	−7	0	
>24～30	−300	−160	−110	—	−65	−40	—	−20	—	−7	0	
>30～40	−310	−170	−120	—	−80	−50	—	−25	—	−9	0	
>40～50	−320	−180	−130	—	−80	−50	—	−25	—	−9	0	
>50～65	−340	−190	−140	—	−100	−60	—	−30	—	−10	0	
>65～80	−360	−200	−150	—	−100	−60	—	−30	—	−10	0	
>80～100	−380	−220	−170	—	−120	−72	—	−36	—	−12	0	
>100～120	−410	−240	−180	—	−120	−72	—	−36	—	−12	0	
>120～140	−460	−260	−200	—	−145	−85	—	−43	—	−14	0	
>140～160	−520	−280	−210	—	−145	−85	—	−43	—	−14	0	
>160～180	−580	−310	−230	—	−145	−85	—	−43	—	−14	0	
>180～200	−660	−340	−240	—	−170	−100	—	−50	—	−15	0	
>200～225	−740	−380	−260	—	−170	−100	—	−50	—	−15	0	
>225～250	−820	−420	−280	—	−170	−100	—	−50	—	−15	0	
>250～280	−920	−480	−300	—	−190	−110	—	−56	—	−17	0	
>280～315	−1050	−540	−330	—	−190	−110	—	−56	—	−17	0	
>315～355	−1200	−600	−360	—	−210	−125	—	−62	—	−18	0	
>355～400	−1350	−680	−400	—	−210	−125	—	−62	—	−18	0	
>400～450	−1500	−760	−440	—	−230	−135	—	−68	—	−20	0	
>450～500	−1650	−840	−480	—	−230	−135	—	−68	—	−20	0	

续表

注：① 基本尺寸小于 1 mm 时，各级的 a 和 b 均不采用；② js 的数值，对 IT7～IT11，若 IT 的数值（μm）为奇数，则取 $js = \pm\dfrac{IT-1}{2}$。

基本偏差代号（下偏差 ei，所有等级）

基本尺寸 (mm)	j (5,6)	j (7)	j (8)	k (4~7)	k (≤3,>7)	m	n	p	r	s	t	u	v	x	y	z	za	zb	zc
≤3	−2	−4	−6	0	0	+2	+4	+6	+10	+14	—	+18	—	+20	—	+26	+32	+40	+60
>3~6	−2	−4	—	+1	0	+4	+8	+12	+15	+19	—	+23	—	+28	—	+35	+42	+50	+80
>6~10	−2	−5	—	+1	0	+6	+10	+15	+19	+23	—	+28	—	+34	—	+42	+52	+67	+97
>10~14	−3	−6	—	+1	0	+7	+12	+18	+23	+28	—	+33	—	+40	—	+50	+64	+90	+130
>14~18	−3	−6	—	+1	0	+7	+12	+18	+23	+28	—	+33	+39	+45	—	+60	+77	+108	+150
>18~24	−4	−8	—	+2	0	+8	+15	+22	+28	+35	—	+41	+47	+54	+63	+73	+98	+136	+188
>24~30	−4	−8	—	+2	0	+8	+15	+22	+28	+35	+41	+48	+55	+64	+75	+88	+118	+160	+218
>30~40	−5	−10	—	+2	0	+9	+17	+26	+34	+43	+48	+60	+68	+80	+94	+112	+148	+200	+274
>40~50	−5	−10	—	+2	0	+9	+17	+26	+34	+43	+54	+70	+81	+97	+114	+136	+180	+242	+325
>50~65	−7	−12	—	+2	0	+11	+20	+32	+41	+53	+66	+87	+102	+122	+144	+172	+226	+300	+405
>65~80	−7	−12	—	+2	0	+11	+20	+32	+43	+59	+75	+102	+120	+146	+174	+210	+274	+360	+480
>80~100	−9	−15	—	+3	0	+13	+23	+37	+51	+71	+91	+124	+146	+178	+214	+258	+335	+445	+585
>100~120	−9	−15	—	+3	0	+13	+23	+37	+54	+79	+104	+144	+172	+210	+254	+310	+400	+525	+690
>120~140	−11	−18	—	+3	0	+15	+27	+43	+63	+92	+122	+170	+202	+248	+300	+365	+470	+620	+800
>140~160	−11	−18	—	+3	0	+15	+27	+43	+65	+100	+134	+190	+228	+280	+340	+415	+535	+700	+900
>160~180	−11	−18	—	+3	0	+15	+27	+43	+68	+108	+146	+210	+252	+310	+380	+465	+600	+780	+1000
>180~200	−13	−21	—	+4	0	+17	+31	+50	+77	+122	+166	+236	+284	+350	+425	+520	+670	+880	+1150
>200~225	−13	−21	—	+4	0	+17	+31	+50	+80	+130	+180	+258	+310	+385	+470	+575	+740	+960	+1250
>225~250	−13	−21	—	+4	0	+17	+31	+50	+84	+140	+196	+284	+340	+425	+520	+640	+820	+1050	+1350
>250~280	−16	−26	—	+4	0	+20	+34	+56	+94	+158	+218	+315	+385	+475	+580	+710	+920	+1200	+1550
>280~315	−16	−26	—	+4	0	+20	+34	+56	+98	+170	+240	+350	+425	+525	+650	+790	+1000	+1300	+1700
>315~355	−18	−28	—	+4	0	+21	+37	+62	+108	+190	+268	+390	+475	+590	+730	+900	+1150	+1500	+1900
>355~400	−18	−28	—	+4	0	+21	+37	+62	+114	+208	+294	+435	+530	+660	+820	+1000	+1300	+1650	+2100
>400~450	−20	−32	—	+5	0	+23	+40	+68	+126	+232	+330	+490	+595	+740	+920	+1100	+1450	+1850	+2400
>450~500	−20	−32	—	+5	0	+23	+40	+68	+132	+252	+360	+540	+660	+820	+1000	+1250	+1600	+2100	+2600

表 6-3　孔的基本偏差数值

基本偏差代号 / 下偏差(EI)（A～H为所有等级）；上偏差(ES)（J、K、M、N）

基本尺寸(mm)	A	B	C	CD	D	E	EF	F	FG	G	H	JS	J 6	J 7	J 8	K ≤8	K >8	M ≤8	M >8	N ≤8	N >8
≤3	+270	+140	+60	+34	+20	+14	+10	+6	+4	+2	0	±IT/2	+2	+4	+6	0	0	−2	−2	−4	−4
>3~6	+270	+140	+70	+46	+30	+20	+14	+10	+6	+4	0	±IT/2	+5	+6	+10	−1+Δ	—	−4+Δ	−4	−8+Δ	0
>6~10	+280	+150	+80	+56	+40	+25	+18	+13	+8	+5	0	±IT/2	+6	+8	+12	−1+Δ	—	−6+Δ	−6	−10+Δ	0
>10~14	+290	+150	+95	—	+50	+32	—	+16	—	+6	0	±IT/2	+6	+10	+15	−1+Δ	—	−7+Δ	−7	−12+Δ	0
>14~18	+290	+150	+95	—	+50	+32	—	+16	—	+6	0	±IT/2	+6	+10	+15	−1+Δ	—	−7+Δ	−7	−12+Δ	0
>18~24	+300	+160	+110	—	+65	+40	—	+20	—	+7	0	±IT/2	+8	+12	+20	−2+Δ	—	−8+Δ	−8	−15+Δ	0
>24~30	+300	+160	+110	—	+65	+40	—	+20	—	+7	0	±IT/2	+8	+12	+20	−2+Δ	—	−8+Δ	−8	−15+Δ	0
>30~40	+310	+170	+120	—	+80	+50	—	+25	—	+9	0	±IT/2	+10	+14	+24	−2+Δ	—	−9+Δ	−9	−17+Δ	0
>40~50	+320	+180	+130	—	+80	+50	—	+25	—	+9	0	±IT/2	+10	+14	+24	−2+Δ	—	−9+Δ	−9	−17+Δ	0
>50~65	+340	+190	+140	—	+100	+60	—	+30	—	+10	0	±IT/2	+13	+18	+28	−2+Δ	—	−11+Δ	−11	−20+Δ	0
>65~80	+360	+200	+150	—	+100	+60	—	+30	—	+10	0	±IT/2	+13	+18	+28	−2+Δ	—	−11+Δ	−11	−20+Δ	0
>80~100	+380	+220	+170	—	+120	+72	—	+36	—	+12	0	±IT/2	+16	+22	+34	−3+Δ	—	−13+Δ	−13	−23+Δ	0
>100~120	+410	+240	+180	—	+120	+72	—	+36	—	+12	0	±IT/2	+16	+22	+34	−3+Δ	—	−13+Δ	−13	−23+Δ	0
>120~140	+460	+260	+200	—	+145	+85	—	+43	—	+14	0	±IT/2	+18	+26	+41	−3+Δ	—	−15+Δ	−15	−27+Δ	0
>140~160	+520	+280	+210	—	+145	+85	—	+43	—	+14	0	±IT/2	+18	+26	+41	−3+Δ	—	−15+Δ	−15	−27+Δ	0
>160~180	+580	+310	+230	—	+145	+85	—	+43	—	+14	0	±IT/2	+18	+26	+41	−3+Δ	—	−15+Δ	−15	−27+Δ	0
>180~200	+660	+340	+240	—	+170	+100	—	+50	—	+15	0	±IT/2	+22	+30	+47	−4+Δ	—	−17+Δ	−17	−31+Δ	0
>200~225	+740	+380	+260	—	+170	+100	—	+50	—	+15	0	±IT/2	+22	+30	+47	−4+Δ	—	−17+Δ	−17	−31+Δ	0
>225~250	+820	+420	+280	—	+170	+100	—	+50	—	+15	0	±IT/2	+22	+30	+47	−4+Δ	—	−17+Δ	−17	−31+Δ	0
>250~280	+920	+480	+300	—	+190	+110	—	+56	—	+17	0	±IT/2	+25	+36	+55	−4+Δ	—	−20+Δ	−20	−34+Δ	0
>280~315	+1050	+540	+330	—	+190	+110	—	+56	—	+17	0	±IT/2	+25	+36	+55	−4+Δ	—	−20+Δ	−20	−34+Δ	0
>315~355	+1200	+600	+360	—	+210	+125	—	+62	—	+18	0	±IT/2	+29	+39	+60	−4+Δ	—	−21+Δ	−21	−37+Δ	0
>355~400	+1350	+680	+400	—	+210	+125	—	+62	—	+18	0	±IT/2	+29	+39	+60	−4+Δ	—	−21+Δ	−21	−37+Δ	0
>400~450	+1500	+760	+440	—	+230	+135	—	+68	—	+20	0	±IT/2	+33	+43	+66	−5+Δ	—	−23+Δ	−23	−40+Δ	0
>450~500	+1650	+840	+480	—	+230	+135	—	+68	—	+20	0	±IT/2	+33	+43	+66	−5+Δ	—	−23+Δ	−23	−40+Δ	0

续表

基本偏差代号	P	R	S	T	U	V	X	Y	Z	ZA	ZB	ZC	Δ					
公差等级	≤7	>7											3	4	5	6	7	8
基本尺寸(mm)	上偏差 (ES)												在大于7级的相应数值上增加一个Δ值					
≤3	−6	−10	−14	—	−18	—	−20	—	−26	−32	−40	−60	0	0	0	0	0	0
>3~6	−12	−15	−19	—	−23	—	−28	—	−35	−42	−50	−80	1	1.5	1	3	4	6
>6~10	−15	−19	−23	—	−28	—	−34	—	−42	−52	−67	−97	1	1.5	2	3	6	7
>10~14	−18	−23	−28	—	−33	—	−40	—	−50	−64	−90	−130	1	2	3	3	7	9
>14~18	−18	−23	−28	—	−33	−39	−45	—	−60	−77	−108	−150	1	2	3	3	7	9
>18~24	−22	−28	−35	—	−41	−47	−54	−63	−73	−98	−136	−188	1.5	2	3	4	8	12
>24~30	−22	−28	−35	−41	−48	−55	−64	−75	−88	−118	−160	−218	1.5	2	3	4	8	12
>30~40	−26	−34	−43	−48	−60	−68	−80	−94	−112	−148	−200	−274	1.5	3	4	5	9	14
>40~50	−26	−34	−43	−54	−70	−81	−97	−114	−136	−180	−242	−325	1.5	3	4	5	9	14
>50~65	−32	−41	−53	−66	−87	−102	−122	−144	−172	−226	−300	−405	2	3	5	6	11	16
>65~80	−32	−43	−59	−75	−102	−120	−146	−174	−210	−274	−360	−480	2	3	5	6	11	16
>80~100	−37	−51	−71	−91	−124	−146	−178	−214	−258	−335	−445	−585	2	4	5	7	13	19
>100~120	−37	−54	−79	−104	−144	−172	−210	−254	−310	−400	−525	−690	2	4	5	7	13	19
>120~140	−43	−63	−92	−122	−170	−202	−248	−300	−365	−470	−620	−800	3	4	6	7	15	23
>140~160	−43	−65	−100	−134	−190	−228	−280	−340	−415	−535	−700	−900	3	4	6	7	15	23
>160~180	−43	−68	−108	−146	−210	−252	−310	−380	−465	−600	−780	−1000	3	4	6	7	15	23
>180~200	−50	−77	−122	−166	−236	−284	−350	−425	−520	−670	−880	−1150	3	4	6	9	17	26
>200~225	−50	−80	−130	−180	−258	−310	−385	−470	−575	−740	−960	−1250	3	4	6	9	17	26
>225~250	−50	−84	−140	−196	−284	−340	−425	−520	−640	−820	−1050	−1350	3	4	6	9	17	26
>250~280	−56	−94	−158	−218	−315	−385	−475	−580	−710	−920	−1200	−1550	4	4	7	9	20	29
>280~315	−56	−98	−170	−240	−350	−425	−525	−650	−790	−1000	−1300	−1700	4	4	7	9	20	29
>315~355	−62	−108	−190	−268	−390	−475	−590	−730	−900	−1150	−1500	−1900	4	5	7	11	21	32
>355~400	−62	−114	−208	−294	−435	−530	−660	−820	−1000	−1300	−1650	−2100	4	5	7	11	21	32
>400~450	−68	−126	−232	−330	−490	−595	−740	−920	−1100	−1450	−1850	−2400	5	5	7	13	23	34
>450~500	−68	−132	−252	−360	−540	−660	−820	−1000	−1250	−1600	−2100	−2600	5	5	7	13	23	34

注：① 基本尺寸小于 1 mm 时，各级的 A 和 B 及大于 8 级的 N 均不采用；② Js 的数值，对 IT7～IT11，若 IT 的数值（μm）为奇数，则取 $Js=\pm \dfrac{IT-1}{2}$；
③ 特殊情况，当基本尺寸大于 250 至 315 mm 时，M6 的 ES 等于 −9(不等于 −11)；④ 对小于或等于 IT8 的 K、M、N 和小于或等于 IT7 的 P 至 ZC，所需 Δ
值从表内右侧栏选取。例如：大于 6 至 10 mm 的 P6 的 ES＝−15＋3＝12 μm。

6.1.3　基准制

1. 基准制

国家标准中对配合规定了两种配合制,即基孔制配合、基轴制配合。配合制是同一极限制的孔和轴组成配合的一种制度,亦称基准制。

1) 基孔制配合

基本偏差为一定的孔,其公差带与不同基本偏差的轴的公差带形成各种配合的一种制度称为基孔制配合。基孔制配合的孔为基准孔,其代号为 H。标准规定的基准孔的基本偏差(下偏差)为零,如图 6-7(a)所示。

2) 基轴制配合

基本偏差为一定的轴,其公差带与不同基本偏差的孔的公差带形成各种配合的一种制度称为基轴制配合。基轴制配合的轴为基准轴,其代号为 h。标准规定的基准轴的基本偏差(上偏差)为零,如图 6-7(b)所示。

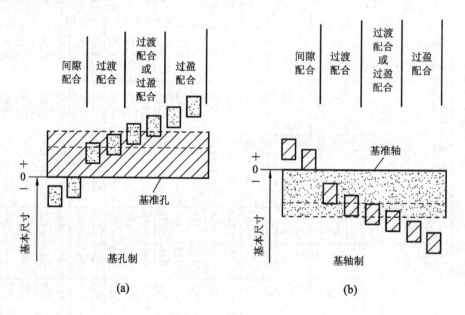

图 6-7　基孔制配合和基轴制配合

2. 国家标准规定的公差带与配合

根据国家标准提供的 20 个等级的标准公差及 28 种基本偏差代号,可组成公差带孔 543 种,轴 544 种,由孔和轴的公差带又可组成大量的配合。如此多的公差带与配合全部使用显然是不经济的。为了减少定值刀具、量具和工艺装备的品种及规格,对公差带和配合选用应加以限制。

根据生产的实际情况,国家标准中对常用尺寸段推荐了孔和轴的一般、常用以及优先公差带。表 6-4 表示常用配合形式的分类和组合(即孔与轴的结合),可从中了解其应用特点。

表 6-4　配合形式的分类和组合

分类		孔				摘　要
		H6	H7	H8	H11	
间隙配合	轴 a					间隙很大
	轴 b					一般极少用
	轴 c		c8	c9	c11	大间隙特别松的转动配合
	轴 d		d8	d8/d10	d11	松转动配合
	轴 e	e7	e8	e8/e9		易运转配合
	轴 f	f6	f7	f8		转动配合
	轴 g	g5	g6	(g7*)		紧转配合
	轴 h	h5	h6	h7/h8	h11	滑合
过渡配合	轴 j*	j5	j6	j7		推合
	轴 k	k5	k6	k7		用木锤轻击联接
	轴 m	m5	m6	m7		用铜锤打入
	轴 n		n6	n7		用轻压力联接
			p7			
			r7			
		n5				
过盈配合	轴 p	p5	p6			轻压入
	轴 r	r5	r6			压入
	轴 s	s5	s6	s7		重压入
	轴 t	t5	t6	t7		
	轴 u	u5	u6	u7		重压入或热装
	轴 v					
	轴 x					
	轴 y					过盈量依次增大，一般不推荐
	轴 z					

　　注：①　*多数用 js 代替 j;
　　　　②　带括号的配合基本不用。

6.1.4　线性尺寸的一般公差

　　一般公差是指在车间一般加工条件下可以保证的公差，主要用于较低精度的非配合尺寸。

1. 基本概念

线性尺寸的一般公差是在车间普通工艺条件下，机床设备一般加工能力可保证的公差。在正常维护和操作情况下，它代表经济加工精度。采用一般公差的优点如下：

（1）采用一般公差的尺寸在正常车间精度保证的条件下，一般可不检验；

（2）应用一般公差可简化制图，使图样清晰易读；

（3）节省图样设计时间，设计人员只要熟悉和应用一般公差的规定，可不必逐一考虑其公差值；

（4）突出了图样上注出公差的尺寸，以便在加工和检验时引起重视。

2. 有关国标规定

线性尺寸的一般公差规定了 4 个公差等级，从高到低依次为：精密级（f）、中等级（m）、粗糙级（c）、最粗级（v）。公差等级越低，公差数值越大。线性尺寸的极限偏差数值见国标的有关规定。

3. 表示方法

线性尺寸的一般公差主要用于较低精度的非配合尺寸。当功能上允许的公差等于或大于一般公差时，均应采用一般公差。

采用国标规定的一般公差，在图样中的尺寸后不用注出公差，而是在图样上、技术文件或标准中用本标准号和公差等级符号来表示。例如，选用中等级时，表示为 GB1804－m；选用粗糙级时，表示为 GB1804－c。

6.1.5 公差与配合在图上的标注

1. 在装配图中的标注

国家标准规定，在装配图上标注公差与配合时，配合代号一般用相结合的孔与轴的公差带代号组合表示，即在基本尺寸的后面将代号写成分数的形式，分子为孔的公差带代号，分母为轴的公差带代号。孔和轴的公差带代号分别由基本偏差代号与公差等级两部分组成。当配合代号的分子中出现基孔制代号 H，而分母中同时出现基轴制代号 h 时，则称为基准件相互配合，如 ϕ50H7/h6，它既可以视为基孔制，也可视为基轴制，是一种间隙为零的间隙配合，如分子分母均无基准件代号，则属于某一孔公差带与某一轴公差带组成的配合。在装配图中公差与配合的标注见图 6－8，H8/f7 表示基孔制 8 级的基准孔与 7 级 f 配合的轴相结合。

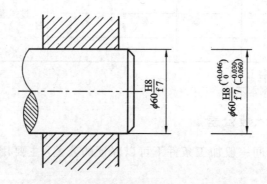

图 6-8　在装配图中公差与配合的标注

2. 零件图中尺寸公差的标注

图 6 - 9(a)中的"$\phi60^{+0.046}_{0}$",其含义为直径的基本尺寸为 60 mm 的孔,上偏差为 +0.046 mm,下偏差为零。图 6 - 9(b)中的"$\phi60^{-0.030}_{-0.060}$",其含义为直径的基本尺寸为 60 mm 的轴,上偏差为 -0.030 mm,下偏差为 -0.060 mm。带有基本偏差和公差等级的标注时,H8、f7 分别表示 8 级基准孔和 7 级 f 配合的轴。

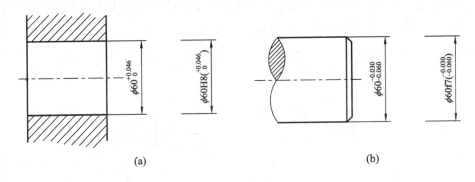

(a)　　　　　　　　　　　　　　　　(b)

图 6 - 9　在零件图中公差与配合的标注

6.2　形状和位置公差

零件在加工过程中由于受各种因素的影响,其几何要素不可避免地会产生形状误差和位置误差(简称形位误差),它们对产品的寿命和使用性能有很大的影响,如具有形状误差(如圆度误差)的轴和孔的配合,会因间隙不均匀而影响配合性能,并造成局部磨损使寿命降低。形位误差越大,零件的几何参数的精度越低,其质量也越低。为了保证零件的互换性和使用要求,有必要对零件规定形位公差,用以限制形位误差。

目前我国已颁布的现行形位公差的标准主要有:

GB/T1182—1996《形状和位置公差通则、定义、符号和图样表示方法》;

GB/T1184—1996《形状和位置公差未标注公差值》;

GB/T4249—1996《公差原则》;

GB/T16671—1996《形状和位置公差最大实体要求、最小实体要求和可逆要求》;

GB1958—80《形状和位置公差检测规定》。

6.2.1　形体的要素及其分类

形位公差的研究对象是构成零件几何特征的点、线、面,这些点、线、面统称几何要素(简称要素)。一般在研究形状公差时,涉及的对象有线和面两类要素;在研究位置公差时,涉及的对象有点、线和面三类要素。形位公差就是研究这些要素在形状及其相互间在方向或位置方面的精度问题。

几何要素可从不同角度来分类:

1. 按结构特征分类

(1)轮廓要素:构成零件外形为人们直接感觉到的点、线、面。

（2）中心要素：轮廓要素对称中心所表示的点、线、面，其特点是它不能被人们直接感觉到，而是通过相应的轮廓要素才能体现出来，如零件上的中心面、中心线、中心点等。

2. 按存在状态分类

（1）实际要素：零件上实际存在的要素，它可通过测量反映出来的要素代替。

（2）理想要素：具有几何意义的要素，按设计要求，由图样给定的点、线、面的理想形态。它不存在任何误差，是绝对正确的几何要素。理想要素是作为评定实际要素的依据，在生产中是不可能得到的（如图 6-10 所示）。

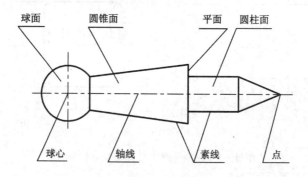

图 6-10　零件的理想要素

3. 按所处部位分类

（1）被测要素：图样中给出了形位公差要求的要素，是测量的对象。

（2）基准要素：用来确定被测要素方向和位置的要素，基准要素在图样上都标有基准符号或基准代号。

4. 按功能关系分类

（1）单一要素：指仅对被测要素本身给出形状公差的要素。

（2）关联要素：与零件基准要素有功能要求的要素。

如图 6-11 中所示的角铁，其被测要素为 A、B 两面。测量垂直度时，A 面为基准要素，B 面为关联要素。在测量两面的平面度时，它们都属单一要素。

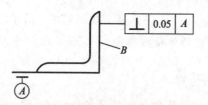

图 6-11　零件的关联要素示例

6.2.2　形位公差的项目及其符号

国家标准中将形位公差共分为 14 个项目，其中形状公差为 6 个项目，位置公差为 8 个项目。形位公差的每一项目都规定了专门的符号，如表 6-5 所示。

表 6－5　形位公差的项目及其符号

分　类	项　　目	符　　号	分　类		项　　目	符　　号
形状公差	直线度	——	位置公差	定向	平行度	//
	平面度	▱			垂直度	⊥
	圆度	○			倾斜度	∠
	圆柱度	⌀		定位	同轴度	◎
	线轮廓度	⌒			对称度	═
	面轮廓度	⌓			位置度	⊕
				跳动	圆跳动	↗
					全跳动	⫽↗

　　形位公差是指被测实际要素的形状所允许的变动全量。所以，形状公差是指单一要素所允许的变动量。位置公差是指关联实际要素的位置对基准所允许的变动量。

　　形位公差的公差带是空间线与面之间的区域，比尺寸公差带即数轴上两点之间的区域要复杂。

6.2.3　形状公差及其标注

1. 直线度

　　直线度公差可用来限制圆柱体和圆锥体的素线、回转体的轴线、棱线、刻线以及平面上任一直线的形状误差。

　　在给定平面内的直线度，其公差带是距离为公差值 t 的两平行直线间的区域。如图 6－12(a)所示的标注，含义是圆柱表面上任意素线必须位于轴剖面内、距离为公差值 0.02 mm 的两平行直线之间(如图 6－12(b)所示)。如图 6－12(c)所示的标注，含义是圆柱

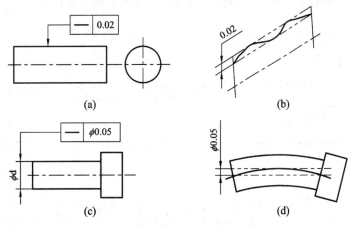

图 6－12　直线度及其公差带

轴线的直线度，表示 ϕd 圆柱体的轴线，在任意方向上必须位于直径为公差值 0.05 mm 的圆柱面内（如图 6-12(d)所示）。

测直线度误差的方法有光隙法和节距法（如图 6-13 所示）。

光隙法（如图 6-13(a)所示）：将刀口尺刃口与实际轮廓线接触，当刀口尺刃口在包容直线位置时的间隙就是直线度误差。间隙很小时，误差值用透光颜色来判断，如蓝色光隙约为 0.8 μm，红色光隙约为 1.5 μm，白色光隙在 2.5 μm 以上。当间隙较大时，用厚薄规（即塞尺）来测量，此法适用于中、小零件且精度不高的场合。

节距法：将被测线段分为若干小段，用仪器测量出每一小段的相对数值，并将数值标在坐标纸上，经数据处理得出直线度误差。生产中常用水平仪或自准仪进行测量，如图 6-13(b)和 6-13(c)所示。

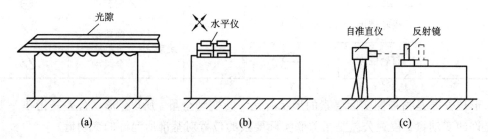

图 6-13　直线度误差测量示意图
(a) 光隙法；(b) 用水平仪测量；(c) 用自准仪测量

例 6-5　气门杆直线度误差测量。

解：根据气门杆的技术要求，直线度误差不大于 0.02 mm（指桑塔纳轿车）。

检测时，将气门杆置于平板上，使其圆柱面紧贴直角座，如图 6-14(a)所示；也可按图 6-14(b)所示，采用可调 V 形块支撑，两端用百分表校正等高，再进行检测。检测时，转动气门杆并移动百分表架在全长各部位进行测量，其中最大与最小读数差即为气门杆素线的直线度误差。

在汽车零件修理中常用径向圆跳动法测量轴线直线度误差。此种方法对于精度要求不高的轴、孔类零件的检测，或者作为修前调校中的检测是较为实用的。

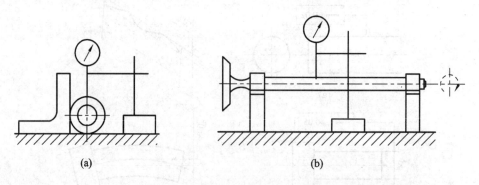

图 6-14　气门杆直线度误差的测量
(a) 平板支承；(b) V 形块支承

2. 平面度

平面度公差带是距离为公差值 t 的两平行平面间的区域。如图 6-15(a)所示的标注，表示上平面的平面度不大于 0.1 mm，即上平面必须位于距离为公差值 0.1 mm 的两平行直线之间(如图 6-15(b)所示)。如图 6-15(c)所示的标注，表示上平面在任意 100 mm×100 mm 的范围内，必须位于距离为公差值 0.1 mm 的两平行平面内(如图 6-15(d)所示)。

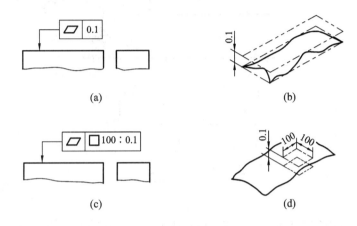

(a)　　　　　　　　　　(b)

(c)　　　　　　　　　　(d)

图 6-15　平面度及其公差带

平面度的测量方法常用测隙法和测微法等。

例 6-6　东风 EQ1090 型的汽车修理技术标准规定：气缸体上平面及下平面的平面度公差在 50 mm×500 mm 范围内为 0.02 mm，在整个平面内为 0.10 mm，试测量之。

解：(1) 测隙法。如图 6-16 所示，选择长度为 1000 mm、精度为 0 级的刀形平尺。刀口沿测定方向，靠在被测的气缸盖平面(气缸盖倒置)上，每间隔 50 mm 用厚薄规测量刀口与气缸盖下平面的间隙。测量数据中的最大值即为气缸盖全长上的平面度误差；相邻两处间隙差的最大值为气缸体在 50 mm×500 mm 范围内的平面度误差。

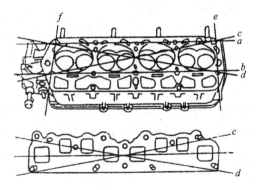

图 6-16　气缸盖平面的检测

(2) 测微法(平板磁性表座法)。如图 6-17 所示，在平板上放置三个可调支座。将被检验的气缸盖倒置，三个可调支座分别支撑气缸盖上平面的 A_1、A_2 和 A_3 处。通过调整可调支座，用磁性百分表观察使 A_1、A_2 和 A_3 处的气缸盖下平面与平板平面等高，并将磁性百分表的指针调零。然后使磁性百分表分别沿 a、b、c、d、e 和 f 六个方向每隔 50 mm 依次记录一次气缸盖下平面与百分表零位的高度差(注意：高于零位时记作"+"，低于零位时记作"一")。计算平面度误差时，同一方向上相邻两点高度差的绝对值为50 mm×50 mm范围内的平面度误差；同一方向上最高点与最低点高度差的绝对值为全长上的平面度误差。

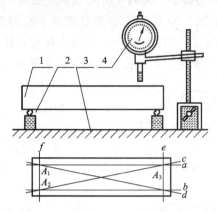

1—气缸盖；2—支点；3—平板；4—百分表

图6-17 平板磁性表座法

3. 圆度

圆度公差用于限制回转体(圆柱体、圆锥体及任意形状的回转体)的径向截面(正截面)和球面通过球心的任意剖面内实际轮廓的形状误差。其公差带是在同一正截面上半径差为公差值 t 的两同心圆之间的区域，图6-18(a)中框格表示该表面的圆度不大于0.02 mm，即在垂直于轴线的任一正截面上，该圆必须位于半径差为公差值0.02 mm的两同心圆之间(如图6-18(b)所示)。

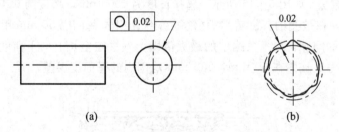

图6-18 圆度及其公差带

圆度常用的测量方法如下：

（1）圆度仪测量法。如图6-19所示，零件放在工作台上，并与传感器的触头接触，回转一周电算装置直接给出圆度误差值。它适用于圆度精度高又需误差分析或产品鉴定的零件。

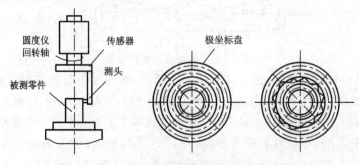

图6-19 圆度仪及圆度误差测量

（2）V 形块测量法（通称三点法）。零件放在平板上的 V 形块内，如图 6－20 所示，使零件无轴向移动地旋转一周，读出指示器最大和最小读数差值的一半，即为该截面的圆度误差；从若干个截面的圆度误差中取最大值，就是该零件的圆度误差。

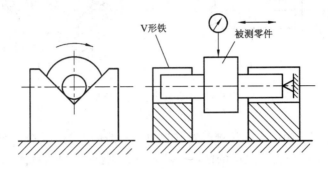

图 6－20　圆度误差测量

实际测量圆度误差时常用两点法。在生产中经常以垂直和水平两方向的最大直径差值之半，近似作为圆度误差值。实践证明两点法的检测结果完全可以满足生产的要求。

例 6－7　测量发动机气缸圆度误差。

解：测量发动机气缸圆度误差常用量缸表，如图 6－21 所示，在同一横截面内，平行于曲轴轴线方向和垂直于曲轴轴线方向的两个方向进行测量，测得直径差值之半即为该截面的圆度误差。沿气缸轴线方向测上、中、下三个截面，其中上截面 A 相当于活塞到上止点第一道活塞环相对应的气缸处；中间截面 B 取气缸中部；下截面 C 取活塞到下止点最下一道活塞环对应的位置。测得的最大圆度误差即为该气缸的圆度误差。

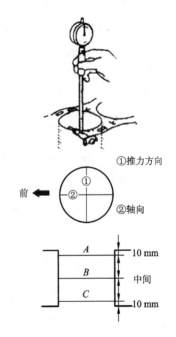

图 6－21　气缸圆度及圆柱度误差的测量

4）圆柱度

圆柱度公差用于限制圆柱面的形状误差，它是评定圆柱面轴向剖面和正截面形状误差的综合指标，可综合控制圆柱面的圆度误差及圆柱面的素线、轴线的直线度误差以及素线间的平行度误差。其公差带是半径差为公差值 t 的两同轴圆柱面之间的区域。如图 6－22(a)的标注，其要求是实际圆柱面必须位于半径差为公差值 0.05 mm 的两个同轴圆柱面之间（如图 6－22(b)所示）。

生产中圆柱度误差常用的测量方法有圆度仪法、两点法、径向全跳动法等。

例 6－8　用两点法测量气缸圆柱度误差。

解：如图 6－21 所示用量缸表分别在气缸的上、中、下三个截面沿平行方向和垂直于曲轴轴线方向测量，各截面内所测得的所有读数中最大与最小直径差之半即为气缸圆柱度误差。

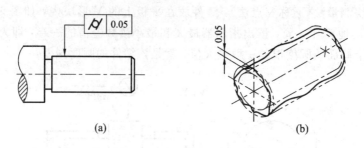

图 6 - 22 圆柱度及其公差带

5）线轮廓度

线轮廓度公差用于限制实际轮廓线对其理想轮廓线的误差。其公差带是包络一系列直径为公差值 t 的圆的两包络线之间的区域，诸圆圆心应位于理想轮廓线上。理想轮廓线由理论正确尺寸确定。

理论正确尺寸是确定被测要素的理想形状、方向、位置的尺寸，该尺寸不附带公差。在图样上用加方框的数字表示，如 $\boxed{22}$、$\boxed{R10}$、$\boxed{45°}$ 等。

如图 6 - 23(a)的标注，其含义是：在平行于正投影面的任一截面上，实际轮廓线必须位于包络一系列直径为公差值 0.04 mm 且圆心在理想轮廓线上的圆的两包络线之间（如图 6 - 23(b)所示）。

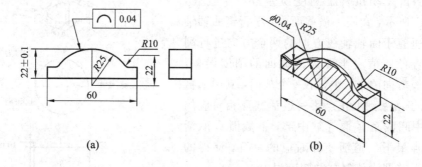

图 6 - 23 线轮廓度及其公差带

线轮廓度误差一般用轮廓样板测量，如图 6 - 24 所示，将轮廓样板按规定的方向放置在被测零件上，根据光隙法估读间隙的大小，取最大间隙作为该零件的线轮廓度误差。

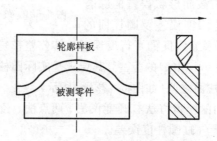

图 6 - 24 轮廓样板测量线轮廓度

6）面轮廓度

面轮廓度公差用于限制实际曲面的形状误差。其公差带是包络一系列直径为公差值 t

的球的两包络面之间的区域,诸球球心应位于理想轮廓面上。如图 6-25(a)的标注,其含义是:实际轮廓面必须位于包络一系列球的两包络面之间的区域,诸球的直径为公差值 0.02 mm,且球心在理想轮廓面上(如图 6-25(b)所示)。

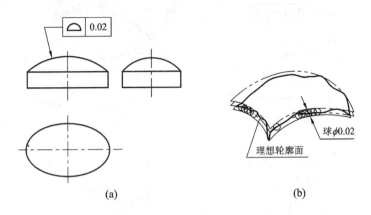

图 6-25　面轮廓度及其公差带

面轮廓度误差,一般用成组轮廓样板测量。

6.2.4　位置公差及其标注

国家标准对位置公差规定了八项,根据各个项目的特征划分为三类,即定向公差、定位公差和跳动公差。

1. 定向公差的公差带及标注

定向公差:关联实际要素对基准在方向上允许的变动全量。定向公差具有确定方向的功能,即确定被测要素相对于基准的方向。它包括平行度、垂直度和倾斜度三项公差。这三项公差带的方向都是确定的,但位置是浮动的。

1) 平行度

平行度公差用于限制被测要素(平面或直线、轴线)对基准平面(或直线、轴线)平行的方向误差。根据控制要求的不同,可分为在给定方向上的平行度和任意方向上的平行度。在给定方向上的平行度又分为给定一个方向和给定互相垂直的两个方向两种情况。

当对被测要素给定一个方向的平行度要求时,其公差带是距离为公差值 t 且平行于基准平面(或直线、轴线)的两平行平面(或直线)之间的区域,可用于限制面对面、线对面、面对线和线对线的平行度。当给定互相垂直的两个方向时,公差带是正截面尺寸为公差值 $t_1 \times t_2$,且平行于基准轴线的四棱柱内的区域。在任意方向上的平行度,公差带是直径为公差值 t,且平行于基准轴线的圆柱面内的区域,它仅用于限制轴线对轴线的平行度。

从图 6-26 的标注示例中看出:位置公差的标注与形状公差的标注的区别在于增加了基准的标注。基准符号用加粗短划表示。图 6-26(a)中的框格表示上平面对 A 面(基准面)的平行度不大于 0.05 mm,图 6-26(b)为其公差带图。

由于被测要素和基准要素均可为平面或直线,故会出现面对面、面对线、线对面、线对线的平行度。上例为面对面的平行度。

图 6-26(c)表示了线对线的平行度。ϕD 轴线对 ϕ 基准轴线,在垂直方向平行度不大

于 0.1 mm；在水平方向的平行度不大于 0.2 mm；其公差带在图 6 - 26(d)中呈四棱柱形（正截面尺寸为 0.1 mm×0.2 mm）。

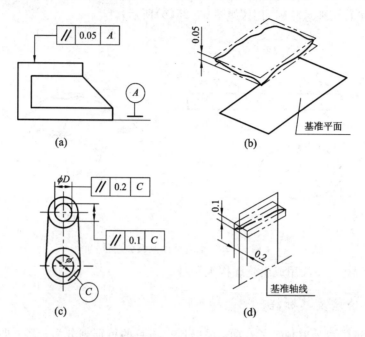

图 6 - 26　平行度及其公差带

平行度误差的检测常用测微法。

例 6 - 9　测量曲轴连杆轴径与主轴径轴线的平行度误差。

解：如图 6 - 27 所示，测量时基准轴线（两端连杆轴径）由 V 形支撑面模拟，调整其轴线与平板平行。将测量头先置于被测主轴径一端上下两条素线处（最高和最低点处），将指示器调零，然后沿上下两条素线测量，同时记录两指示器读数，则两读数的最大差值之半即为该测量方向的平行度误差。然后在 180° 范围内转动连杆轴颈，在若干个不同角度位置上重复上述测量，各个测量位置测得的差值之半中的最大者即为曲轴连杆轴径与主轴径轴线的平行度误差。

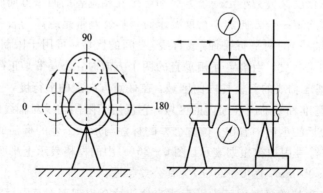

图 6 - 27　曲轴连杆轴径与主轴径轴线的平行度误差的测量

2）垂直度

垂直度公差用于限制被测要素对基准成 90° 的方向误差。它也分为给定方向和任意方向两种情况，对于在给定方向上的垂直度，又分为给定一个方向和给定两个互相垂直方向两种。当给定一个方向时，公差带是距离为公差值 t，且垂直于基准平面（或直线、轴线）的两平行平面（或直线）之间的区域，它包括面对面、线对面、面对线和线对线四种情况。当给定两个互相垂直方向时，公差带是正截面为公差值 $t_1 \times t_2$，且垂直于基准平面的四棱柱内的区域。至于在任意方向上的垂直度，其公差带是直径为公差值 t，且垂直于基准平面的圆柱面内的区域，它仅适用于限制线对面的垂直度。

在图 6-28(a) 中，框格表示右侧表面对 A 面（基准面）的垂直度不大于 0.05 mm，图 6-28(b) 为其公差带图（$t=0.05$ mm）。上例为面对面的平行度。

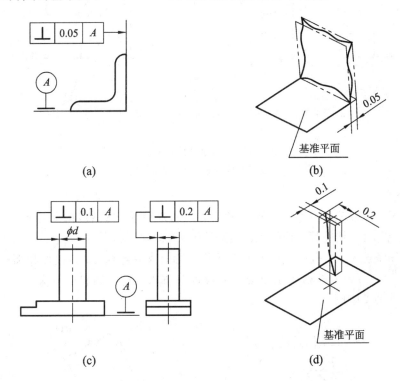

(a)　　　　　　　　　　　　(b)

(c)　　　　　　　　　　　　(d)

图 6-28　垂直度及其公差带

图 6-28(c) 表示给定了互相垂直的两个方向的垂直度公差。ϕd 轴线对基准面 A 面在长度和宽度两个方向上，其垂直度分别不大于 0.1 mm 和 0.2 mm。因此，ϕd 的轴线必须位于正截面尺寸为 0.2 mm×0.1 mm 的，垂直于基准平面的四棱柱形公差带内（见图 6-28(d)）。此例为线对面的垂直度。在水平方向的平行度不大于 0.2 mm，其公差带在图 6-26(d) 中呈四棱柱形（正截面尺寸为 0.1 mm×0.2 mm）。

由上述可知，垂直度公差与平行度公差有相似之处，不过应该注意的是，线对线的平行度有四棱柱和圆柱形的公差带，而线对线的垂直度没有；线对面的垂直度有四棱柱和圆柱形公差带，而线对面的平行度没有。

垂直度误差常用固定或可调的支撑、平板、直角尺、心轴和带测量架的指示器等通用量具进行检测。图 6-29 为面对面垂直度误差的测量。测量时先用 90°角尺调整指示表，当角尺与固定支点接触时，将指示器的指针对零（如图 6-29(a)所示），然后对工件进行测量。使固定支点与被测实际表面接触，指示器的读数即为所测范围内的垂直度误差。改变指示器在测量架上的高度位置，对被测实际表面的不同点进行测量，取指示器的最大读数作为被测实际表面对其基准平面的垂直度误差。

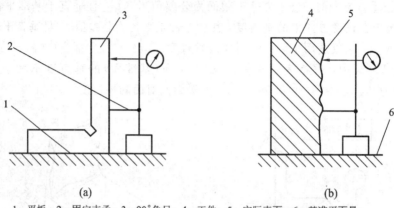

(a)　　　　　　　　　　　　(b)

1—平板；2—固定支承；3—90°角尺；4—工件；5—实际表面；6—基准平面量

图 6-29　垂直度误差的测量
(a) 指示器调零；(b) 测量方法

3）倾斜度

倾斜度用于限制实际要素对基准在倾斜方向的变动量。倾斜度的公差带是距离为公差值 t，且与基准平面（或直线、轴线）成理论正确角度的两平行平面（或直线）之间的区域。

根据具体情况不同，其公差带也有两平行平面、两平行直线、四棱柱和圆柱体等形状。

如图 6-30(a)中的框格表示斜面对基准面 A 成 45°角的倾斜度不大于 0.08 mm。图 6-30(b)为其公差带图（$t=0.08$ mm）。

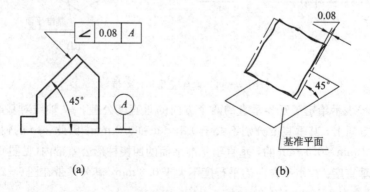

(a)　　　　　　　　　　　(b)

图 6-30　倾斜度及其公差带

倾斜度误差常用平板、定角座（正弦尺）、固定支撑和带测量架的指示器进行测量。图 6-31 所示为面对面倾斜度误差的测量，将工件放置在定角座上，调整工件使整个被测表面的读数差为最小值，取指示器的最大与最小读数差作为该工件倾斜度误差。

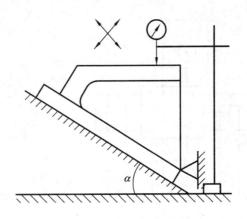

图 6 - 31　倾斜度误差的测量

2. 定位公差的公差带及标注

定位公差：关联实际要素对基准在位置上允许的变动全量。它具有确定被测要素位置的功能。因此，定位公差的公差带位置一般是固定的，它包括同轴度、对称度和位置度三项。

1）同轴度

同轴度公差用于限制被测轴线与基准轴线的同轴误差。公差带是直径为公差值 t，且与基准轴线同轴的圆柱面内的区域。显然，基准轴线的位置就是被测轴线的理想位置，即公差带中心，因此，公差带位置是固定的。

图 6 - 32(a)中的框格表示 ϕd 轴线对左端 ϕ 基准轴线的同轴度不大于 $\phi 0.1$ mm。图 6 - 32(b)为其公差带图($t=0.1$ mm)。

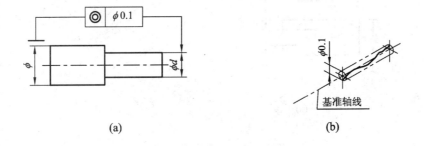

(a)　　　　　　　　　　　　　　　　(b)

图 6 - 32　同轴度及其公差带

标注同轴度公差必须注意以下两点：

(1) 由于被测要素和基准要素都是轴线，所以指引线箭头和基准符号均应与尺寸线对齐。

(2) 由于公差带形状为圆柱体，所以，在公差值前一定要加注"ϕ"。

同轴度误差测量方法见图 6 - 33。将零件放在两个等高刃口状 V 形架上，模拟基准轴线，将两指示器分别在铅垂平面调零。在若干个轴向或径向截面上测得读数 $|M_a-M_b|$ 最大值作为同轴度误差。

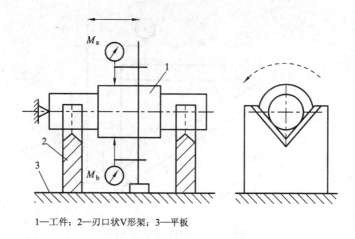

1—工件；2—刃口状V形架；3—平板

图 6-33　同轴度误差的测量

2) 对称度

对称度公差用于限制被测中心平面（或中心线、轴线）对基准中心平面（中心线或轴线）的对称误差。基准的位置就是被测要素的理想位置。其公差带是距离为公差值 t，且相对基准中心平面（或中心线、轴线）对称配置的两平行平面（或直线）之间的区域。若给定互相垂直的两个方向，则是正截面为公差值 $t_1 \times t_2$ 的四棱柱内的区域。它包括面对面的对称度、线对面的对称度、面对线的对称度和线对线的对称度。

如图 6-34(a) 中的框格表示槽的中心面对基准中心平面的对称度不大于 0.1 mm，图 6-34(b) 为其公差带图（$t=0.1$ mm）。

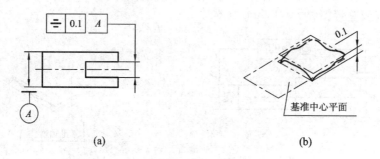

(a)　　　　　　　　　　　　(b)

图 6-34　对称度及其公差带

(a) 对称度；(b) 公差带

图 6-35 为面对面对称度误差的检测。测量时将被测的零件放在平板上，测量被测表面与平板之间的距离（如图中①所示）。然后，将被测件翻转，测量另一被测表面与平板之间的距离（如图中②所示），取测量截面内对应两测点的最大差值作为对称度误差。

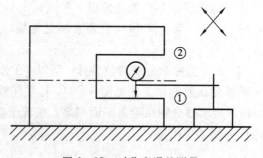

图 6-35　对称度误差测量

3）位置度

位置度公差用于限制被测实际要素的位置对理想位置的变动。

位置度有点的位置度、线的位置度和面的位置度，其中线的位置度还有给定一个方向、给定互相垂直的两个方向和任意方向等情况。

点的位置度公差带是直径为公差值 t，且以点的理想位置为中心的圆或球内的区域。图 6-36 是标注示例，在图 6-36(a)中的框格表示圆 ϕd 的圆心对基准 A、B 的位置度不大于 0.3 mm。其公差带在直径为 0.3 mm 的圆内，该圆的圆心位于相对基准 A、B 所确定的点的理想位置上（如图 6-36(b)所示）。

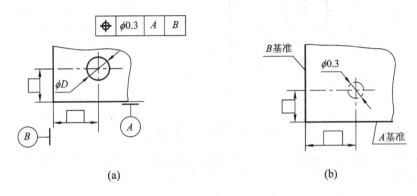

图 6-36　位置度及其公差带

至于线的位置度，当给定一个方向时，公差带是距离为公差值 t，且以线的理想位置为中心对称配置的两平行平面（或直线）之间的区域；当给定互相垂直的两个方向时，则是正截面为公差值 $t_1 \times t_2$，且以线的理想位置为轴线的四棱柱内的区域。在任意方向上，其公差带是直径为公差值 t，且以线的理想位置为轴线的圆柱面内的区域。

面的位置度公差带是距离为公差值 t，且以面的理想位置为中心对称配置的两平行平面之间的区域。

从图 6-36 中的标注示例中可知，由于位置度公差带都是以理想位置为中心的，而理想位置又必须由基准和理论正确尺寸来确定，所以，标注位置度公差要求时，都要用到带方框的理论正确尺寸。

位置度基准的标注比较复杂，根据被测要素及控制要求不同，可以标注一个、两个或三个基准。对于成组要素，有时也可以不标注基准。当标注二个或三个基准时，应符合三基面体系的原则。所谓三基面体系，就是由三个互相垂直的基准平面组成的基准体系，在实际应用中，三基面体系是通过实际基准要素来建立的，由于各实际基准要素在建立基准面时所起的作用不同，所以在标注时，应根据零件的功能要求正确选择基准的顺序。如图 6-36 中，标注在公差框格第三格中的 A 为第一基准，即保证该孔轴线与 A 垂直是最主要的要求；B 为第二基准，次要。

位置度主要用于控制孔组（成组要素）轴线的位置。孔组的分布形式和功能要求不同，标注方式也相应的不同，从而使公差带的解释、加工及检验的要求也不同。这正是位置度公差比其他项目显得灵活、复杂的主要原因。

图 6-37 所示为用坐标测量装置测量孔的位置度误差的方法。将心轴无间隙地安装在

被测孔中，以模拟被测孔的实际轴线，在靠近被测孔的端面处测得 x_1、y_1、x_2、y_2，分别计算出 $x'=(x_1+x_2)/2$，$y'=(y_1+y_2)/2$，再分别求出 $f_x=x'-x$，$f_y=y'-y$（x 和 y 是理论正确尺寸），则被测孔在该端的位置度误差为 $f=2\sqrt{f_x^2+f_y^2}$。

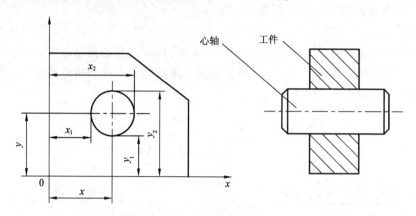

图 6-37　位置度误差的测量

然后，对被测孔的另一端以上述方法进行测量，测量中所得较大的误差值作为该被测孔的位置度误差。

3. 跳动公差

跳动公差：关联实际要素绕基准轴线回转一周或连续回转时所允许的最大跳动量。跳动误差分为圆跳动和全跳动，它们都是以测量方法为依据的公差项目。

1）圆跳动

圆跳动公差是被测实际要素绕基准轴线作无轴向移动回转一周时，位置固定的指示器在给定方向上允许的最大与最小读数之差。跳动误差的测量方向通常是被测表面的法向。按照测量方向与基准轴线的相对位置不同，分为径向圆跳动、端面圆跳动和斜向圆跳动。

径向圆跳动：它的公差带是在垂直于基准轴线的任一测量平面内，半径差为公差值 t，且圆心在基准轴线上的两同心圆之间的区域。

如图 6-38(a) 中的框格表示 ϕ_d 圆柱面对基准轴线 A 的径向圆跳动量不大于 0.05 mm，图 6-38(b) 为其公差带图（$t=0.05$ mm）。

端面圆跳动：它的公差带是在与基准轴线同轴的任一直径的测量圆柱上，沿母线方向宽度为公差值 t 的圆柱面区域。

如图 6-38(c) 中的框格表示左端面对基准轴线 A 的轴向端面圆跳动量不大于 0.05 mm，图 6-38(d) 为其公差带图（$t=0.05$ mm）。

径向和端面圆跳动项目的应用十分广泛。图 6-39 为曲轴零件的径向和端面跳动误差的测量方法。将曲轴安装在 V 形架上并轴向定位，曲轴转一周时指示器读数的最大值即为单个测量平面上的径向跳动。在若干个截面上测量，取跳动量中最大值作为该零件的径向跳动，又用指示器在凸缘端面上某一半径处测量，在曲轴回转一周过程中指示器最大差值为单个圆柱面上的端面圆跳动。在若干个不同半径处测量取其跳动量最大值作为凸缘端面的圆跳动。

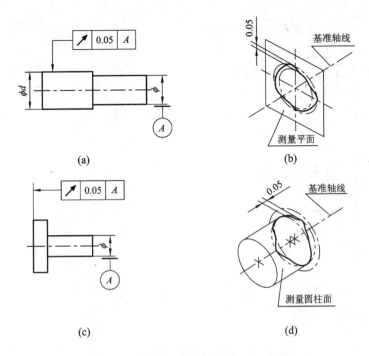

图 6-38　径向与端面圆跳动及其公差带

（a）径向圆跳动；（b）径向圆跳动的公差带图

（c）端面圆跳动；（d）端面圆跳动的公差带图

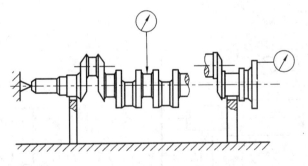

图 6-39　曲轴的径向和端面圆跳动误差的测量

2）全跳动

全跳动分为径向全跳动和端面全跳动。全跳动公差是被测要素绕基准轴线做无轴向移动的连续回转，同时指示器作平行（径向全跳动）或垂直（端面全跳动）于基准轴线的直线移动，在整个表面上所允许的最大跳动量。图 6-40 为径向全跳动和端面全跳动的标注及其公差带。

径向全跳动的测量方法如图 6-41 所示。用指示器找出某一径向截面上的最高点，转动零件一周，在整个测量圆柱面上的不同截面中重复上述测量，取整个测量过程中指示器最大与最小值之差，即为被测表面的径向全跳动。

端面全跳动的测量方法如图 6-42 所示。将被测零件支撑在导向套筒内，并在轴向固定。当被测零件连续回转时，指示器沿其径向作直线移动。在整个测量过程中指示器读数的最大差值即为该零件的端面全跳动。

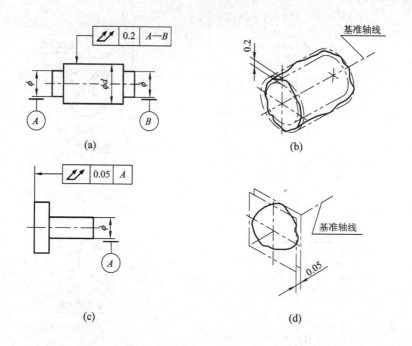

图 6 - 40　径向与端面全跳动及其公差带

(a) 径向全跳动的标注方法；(b) 径向全跳动的尺寸公差带

(c) 端面全跳动的标注方法；(d) 端面全跳动的尺寸公差带

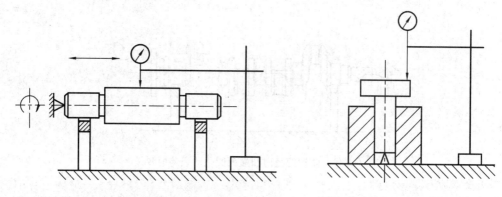

图 6 - 41　径向全跳动误差测量方法　　　　　图 6 - 42　端面全跳动误差测量方法

　　全跳动与圆跳动有类似之处。径向全跳动与径向圆跳动的区别，主要在于前者是对圆柱面做连续的测量，指示器读数的最大差值即为径向全跳动，公差带呈圆筒形；而后者是在圆柱面上取若干截面测量，取各截面上量得的跳动量中的最大值，作为零件的径向圆跳动量，其公差带为一平面圆环。

　　端面全跳动和端面圆跳动的区别，也是前者在被测端面上做连续的测量；而后者是在被测端面上取若干圆柱面进行测量。跳动量的获得方法与上述径向跳动相同。

　　全跳动和圆跳动公差能综合限制被测要素的形状和位置误差，有时还可代替其他公差项目。例如，径向圆跳动能综合限制同轴度和圆度误差，径向全跳动能综合限制圆柱度和同轴度误差，端面全跳动能代替端面对轴线的垂直度等。同时，跳动公差的测量方便，所以跳动公差的应用很普遍。

6.3　表面粗糙度

零件表面加工后，无论其加工方法如何精密，由于切削过程中各种几何、物理因素的影响，其几何形状在微观上总呈现出"峰"、"谷"相间的起伏不平。如以 S 表示波距（峰与峰之间或谷与谷之间的距离），H 表示波高（峰、谷间的高度）。把 $(S/H)<40$ 的这种微观几何形状偏差，称为表面粗糙度。表面越粗糙，则表面粗糙度越大。

表面粗糙度对零件使用性能的影响：

（1）对零件耐磨性的影响。表面粗糙度越大，两个配合零件之间实际接触面积越小，在外力的作用下，凸峰处的压强越大。当零件作相对运动时，越容易产生磨损。此外，表面粗糙度越大，摩擦系数越大，摩擦消耗的能量亦大，机器的工作效率就越低。而且大量的摩擦热有可能导致零件相互咬死。所有这些因素都会降低零件的耐磨性。

（2）对零件配合质量的影响。对于间隙配合，表面越粗糙，越容易磨损，从而使零件在工作过程中间隙加速增大；对于过盈配合，由于装配时将微观凸峰挤平，使实际过盈量减少，降低了连接强度。

（3）对零件疲劳强度的影响。在交变载荷下，零件表面的微观不平如同划伤和裂纹一样，容易引起应力集中，使零件疲劳强度降低。表面越粗糙，对应力集中越敏感，疲劳强度越容易下降。

6.3.1　表面粗糙度的评定参数

为了正确地评定表面粗糙度，国家标准中规定了表面粗糙度的评定参数。同时，这些参数的数值，应该在一定的长度范围内，并相对于某一确定的基准进行评定，才能获得正确的结果。为此，国家标准中还规定了与评定参数有关的术语及定义。

1. 与评定参数有关的术语

1）取样长度

取样长度是指用于判别具有表面粗糙度特征的一段基准线长度，一般用 l 表示。规定和选择取样长度的目的是为了限制和减弱表面波度对表面粗糙度测量结果的影响，取样长度的选取与表面粗糙度的高低有关（如图 6.42 所示），一般应包含五个以上的峰和谷。表面越粗糙，取样长度就应越大，且取样长度应在轮廓总的走向上量取。

2）评定长度

评定长度是指评定轮廓所必须的一段长度，它可包括一个或几个取样长度，一般用 l_n 表示。规定和选取评定长度的目的是为了减弱表面不均匀性对测量结果的影响。由于加工表面的粗糙度具有不均匀性，为了更加客观地反映被测表面的粗糙度特征，应在一个或几个取样长度上分别进行测量，取其平均值作为测量结果。

评定长度的选取与被测表面的加工均匀性有关，一般可取 $l_n=5l$，若被测表面均匀性较好，可选用小于 $5l$ 的评定长度值；反之，可取大于 $5l$ 的评定长度值（如图 6-43 所示）。

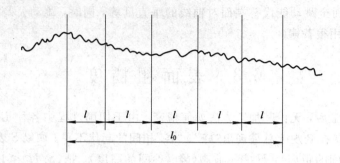

图 6-43　取样长度和评定长度

3）基准线

基准线是指用以评定表面粗糙度参数给定的线。基准线有以下两种：

（1）轮廓的最小二乘中线。具有几何轮廓形状并划分轮廓的基准线，在取样长度内，使轮廓线上各点至一条假想线的距离的平方和为最小。

（2）轮廓的算术平均中线。具有几何轮廓形状在取样长度内与轮廓走向一致的基准线。在取样长度内由该线划分轮廓使上下两边面积相等，如图 6-44 所示，即

$$F_1 + F_3 + \cdots + F_{2n-1} = F_2 + F_4 + \cdots + F_{2n} \quad （n 为正整数）$$

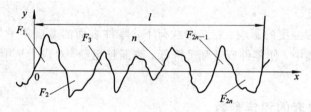

图 6-44　轮廓算术平均中线

在轮廓图形上确定最小二乘中线的位置比较困难，因此通常用目测估计来确定算术平均中线，并以此作为评定表面粗糙度数值的基准线。

2. 评定参数

（1）轮廓算术平均偏差 R_a。在取样长度内，被测轮廓上各点至轮廓中线偏距绝对值的算术平均值为轮廓算术平均偏差，如图 6-45 所示，即

$$R_a = \frac{1}{l} \int_0^l |y(x)| \, \mathrm{d}x$$

或近似为

$$R_a = \frac{1}{n} \sum_{i=1}^n |y_i|$$

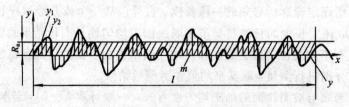

图 6-45　轮廓算术平均偏差 R_a

（2）微观不平度十点高度 R_z。在取样长度内，五个最大的轮廓峰高的平均值与五个最大的轮廓谷深的平均值之和为微观不平度十总高度，如图 6-46 所示，即

$$R_z = \frac{1}{5}\left(\sum_{i=1}^{5} y_{pi} + \sum_{i=1}^{5} y_{vi}\right)$$

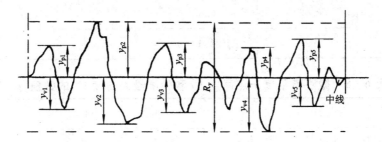

图 6-46 微观不平度十点高度 R_z

（3）轮廓最大高度 R_y。在取样长度内，轮廓峰顶线与轮廓谷底线之间的距离为轮廓最大高度，如图 6-47 所示。

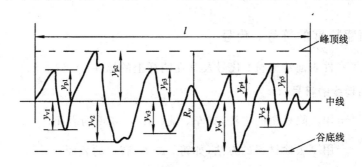

图 6-47 轮廓最大高度 R_y

国家标准中仅列入了三项高度参数（R_a、R_z、R_y）作为基本评定参数。目前，国内常用的是 R_a、R_z。而且，考虑到测量和使用的方便，在常用的参数值范围内（R_a 为 $0.025\sim6.3~\mu m$，R_z 为 $0.100\sim25~\mu m$），国标推荐优先选用 R_a。当根据表面的功能要求，仅规定高度参数难以保证质量时，可另外增加相应的附加参数。目前，国内还很少采用。

3．评定参数的数值

与 R_a 对应的取样长度值可按表 6-6 选用，此时取样长度值的标注在图样上或技术文件中可省略。当有特殊要求时应给出相应的取样长度值，并在图样上或技术文件中注出。

表 6-6 R_a 的取样长度与评定长度的选用值

$R_a/\mu m$	l/mm	$l_n=5l/mm$	$R_a/\mu m$	l/mm	$l_n=5l/mm$
$\geqslant 0.008\sim 0.02$	0.08	0.4	$>2.03\sim 10.0$	2.5	12.5
$>0.02\sim 0.1$	0.25	1.25	$>10.0\sim 80.0$	8.0	40.0
$>0.1\sim 2.0$	0.8	4.0			

R_a、R_z、R_y 的数值应从表 6-7 和表 6-8 中选取。

表 6-7　轮廓算术平均偏差 R_a 的数值（μm）

	0.012	0.2	3.2	50
R_a	0.025	0.4	6.3	100
	0.050	0.8	12.5	
	0.1	1.6	25	

表 6-8　微观不平度十点高度 R_z 和轮廓最大高度 R_y 的数值（μm）

R_z	0.025	0.4	6.3	100	160
	0.05	0.8	12.5	200	
R_y	0.1	1.6	25	400	
	0.2	3.2	50	800	

6.3.2　表面粗糙度的符号、代号

国标规定了零件表面特征符、代号及其在图样上的标注。

1. 表面粗糙度的符号

（1）▽——用去除材料的方法（如车、铣、磨等）获得的表面；

（2）▽——用不去除材料的方法（如铸、锻等）获得的表面；

（3）▽——基本符号，表示可用任何方法获得的表面。

2. 表面粗糙度的代号

在表面粗糙度的符号中，要求注写上若干必要的表面特征规定，其表面特征各项规定的注写位置如图 6-48 所示。由粗糙度符号和各种必要的特征规定，共同组成表面粗糙度的代号。图中，a 为粗糙度高度参数代号及其允许数值（μm），其标注示例如表 6-9 所示；b 为加工方法、镀涂或其他表面处理，如表面粗糙度要求由指定的加工方法获得时，可用文字标写在符号长边的横线上方；c 为取样长度或波纹度（μm），按规定选取，可以不标；d 为加工纹理方向符号（通常不注，若有要求时可查手册）；e 为加工余量（μm），需要时可注上，一般不注；f 为粗糙度间距参数值（μm）或轮廓支撑长度率。

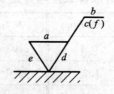

图 6-48　表面粗糙度代号

表 6 - 9　表面粗糙度高度特性参数的标注示例

代　　号	意　　义
3.2 √	用任何方法获得的表面，R_a 的最大允许值为 3.2 μm（R_a 字样省略）
3.2 / 1.6 √	用去除材料的方法获得的表面，R_a 的最大允许值为 3.2 μm，最小允许值为 1.6 μm
R_z 200 √	用不去除材料的方法获得的表面，R_z 的最大允许值为 200 μm（R_z 字样必须标出）
3.2 / R_y 12.5 √	用去除材料的方法获得的表面，R_a 的最大允许值为 3.2 μm，R_y 的最大允许值为 12.5 μm（R_y 字样必须标出）

6.3.3　表面粗糙度与加工方法的关系

选用表面粗糙度高度参数值的一般原则如下：

（1）在满足零件表面功能要求的前提下，尽可能选用较大的 R_a、R_z 值。

（2）在同一零件上，工作表面的 R_a、R_z 值应比非工作表面的小。尺寸精度高的部位，其 R_a、R_z 值应比尺寸精度低的部位小。

（3）摩擦表面的 R_a、R_z 值应比非摩擦表面的小，其相对速度愈高，单位面积上承受的压力愈大，则 R_a、R_z 值应愈小。滚动摩擦表面的 R_a、R_z 值应比滑动摩擦表面的小。

（4）要求配合性质稳定可靠时，其配合表面的 R_a、R_z 值应较小。对于间隙配合，配合间隙越小，则 R_a、R_z 值应越小；对于过盈配合，联接强度要求越高，则 R_a、R_z 值应越小；一般情况下，间隙配合表面的 R_a、R_z 值比过盈配合表面的小。

（5）其他条件相同时，小尺寸表面的 R_a、R_z 值比大尺寸表面的小，轴表面的比孔表面的小。

（6）受循环负荷极易引起应力集中的部位（如圆角、沟槽等），R_a、R_z 值应要求小。

（7）防腐性、密封性要求高的表面，R_a、R_z 值应小。

表面粗糙度参数的具体数值通常采用类比法确定。设计时可以参阅有关图样、资料或根据有关标准的规定选用。

在确定表面粗糙度参数值时，还应注意到与尺寸精度和形状精度相协调。一般说来，尺寸精度或形状精度越高，表面粗糙度参数值应越小。在正常的工作条件下，表面粗糙度与尺寸公差和形状公差大致有如下对应关系（T—形状公差，IT—尺寸公差）：

若 T≈0.6IT，则 R_a≤0.05IT；R_z≤0.2IT。

T≈0.4IT，则 R_a≤0.025IT；R_z≤0.1IT。

T≈0.25IT，则 R_a≤0.012IT；R_z≤0.05IT。

T<0.25IT，则 R_a≤0.15T；R_z≤0.6T。

表面粗糙度的表面特征、加工方法及应用举例，可参考表 6 - 10。

表 6 - 10　表面粗糙度的表面特征、加工方法及应用举例

表面微观特征		$R_a/\mu m$	$R_z/\mu m$	加工方法	应用举例
粗糙表面	可见刀痕	≤20	≤80	粗车、粗铣、粗刨、钻、锯断等	粗加工过的表面,非配合的加工表面,加轴端面,倒角、钻孔等
一般接合面	可见加工痕迹	≤10	≤40	车、刨、铣、镗、扩孔、粗铰、拉、粗磨、铣齿	轴上不安装轴承、齿轮的非配合表面,箱体侧面,螺栓孔、铆钉孔、垫圈接触面等
	微见加工痕迹	≤5	≤20		半精加工表面,箱体、套筒等与其他零件接合而无配合要求的表面
	看不清加工痕迹	≤2.5	≤10		接近于精加工表面,箱体上安装轴承的镗孔表面,普通级齿轮的齿面
重要接合面	可辨加工痕迹方向	≤1.25	≤6.3	精车、精铰、精拉、精磨	IT8～IT6 公差的零件的配合面,轴颈表面,丝杠工作面,较精密齿轮的齿面
	微辨加工痕迹方向	≤0.63	≤3.2		
	无法辨加工痕迹方向	≤0.32	≤1.6		
特别精密接合面量块接合面	暗光泽面	≤0.16	≤0.8	精磨、研磨、普通抛光	精密机床主轴颈表面,一般量规工作表面,汽缸内表面
	亮光泽面	≤0.08	≤0.4	超精磨、精抛光、镜面磨削	精密机床主轴颈表面,精密滚动轴承的滚道、滚珠表面,高压油泵中柱塞和套的配合表面
	镜状光泽面	≤0.04	≤0.2		
	雾状镜面	≤0.02	≤0.1	镜面磨削、超精研	高精度量仪、量块的测量面,光学仪器的金属镜面
	镜面	≤0.01	≤0.05		

6.3.4　表面粗糙度符号、代号的标注

　　表面粗糙度的符号、代号在图样上标注时,一般应将其标注在可见轮廓线、尺寸界线、引出线或它们的延长线上。符号的尖端必须从材料外指向被注表面。

　　图 6 - 49 为一减速箱的输出轴,轴颈 ϕ52j6(两处)是安装滚动轴承的部分,ϕ56r6 和 ϕ45m6 为安装齿轮和带轮的部位。由于上述表面为配合表面,要求表面粗糙度数值较小,参考表 6 - 7,分别选 R_a≤1 mm 和 R_a≤1.6 mm;ϕ62 mm 处的两轴肩都是止推面,起一定的定位作用,选 R_a≤2 mm;键槽两侧面的配合精度较低,一般为铣出,选 R_a≤5 mm;轴上其他非配合表面,如端面、键槽底面等处均选 R_a≤10 mm。

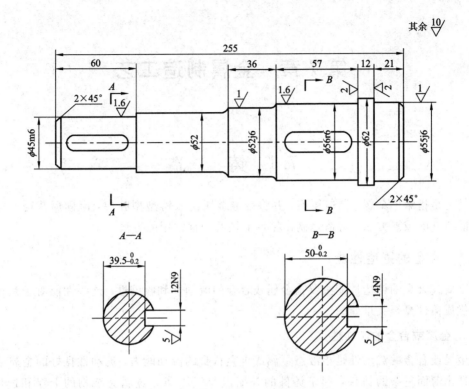

图 6-49 减速箱输出轴表面粗糙度的标注

第 7 章　金属制造工艺

7.1　铸　　造

铸造是指熔炼金属，制造铸型，并将熔融金属浇入铸型型腔中，凝固后获得一定形状和性能铸件的成形方法。铸造是制作零件毛坯的一种常用的方法。

7.1.1　合金的铸造性能

金属或合金的铸造性能主要指金属或合金的流动性和收缩性。这些性能对于是否容易获得优质铸件是至关重要的。

1. 金属或合金的流动性

金属或合金的流动性是指液态金属或合金自身的流动能力。流动性良好的金属或合金能铸造出薄而复杂的铸件，利于铸件的补缩以及气体和非金属夹杂物的上浮和逸出。反之，铸件上易出现浇不足、冷隔、气孔、夹渣和缩孔等缺陷。

金属或合金的种类、成分、结晶特征、粘度及结晶潜热等都对金属或合金流动性有影响，如金属或合金的种类不同，其流动性也不同。对一些常用铸造合金的流动性值进行试验，得知铸铁的流动性最好，铝硅合金的次之，铸钢的最差。

2. 铸件的凝固与收缩

随着温度的降低，浇入铸型的金属液将发生凝固，并伴随着收缩过程。

铸造金属或合金的收缩是指从浇入铸型、凝固和直至冷却到室温的过程中，其体积或尺寸的缩减现象。金属或合金的收缩是一种物理属性，是形成缩孔、缩松、变形和裂纹等缺陷的根本原因。铸造金属或合金从浇注到冷至室温要经历三个收缩阶段，即液态收缩、凝固收缩和固态收缩。

液态收缩和凝固收缩主要表现为铸件体积上的缩减，它们是铸件产生缩孔和缩松的基本原因。固态收缩主要表现为铸件各方向尺寸上的缩小，它是铸件产生应力和裂纹的基本原因。

7.1.2　砂型铸造

以型砂为材料制备铸型的铸造方法叫砂型铸造。有别于砂型铸造的其他铸造方法称为特种铸造。

砂型铸造和特种铸造相比较，其缺点是：劳动条件较差，铸件质量差，铸型只能使用一次，生产率也较低。优点是：不受零件的形状、大小、复杂程度及合金种类的限制，造型材料来源较广，生产准备周期短，成本低。因此砂型铸造是铸造生产中应用最广泛的一种方法。

1. 砂型的种类

常用的砂型有湿型、干型、表面干型和各种化学硬化砂型（自硬砂型）。

（1）湿型：向石英砂中加入适量的粘土和水分，混制而成的型砂称为湿型砂。用湿型砂春实，浇注前不烘干的砂型称为湿型。铝合金、镁合金及小型铸铁件的生产常使用湿型。湿型的优点是：① 它可使铸件生产周期缩短，生产率提高；② 由于不必烘干及不需要相应的烘干装置，故湿型可节省投资及能源消耗；③ 易于实现机械化和自动化，比干型生产劳动条件好。

湿型水分高，强度低，因此对于质量要求高。厚壁中、大型铸件不宜采用，特别适合于机械化、自动化生产。

（2）干型：经过烘干的砂型称为干型。烘干后增加了强度和透气性，显著降低发气性，大大减少了由于铸型方面的原因而产生的气孔、砂眼、胀砂、夹砂等缺陷。干型的缺点是生产周期长，需要烘干设备，增加燃料消耗，恶化劳动条件，难于实现机械化和自动化。干型主要用于质量要求高，结构复杂，单件、小批量生产的中大型铸件。

（3）表面干型：铸型表面仅有一层很薄的型砂被干燥（干燥层一般为 15～20 mm），铸型其余部分仍然是湿的，故称表面干型。表面干型介于湿型和干型之间，既有湿型的优点，又有湿型达不到的性能。表面干型常用于生产中、大型铝铸件和铸铁件。

（4）化学硬化砂型（自硬砂型）：铸型靠型砂自身的化学反应而硬化，一般不需烘干，或只经低温烘烤。优点是强度高，节约能源、效率高。但成本较高，有的易产生粘砂等缺陷。化学硬化砂型目前用得较多的有用水玻璃作粘结剂的水玻璃砂型，以及用合成树脂作粘结剂的树脂砂型等。化学硬化砂型对于各种铸件均可采用。

2. 砂型铸造的工艺流程

砂型铸造的生产工序主要包括：制模、配砂、造型、造芯、合型、熔炼、浇注、落砂、清理和检验。例如，套筒铸件的生产过程如图 7-1 所示。

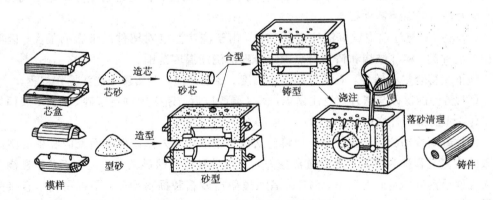

图 7-1　套筒铸件的生产过程

（1）造型（芯）。制造砂型的工艺过程叫做造型；制造砂芯的工艺过程叫做制芯，也叫造芯。造型和造芯是铸造生产中最重要的工艺过程之一。选择合适的造型（芯）方法和正确地进行造型（芯）工艺操作，对提高铸件质量、降低成本、提高生产率有极重要的意义。

造型（芯）方法按机械化程度可分为手工造型（芯）和机器造型（芯）两大类。

① 手工造型（芯）是指用手工完成紧砂、起模、修整及合箱等主要操作的造型（芯）过程。手工造型（芯）是一种最基本的造型方法，造型工艺适应范围广泛，质量一般能够满足工艺要求，适合单件、小批量生产。但手工造型（芯）劳动强度大，生产率低，铸件质量不易稳定。手工造型方法很多，如模样造型、刮板造型、地坑造型等，各种造型方法有不同的特点和应用范围。

② 机器造型（芯）是指用机器全部地完成或至少完成紧砂操作的造型工序。和手工造型相比，机器造型的生产率高、质量稳定、工人劳动强度低。但设备和工艺装备费用高，生产准备时间长，一般只适用于一个分型面的两箱造型。机器造型（芯）适用于大量和批量生产。

（2）型（芯）砂的紧实。型砂需要紧实才能成为整体的砂型。型砂的紧实程度影响着铸型的强度和透气性，紧实度越大，铸型强度越大，透气性越差。故铸造生产中对铸型的紧实度提出了较高的要求，一是要求铸型紧实度均匀，二是要努力提高紧实度。

（3）砂型（芯）的烘干。大型、重型以及质量要求高的铸件，普通砂型和砂芯均需经过烘干，以除去水分，提高强度和透气性，减少发气量，使铸件不易产生气孔、砂眼、夹砂和粘砂等缺陷，从而保证铸件的质量。

砂型和砂芯是多孔性物体，对其烘干即水分的去除大致可分为两步进行：表面水分的蒸发和内部水分的迁移（扩散）。

烘干方法有表面烘干和整体烘干两种。表面烘干是为了缩短生产周期，减少燃料能源消耗，以及有利于组织流水作业。在达到质量要求的条件下，应尽量应用表面烘干。一般大型和较重要的砂型和砂芯都要进行整体烘干。

（4）合箱。合箱就是把砂型和砂芯按要求组合在一起成为铸型的过程，习惯上也称拼箱、配箱或扣箱。铸型的合箱是制备铸型的最后工序，也是铸造生产的重要环节。如果合箱质量不高，铸件的形状、尺寸和表面质量就得不到保证；甚至还会由于编芯、错箱、抬箱、跑火等原因而使铸件报废。

（5）浇注。浇注前应做好浇注准备工作。由于浇注温度对铸件质量影响很大，因此应根据合金种类、铸件结构和铸型特点确定合理的浇注温度范围。

为了获得合格的铸件，必须控制浇注温度、浇注速度，严格遵守浇注操作规程。

（6）铸件的落砂与清理。浇注完毕，铸件凝固以后，还必须进行落砂、清理、表面处理等工作，才能得到合格的铸件。

铸件凝固冷却到一定温度后，把铸件从砂箱中取出，去掉铸件表面及内腔中的型砂和芯砂的工艺过程称为落砂，落砂通常分为人工落砂和机械落砂两种。人工落砂是在浇注场地人工就地落砂。人工用大锤、钢钎或者风锤敲击砂箱和捅落型砂，不得用锤子直接敲击砂箱中部和铸件本体，免得损坏砂箱和铸件。人工落砂劳动条件差，生产率低，用于单件、小批量生产的非机械化铸工车间。机械落砂是把铸件放在震动落砂机上进行震动，使砂子下落。机械落砂效率高，但机械易损坏，维修调整困难，而且噪音大。

从铸件中清除砂芯是一项繁重的工作，生产中常采用水力清砂除芯和水爆清砂除芯的有效清砂除芯方法。

为了提高铸件表面质量，还需进一步对铸件进行清理，切除浇冒口，打磨毛刺并进行吹砂。

（7）铸件表面处理。有些铸件经过上述处理以后，还需进行表面处理。如镁合金铸件在吹砂后需进行表面氧化处理，在表面生成一层致密而又有保护作用的薄膜，防止或减轻镁合金在使用过程中产生腐蚀。

铸铁件、铸钢件在检验合格入库前，还须涂上底漆，以防生锈，并作为进一步油漆的基底。

3. 铸件质量检验与缺陷修补

铸件质量包括铸件内在质量、外在质量、使用质量等几个方面。铸件质量的具体要求，一般在零件图和有关技术文件中都有明确规定。为了保证铸件质量，在铸造生产的各个环节，特别是清理后，都要进行质量检验。凡是有缺陷的铸件，经修补后能满足要求，不影响使用者均应进行修补。

7.2　压 力 加 工

利用金属材料在外力作用下所产生的塑性变形，获得所需产品的加工方法称为塑性加工。由于这种外力多数情况下是以压力的形式出现的，因此也称为压力加工。压力加工不仅是金属零件的成形技术之一，也是最终使零件或毛坯获得一定组织性能的重要途径之一。

压力加工的产品主要有原材料、毛坯和零件三大类。

压力加工常用的方法有：自由锻、模锻、板料冲压、轧制、挤压、拉拔等。压力加工在现代工业中占有非常重要的地位，被广泛地应用于工业生产的各个领域，例如，各种原材料、运输车辆与交通工具、电气设备等。它已成为工业生产中不可缺少的重要加工方法之一。

7.2.1　自由锻造

自由锻是利用冲击力或压力使金属在上下两个抵铁之间产生塑性变形，从而得到所需锻件的锻造方法。金属坯料在抵铁间受力变形时，除打击方向外，朝其他方向的流动基本不受限制，锻件形状和尺寸由锻工的操作技术来保证。

自由锻分手工锻造和机器锻造两种。手工锻造只能生产小型锻件，生产率也较低。机器锻造则是自由锻的主要生产方法。自由锻所用的工具简单，具有较大的通用性，应用较为广泛。

自由锻生产中进行的工序很多，可分为基本工序、辅助工序及精整工序三大类。

自由锻的基本工序是使金属坯料产生一定程度的塑性变形，以达到所需形状和尺寸的工艺过程，如墩粗、拔长、弯曲、冲孔、切割、扭转和错移等。辅助工序是为基本工序操作方便而进行的预先变形工序，如压钳口、压钢锭棱边、切肩等。精整工序是用以减少锻件表面缺陷而进行的工序，如清除锻件表面凸凹不平及整形等，一般在终锻温度以下进行。

自由锻造的工序，是根据工序特点和锻件形状来确定的。一般情况下，盘类锻件常选用墩粗（或拔长及墩粗）、冲孔等工序；轴类锻件常选用拔长（或墩粗及拔长）、切肩和锻台阶工序；筒类锻件选用墩粗（或拔长及墩粗）、冲孔、在心轴上拔长等工序；环类锻件选用镦粗(或拔长及镦粗)、冲孔、在心轴上扩孔等工序;曲轴类锻件选用拔长(或镦粗及拔长)、错移、锻台阶、扭转等工序;弯曲类锻件选用拔长、弯曲工序。

自由锻生产还必须遵循工艺规程来进行。

7.2.2 模型锻造

模锻是在高强度金属锻模上预先制出与锻件形状一致的模膛,使坯料在模膛内受压变形的锻造方法。在变形过程中由于模膛对金属坯料流动的限制,因而锻造终了时能得到和模膛形状相符的锻件。

与自由锻比较,模锻有如下优点:

(1) 生产率较高。自由锻时,金属的变形是在上、下两个抵铁间进行的,难以控制。模锻时,金属的变形是在模膛内进行的,故能较快获得所需形状。

(2) 模锻件尺寸精确,加工余量小。

(3) 模锻可以锻造出形状比较复杂的锻件。若用自由锻来生产,则必须加大敷料来简化形状。

(4) 模锻生产比自由锻生产节省金属材料,减少切削加工工作量。在批量足够的条件下能降低零件成本。

模锻按使用的设备不同分为:锤上模锻、胎模锻、压力机上模锻等。

模锻生产由于受模锻设备吨位的限制,模锻件不能太大,模锻件质量一般在 150 kg 以下。又由于制造锻模成本很高,所以模锻不适合于小批和单件生产。模锻生产适合于小型锻件的大批大量生产。

7.2.3 板料冲压

板料冲压是利用冲模使板料产生分离或成形的加工方法。这种加工方法通常是在冷态下进行的,所以又叫冷冲压。只有当板料厚度超过 8~10 mm 时,才采用热冲压。冷冲压广泛地应用在一切有关制造金属制品的工业部门中,特别是汽车、航空、电器等工业中,板料冲压占有极其重要的地位。

板料冲压具有下列特点:

(1) 可以冲压出形状复杂的零件,废料较少。

(2) 产品具有足够高的精度和较低的表面粗糙度,互换性能好。

(3) 能获得质量轻、材料消耗少、强度和刚度较高的零件。

(4) 冲压操作简单,工艺过程便于机械化和自动化,生产率很高,零件成本低。

板料冲压所用的原材料,特别是制造中空杯状和钩环状等成品时,必须具有足够的塑性。常用的金属材料有低碳钢、铜合金、铝合金、镁合金及塑性高的合金钢等。

冲压生产中常用的设备是剪床和冲床。剪床用来把板料剪切成一定宽度的条料,以供下一步的冲压工序用。冲床用来实现冲压工序,制成所需形状和尺寸的成品零件。冲床最大吨位可达 40 000 kt 以上。

冲压生产有很多种工序,其基本工序有分离工序和变形工序两大类。分离工序是使坯料的一部分与另一部分相互分离的工序,如落料、冲孔、切断、修整等。变形工序是使坯料的一部分相对于另一部分产生位移而不破裂的工序,如拉深、弯曲、翻边、胀形等。

冲压模具简称冲模，是冲压生产中必不可少的模具，冲模结构的合理与否对冲压件的质量、冲压生产的效率及模具寿命等都有很大的影响。冲模基本上可分为简单模、连续模和复合模三种。但冲模制造复杂，只有在大批量生产条件下，这种加工方法的优越性才显得更为突出。

7.3　焊　　接

焊接是一种重要的新型金属加工工艺。它是指通过加热、加压或同时加热加压，使两个分离的固态物体产生原子或分子间的结合和扩散，形成永久性连接的一种工艺方法。它可以连接同种金属、异种金属、某些烧结陶瓷合金以及某些非金属材料。焊接与过去传统的连接方法——铆接相比，具有节省金属、减轻劳动强度、消除噪音、减轻结构重量、提高产品质量等优点，因而被广泛地应用。

焊接方法的种类很多，但常用的有三大类。

（1）熔化焊：利用局部加热的方法，将焊件的结合处加热到熔化状态，冷凝后彼此结合成一体。它包括电弧焊、气焊、电渣焊等。

（2）加压焊：在焊接过程中，加热或不加热，施加足够的压力，使被焊金属达到原子或分子间的结合，从而连接在一起。

（3）钎焊：焊件经适当加热，但未达到熔点，而熔点比焊件低的钎料同时加热直到熔化，润湿并填充在焊件连接处的间隙中。液态钎料凝固后形成钎缝，在钎缝中，钎料和母材相互扩散、溶解，形成牢固的结合。

7.3.1　手工电弧焊

手工电弧焊是电弧焊中的一种。手工电弧焊是利用电弧放电时产生的热量（温度高达3600℃）来熔化母材金属和焊条，从而获得牢固接头的焊接过程。

手工电弧焊设备简单，使用灵活、方便，适用于任意空间位置的焊接；但生产率低，劳动强度大，焊接质量决定于焊工的技术水平。

1. 焊接过程

手弧焊的焊接过程如图 7-2 所示。将工件和焊钳分别接到电焊机的两个电极上，并用焊钳夹持焊条。焊接时，先将焊条与工件瞬时接触，然后将焊条提到一定的距离（2~4 mm），于是在焊条端部与工件之间便产生了明亮的电弧。电弧热将工件接头处和焊条熔化形成熔池。随着焊条的向前移动，新的熔池不断产生，旧熔池不断冷却凝固，从而形成连续的焊缝，使工件牢固地连接在一起。

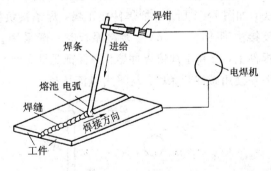

图 7-2　手工电弧焊

2. 电焊机

手工电弧焊的主要设备是电焊机，它实际上是一种弧焊电源。按产生电流的种类不同，电源可分为弧焊变压器(交流)和弧焊整流器(直流)。

1) 弧焊变压器

弧焊变压器实际上是一种特殊的降压变压器，如图 7-3 所示。它将 220 V 或 380 V 的电源电压降到 60~80 V(即焊机的空载电压)，以满足引弧的需要。焊接时，电压会自动下降到电弧正常工作时所需的工作电压 20~30 V。输出电流是从几十安培到几百安培的交流电，可根据焊接的需要调节电流的大小。电流的调节分为粗调和细调。粗调是通过改变输出轴头的接法来实现的，调节范围大；细调是旋转调节手柄，将电流调节到所需要的数值。弧焊变压器的优点是结构简单，价格便宜，工作噪音小，使用可靠，维修方便，应用很广；缺点是焊接电弧不稳定。

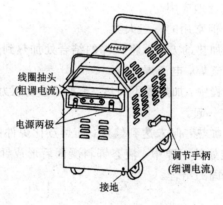

图 7-3　弧焊变压器

2) 弧焊整流器

弧焊整流器全称是整流式直流电焊机，近年来得到了普遍的应用。它是通过整流器把交流电转变为直流电，既弥补了交流电焊机电弧稳定性差的缺点，又比一般直流电焊机结构简单，维修容易，噪音小。

用直流电焊机焊接时，由于正极和负极上的热量不同，所以有正接和反接两种接线方法，如图 7-4 所示。把焊件接正极，焊条接负极，称为正接法(见图 7-4(a))；反之，称为反接法(见图 7-4(b))。焊接厚板时一般采用直流正接，这时电弧中的热量大部分集中在焊件上，有利于加快焊件熔化，保证足够的熔深。焊接薄板时，为防止烧穿，常采用反接。但在使用碱性焊条时，均采用直流反接。

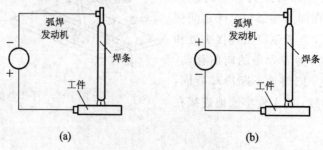

图 7-4　直流电焊机的接线法

3）焊钳和面罩

焊钳是用于夹持焊条和传递电流的。面罩则用来保护眼睛和面部，以免弧光灼伤。焊钳和面罩的结构如图 7-5 所示。

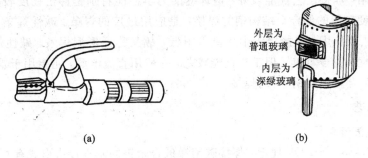

(a)   (b)

图 7-5　焊钳和面罩

（a）焊钳；（b）面罩

3. 电焊条

手工电弧焊使用的焊条由焊芯和药皮组成，如图 7-6 所示。

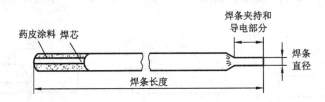

图 7-6　电焊条

焊芯是焊接专用的金属丝，是组成焊缝金属的主要材料。焊接时焊芯的作用是：一是导电，产生电弧；二是熔化后作为填充金属，与熔化的母材一起形成焊缝。为了保证焊缝质量，对焊芯金属的化学成分有较严格的要求。因此，焊芯都是专门冶炼的，碳、硅含量较低，硫、磷含量极少。我国目前常用的碳素结构钢焊芯牌号有 H08、H08A、H08MnA。焊条的直径是用焊芯的直径来表示的，常用的直径为 3.2～6 mm，长度为 350～450 mm。

焊条药皮由矿石粉和铁合金粉等原料按一定比例配制而成。药皮的主要作用是保证焊接电弧的稳定燃烧，防止空气进入焊接熔池，添加合金元素，保证焊缝具有良好的力学性能。

按用途的不同，电焊条有结构钢焊条、不锈钢焊条、铸铁焊条等，其中结构钢焊条应用最广。我国生产的结构钢焊条主要用于焊接低碳钢和低合金结构钢，其牌号是汉字拼音字首加上三位数字表示的。例如，J422(结 422)，"J"表示结构钢焊条，前两位数字"42"表示焊缝金属的抗拉强度不低于 420 MPa，第三位数字表示药皮类型为钛钙型，适用交直流电源。国家标准 GB 5117—85 中规定了碳素钢焊条的型号，用"E"加四位数字表示，即 Exxxx。"E"表示焊条，前两位数字表示焊缝金属的最低抗拉强度值，第三位数字表示焊接位置，第三、四位数字组合表示焊接电流种类和药皮类型。如 E4315，"43"表示焊缝金属的 $\sigma_b \geqslant 420$ MPa；"1"表示适用于立、平、横、仰位置焊接；"15"表示焊条药皮为低氢钠型，电流类型为直流反接。

　　根据焊条药皮性质的不同,结构钢焊条可以分为酸性焊条和碱性焊条两大类。药皮中含有多量酸性氧化物(如 TiO_2、SiO_2 等)的焊条称为酸性焊条,如 Jx x1、ix x2、Jx x3、Jx x4、Jx x5。药皮中含有多量碱性氧化物的焊条称为碱性焊条,如 Jx x6、Jx x7。酸性焊条能交直流两用,焊接工艺性能较好,但焊缝的力学性能特别是冲击韧度较差,适用于一般低碳钢和强度较低的低合金结构钢的焊接,是应用最广的焊条。碱性焊条脱硫、脱磷能力强,药皮有去氢作用。焊接接头中含氢量很低,故又称低氢型焊条。碱性焊条的焊缝具有良好的抗裂性和力学性能,但工艺性能较差,一般用直流电源,主要用于重要结构(如锅炉、压力容器和合金结构钢等)的焊接。

4. 焊接工艺

1)焊接接头形式

　　根据 GB/T 3375—1994 规定,焊接碳钢和低合金钢的基本接头形式有对接、搭接、角接和 T 形接四种。接头形式的选择是根据结构的形状、强度要求、工件厚度、焊接材料消耗量及其它焊接工艺而决定的。

　　根据 GB 985—88 规定手工电弧焊常采用的基本坡口形式有 I 形坡口、V 形坡口、X 形坡口、U 形坡口和 K 形坡口五种,如图 7-7、图 7-8、图 7-9 所示。

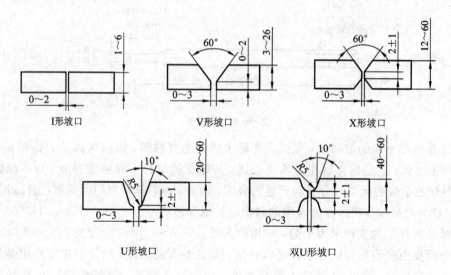

图 7-7　对接接头坡口形式

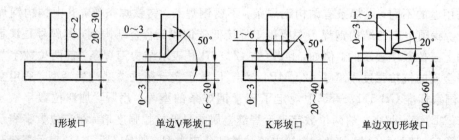

图 7-8　T 形接头坡口形式

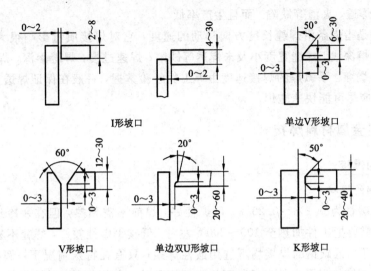

I形坡口　　　　　　　　　　单边V形坡口

V形坡口　　　　单边双U形坡口　　　　K形坡口

图 7-9　X形接头坡口形式

2）焊缝空间位置

按焊缝在空间位置的不同，可分为平焊、立焊、横焊和仰焊四种，如图7-10所示。平焊操作方便，易于保证焊缝质量，应尽可能采用。立焊、横焊和仰焊由于熔池中液体金属有滴落的趋势而造成施焊困难，应尽量避免。若的确需采用这些焊接位置时，则应选用小直径的焊条，较小的电流、短弧操作等工艺措施。

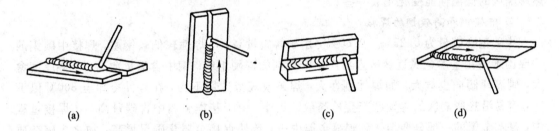

　　（a）　　　　　（b）　　　　　（c）　　　　　（d）

图 7-10　焊缝的空间位置

（a）平焊；（b）立焊；（c）横焊；（d）仰焊

3）焊接参数

为了保证焊接质量和提高生产率，必须正确选择焊接参数。焊条电弧焊的焊接参数包括焊条直径、焊接电流及焊接速度等。

焊条直径主要根据焊件厚度来选择。焊接厚板时应选较粗的焊条。平焊低碳钢时，焊条直径可按表7-1选取。

表 7-1　焊条直径的选择

焊件厚度/mm	2	3	4~5	6~12	>12
焊条直径/mm	2	3.2	3.2~4	4~5	5~6

焊接电流主要根据焊条直径选取。焊接电流是影响焊接接头质量和生产率的主要因素。电流过大，金属熔化快，熔深大，金属飞溅大，同时易产生烧穿、咬边等缺陷；电流过

小，易产生未焊透、夹渣等缺陷，而且生产率低。

焊接速度是指焊条沿焊缝长度方向移动的速度，它对焊接质量影响很大。焊速过快，易产生焊缝的熔深浅、焊缝宽度小及未焊透等缺陷；焊速过慢，焊缝熔深、焊缝宽度增加，特别是薄件易烧穿。手弧焊的焊接速度由焊工凭经验掌握，一般在保证焊透且焊缝成形良好的前提下，应尽可能快速施焊。

7.3.2　常用金属材料焊接

1. 碳钢的焊接

1）低碳钢的焊接

低碳钢含碳量为 $0.1\%\sim0.25\%$，可焊性好，焊前不需预热，但在寒冷地区焊接刚性较大部件时，需要把工件加热至 $100\sim200℃$ 左右，低碳钢塑性较好，焊缝不易出现裂纹。

一般情况下，低碳钢的焊接均可选用酸性焊条；只有在特殊情况下，例如，遇到大厚度工件或大刚度结构以及在低温条件下施焊等情况时，才考虑采用碱性焊条。

低碳钢焊接时，只要在焊前严格按焊条或焊剂说明书进行烘干，并仔细清除坡口及其附近的铁锈和油污等就可避免出现裂纹。但当焊接材料或母材的化学成分不合格（如含碳量、含硫量较高），或者结构刚性较大，施焊时环境温度较低（如在 $-10℃$ 以下）时，可能出现焊接裂纹。只要针对这些产生裂纹的原因给予解决，低碳钢焊接时的裂纹是可以避免的。此外，焊接接头的严重过热也应予以注意。由于沸腾钢中硫和磷的偏析，裂纹倾向和热影响区的低温性能变化稍大一些。

2）中碳钢和高碳钢的焊接

中碳钢含碳量为 $0.25\%\sim0.60\%$，由于含碳量高，可焊性较低碳钢差。焊接中碳钢的主要困难是在基本金属近缝区容易产生低塑性的淬硬组织。钢中含碳量愈高，工件厚度愈大，则淬硬倾向也愈大。如焊件刚性大，焊条或规范选用不当，在焊件冷却至 $300℃$ 以下时，容易沿热影响区的淬硬区产生冷裂纹。此外，由于基本金属中含碳量高，在焊接过程中，基本金属的一部分要熔化到焊缝金属中去，致使焊接金属含碳量增高，加之含硫杂质和气孔的影响，也容易在焊缝金属中引起热裂纹，特别是在收尾处，裂纹更为敏感。热裂纹的特征是裂纹往往垂直于焊缝鱼鳞状波纹，呈不明显的锯齿形，但也有沿焊缝金属与基本金属交界处发展的。

为保证焊后不产生冷裂纹和热裂纹并得到满意的机械性能，通常采取一些措施，如尽可能采用碱性低氢型焊条；预热可以避免产生冷裂纹，因此该措施是非常必要的。预热温度取决于焊件的含碳量、焊件的大小和厚度以及选用焊条类型和焊接规范等。采用局部预热时，加热范围应在焊缝两侧 $150\sim200$ mm 左右为宜。

2. 低合金钢的焊接

1）焊接方法

低合金钢的焊接可采用手工电弧焊、埋弧自动焊和电渣焊等焊接方法。近年来二氧化碳气体保护焊、窄间隙气体保护焊也有较广泛的应用。

2）坡口加工和焊前装配

坡口加工可采用机加工、气割或碳弧气刨。对强度级别较高、厚度较大的钢材，采用气割时为防止裂纹,可采用与焊接相同的预热规范。碳弧气刨时,必须仔细消除残余的碳,以防止产生裂纹。

为避免装配点焊的裂纹,点焊焊缝应长些和厚些,且宜用低氢碱性焊条。点焊长度一般应大于 40 mm,最好达到 100 mm 左右。点焊的顺序,应以能防止过大的拘束、允许工件有适当的变形为原则。点焊时应与正式焊接一样采取预热措施。点焊焊缝有裂纹时应清除并易位重焊。

3) 焊接材料的选择

所选择的焊条强度应与母材的强度相当或略低些为宜。为避免产生冷裂,一般在焊低合金钢时,常采用低氢型或低氢铁粉型焊条。但由于低氢铁粉型焊条不适于立焊和仰焊,在实际上应用也较少。在焊接强度等级低并且比较薄的不太重要的构件时,也有应用酸性焊条的。

4) 低合金钢焊接时的预热和热处理

预热有防止冷裂纹、降低焊缝和热影响区冷却速度、减小内应力等重要作用,但是预热使劳动条件恶化,并使生产工艺复杂。因此低合金钢结构施焊前是否需要预热,应慎重考虑,一般应根据生产实践和可焊性试验来确定。

预热方法可采用氧—乙炔火焰、煤气加热或其他加热方法,但要求加热方法不影响母材的性能。预热又可分为局部预热和整体预热。局部预热时,加热范围应保证在焊缝两侧不少于 80 mm。预热温度一般在 100~200℃。当钢材强度等级高、结构刚性大时,可适当提高预热温度。

焊后热处理的目的是为了消除焊接内应力、提高构件尺寸的稳定性、增强抗应力腐蚀性能、改善接头组织及力学性能、提高结构长期使用的质量稳定性和工作的安全性等。

低合金结构钢,特别是大量使用的普通低合金钢,多数情况下焊后是不进行热处理的,只有在有特殊要求的情况下才进行焊后热处理。

3. 铝及铝合金的焊接

铝及铝合金具有很多优点,特别是铝的资源丰富,比较便宜,因此目前已被广泛应用于各工业部门。在汽车工业中,铝及其合金应用是非常多的。

铝及铝合金与黑色金属不同,有易氧化、导热性高、热容量和线膨胀系数大、熔点低以及高温强度小等特性。

氩弧焊是当前工业生产中应用最多的焊铝方法之一。在焊接过程中由于有氩气保护,金属熔池和填充金属不被氧化,焊缝金属质量稳定可靠。焊接接头耐腐蚀性高,机械性能好。而且焊接速度快,生产率高,焊缝成型美观,对焊工技术水平要求低。

7.4　切削加工

切削加工是利用切削刀具从工件(毛坯)上切去多余的材料,使零件具有符合图样规定的几何形状、尺寸和表面粗糙度等方面要求的加工过程。机械加工中的切削加工,在机械制造过程中所占比重最大,用途最广。

切削加工可分为钳工和机械加工(简称机工)两种,其主要方法有车、钻、镗、铣、刨、拉、插、磨、珩磨、超精加工和抛光等。习惯上常说的切削加工主要是指机械加工。

7.4.1　切削加工概述

1. 切削加工运动

为了进行切削加工以获得工件所需的各种形状,并达到要求的加工精度和表面粗糙度,刀具和工件必须完成一系列运动。

1)切削运动

切削时的基本运动是直线运动和回转运动,按切削时工件和刀具相对运动所起的作用不同可分为主运动和进给运动。图7-11所示为在车床上加工外圆表面时的切削运动。

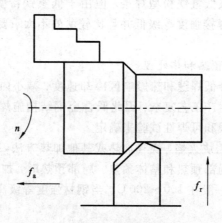

图7-11　车削外圆表面的切削运动

(1)主运动。主运动是进行切削时最主要的运动。通常它的速度最高,消耗机床动力最多,如普通卧式车床的主运动为主轴的旋转运动,幢床的主运动是镗杆的旋转运动。

(2)进给运动。进给运动与主运动配合,能保持切削工作连续地进行,从而切除金属层形成已加工表面。如图7-11所示,在普通卧式车床上加工外圆,刀具沿工件轴线方向的纵向运动f_a是进给运动。机床的进给运动可由一个或几个组成,通常消耗功率较小。进给运动可以是连续的,如车床的进给运动;也可以是间歇的,如牛头刨床工作台的进给运动。

在切削加工过程中,工件上形成三种表面,如图7-12所示。

① 待加工表面是将被切去一层金属的表面。

② 加工表面是工件正在被切削的表面(过渡表面)。

③ 已加工表面是工件上切去一层金属后,所形成的新的表面。

2)切削要素

切削用量三要素如图7-12所示。

(1)切削速度v。切削速度是主运动的线速度,单位为m/s。

(2)进给量f。进给量是进给运动方向上相对工件的位移量。车削时,进给量为主轴每转一转时,工件与刀具相对的位移量,单位为mm/r。

(3)背吃刀量a_p。背吃刀量是每次走刀切入的深度。背吃刀量等于待加工表面与已加工表面间的垂直距离(mm),如图7-12(b)所示。

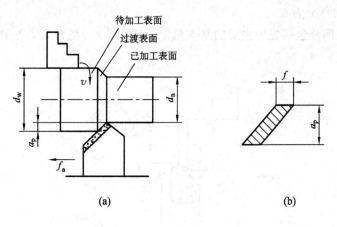

图 7 - 12　车削时的切削要素

2. 金属切削刀具

金属切削刀具种类繁多，形状也各有不同，但是，不管形状多么复杂的刀具，都是在刀具基本类型的基础上发展起来的，以适应不同条件下的切削加工。下面以外圆车刀为例对切削刀具进行分析。

1）刀具的组成

外圆车刀分为切削部分（也称刀头）和夹持部分（也称刀杆或刀体）两部分，如图 7 - 13 所示。刀体装在刀架上，刀头装在刀体上（可焊接或机械装卡）。

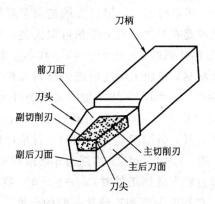

图 7 - 13　车刀的组成

切削部分的组成如下：

（1）前刀面刀具上切屑流过的表面。

（2）主后刀面切削刀具上与工件加工表面相对的表面。

（3）副后刀面切削刀具上与工件已加工表面相对的表面。

（4）主切削刃前刀面与主后刀面的交线，起主要的切削作用。

（5）副切削刃前刀面与副后刀面的交线，起辅助切削作用。

（6）刀尖主切削刃与副切削刃的交点，为提高刀尖刚度及耐磨性，刀尖可磨成圆弧，形成过渡刀刃。

2）刀具切削部分角度

车刀的切削部分包括五个主要的基本角度，即前角 γ_0、后角 α_0、主偏角 κ_r、副偏角 κ_r'、刃倾角 λ_s，如图 7-14 所示。

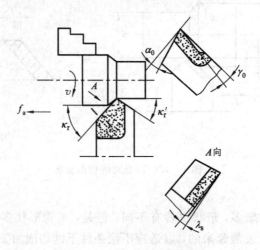

图 7-14　车刀的主要角度

正确选择刀具角度，对保证加工精度、提高劳动生产率有着十分重要的意义。下面对车刀的几个角度的选择提供几个原则。

（1）前角 γ_0 的选择。前角大小影响切屑流出的难易程度及刀刃的强度。增大前角，切屑易流出，可使切削力下降，切削时省力，但过大的前角会降低刀刃的强度。当加工塑性材料时，工件材料硬度较低或是在精加工时，前角可取大些，如使用硬质合金刀具加工低碳钢时，$\gamma_0 = 25° \sim 30°$；加工铝或铜时，$\gamma_0 = 30° \sim 40°$。减小前角，可提高刀刃强度，但切屑流出不畅，一般在加工脆性材料，或加工硬度较高的材料及粗加工时往往减少前角，如使用硬质合金刀具加工不锈钢时，$\gamma_0 = 15° \sim 25°$，加工高碳钢时 $\gamma_0 = -5°$。

（2）后角 α_0 的选择。增大后角，可以减少刀具后面与工件之间的摩擦，但过大的后角要降低刀刃强度，容易损坏刀具。当加工塑性材料时，后角可以取大些，如采用高速钢车刀加工中、低碳钢或精加工时，$\alpha_0 = 6° \sim 18°$。当强力车削或粗加工时，适当减小后角，以提高刀刃强度，如硬质合金车刀粗车碳钢工件时，$\alpha_0 = 6° \sim 8°$，精车时 $\alpha_0 = 8° \sim 12°$。

（3）主偏角 κ_r 的选择。在切削深度和进给量不变的条件下，增大主偏角，使轴向切削力增大，径向切削力减小，有利于加工细长轴类零件，减小因径向力引起的工件弯曲变形，提高加工精度，使振动减小。但是，增大主偏角，会使参加切削工作的主切削刃长度缩短，刀刃单位长度上切削负荷加大，散热性能下降，刀具磨损加快。通常加工细长轴时，$\kappa_r = 75° \sim 93°$；加工硬材料时，$\kappa_r = 10° \sim 30°$；粗车、强力车削时，$\kappa_r = 60° \sim 70°$。

（4）刃倾角的选择。增大刃倾角有利刀具承受冲击。刃倾角为正值时，切屑向待加工表面方向流出；为负值时，切屑向已加工表面方向流出。通常精车时，$\lambda_s = 0° \sim 4°$；粗车时，$\lambda_s = -5° \sim 0°$，有冲击负荷或断续切削时，$\lambda_s = -15° \sim -5°$。

3）刀具材料

刀具材料性能的优劣是影响表面加工质量、切削效率、刀具寿命的基本因素。正确选择刀具材料是设计和选择刀具的重要内容之一。刀具材料应具备高硬度、高耐磨性、高红硬性和足够的强度及韧性，除此之外，刀具材料还要有良好的工艺性及经济性。常用刀具材料分为工具钢、硬质合金、陶瓷及超硬材料四大类。

3. 切削液

切削液主要用来减少摩擦和降低切削温度。合理使用切削液，对提高刀具耐用度和保证表面加工质量有着重要意义。切削液有以下作用：

（1）冷却。切削液浇注在切削区域后，通过切削热的传导、对流和汽化，使切屑、刀具和工件上的热量散逸而起到冷却作用。冷却的目的主要是降低前刀面的温度，以提高刀具的耐用度。

（2）润滑。切削液在切削过程中渗透到刀具、切屑和工件之间形成润滑膜而达到润滑目的。

（3）洗涤和排屑。浇注切削液可冲走切削过程中留下的细屑和磨粒（磨床加工时），从而起到冲洗作用，以防细屑刮伤工件表面和机床导轨表面。在深孔加工时，注入切削液可以起到排屑作用。

（4）防锈。在切削液中加入防锈添加剂，如亚硫酸钠等，使金属产生保护膜，防止机床、工件受到水分、空气和酸介质的腐蚀，起到防腐作用。

4. 工件材料的切削加工性

工件材料的切削加工性是指对某种材料进行切削加工的难易程度。在相同的切削条件下，若一定切削速度下刀具的耐用度较长，则该材料的切削加工性好，反之较差。切削加工性对加工质量和生产率有很大影响，所以在保证零件使用要求的条件下，应尽可能选择切削加工性好的材料。

对材料进行适当的热处理是改善切削加工性的重要途径，例如，对低碳钢进行正火，可降低塑性，提高硬度，容易断屑，加工面易获得较小的粗糙度值；对高碳钢进行退火，可降低硬度，改善切削加工性；对铸铁件切削加工前退火，可降低表层硬度，有利于切削加工。此外，调整材料的化学成分也可改善切削加工性，例如，钢中添加适量的硫、铅等元素，形成易切削钢，可提高刀具耐用度，减小切削力，易断屑，使加工质量和效率得以提高。

5. 零件的加工质量

零件的加工质量直接影响产品的使用性能和寿命，其主要包括加工精度和表面质量。

1）加工精度

加工精度是指零件加工以后，其尺寸、形状、相互位置等参数的实际数值和它的理想数值相符合的程度。为了保证零件顺利地进行装配并满足机器使用要求，就需要把零件的实际参数控制在一定的误差范围内。零件实际参数的最大允许变动量称为公差。加工精度用尺寸公差、形状公差和位置公差来表示。

尺寸公差有 20 个公差等级，从 IT01 至 IT18 等级依次降低，公差数值依次增大。形状公差有直线度、平面度等六种。位置公差有平行度、垂直度、同轴度等八种。

2）表面质量

表面质量常用表面粗糙度来衡量。生产中常用轮廓算术平均偏差 R_a 作为评定表面粗糙度的主要参数。

7.4.2　切削过程

金属切削过程是指刀具从工件毛坯上切去多余金属形成切屑的过程。根据切削变形的特点和切削的外形，切削一般分为三种，如图 7-15 所示。在切削过程中存在着许多物理现象，如切削力、切削热、积屑瘤和刀具磨损等，这些现象都是以切屑形成过程为基础的。研究这些现象的基本规律，对保证产品质量和提高生产率很有帮助。

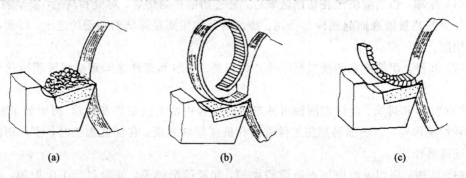

(a)　　　　　　　　(b)　　　　　　　　(c)

图 7-15　切削的种类
（a）崩碎切屑；（b）带状切削；（c）节状切屑

1. 切削过程的实质和四个阶段

在切削塑性材料的过程中，当刀尖接触工件时，工件切削层受到挤压，使工件材料产生弹性变形；随着刀具的继续切入，应力、应变逐渐增大，直到克服材料的屈服极限产生塑性变形；刀具的继续切入，剪应力继续增大到克服材料的强度极限出现挤裂现象；最后，被挤裂的金属脱离工件，沿刀具的前面流出成为切屑。重复上述过程，直到将多余金属全部切除。由此可见，塑性材料切削过程的实质是一个挤压过程，重复着弹性变形、塑性变形、挤裂和切离四个阶段。

由于脆性材料的塑性趋于零，所以它的切削过程只经历了弹性变形、挤裂和切离三个阶段。

2. 切削过程中的物理现象

1）切削力

金属被切削时，刀具切入工件，被加工材料发生变形，最后成为切屑所需要的力称为切削力。实质上它是由克服被加工材料的弹性变形和塑性变形的力，以及刀具与工件和刀具与切屑之间的摩擦力共同构成实际的切削力。切削力是设计和使用机床、刀具、切削加工工艺装备等必要的依据，切削过程中出现的物理现象大都是由切削力引起的。在实际加工中，为了满足设计和工艺分析的需要，往往不是直接研究刀具总切削力，而是研究它的分力，如图 7-16 所示，现以车削为例分析如下：

（1）切削力 F_s。总切削力 F 在主运动方向上的正投影。这是在切削速度方向上的分力，其大小约占总切削力的 $95\% \sim 99\%$，是三个分力中最大的、消耗功率最多的分力，它是机床动力、重要零件的强度和钢度的设计、校核、以及工艺装备设计的主要依据。

（2）进给力 F_f。总切削力 F 在进给运动方向上的正投影。这是在进给运动方向上的分力，消耗功率很小，只占总切削力的 $1\% \sim 5\%$，它是设计和验算机床进给机构必需的参数。

（3）背向力 F_p。总切削力在垂直工作平面上的分力。由于它是切削深度方向上的分力，在每次走刀时没有该方向的运动，所以不消耗功率。但是它作用在工件钢性较差的方向，容易使工件变形，同时引起振动，影响加工精度。所以，在加工钢性较差的工件（如细长轴）时，应该力求减小切削力。常用的方法有增大刀具前角，减小背向力 F_p（常取 $\kappa_r =$ 90°），以及减小每次走刀的背吃刀量。

上述三个互相垂直的切削分力是总切削力分解而来的：

$$F = \sqrt{F_s^2 + F_f^2 + F_p^2}$$

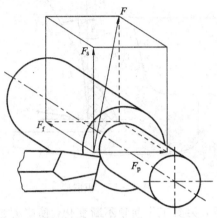

图 7 - 16　切削力的分解

2）切削热

在切削过程中，切削力使切屑变形、刀具与工件以及刀具与切屑之间的摩擦共同产生了大量的切削热，这些切削热实质上是由切削功转变来的。

切削热产生后，大量的热（约为 50%～86%）由切屑带走，周围介质也带走微量切削热（约为 1%），余下的热传入工件（约为 40%～10%）和刀具（约为 9%～3%）。切削热传入工件，将使工件变形，使工件产生形状和尺寸误差；切削热传入刀具，将加快刀具磨损。因此，切削热对切削加工非常有害，应尽量减少切削热的产生和改善散热条件。通常的办法如下：

（1）合理选用刀具角度，在刀具上开好排屑槽，使得排屑流畅，不能让切屑缠留在刀头上；

（2）合理选用切削用量，特别是要根据刀具材料的耐热程度控制切削速度，这是因为切削速度对切削热的产生影响最大；

（3）使用冷却液，将切削热带走。

3）积屑瘤

在一定的温度和压力下切削塑性材料时，切屑沿刀具的前面流出的阻力很大，流速降低。当金属与前面的摩擦阻力超过切屑本身分子间的结合力时，切屑底层金属被阻滞并粘附在刀尖上，长出一个"瘤"状的金属块，这就是积屑瘤，俗称"冷焊"。积屑瘤的硬度很高，一般为工件材料的 2～3 倍。

实验表明：切削速度在 5 m/min < v_c < 60 m/min，温度在 300～350℃，以及一定压力的情况下，最容易产生积屑瘤。而当切削速度 v_c < 5 m/min 时，金属与刀具前面的摩擦力减弱、

温度低，切屑本身分子的结合力大于切屑底层与前面的摩擦力，所以不会产生积屑瘤；当切削速度 $v_c > 60$ m/min 时，由于摩擦剧烈而温度高，切屑底层金属呈微熔状态，切屑流出时与前面的摩擦力小，所以也不会产生积屑瘤。

积屑瘤对切削加工的影响有利有弊，它粘附在刀尖上，可以代替刀具切削，起着保护刀尖、减少刀具磨损的作用。同时，它使刀具前角增大（如图 7 - 17 所示），有利于切屑排出。

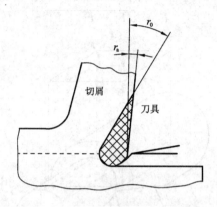

图 7 - 17　积屑瘤

但是，积屑瘤时生时灭，刀具工作前角不断变化，使吃刀量 α_p 也不断变化，导致切削很不稳定，影响加工精度和表面粗糙度。

因此，选用中等切削速度，加大背吃刀量，故意形成积屑瘤进行粗加工；而精加工则应避免积屑瘤，常采用高速（$v_c > 100$ m/min）或低速（$v_c < 5$ m/min）进行精加工。

3. 切削用量的选择

由于切削用量三要素受到机床功率、刀具耐用度和加工精度等的限制，所以不能同时都取最大值。为了在保证产品质量的前提下，使机床功率和刀具耐用度得到充分利用，切削加工一般分为粗加工、半精加工和精加工三个阶段。一般情况下，每个阶段切削时的背吃刀量和表面粗糙度可以参考国家有关标准。

7.4.3　常用加工方法简介

切削加工方法有车削、钻削、镗削、刨削、插削、拉削、铣削和磨削等，下面介绍几种最常用的加工方法。

1. 车削加工

车工是机械加工中的基本工种，它的技术性很强，主要用车床加工回转表面，所用刀具是车刀，还可用钻头、铰刀、丝锥、滚花刀等刀具。车床应用范围很广，种类很多。按用途和结构的不同，主要分为卧式车床、落地车床、立式车床和各种专门化车床等。此外，在大批量生产中还有各种各样的专用车床。

车床主要用于各种回转表面的加工，其应用如图 7 - 18 所示。卧式车床加工尺寸公差等级可达 IT8～IT7，表面粗糙度 R_a 可达 1.6 μm。

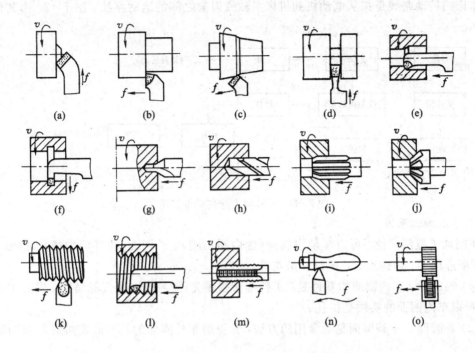

图 7 - 18 车床加工应用示例

1）车床类型

车床种类很多，其中卧式车床是应用最广泛的一种，其组成如图 7 - 19 所示。由图可知车床的组成部分有：

（1）主轴箱：安装主轴和主轴变速机构。

（2）变速箱：安装变速机构，增加主轴变速范围。

（3）进给箱：安装作进给运动的变速机构。

（4）溜板箱：安装作横向运动的传动元件及互锁、换向等机构，并与床鞍连为一体。

（5）尾架：安装尾架套筒及顶尖。

（6）床身：支承上述部件并保证其相对位置。

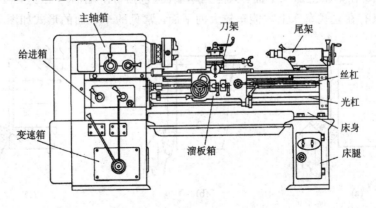

图 7 - 19 C6132 卧式车床

车床的传动路线是指从电动机到机床主轴或刀架之间的运动路线，图 7 - 20 为其传动框架图。

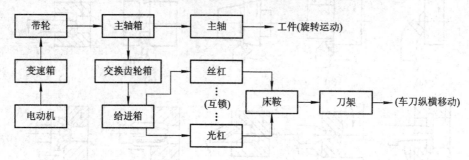

图 7 - 20　C6132 车床传动框架图

2）车削加工范围

车削加工范围广泛，可以车削内圆面（含内圆切槽）、外圆面（含外圆切槽）、锥面、平面、切断成形面、内螺纹、外螺纹和滚花等。

（1）内圆面。车内圆面的条件是，工件上必须预先已经有孔（可以是铸孔、锻孔或钻孔等），所以车内圆面的实质是扩孔。

（2）外圆面。车外圆面是最常用的方法，常见的车外圆面的几种形式如图 7 - 21 所示。

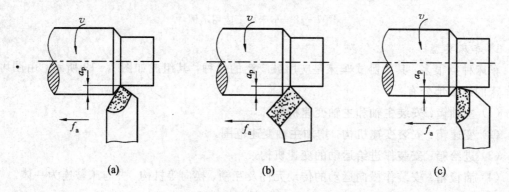

图 7 - 21　车外圆面的几种形式

（3）平面。在车床上加工平面，只能是车端面（包括台阶端面），因此，被车的平面只能是小平面，只有在立式车床上才能车较大的平面。常见的车平面的形式如图 7 - 22 所示。

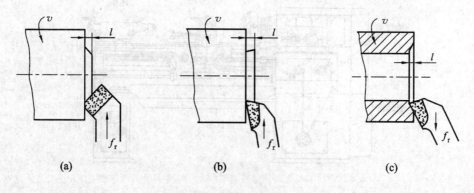

图 7 - 22　车平面

（4）锥面。锥面用于配合，有导向和自动定心的作用。

（5）成形面。在车床上车削的成形面仅限于回转体形的成形面，这种成形面的形成，是以一平面曲线为动线（成形面的轮廓线），绕与其共面的直线（定线）旋转一周而形成。因此，将工件旋转，使刀具的纵向和横向的合成运动轨迹与动线形状相符，即可加工出成形面。

3）车削加工的工艺特点

车削加工的工艺特点如下：

（1）车削加工容易保证轴套类零件和轮盘类零件各表面之间的位置精度。这两类零件的一个共同特征是都具有回转轴线，将其安装在车床上，可使工件轴线与机床主轴轴线同轴；由于零件上各端面（包括台阶面）垂直其回转轴线，而机床横拖板导轨与主轴轴线垂直，所以利用车床本身的精度在一次装夹中加工，容易保证这两类零件的位置精度。

（2）切削过程平稳。由于车削加工是连续切削，切削用量在每次切削过程中无变化，切削力变化小，所以切削过程平稳。这样有利于加工精度的提高，并可以采用较大的切削用量，提高生产率。

（3）使用的刀具简单、容易制造，并且成本低廉。

（4）特别适合有色金属的加工，其精细车后，零件的表面粗糙度 R_a 可达 $1.6 \sim 0.2\ \mu\mathrm{m}$，尺寸精度可达 IT6～IT5，克服了磨削难以加工有色金属等硬度低的材料的困难，并且加工成本比磨削低。

2. 钻削加工

1）钻孔

利用钻床（也可以用车床、镗床和铣床）在实体材料上用钻头加工出孔的方法称为钻孔。钻床主要有台式钻床、立式钻床、摇臂钻床（如图 7 - 23 所示）和专用（包括多孔钻）钻床之分。

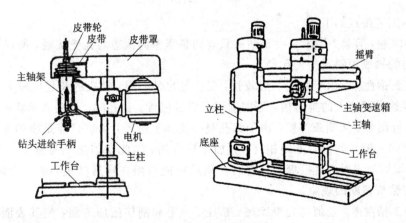

图 7 - 23　钻床的结构图

钻削用的钻头一般都是麻花钻，它属于标准刀具，其直径规格为 $\phi 0.1 \sim \phi 100$ mm，常用的是 $\phi 3 \sim \phi 50$ mm，其结构如图 7 - 24 所示，它是由两个"三面二刃一刀尖"对称地组合在一起。钻孔时，它相当于两把反装车孔刀同时切削。两把车孔刀的刀尖连在一起构成了

"横刃"。这样,麻花钻就有五个切削刃:两个主切削刃、两个副切削刃和一个横刃。钻孔时,刀具所受的轴向力主要是由横刃产生的,所以应设法修磨横刃,减少轴向力。

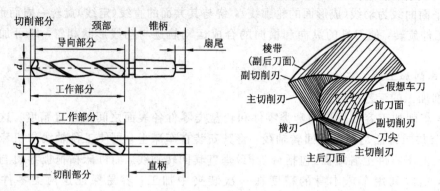

图 7-24　麻花钻切削部分的结构

钻床的主运动是钻头旋转的运动,进给运动是钻头轴向移动。可见钻削加工的主运动和进给运动都是由钻头来完成的。

钻削的加工范围较广,如图 7-25 所示,可以完成钻、扩、绞孔、攻丝、锪孔(包括圆校孔、锥孔、色眼坑和凸台)、锪平等工作。

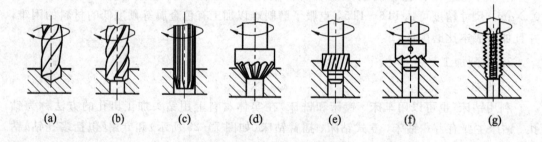

图 7-25　钻床的加工范围

钻削的工艺特点如下:

(1)导向差,容易"引偏"。由于钻头只有两条很窄的棱边与孔壁接触,所以导向差,容易使所钻孔的轴线歪斜或扩大孔径。

(2)钻头钢性差。由于钻头一般较长,受孔径尺寸所限,钻头的长径比较大,加之在钻头上开了两条尽可能大的排屑槽,更加削弱了它的刚性。钻孔时,钻头弯曲将产生斜孔。

(3)排屑困难、切削条件差。由于钻孔是在实体上进行,切屑只能是靠两排屑槽排除,加之排屑方向一般与其重力方向相反,更加不易排屑。因此切削热不易散发,切削条件很差。此外,切屑流出时与孔壁摩擦,有时切屑还可能卡阻在排屑槽里,常常出现因切屑无法排除而使钻头扭断的现象。

(4)加工精度差。切屑与孔壁摩擦、挤压、拉毛和刮伤已加工面,使其表面粗糙度大;钻头的"引偏"使孔的轴线歪斜或孔径扩大;钻头的长径比较大以及横刃引起的轴钻头的"引偏"使孔的轴线歪斜或孔径扩大;钻头的长径比较大以及横刃引起的轴向力增大,使远离支点的切削部分运动不平稳,造成尺寸精度较差,仅有 IT12～IT11,只能用于粗加工。

虽然钻削存在"四差一大"(导向差、钢性差、加工精度差、切削条件差和轴向力大)的缺陷,但是对于螺栓通孔,需要攻丝的螺纹孔,用于汽、水、油的通道等一些要求不高的孔,都可以用钻削来完成;特别是在传统切削加工方法中,钻削是惟一能实现在实体上开出原孔的方法,所以钻削加工还是被广泛用于生产中。

2) 扩孔

利用扩孔钻扩大工件上已有孔径的方法称扩孔。扩孔使用的机床与钻孔相同。由于扩孔钻中心部位不切削,无横刃,大大减小了轴向力;扩孔切屑薄且窄,故可将排屑用的螺旋槽减小,这样增加了扩孔钻的刚性。因此,扩孔可以修正原孔的歪斜。此外,在扩孔钻上制作了较多的刀齿(一般有 3~4 个齿),相当于 3~4 把反装车刀同时切削,切屑因为窄小而容易被排除,改善了切削条件。所以,扩孔钻克服了钻孔"四差一大"的缺陷,提高了生产率和加工质量,一般扩孔精度可达 IT10~IT9,表面粗糙度 R_a 可达 $6.3~3.2~\mu m$。

3) 铰孔

利用铰刀在孔(一般为扩孔后的孔)壁上切除微小余量,用来提高加工精度和降低表面粗糙度的方法称铰孔。

3. 镗削加工

镗刀旋转作主运动,工件或镗刀直行作进给运动的切削加工方法称为镗削加工。镗削使用的机床称为镗床。

镗床分为卧式镗床、坐标镗床和金刚镗床等多种类型。如图 7-26 所示的卧式镗床应用最为广泛。镗削加工的加工步骤、加工精度和表面粗糙度与车削相同。

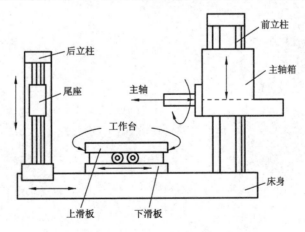

图 7-26　卧式镗床简图

镗削主要用于加工直径较大的已有孔(孔径 $D=\phi 40~\phi 330~mm$)和孔系,还可以将镗刀装在铣镗床上加工外圆和平面。它的最大特点是:利用镗床的精度来纠正原孔轴线的偏斜,保证孔及孔系的位置精度。如箱体零件上的同轴孔、轴线互相平行或垂直的孔,以及机架等结构复杂零件上的孔的位置精度,与其他一般切削加工方法相比,镗削具有独特的优势,特别适宜于箱体类零件上孔系的加工。在镗床上可以完成的工作如图 7-27 所示。

镗削使用的镗刀有单刃镗刀和双刃镗刀。由于孔的尺寸精度依靠调整刀具位置来决定,特别耗费时间,因此单刃镗刀一般用于单件小批量生产。

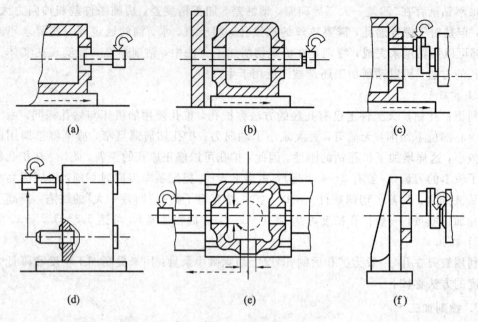

(a)　　　　　　　(b)　　　　　　　(c)

(d)　　　　　　　(e)　　　　　　　(f)

图 7-27　镗床能完成的加工

第三篇　　机械原理与机械零件

第 8 章　机械基础知识

8.1　概　　述

机器是人类进行生产的重要工具，也是社会生产力发展水平的重要标志。人类在长期的生活和生产实践中创造和发展了机器。我们经常见到的汽车、飞机、火车、轮船、金属切削机床等都是机器。

机器的种类很多。由于机器的功用不同，其工作原理、构造和性能也各异。但是，从机器的组成原理、运动的确定性及其与功、能的关系来看，各种机器之间却存在一些共同特征。

从制造角度来分析机器，可以把机器看成由若干零件组成的。零件是指组成机器当中不能再拆分的最小制造单元。零件又分为通用零件和专用零件两大类：通用零件是指各种机器经常用到的零件，如螺栓、螺母和齿轮等；专用零件是指某种机器才能用到的零件，如内燃机的曲轴、气轮机叶片等。

从运动角度来分析，可以把机器看成由若干构件组成的。构件是指由若干个零件组成的，各个零件之间不能产生任何相对运动的刚性组合体，是机器的运动单元。如图 8－1 所示内燃机的连杆，就是由连杆体 1、连杆盖 2、螺母 3、螺栓 4 等零件组成的构件。

下面再从运动的确定性及功、能关系来分析机器，图 8－2 所示的内燃机是由活塞 1、连杆 2、曲轴 3、齿轮 4 与 5、凸轮 6、推杆 7 以及汽缸体(机架)8 等组成的。当燃气推动活塞往复移动时，通过连杆带动曲轴作连续转动，从而使燃气的热能转换为曲轴的机械能。另外，曲轴的运动通过齿轮，凸轮带动推杆按一定规律开闭气门，保证燃气定时进出汽缸。

凡将其他形式的能量转换为机械能的机器称为原动机。内燃机、电动机、液压马达等都是原动机。

有些机器是利用机械能来作有用功的。凡利用机械能作有用功的机器称为工作机。金属切削机床、起重机等都是工作机。

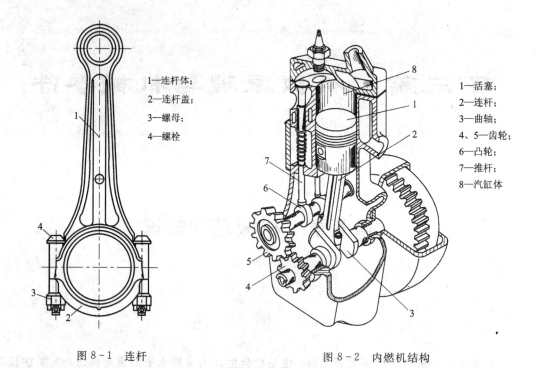

1—连杆体；
2—连杆盖；
3—螺母；
4—螺栓

1—活塞；
2—连杆；
3—曲轴；
4、5—齿轮；
6—凸轮；
7—推杆；
8—汽缸体

图 8-1　连杆　　　　　　　图 8-2　内燃机结构

从上述例子可以看出，机器具有以下三个特征：

（1）机器一般是由许多构件组成的；

（2）各构件间具有确定的相对运动；

（3）机器能代替或减轻人类劳动来完成有用功或转换机械能。

当仅仅研究构件之间的相对运动，而不考虑构件在作功和能量转换方面所起的作用时，通常把具有确定相对运动、实现运动的传递或运动形式的转换的多构件组合称为机构。最简单的机器只包含一个机构，如电动机就是由一个双杆机构组成的。大多数机器都包含若干个机构，如内燃机。

从结构和运动的角度来看，机器与机构之间是没有区别的。因此，为了叙述方便，通常用机械一词作为机器和机构的总称。

所有构件都在同一平面或相互平行的平面内运动的机构称为平面机构，否则称为空间机构。工程中常用的是平面机构，因此本章只讨论平面机构。

8.2　运动副及其分类

机构是由具有确定相对运动的构件组成的，因此机构中各构件相互之间必定以某一种方式相联接。这种联接既不同于螺栓联接，也不同于铆接和焊接之类的刚性联接，而是在构件之间的联接处保持一定的相对运动。这种构件彼此之间直接接触并且又能产生一定相对运动的联接形式称为运动副。运动副将限制构件的一部分运动，使运动具有确定的方式，例如，上述内燃机中活塞与气缸体的联接即组成运动副，使活塞只能沿缸体作直线运动。

　　按构成运动副的两构件之间的相对运动为平面运动或空间运动，将运动副分为平面运动副和空间运动副。本章只讨论平面机构，所以也只介绍平面运动副。

　　运动副中，构件间的接触有点、线、面三种形式。按照构件间的接触特性，一般运动副可分为低副和高副两类。

1. 低副

　　两构件的接触部位以面面接触所组成的运动副称为低副。根据构件之间的相对运动是转动或移动，低副又可以分为转动副和移动副。

　　（1）转动副。若组成运动副的两构件之间只能绕着同一轴线作相对转动，则该运动副称为转动副或回转副。如图 8-2 所示，内燃机中的连杆大头与曲轴轴颈、连杆小头与活塞销之间的联接均为转动副。

　　（2）移动副。若组成运动副的两构件之间只能沿某一轴线方向作相对移动，则该运动副称为移动副。如图 8-2 所示，内燃机中的活塞与气缸体、推杆与气缸体之间均组成移动副。

2. 高副

　　两构件之间的接触部位是以点或线相接触所组成的运动副称为高副。常见的高副有齿轮副和凸轮副。如图 8-2 所示，内燃机中的齿轮 4 和齿轮 5 组成齿轮副，凸轮 6 和推杆 7 组成凸轮副。

8.3　平面机构运动简图

　　为了便于对机构进行分析，通常不考虑构件的外形，截面尺寸和运动副的实际构造，而是用简单线条和规定的符号来表示构件和运动副，并按照一定的比例尺，绘制出各构件之间相对运动关系的图形，称为机构运动简图。

　　绘制平面机构运动简图时，首先应分析机构的组成及运动情况，找出机架、主动件和从动件，然后从主动件开始，按照运动传递的先后顺序，确定构件的数目、运动副的类型和数目。画图时，通常选择平面机构的运动平面作为投影面，对主动件任意给定在某一位置，选定比例，按几何作图方法，用规定的符号，画出全部构件和运动副。

　　下面举例说明绘制机构运动简图的方法和步骤。

　　例 8-1　绘制图 8-2 所示的单缸四冲程内燃机的机构运动简图。

　　解：先分析机构的组成及运动情况，找出机架、原动件和从动件。

　　（1）图 8-2 所示的内燃机是由气缸体 8、活塞 1、连杆 2 和曲轴 3 组成的曲柄滑块机构；由齿轮 4、与曲轴 3 固联、齿轮 5 和气缸体 8 组成的齿轮机构；由凸轮 6 与齿轮 5 固联、进气门推杆 7 和气缸体 8 组成的凸轮机构共同组成的。气缸体 8 是固定件，为机架，在燃气推动下的进行运动的活塞 1 是原动件，其余均为从动件。

　　（2）根据各构件之间的相对运动性质，确定运动副的类型和数目。构件 1 和 8、7 和 8 组成移动副；构件 4 和 5、7 和 8 组成高副；构件 1 和 2、2 和 3(4)、3 和 8、5(6) 和 8 之间均组成转动副。

　　（3）选择视图平面。一般选择与多数构件的运动平面相平行的平面作为视图平面。视图平面选定后,为避免一些构件在简图上相互重叠,应使机构停稳在一般位置,而不要停在特殊位置,来绘制机构运动简图。该机构为平面机构,故选与各机构的运动平面相平行的平面(即与齿轮轴线相垂直的平面)为视图平面。

　　(4) 测出各运动副之间的位置,并选取适当的长度比例尺,用构件和运动副的规定符号绘出机构运动简图,如图 8-3 所示。

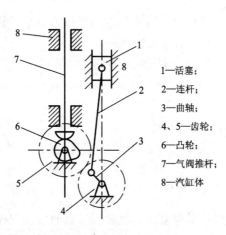

图 8-3　内燃机机构运动简图

1—活塞;
2—连杆;
3—曲轴;
4、5—齿轮;
6—凸轮;
7—气阀推杆;
8—汽缸体

8.4　静力学基础知识

8.4.1　静力学基本概念和公理

1. 刚体的概念

在外力作用下永不发生变形的物体称为刚体。实际生活中的物体都是变形体。一般情况下,物体受力之后所产生的变形相对于物体的几何尺寸而言是极微小的。在静力学和运动学中物体受力产生变形对物体平衡的影响是可以忽略不计的,即将物体视为刚体所得的结果已具有足够的精确度。刚体是实际物体的理想模型。

2. 力的概念

1) 力的定义

力是物体之间的相互作用,这种作用对物体产生两种效应:一是使物体的运动状态发生变化,称为力的外效应(运动效应);二是使物体产生变形,称为力的内效应(变形效应)。静力学以刚体为研究对象只讨论力的外效应。

2) 力的三要素

实践证明,力对物体的作用效应取决于力的大小、方向和作用点,这三个因素称为力的三要素。当这三个要素中有任何一个改变时,力的作用效应也将改变。

3) 力的单位

本书采用我国法定计量单位,力的单位用 N 或 kN。

4) 力系与合力

力系是指作用于被研究物体上的一组力。如果力系可使物体处于平衡状态,则称该力系为平衡力系；若两力系分别作用于同一物体而效应相同，则两者互称等效力系；若力系与一力等效，则称此力为该力系的合力。

力为矢量，用 $\boldsymbol{F}$ 表示，力的大小为标量，用 F 表示。如图 8-4 所示，若力矢 $\boldsymbol{F}$ 在平面 Oxy 中，则其矢量表达式为

$$\boldsymbol{F} = \boldsymbol{F}_x + \boldsymbol{F}_y \qquad (8-1)$$

式中：$\boldsymbol{F}_x$、$\boldsymbol{F}_y$ 分别表示力 $\boldsymbol{F}$ 在平面直角坐标轴 x，y 方向上的两个分量（如图 8-4 所示）。

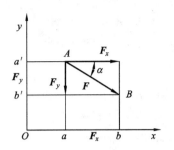

力 $\boldsymbol{F}$ 在坐标轴上的投影定义为：过力矢 $\boldsymbol{F}$ 两端向坐标轴引垂线（如图 8-4 所示）得垂足 a、b 和 a'、b'，线段 ab 和 $a'b'$ 分别为力 $\boldsymbol{F}$ 在 x 轴和 y 轴上

图 8-4　力的合成及在坐标轴上投影

投影的大小。投影的正负号则规定为：由起点 a 到终点 b（或由 a' 到 b'）的指向与坐标轴正向相同时为正，反之为负。图 8-4 中力 $\boldsymbol{F}$ 在 x 轴和 y 轴上的投影分别为

$$\left.\begin{array}{l} F_x = F \cos\alpha \\ F_y = -F \sin\alpha \end{array}\right\} \qquad (8-2)$$

可见，力的投影是代数量。

若已知力的矢量表达式（8-1），则力 F 的大小及方向为

$$F = \sqrt{F_x^2 + F_y^2} \qquad (8-3)$$

$$\tan\alpha = \left|\frac{F_y}{F_x}\right|$$

3. 平衡的概念

物体的平衡是指物体相对于地球保持静止或匀速直线运动，是物体机械运动中的一种特殊状态。

4. 静力学公理

公理一　两力平衡公理

刚体上仅受两力作用而平衡的充分必要条件是：两力等值、反向、共线。

在机械或构件中，只受两力作用而平衡的构件，称为二力构件。根据公理一，二力构件上的两力必沿两力作用点的连线，且等值、反向（如图 8-5 所示）。

公理二　加减平衡力系公理

对于作用在刚体上的任何一个力系，可以增加或减去任一平衡力系，并不改变原力系对刚体的作用效果。

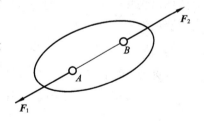

图 8-5　两力平衡公理

因为平衡力系不会改变刚体的运动效应，即平衡力系对刚体的运动效应为零，所以，本公理是力系简化的基本方法之一。

推论一　力的可传性原理

刚体上的力可沿其作用线移动到刚体内的任一点而不改变此力对刚体的作用效应（如图 8-6 所示）。需要指出的是，此原理只适用于刚体而不适用于变形体。

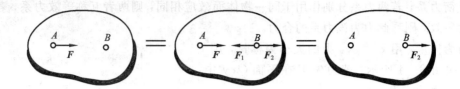

图 8-6　力的可传性原理

公理三　作用力与反作用力公理

两物体间的作用力与反作用力总是等值、反向、共线，分别作用在两个物体上。

此公理是由牛顿提出的，它概括了自然界中物体间相互作用的关系，表明了一切力总是成对出现的，揭示了力的存在形式和力在物体间的传递方式。

公理四　力的平行四边形公理

作用于物体上同一点的两个力的合力也作用于该点，合力的大小与方向是以这两个力为边所形成的平行四边形的对角线来确定的（如图 8-7 所示）。

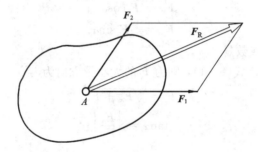

图 8-7　力的平行四边形公理

$$F_R = F_1 + F_2 \tag{8-4}$$

即合力等于两分力的矢量和。

由此可推广到 n 个力作用的情况。设一刚体上受力系 F_1，F_2，…，F_n 作用，力系中各力的作用线共面且汇交于同一点（称为平面汇交力系）重复应用力的平行四边形公理可将此力系合成为一个合力 F_R，且有：

$$F_R = F_1 + F_2 + \cdots + F_n = \sum F \tag{8-5}$$

可见，平面汇交力系的合力矢量等于力系各分力矢量和。

合力投影定理：力系的合力在某坐轴上的投影等于力系中各分力在同轴上投影的代数和。

$$\left.\begin{array}{l} F_{Rx} = F_{1x} + F_{2x} + \cdots + F_{nx} \\ F_{Ry} = F_{1y} + F_{2y} + \cdots + F_{ny} \end{array}\right\} \tag{8-6}$$

在工程中常利用平行四边形公理将一力沿两个规定的方向分解，使力的作用效应更加突出。例如，在进行直齿圆柱齿轮的受力分析时，常将齿面的法向反力 F_n 分解为沿齿轮分度圆圆周切线方向的分力 F_t 和指向轴心的压力 F_r（如图 8-8 所示）。F_t 称为圆周力或切向力，作用是推动齿轮绕轴转动；F_r 称为径向力，作用是使齿轮啮合。

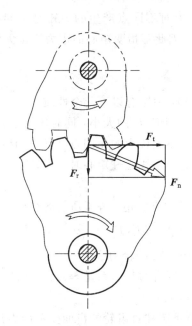

图 8-8　力的平行四边形公理应用实例

推论二　三力平衡汇交定理

刚体受三个共面但不平行的力作用而平衡时,此三力必汇交于一点。

5. 力矩与力偶

1) 力对点的矩

在讨论力的概念时曾指出,力的外效应是使物体运动状态发生变化。这种外效应具体有两种形式:一种是移动效应;另一种是转动效应。力对物体的移动效应由力本身来度量,而力对物体绕某点转动的效应由力矩来度量。

如图 8-9 所示,用扳手转动螺母时,作用于扳手 A 点的力 F 可使扳手与螺母一起绕螺母中心点 O 转动。由经验可知,力的这种转动作用不仅与力的大小、方向有关,还与转动中心到力的作用线的垂直距离 d 有关。因此,定义 Fd 为力使物体对点 O 产生转动效应的度量,称为力 F 对点 O 之矩,简称力矩,用 $M_0(F)$ 表示,即

$$M_0(F) = \pm Fd \tag{8-7}$$

式中,O 点称为力矩中心,简称矩心;d 称为力臂;乘积 Fd 称为力矩的大小;"$\pm$"表示力矩的转向,规定在平面问题中,逆时针转向的力矩取正号,顺时针转向的力矩取负号。

力矩的单位为 N·m 或 kN·m。

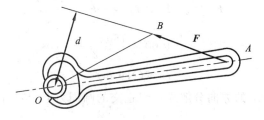

图 8-9　扳手拧螺母

这里要强调的是，同一个力对不同点产生的力矩是不同的，矩心的选择可以是任意的，这一点并不一定是固定点，因此不指明矩心而求力矩是无任何意义的，在表明力矩时，必须标明矩心。

2）力矩的性质

从力矩的定义式（8-7）可知，力矩有以下几个性质：

（1）力 F 对 O 点之矩不仅取决于 F 的大小，同时还与矩心的位置即力臂 d 有关。

（2）力 F 对于任一点之矩，不因该力的作用点延其作用线的移动而改变。

（3）力的大小等于零或力的作用线通过矩心时，力矩等于零。

3）合力矩定理

平面力系的合力对平面内任一点之矩，等于所有各分力对同一点力矩的代数和，即

$$M_0(R) = M_0(F_1) + M_0(F_2) + \cdots + M_0(F_n) = \sum M_0(F) \qquad (8-8)$$

式中，R 为平面力系 F_1、F_2、$\cdots$、F_n 的合力。

从等效的观点很容易理解，因合力与力系是等效的，所以合力对某点的转动效应与力系对同一点的转动效应也必然等效。

例 8-2　如图 8-10(a) 所示圆柱直齿轮的齿面受一压力角（啮合力与齿轮节圆切线间的夹角）$\alpha = 20°$ 的法向压力 $F_n = 1$ kN 的作用，齿轮节圆直径 $d = 160$ mm。试求力 F_n 对齿轮轴心 O 的矩。

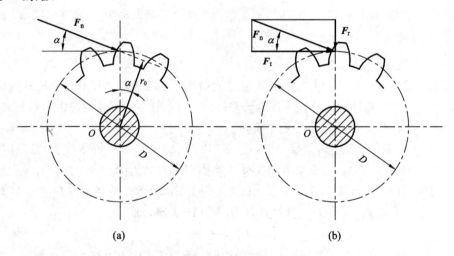

图 8-10　力对点的矩的应用实例

解 Ⅰ：按力对点的矩的定义，有

$$M_0(F_n) = - F_n \times r_0 = - F_n \times \frac{D}{2} \cos\alpha$$

$$= - 1000 \times \frac{160 \times 10^{-3}}{2} \cos\alpha$$

$$= - 75.2 (\text{N} \cdot \text{m})$$

解 Ⅱ：将 F_n 沿半径 r 的方向分解成一组正交的圆周力 F_t 与径向力 F_r，如图 8-6(b) 所示，有

$$F_t = F_n \times \cos\alpha$$

$$\boldsymbol{F}_r = \boldsymbol{F}_n \times \sin\alpha$$

按合力矩定理，有

$$M_0(\boldsymbol{F}_n) = M_0(\boldsymbol{F}_t) + M_0(\boldsymbol{F}_r) = -\boldsymbol{F}_t + \frac{D}{2} + 0 = -(\boldsymbol{F}_n \times \cos\alpha)\frac{D}{2}$$

$$= -1000 \times \cos 20° \times \frac{160 \times 10^{-3}}{2} = -75.2(\text{N} \cdot \text{m})$$

4）力偶的定义

在日常生活和生产实践中，常见到物体受到一对等值、反向但不在同一作用线的平行力的作用，如图 8 - 11 所示转动方向盘及套丝板牙等所受的力。

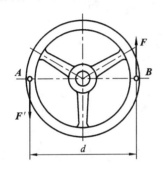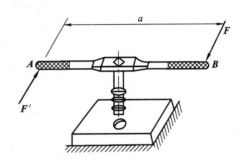

图 8 - 11　力偶的应用实例

作用在同一物体上的一对等值、反向、不共线的平行力组成的力系称为力偶，力偶使物体只产生转动效应。力偶的两力作用线所决定的平面称为力偶的作用面，两力作用线间的垂直距离称为力偶臂。力学中，用力偶的任一力的大小 F 与力偶臂 d 的乘积再加正负号，作为力偶在其作用面内使物体产生转动效应的度量，称为力偶矩，记作 $M(F, F')$ 或 M，即

$$M(F, F') = M = \pm Fd \qquad (8-9)$$

式中：正负号表示力偶的转向，一般规定，力偶逆时针转动时取正号，顺时针转动时取负号。

力偶矩的单位为 N·m 或 kN·m。

由实践可知，力偶对刚体的转动效应取决于力偶的三个要素：力偶矩的大小、力偶的转向、力偶作用面的方位。凡三个要素相同的力偶彼此等效。

5）力偶的性质

性质 1　力偶在任一轴上的投影的代数和为零（如图 8 - 12 所示），故力偶无合力，力偶对刚体的移动不会产生任何影响，即力偶不能与一个力等效，也不能简化为一个力，力偶只能与力偶等效。

性质 2　力偶对于其作用面内任意一点的矩与矩心的位置无关，而恒等于自身的力偶矩。

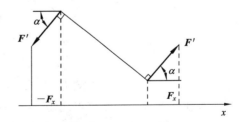

图 8 - 12　力偶的等效性质

性质 3　只要保持力偶矩的大小和转向不变，力偶可以在其作用面内任意移动，或同时改变力和力偶臂的大小，对刚体的作用效应不变。

由上述力偶的三要素和力偶的性质,可以对力偶作以下等效处理:

只要保持力偶矩的大小和转向不变,力偶可以在其作用面内任意移动,且可以同时改变力偶中力的大小和力偶臂的长短,而不改变其作用效果。力偶可以用带箭头的弧线表示(如图 8 – 13 所示)。

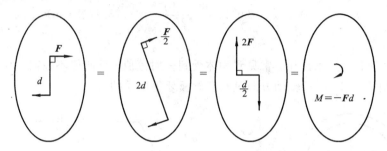

图 8 – 13 力偶矩的表示方法

6)平面力偶系的合成

作用在刚体同一平面上的多个力偶称为平面力偶系。根据力偶的性质可知,一个力偶既然不能与一个力等效,多个力偶合成的结果显然也不能是一个力,而仍为一个力偶,此力偶称为力偶系的合力偶。平面力偶系合成的结果为一合力偶,合力偶矩等于各分力偶矩的代数和,即

$$M = M_1 + M_2 + \cdots + M_n = \sum M_i \tag{8-10}$$

6. 力的平移定理

介绍了力偶概念以后,可以进一步讨论力的平移问题。图 8 – 14 描述了力向作用线外一点的平移过程。欲将作用于刚体上 A 点的力 F 平移到平面上任一点 O(如图 8 – 14(a)所示),则可在 O 点施加一对与力 F 等值的平衡力 F'、F''(如图 8 – 14(b)所示),取 F 与 F'' 为一对等值、反向、不共线的平行力组成一个力偶,称为附加力偶,其力偶矩等于原力 F 对 O 点的力矩(如图 8 – 14(c))所示。

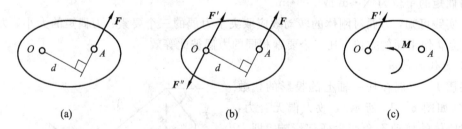

(a)   (b)   (c)

图 8 – 14 力的平移定理

由上可知:作用于刚体上的力,可以平移到刚体内的任一点,但必须同时附加一个力偶,其力偶矩等于原力对平移点之矩,此即为力的平移定理。

平移定理表明了力对物体在一般情况下所具有的两种作用,例如,如图 8 – 15 所示,圆周力 F 作用于转轴的齿轮上,为观察力 F 的作用效应,将力 F 平移至轴心 O 点,则有平移力 F' 作用于轴上,同时有附加力偶 M 使轴转动。

顺便指出,力的平移定理的逆定理也是成立的,即刚体的某平面上的一力 F 和一力偶 M 可以进一步合成得到一个合力 F'_R,$F'_R = F$。

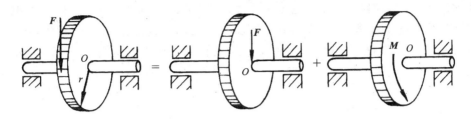

图 8 – 15　力的平移定理应用实例

8.4.2　约束与约束反力

在工程实际中，任何构件都受到与它相联系的其他构件的限制，而不能自由运动。一个物体的运动受到周围物体的限制时，这种限制就称为约束。约束阻挡了物体本来可能产生的某种运动，从而改变了物体可能的运动状态。

物体受到的力一般可以分为两类。一类是使物体运动或使物体有运动趋势的力，称为主动力，例如，重力、水压力、土压力等，主动力在工程上称为载荷。另一类是约束对物体的运动起限制作用的力，称为约束反力，约束反力为未知力。当物体受到主动力作用时，如果物体沿着约束所限制的方向运动或存在运动趋势，则物体对约束产生作用力，约束就以等值、反向的反作用力作用于该物体。约束对物体的反作用力限制了物体的运动，故此反作用力就称为约束反力。约束反力的方向总是和该约束所能阻碍物体的运动方向相反。

通常主动力是已知的，约束反力的确定与约束类型与主动力有关，现从工程上常见的几种约束来讨论其约束反力的特征。

1. 柔性约束

柔绳、链条、胶带等用于限制物体运动时，都是柔性约束。由于柔性约束只能限制物体沿着柔性约束的中心线离开柔性约束的运动，而不能限制物体沿着其他方向的运动，所以柔性约束的约束反力通过接触点，其方向沿着柔性约束的中心线且显示为拉力。这种约束反力通常用 T 表示（如图 8 – 16 所示）。

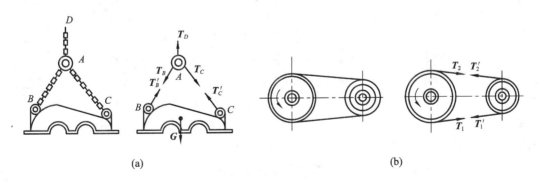

图 8 – 16　柔性约束

（a）柔绳；（b）链条

2. 光滑接触面约束

当两物体相互接触，并忽略接触处的摩擦时，两物体彼此的约束就是光滑接触面约束。这种约束只能限制物体沿着接触面的公法线指向约束物体的运动，而不能限制物体沿着接触面的公切线或离开接触面的运动。所以，光滑接触面的约束反力通过接触点，沿接触面的公法线并指向被约束物体显示为压力。这种约束反力通常用 N 表示（如图 8 − 17 所示）。

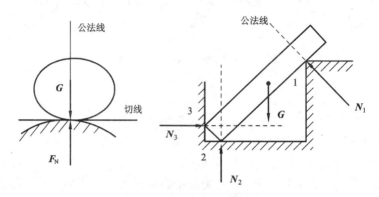

图 8 − 17　光滑接触面约束

3. 铰链约束

1）圆柱铰链约束

圆柱铰链简称铰接，门窗用的合页便是铰接的实例。圆柱铰接是由一个圆柱形销钉插入两个物体的圆孔中构成（如图 8 − 18(a)、(b) 所示），且认为销钉与圆孔的表面都是完全光滑的。圆柱铰链的简图如图 8 − 18(c) 所示。

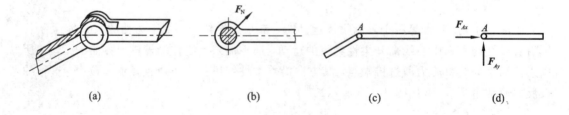

(a)　　　　　(b)　　　　　(c)　　　　　(d)

图 8 − 18　圆柱铰链约束

销钉不能限制物体绕销钉转动，只能限制物体在垂直于销钉轴线的平面内沿任意方向的相对移动。当物体相对于另一物体有运动趋势时，销钉与孔壁便在某处接触，且接触处是光滑的，由光滑接触面的约束反力可知，销钉反力沿接触点与销钉中心的连线作用（如图 8 − 18(d) 所示），但由于接触处的位置一般是不确定的，所以，圆柱铰链的约束反力在垂直于销钉轴线的平面内，通过销钉中心，而方向未定。这种约束反力有大小和方向两个未知量，可用一个大小和方向都是未知的力 F 来表示；也可用两个互相垂直的分力 F_x 和 F_y 来表示（如图 8 − 18(d) 所示）。

2）固定铰支座约束

如图 8 − 19(a) 所示是固定铰支座的结构简图。支座固定于基础或静止的结构上，构件与支座再用光滑的圆柱形销钉连接，就构成固定铰支座，它的计算简图如图 8 − 19(b) 所示。

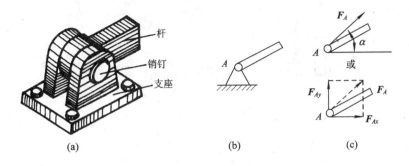

图 8-19　固定铰支座约束

由铰链的结构可知，这类约束的本质即为光滑接触面约束，故其约束反力必沿圆柱面接触点的法线方向通过销钉中心。在构件所受外力为未知的情况下，不能确定接触点的位置。因此，在一般情况下，固定铰支座约束的反力是一个通过销钉中心的、大小与方向未知的力。为了便于计算，通常用两个大小未知的正交分力 F_x 和 F_y 表示，如图 8-19(c)所示。

3）活动铰支座约束

图 8-20(a)或(b)是活动铰支座的结构简图。在固定铰支座下面加几个辊轴支承于平面上，但支座的连接，使它不能离开支承面，就构成活动铰支座。其计算简图如图 8-20(c)所示。这种支座只能限制构件垂直于支承面方向的移动，而不能限制物体绕销钉轴线的转动和沿支承面的移动，所以，它的支座反力通过销钉中心，垂直于支承面，指向未定。

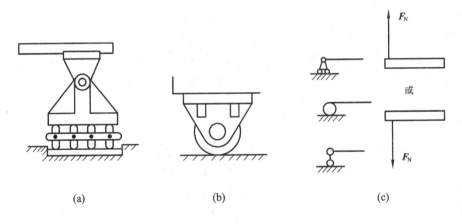

图 8-20　活动铰支座约束

4）固定端约束

固定端(也称插入端)是工程中常见的一种基本约束类型。如图 8-21 所示，房屋建筑中墙壁对挑梁的约束，车床上刀架对车刀的约束，三爪卡盘对工件的约束以及焊接、铆接和螺栓连接的结构都属于此种类型。构件对于约束既不能沿任何方向移动也不能转动，我们把构件所受到的这种约束称为固定端约束。

平面问题中一般用图 8-22(a)表示计算简图，约束反力如图 8-22(b)所示，两个正交的约束反力 F_{Ax}、F_{Ay} 表示限制构件任何方向的移动，一个约束反力偶 M_A 表示限制构件转动的约束作用。

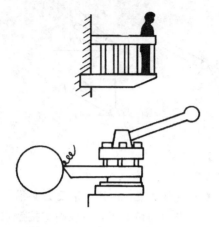

图 8-21　固定端约束应用实例

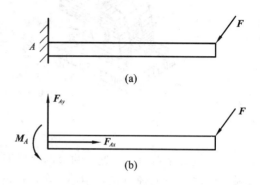

图 8-22　固定端约束受力图

8.5　受　力　图

1. 取分离体

在进行力学计算时，首先要对物体进行受力分析，即分析物体受到哪些力作用，哪些是已知的，哪些是未知的。

在工程实际中，所遇到的几乎都是几个物体或几个构件相互联系的情况。因此，需要明确要对哪一个物体进行受力分析，即需要明确研究对象。为了分析研究对象的受力情况，往往把该研究对象从物体系统中分离出来，被脱离出来的研究对象称为脱离体。在脱离体上画出周围物体对它的全部作用力(包括主动力和约束反力)，这样的图形称为物体的受力图。画受力图是解决力学问题的关键，是进行力学计算的依据。

2. 画受力图

研究对象从物体中分离出来，即去掉约束以后，把它看作是受力体，然后分析它所受到的力。受力体所受的力，一类是主动力，另一类是约束反力。单独画出该研究对象的简图，在简图上画出已知的主动力及根据约束类型在解除约束处画上相应的约束反力。必须注意，约束反力的方向一定要和被解除的约束的类型相对应，不可以根据主动力的方向来推断。

如果研究对象为几个物体组成的物体系统，还必须区分外力和内力。物体系统以外的周围物体对系统的作用力称为外力。系统内部各物体之间的相互作用称系统的内力。随着所取系统的范围不同，某些内力和外力也会相互转化。由于系统的内力总是成对出现的，且等值、反向、共线，所以，如果取整个物体系统为研究对象，则只需画作用于系统上的外力，不画系统的内力。如果取系统内的单个物体为研究对象，则物体之间相互作用的内力变成外力在受力图上显现出来。

例 8-3　如图 8-23(a)所示，绳 A 悬挂一重为 G 的均质小球，并靠在光滑的斜面上，试画出球的受力图。

　　解：以球为研究对象，画出球的分离体图。

　　在球心点 O 标上主动力 G（重力）；在解除约束的点 A 处画上表示柔性约束的约束反力，其反力沿绳的中心线背离小球；B 点约束属光滑面约束，其反力沿公法线即小球半径方向指向球心。小球的受力图如图 8-23(b) 所示。

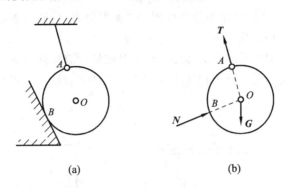

(a)　　　　　　　　　　　(b)

图 8-23　小球受力分析

　　例 8-4　均质杆 AB 重量为 G，支于光滑的地面及墙角间，并用水平绳 DE 系住，如图 8-24(a) 所示，试画出杆 AB 的受力图。

　　解：以杆 AB 为研究对象。

　　在杆的中心 O 点受到主动力 G（重力）；在解除约束的 A 点处画上表示光滑接触面约束的约束反力，沿接触点的公法线即垂直地面向上指向杆；D 点反力沿绳中心线离开杆；C 点反力沿公法线即垂直杆 AB 指向杆。AB 杆受力图如图 8-24(b) 所示。

　　例 8-5　三脚架由 AB、BC 两杆用铰链连接而成。销 B 处悬挂重为 G 的物体，A、C 两处为固定铰支座，如图 8-25(a) 所示，不计杆自重，试画出销钉 B 的受力图。

　　解：取销钉 B 为研究对象。

　　销钉 B 受到的主动力即为物体的重力 G；销钉 B 受到杆 AB、BC 的铰链约束，由于杆 AB 和 BC 都不计自重，两杆都是中间无载荷作用的二力构件，则 AB 和 BC 杆反力必沿 AB、BC 的连线，且等值、反向，杆给销钉 B 的反力按作用力与反作用力公理画出，方向假设。销钉的受力图如图 8-25(b) 所示。

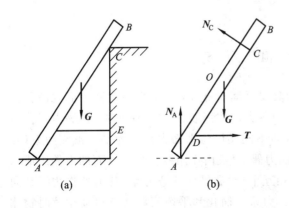
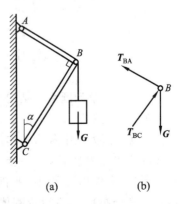

(a)　　　　　(b)　　　　　　　(a)　　　　　(b)

图 8-24　杆 AB 的受力分析　　　图 8-25　三脚架及其受力分析

例 8 - 6　图 8 - 26(a)为一组合梁，自重未画出者均略去不计，A、C 为固定铰支座，B 点为圆柱铰链约束。试画出曲梁 AB、直梁 BC 及整个组合梁的受力图。

解：先以曲梁 AB 为研究对象，并画出其分离体图。因曲梁只在 A、B 两点受铰链约束，故为二力构件，受力必沿 AB 连线方向（如图 8 - 26(b)所示）。

再以直梁 BC 为研究对象并画分离体图。主动力为 $\boldsymbol{P}$，C 铰约束反力方向假设，以两个正交力代替（如图 8 - 26(c)所示）。

取整体 AC 为研究对象并画分离体图。此时 B 铰链没有解除约束属于内力，不画约束反力。其余各点的约束反力要和单个物体上相同点的受力、表示方法保持一致（如图 8 - 26(d)所示）。

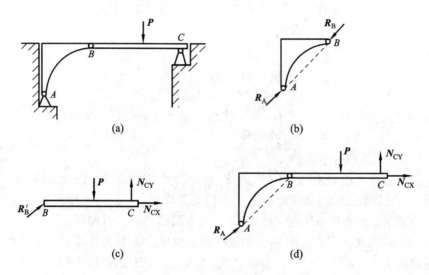

图 8 - 26　组合梁及其受力分析

由例 8 - 6 可知，画刚体系统的受力图与单个物体受力图的方法基本一致，只是刚体系统所取的研究对象可能是整个刚体系统或某一局部或其中某个刚体。另外，刚体间尚未拆开的约束处，虽然有力存在，但该力属于内力，不能在受力图上画出约束反力；刚体间拆开的约束处，其相互作用力属于外力，应当根据约束性质画出反力，即要求接除约束后才能代之以反力。

8.6　平　面　力　系

工程上，许多力学问题由于结构与受力具有平面对称性，都可以在对称平面内简化为平面问题来处理（如图 8 - 27 所示）。若力系中各力的作用线在同一平面内，则该力系称为平面力系。根据平面力系中各力的作用线分布不同又可将平面力系分为平面汇交力系（各力作用线在同一平面内且汇交于一点）、平面力偶系（仅由作用线在同一平面的力偶组成）、平面平行力系（各力作用线在同一平面内且相互平行）和平面任意力系（各力的作用线在同一平面内且任意分布）。本章讨论刚体上平面力系的简化和平衡问题及有滑动摩擦时物体的平衡问题。

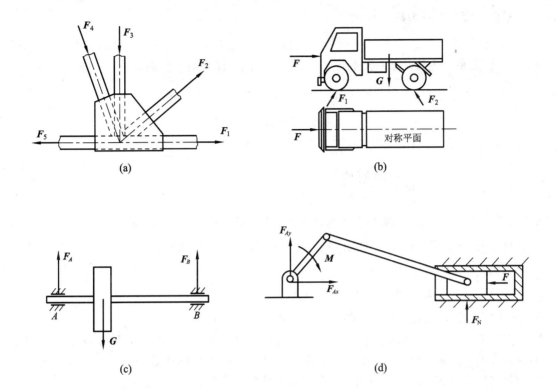

图 8 - 27　平面力系

（a）平面汇交力系；（b）平面力偶系；（c）平面平行力系；（d）平面任意力系

8.6.1　平面任意力系的简化及平衡方程

1. 平面任意力系向任一点简化

作用于刚体上的平面任意力系 $F_1, F_2, \cdots, F_n$ 如图 8 - 28(a)所示，力系中各力的作用点分别为 $A_1, A_2, \cdots, A_n$。在平面内任取一点 O，称为简化中心。根据力的平移定理将力系中各力的作用线平移至 O 点，得到一汇交于 O 点的平面汇交力系 $F_1', F_2', \cdots$ 和一附加平面力偶系 $M_1 = M_0(F_1)$，$M_2 = M_0(F_2)$，$\cdots$ 如图 8 - 28(b)所示，按照式(8-8)和式(8-10)将平面汇交力系与平面力偶系分别合成，可得到一个力 F_R' 与一个力偶 M_0，如图 8-28(c)所示。

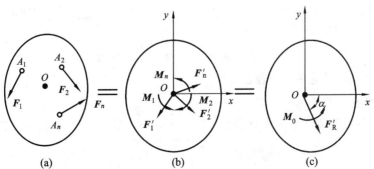

图 8 - 28　平面任意力系的简化

平面汇交力系各力的矢量和为

$$F_R' = \sum F' = \sum F \tag{8-11}$$

F_R' 称为原力系的主矢，此主矢不与原力系等效。在平面直角坐标系 Oxy 中，有

$$\left. \begin{aligned} F_x' = \sum F_x \\ F_y' = \sum F_y \end{aligned} \right\} \tag{8-12}$$

$$\left. \begin{aligned} F_R' = \sqrt{(F_x')^2 + (F_y')^2} = \sqrt{\left(\sum F_x\right)^2 + \left(\sum F_y\right)^2} \\ \tan\alpha = \left| \frac{\sum F_y}{\sum F_x} \right| \end{aligned} \right\} \tag{8-13}$$

式中：F_x'、F_y'、F_x、F_y 分别为主矢与各力在 x，y 轴上的投影；F_R' 为主矢的大小；夹角 α （F_R' 与 x 轴）为锐角，F_R' 的指向由 $\sum F_y$ 和 $\sum F_x$ 的正负号决定。附加力偶系的合成结果为合力偶，其合力偶矩为

$$M_0 = M_1 + M_2 + M_3 + \cdots + M_n = \sum M_0(F) = \sum M \tag{8-14}$$

M_0 称为原力系对简化中心 O 点的主矩，此主矩不与原力系等效。

主矢 F_R' 等于原力系的矢量和，其作用线通过简化中心。它的大小和方向与简化中心的位置无关；而主矩 M_0 等于原力系中各力对简化中心力矩的代数和，在一般的情况下主矩与简化中心有关。原力系与主矢和主矩的联合作用等效。

2. 简化结果的讨论

平面任意力系向任意点简化，一般可得主矢 F_R' 和主矩 M_0，进一步讨论力系简化后的结果，可有以下四种情况。

(1) $F_R' \neq 0$，$M_0 \neq 0$。力系简化后主矢和主矩皆不为零，此时可将主矢和主矩进一步合成。

(2) $F_R' \neq 0$，$M_0 = 0$。平面任意力系合成为一个力的情形，说明力系与通过简化中心的一个力等效，即原力系合成为一个合力，合力的大小、方向和原力系的主矢 F_R' 相同，作用线通过简化中心。

(3) $F_R' = 0$，$M_0 \neq 0$。平面任意力系合成为一个力偶的情形，说明力系与一个力偶等效，即原力系合成为一个合力偶，合力偶的力偶矩就等于原力系对简化中心的主矩，即

$$M_0 = \sum M_0(F)$$

由于力偶对于平面内任意点的矩都相同，因此当力系合成为一个力偶时主矩与简化中心的选择无关。

(4) $F_R' = 0$，$M_0 = 0$。物体在此力系作用下处于平衡状态。

3. 平面任意力系的平衡方程及应用

1) 平面任意力系的平衡方程

由上面的讨论可知，平面任意力系平衡的充分必要条件为主矢与主矩同时为零，即

$$\left\{ \begin{aligned} F_R' &= \sqrt{\left(\sum F_x\right)^2 + \left(\sum F_y\right)^2} = 0 \\ M_0 &= \sum M_0(F) = 0 \end{aligned} \right.$$

故有：

$$\left.\begin{array}{l} \sum F_x = 0 \\ \sum F_y = 0 \\ \sum M_0(F) = 0 \end{array}\right\} \qquad (8-15)$$

式(8-15)称为平面任意力系的平衡方程基本形式，它表明平面任意力系平衡的解析充分必要条件是：力系中各力在平面内两个任选坐标轴的每个轴上投影的代数和均等于零，各力对平面内任意一点之矩的代数和也等于零。式(8-15)最多能够求得包括力的大小和方向在内的 3 个未知量。

2）解题步骤与方法

（1）确定研究对象，画出受力图。应将已知力和未知力共同作用的物体作为研究对象，取出分离体画受力图。

（2）选取投影坐标轴和矩心，列平衡方程。列平衡方程前应先确定力的投影坐标轴和矩心的位置，然后列方程。若受力图上有两个未知力相互平行，可选垂直于此二力的直线为投影轴；若无两未知力相互平行，则选两未知力的交点为矩心；若有两正交未知力，则分别选取两未知力所在直线为投影坐标轴，选两未知力的交点为矩心。恰当选取坐标轴和矩心，可使单个平衡方程中未知量的个数减少，便于求解。

（3）求解未知量，讨论结果。将已知条件代入平衡方程式中，联立方程求解未知量。必要时可对影响求解结果的因素进行讨论；还可以另选一不独立的平衡方程，对某一解答进行验算。

例 8-7　如图 8-29(a)所示，已知：梁长 $l=2$ m，$F=100$ N，求固定端 A 处的约束反力。

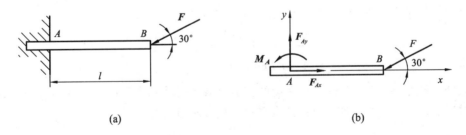

(a)　　　　　　　　　　　　　　　(b)

图 8-29　AB 梁的受力分析图

解：以梁 AB 为研究对象进行受力分析并作受力图，约束反力梁的受力图如图 8-29(b)所示。

建立如图 8-29(b)所示的坐标系，列平衡方程，有

$$\sum F_x = 0, \ F_{Ax} - F\cos 30° = 0$$

$$\sum F_y = 0, \ F_{Ay} - F\sin 30° = 0$$

$$\sum M_A(F) = 0, \ M_A - Fl\sin 30° = 0$$

将已知条件代入上面的平衡方程中，解得

$$F_{Ax} = F\cos 30° = 100 \times \cos 30° = 86.6(\text{N})$$

$$F_{Ay} = F \sin30° = 100 \times \sin30° = 50(\text{N})$$
$$M_A = Fl \sin30° = 100 \times 2 \times \sin30° = 100(\text{N} \cdot \text{m})$$

计算结果为正，说明各未知力的实际方向与假设方向相同；若计算结果为负，则未知力的实际方向与假设方向相反。

8.6.2 平面特殊力系的简化及平衡方程

1. 平面汇交力系的平衡方程

由于平面汇交力系中各力作用线汇交于一点，最终的合成结果为一个合力，所以其平衡的充分必要条件为：力系中各力在两个坐标轴上投影的代数和分别等于零，即

$$\left.\begin{aligned} \sum F_x = 0 \\ \sum F_y = 0 \end{aligned}\right\} \tag{8-16}$$

式(8-16)称为平面汇交力系的平衡方程，最多可求解包括力的大小和方向在内的两个未知量。

2. 平面力偶系的平衡方程

按式(8-10)平面力偶系简化结果为一合力偶，所以平面力偶系平衡的充分必要条件为：力偶系中各力偶矩的代数和等于零，即

$$\sum M = 0 \tag{8-17}$$

式(8-17)称为平面力偶系的平衡方程，此方程只能求解一个未知量。

3. 平面平行力系的平衡方程

若力系中各力的作用线与 y(或 x)轴平行，显然式(8-15)中 $\sum F_x \equiv 0$(或 $\sum F_y \equiv 0$)，则力系独立的平衡方程为

$$\left.\begin{aligned} \sum F_y = 0 (\text{或} \sum F_x = 0) \\ \sum M_0(F) = 0 \end{aligned}\right\} \tag{8-18}$$

式(8-18)表明平面平行力系平衡的充分必要条件为：力系中各力在与力平行的坐标轴上投影的代数和为零，各力对任意点之矩的代数和也为零。

8.6.3 考虑摩擦时的平衡问题

摩擦是一种普遍存在的现象。在一些问题中，摩擦对物体的受力情况影响很小，为了计算方便而忽略不计。但在工程上有些摩擦问题是不能忽略的，例如，机械中摩擦离合器与带传动要依靠摩擦力才能工作，斜楔、螺钉利用摩擦力起紧固作用，制动器依靠摩擦力来刹车等等。摩擦既有有利的一面，也有不利的一面。摩擦要消耗能量并使机器磨损，降低精度和缩短使用寿命。目前在能源的使用中，估计有一半以上是用于克服各类摩擦，机械零件因磨损而导致失效的约占全部报废零件总数的80%左右。学习本节的目的，在于掌握摩擦现象的客观规律，利用其有利的一面，限制它有害的一面。

按照接触物体之间可能会产生相对滑动或相对滚动，摩擦可分为滑动摩擦和滚动摩擦。

1. 滑动摩擦

滑动摩擦力有两种形式：静滑动摩擦力和动滑动摩擦力。当两接触物体之间有相对滑动趋势时，物体接触表面产生的摩擦力称为静滑动摩擦力，简称静摩擦力。当两接触物体之间发生相对滑动时，物体接触表面产生的摩擦力称为动滑动摩擦力，简称动摩擦力。

由于摩擦对物体的运动起阻碍作用，所以摩擦力总是作用于接触面（点），沿接触处的公切线，与物体相对滑动或相对滑动趋势的方向相反。

本节重点讨论静滑动摩擦力，另外，还将介绍滚动摩擦的概念。

摩擦力的计算方法一般根据物体的运动情况而变，通过试验可得如下结论：

（1）库仑摩擦定律。临界静止状态下的静摩擦力为静摩擦力的最大值，其大小与接触面间的正压力 N（法向约束反力）成正比，即

$$F_{\max} = fN \qquad\qquad (8-19)$$

式中，$F_{\max}$ 称为最大静摩擦力；比例系数 f 称为静滑动摩擦系数，简称静摩擦系数，它是无量纲的常数，与接触物体的材料、接触面的粗糙度、温度、湿度和润滑情况等有关，而与接触面积的大小无关，其数值由实验测定。

（2）一般静止状态下的静摩擦力随主动力的变化而变化，其大小由平衡方程确定，介于零和最大静摩擦力之间，即

$$0 \leqslant F \leqslant F_{\max}$$

（3）当物体处于相对滑动状态时，在接触面上产生的滑动摩擦力 F' 的大小与接触面间的正压力 N 成正比，即

$$F' = f'N \qquad\qquad (8-20)$$

式中，比例常数 f' 称为动摩擦系数，与物体接触表面的材料性质和表面状况有关，动摩擦系数还与相对滑动速度有关，随相对速度的增大而减小，在速度变化不大时，可认为 f' 是常数。

2. 摩擦角

如图 8 - 30（a）所示，设一物体静止于粗糙的水平面上，在主动力 P 和 T 的作用下，物体受到来自约束面的法向约束反力 N（正压力）和静摩擦力 F 的作用。如将两主动力 P 和 T 合成为合力 S，再将两约束反力 N 和 F 合成为合力 R，合力 R 为全约束反力，简称全反力。根据二力平衡公理，当物体静止时，主动力的合力 S 与全反力 R 必等值、反向、共线。设全反力与法线方向的夹角为 θ。

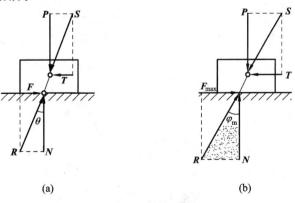

(a)　　　　　　　　　　　　　(b)

图 8 - 30　摩擦角

在保持物体静止的前提下，若主动力 T 增大，静摩擦力 F 也随之增大，全反力 R 与法线方向的夹角 θ 也相应增大。当物体达到从静止到运动的临界状态时，静摩擦力 F 达到最大值，全反力 R 与法线方向的夹角也达到最大值 φ_m，此时的角度值称为摩擦角，如图 8-30(b) 所示。

根据库仑摩擦定律 $F_{max} = fN$，由图 8-30(b) 可得

$$\tan\varphi_m = \frac{F_{max}}{N} = \frac{fN}{N} = f \tag{8-21}$$

即摩擦角的正切值等于静滑动摩擦系数，摩擦角也是表示材料摩擦性质的物理量。

应用式(8-21)可以通过实验测定两种材料之间的摩擦系数。把两种材料做成物块和斜面，并将物块放在斜面上，如图 8-31(a) 所示。由物块受力图（如图 8-31(b) 所示）可知，此时全反力与斜面法线方向的夹角 θ 即等于斜面倾角 α。当逐渐增大斜面倾角，物块开始下滑的角 α 就等于所求的摩擦角 φ_m。

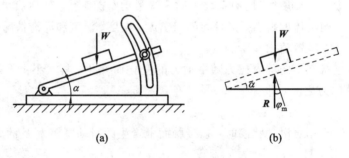

图 8-31　摩擦系数的测定

3. 自锁现象

由上述可知，摩擦角实际上表示了全反力作用线所在范围。当主动力的合力作用线在此范围内时，无论主动力的合力 S 如何增大，全反力 R 总能与之平衡，或者说合力 S 增大时，法向反力也随之增大，相应地，静摩擦力的最大值 $F_{max} = fN$ 也按比例增大。因此，主动力的水平分量 S_z 总不能超过 F_{max}，故物体保持静止，如图 8-32(a) 所示。当主动力的合力作用线超出此范围时，不论 S 值多么小，物体总不能保持静止。这是因为在此情况下，主动力的合力 S 在摩擦角外，而全反力 R 只能在摩擦角内，所以，R 与 S 不能共线，如图

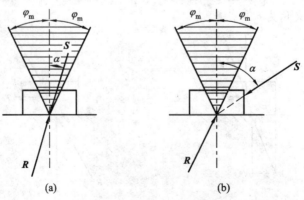

图 8-32　摩擦锥

8 - 32(b)所示。因此，摩擦角也表示了物体保持平衡时，主动力的合力作用所在范围，即只要满足条件：

$$\alpha \leqslant \varphi_m \qquad (8 - 22)$$

物体就保持静止。物体上作用的主动力无论多大，都能保持静止的现象称为自锁，也称"卡死"。日常生活或工程中，时常利用自锁现象，例如，在桌椅上钉木楔、用螺钉锁紧零件、用螺旋千斤顶顶举起重物等。但有时却要避免自锁发生，例如，公共汽车车门的自动开关、水闸门的自动启闭等。

下面通过分析物体在有摩擦的斜面上的自锁，引出螺旋的自锁条件。

设一物体放在斜面上，物块的重力为 G，斜面全反力为 R，令斜面与水平面的倾角为 α，物块与斜面间的摩擦角为 φ_m。

如果 $\alpha < \varphi_m$，物块的受力情况如图 8 - 33(a)所示，此时，物块一直处于静止状态。

如果 $\alpha = \varphi_m$，物块的受力情况如图 8 - 33(b)所示，此时，物块处于由静止到运动的临界状态。

如果 $\alpha > \varphi_m$，物块的受力情况如图 8 - 33(c)所示，此时，物块不能静止。

由此得到物体在有摩擦的斜面上保持静止的条件是：$\alpha \leqslant \varphi_m$，它与物块的重量无关。

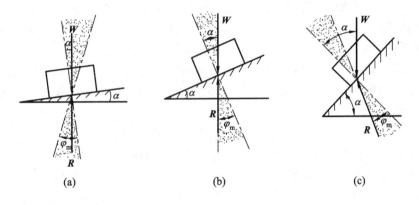

(a)　　　　　　　　(b)　　　　　　　　(c)

图 8 - 33　自锁条件

4. 滚动摩擦简介

当搬运重物时，若在重物底下垫上辊轴，则比直接将重物放在地面上推或拉要省力得多，这说明用辊轴的滚动来代替箱底的滑动，所受到的阻力要小。车辆用轮子"行走"，机器中用滚动轴承，都是为了减小摩擦阻力（如图 8 - 34 所示）。

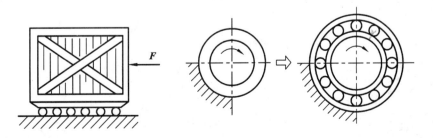

图 8 - 34　滚动摩擦

将一重为 G 的轮子放在地面上，在轮心 O 处作用水平拉力 F（如图 8-35(a)所示）。假设轮子和地面均为刚体，则接触点为 A。显然轮子上的力矩不平衡，只要有微小的拉力作用，轮子就会发生滚动，然而这与事实不符，只有当拉力达到一定数值时，轮子才开始滚动，这说明地面对轮子有阻止滚动的力偶存在，其原因是轮子和地面不是刚体，均要产生变形，变形后轮子与地面接触上的约束反力分布如图 8-35(b)所示。

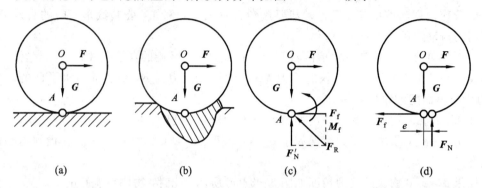

图 8-35 滚动摩擦阻力分析

将这些平面分布约束反力向点 A 简化，可得到一个作用在点 A 的力 F_R 和一个力偶 M_f，此力偶起着阻碍滚动的作用，称为滚动摩擦力偶矩。将力 F_R 进一步分解为法向约束反力 F_N' 和滑动摩擦力 F_f（如图 8-35(c)所示），并将法向约束力 F_R 和滚动摩擦力偶矩 M_f 进一步按力的平移定理的逆定理进行合并，即可得到约束反力 F_N，其作用线向滚动方向偏移一段距离 e（如图 8-35(d)所示）。当轮子处于临界状态时，滚动摩擦力偶矩和距离 e 均为最大值，并有：

$$M_{f_{max}} = e_{max} F_N = \delta F_N \qquad (8-23)$$

滚动摩擦力偶矩最大值 $M_{f_{max}}$ 与两个相互接触物体间的法向约束反力 F_N 成正比，该结论称为滚动摩擦定律，比例常数 δ 称为滚动摩擦系数，相当于滚动阻力偶的最大力偶臂 e_{max}，故其单位为长度单位，该系数与物体接触表面的材料性质和表面状况有关。一般材料硬些，受载后，接触面的变形就小些，滚动摩擦系数 δ 也会小些，如自行车轮胎气足时骑车省力，火车轨道用钢轨，轮子用铁轮都是增加硬度、减小滚动阻力偶的例子。

第 9 章　平面连杆机构

平面连杆机构又称平面低副机构，是由若干构件通过平面低副联接而成的。平面连杆机构的形式很多，应用很广，本章介绍几种最常用的平面连杆机构。

9.1　铰链四杆机构

9.1.1　铰链四杆机构的类型和应用

在四杆机构中，通过转动副联接而成的构件，称为铰链四杆机构，如图 9-1 所示。在铰链四杆机构中，固定不动的构件称为机架；与机架相连的两个构件称为连架杆，其中能绕机架做整周回转的称为曲柄，不能绕机架做整周回转的称为摇杆；不与机架相连的构件称为连杆。

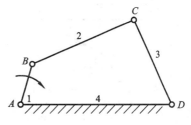

1、3—连架杆；2—连杆；4—机架

图 9-1　铰链四杆机构

1. 曲柄摇杆机构

在铰链四杆机构中，如果两个连架杆一个为曲柄，另一个为摇杆，这种机构称为曲柄摇杆机构。如图 9-2 所示的汽车前窗雨刷器控制机构、图 9-3 所示的脚踏砂轮机机构等都是曲柄摇杆机构的应用实例。

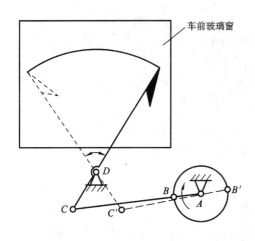

图 9-2　汽车前窗雨刷器

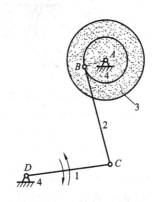

图 9-3　脚踏砂轮机机构

曲柄摇杆机构在使用中，若取曲柄为原动件，如图 9-2 中 AB 构件，可将曲柄的连续回转运动转变为摇杆的往复摆动；若取摇杆为原动件，如图 9-3 中 CD 构件，则可将其往复摆动转变为曲柄的整周转动。

2. 双曲柄机构

在铰链四杆机构中，如果两连架杆均为曲柄，这种机构称为双曲柄机构，通常取其中一个曲柄为原动件且作等速转动，另一曲柄为从动件，一般作变速转动，也可作等速转动。

如图 9-4 所示的惯性筛即为双曲柄机构的应用实例。当从动曲柄 CD 作变速转动时，使筛子 6 具有所要求的加速度，筛中的物料靠惯性而达到筛分的目的。

在双曲柄机构中，如连杆与机架的长度相等，两个曲柄的长度也相等，并组成平行四边形，则称为平行四边形机构。如图 9-5 所示，其特点为两曲柄 AB 与 CD 长度相等，始终作等速、同向转动，连杆也始终作平动。如图 9-6 所示的机车车轮联动机构为平行四边形机构的应用实例。

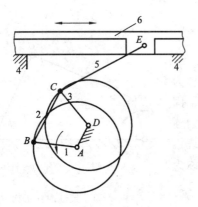

图 9-4　惯性筛机构

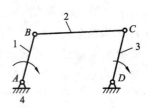

图 9-5　平行双曲柄机构

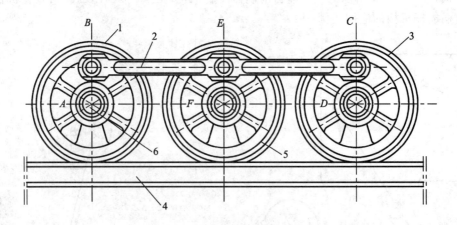

图 9-6　机车车轮联动机构

如果双曲柄机构的对边构件长度相等而不平行，则称为反向双曲柄机构，如图 9-7 所示，其特点为原动曲柄 AB 等速转动时，从动曲柄 CD 作反向变速转动。如图 9-8 所示的公共汽车的车门启闭机构就是这种机构的应用实例。

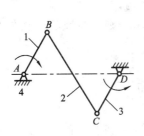

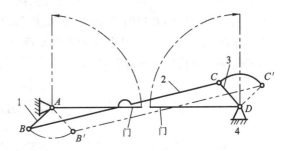

图 9-7　反向双曲柄机构　　　　　　图 9-8　车门开闭机构

3. 双摇杆机构

　　在铰链四杆机构中，如果两连架杆均为摇杆，这种机构称为双摇杆机构，如图 9-9 所示的飞机起落架的机构运动简图，其中 AB 与 CD 均为摇杆，当飞机将要着陆时，需将胶轮 5 放下（图中实线位置）；当飞机飞离地面时，则需将胶轮 5 收起（图中点画线位置）。

　　在双摇杆机构中，若两摇杆长度相等，则称为等腰梯形机构，如图 9-10 所示的汽车前轮转向机构就是其应用实例。摇杆 AB 和 CD 分别与两前轮轴固连在一起，当车辆转弯时（图中为向右转弯），左右两前轮摆动的角度 β 和 δ 不相等，四构件的相对长度保证两前轮轴线的延长线与后轮轴线的延长线相交于一点 O，从而使车辆绕 O 点转动时，4 个车轮都在地面上作纯滚动，减少了转弯时轮胎相对地面滑动时的磨损。

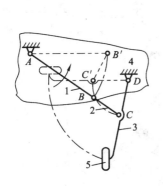

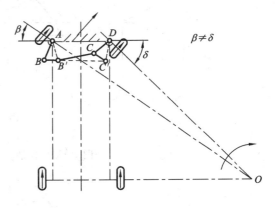

图 9-9　飞机起落架的机构运动简图　　　　图 9-10　汽车前轮转向机构

9.1.2　铰链四杆机构的类型判别

　　通过对铰链四杆机构运动的分析可知，铰链四杆机构有曲柄存在的条件是：

　　（1）最短杆与最长杆的长度之和小于等于其余两杆的长度之和；

　　（2）在机架和连架杆当中必有一杆是最短杆。

　　铰链四杆机构的类型与组成机构的各杆长度有关，也与机架的选取有关。根据四杆机构有曲柄存在的条件，一般可按下述方法判定其类型：

　　若最短杆与最长杆的长度之和小于等于其余两杆的长度之和，则

　　（1）当取最短杆的邻边为机架时，该机构称为曲柄摇杆机构；

（2）当取最短杆为机架时，该机构称为双曲柄机构；

（3）当取最短杆的对边为机架时，该机构称为双摇杆机构。

若最短杆与最长杆的长度之和大于其余两杆的长度之和，则不论取哪一构件为机架，均无曲柄存在，该机构是双摇杆机构。

9.2　滑块四杆机构

在实际应用的机械中，把各式各样带有移动副的平面四杆机构，称为滑块四杆机构，简称滑块机构，如图 9-11(c)所示。滑块四杆机构都可以看成是由铰链四杆机构演化而来的，下面介绍几种常用的滑块四杆机构。

1. 曲柄滑块机构

曲柄滑块机构可以看作是由曲柄摇杆机构演变而来的，如图 9-11(a)所示的曲柄摇杆机构，摇杆上 C 点的运动轨迹是圆弧 mm。若摇杆 CD 的长度趋于无穷大，即如图 9-11(b)所示时，回转副中心 D 将位于无穷远处，C 点的运动轨迹变成了直线，转动副 D 变成移动副，从而演变成如图 9-11(c)所示的曲柄滑块机构。根据滑块导路中心线是否通过曲柄转动中心 A，可分为如图 9-11(c)和图 9-12 所示的对心曲柄滑块机构和偏置曲柄滑块机构（偏距为 e）。

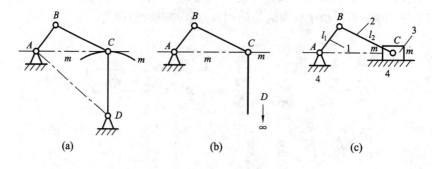

图 9-11　曲柄滑块机构的形成

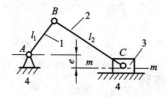

图 9-12　偏置曲柄滑块机构

对心曲柄滑块机构中曲柄存在的条件为 $l_1 \leqslant l_2$，偏置曲柄滑块机构中曲柄存在的条件为 $l_1 + e \leqslant l_2$。

在曲柄滑块机构中，当以曲柄为原动件时，可将曲柄的转动转化为滑块的往复移动，它广泛应用于空气压缩机、冲床等机械中；当以滑块为原动件时，可将滑块的往复移动转化为曲柄的转动，它广泛应用于蒸气机、内燃机等机械中。

2. 导杆机构

当取图 9-11(c)所示的曲柄滑块机构中的构件 AB 为机架时,可得到如图 9-13 所示的导杆机构。构件 2 为原动件,构件 4 称为导杆,滑块 3 相对导杆 4 滑动并随其一起绕 A 点转动。当 $l_1 \leqslant l_2$ 时,构件 2 和 4 均可作整周转动,称为转动导杆机构;当 $l_1 > l_2$ 时,导杆 4 只能作往复摆动,称为摆动导杆机构。

导杆机构常用作牛头刨床(摆动导杆机构)和插床(转动导杆机构)等工作机构。

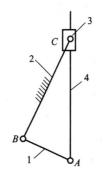

图 9-13　导杆机构

3. 摇块机构

在图 9-11(c)所示的曲柄滑块机构中,若取构件 2 为机架,构件 1 可作整周回转,而滑块 3 则成了只能绕机架上 C 点作往复摆动的摇块,故称为摇块机构,如图 9-14 所示。如图 9-15 所示的载货汽车自动翻转卸料机构就是这种机构的应用实例。

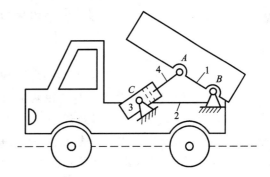

图 9-14　摇块机构　　　　　　　图 9-15　载货汽车自动翻转卸料机构

4. 定块机构

在图 9-11(c)所示的曲柄滑块机构中,如果取滑块 3 为机架,便得到如图 9-16 所示的定块机构。如图 9-17 所示的手摇唧筒就是这种定块机构的应用实例。

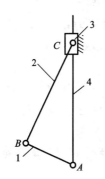

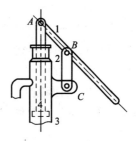

图 9-16　定块机构　　　　　　　图 9-17　手摇唧筒

9.3　平面四杆机构的运动特性

9.3.1　曲柄摇杆机构的运动特性

1. 急回特性

如图 9-18 所示的曲柄摇杆机构，设曲柄 AB 为原动件，摇杆 CD 为从动件。在曲柄回转一周的过程中，曲柄 AB 与连杆 BC 有两次共线，此时摇杆 CD 分别处于左、右两个极限位置 C_1D 和 C_2D，摆角为 ψ。

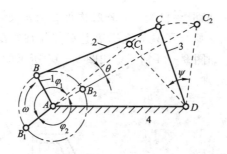

图 9-18　曲柄摇杆机构的急回特性分析

当摇杆处于两个极限位置时，曲柄在两个相应位置所夹的锐角称为极位夹角 θ。由图 9-18 可知，当曲柄以角速度 ω 等速转过 $\varphi_1 = 180° + \theta$ 时，摇杆由 C_1D 摆至 C_2D，称为工作行程，所需时间为 t_1，C 点的平均速度为 v_1；当曲柄继续转过 $\varphi_2 = 180° - \theta$ 时，摇杆由 C_2D 摆回至 C_1D，称为空回行程，所需时间为 t_2，C 点的平均速度为 v_2。不难看出，由于 $\varphi_1 > \varphi_2$，所以 $t_1 > t_2$。又由于摇杆上的 C 点从 C_1 到 C_2 和从 C_2 到 C_1 的摆角相同，而所用时间却不相同，所以往返的平均速度也不同，即 $v_2 > v_1$，这种空回行程的平均速度比工作行程的平均速度大的运动特性称为曲柄摇杆机构的急回特性。

机构的急回特性常用行程速比系数 K 表示，即

$$K = \frac{v_2}{v_1} = \frac{t_1}{t_2} = \frac{\varphi_1}{\varphi_2} = \frac{180° + \theta}{180° - \theta} \qquad (9-1)$$

由式(9-1)可见，K 值的大小取决于极位夹角 θ。当 $\theta = 0$ 时，$K = 1$，机构没有急回特性；当 $\theta \neq 0$ 时，$K > 1$，则机构具有急回特性。K 值的大小反映了机构的急回剧烈程度，K 值愈大，机构的急回特性愈明显。

由上述分析可知，四杆机构有无急回特性，一方面取决于从动件是否存在工作和空回行程的极限位置，另一方面取决于极位夹角。当机构从动件存在极限位置，且极位夹角 $\theta \neq 0$ 时，机构才具有极回特性。

在工程实际中，通常利用机构的急回特性来缩短非生产时间，提高劳动生产率。由式(9-1)可得：

$$\theta = 180° \frac{K-1}{K+1} \qquad (9-2)$$

设计具有急回特性的四杆机构时，通常根据工作要求先选定行程速比系数 K，然后由

式(9-2)算出极位夹角，再通过作图确定各构件尺寸。

2. 压力角与传动角

实际生产对连杆机构的要求，一是能实现预定的运动规律，二是有较好的传力性能，使机构运转灵活、轻便及高效。机构的传力性能与其压力角有关。

在图 9-19 所示的曲柄摇杆机构中，取曲柄 AB 为原动件，摇杆 CD 为从动件。若忽略各构件的质量和运动副中的摩擦，则曲柄通过连杆作用于摇杆上 C 点的力 F 沿 BC 方向，它与受力点 C 的绝对速度 v_c 之间所夹的锐角称为压力角，力 F 沿 v_c 方向的分力 $F_t = F\cos\alpha$，是推动从动件运动的有效分力；而沿摇杆轴心线方向的分力 $F_n = F\sin\alpha$ 会增大运动副中的摩擦和磨损，对机构传动不利，故称为有害分力。显然，压力角 α 的大小是判别机构传力性能好坏的一个重要参数。

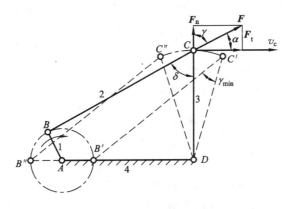

图 9-19　曲柄摇杆机构的压力角与传动角

为了便于在机构运动简图中直接观察和进行测量，特引入传动角的概念。我们将压力角 α 的余角 γ 称为传动角。显然，$\gamma = 90° - \alpha$，故 γ 愈大 α 角愈小，机构的传力性能愈好。

不难看出，在机构运动过程中，传动角 γ 是不断变化的。为了保证机构具有良好的传力性能，只需对传动角的最小值加以限制。一般情况下，机构的最小传动角即 $\gamma_{min} \geqslant 40°$；传递较大功率时，应取 $\gamma_{min} \geqslant 50°$。出现最小传动角的机构位置，可由机构运动简图中直观地判定。

对于图 9-19 所示的曲柄摇杆机构，当以曲柄为原动件时，最小传动角必定出现在曲柄与机架两个共线位置中的一处。此时，传动角将出现极值，通过比较其中 γ 值较小者即为最小传动角。

3. 死点位置

如图 9-18 所示的曲柄摇杆机构中，如以摇杆 3 为主动件，曲柄 1 为从动件，则机构把摇杆 3 的往复摆动变为曲柄 1 的整周转动。当摇杆 3 摆到两个极限位置 C_1D 和 C_2D 时，曲柄 1 与连杆 2 共线，若忽略各杆的质量、惯性力和运动副中的摩擦力，则连杆 2 成为二力杆。摇杆 3 通过连杆 2 作用在曲柄 1 上的力正好通过曲柄的转动中心 A，该力对曲柄产生的转矩为零，故不能使曲柄 1 转动。曲柄摇杆机构的这种位置，称为死点位置，机构有无死点位置，决定于从动件与连杆能否共线。

当机构处于死点位置时，从动件将出现不能转动或运动方向不确定的现象。为使机构能通过死点位置继续运动，需对从动曲柄施加外力或采用安装飞轮以增大从动件的惯性力，使机构顺利通过死点位置。例如，缝纫机的踏板机构在运动过程中，就是依靠具有较大质量的大带轮的转动惯性，使机构顺利通过死点位置。在工程上，有时也需利用机构的死点位置来进行工作，如图 9-20 所示的夹具，就是利用机构的死点位置进行工作的，当工件被夹紧后，连杆 BC 与从动件 CD 共线，机构处于死点位置。这时，不论

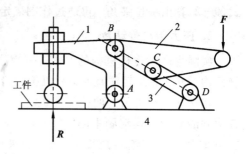

图 9-20　夹具处于死点位置

工件对机构的反作用力 **R** 有多大，都不能使工件松开，要使工件松开，必须在连杆 BC 的手柄上加一反方向力 **F**。又如图 9-9 所示的飞机起落架，也是利用了死点位置时的特性，当飞机着陆时将轮子放下，BC 与 AB 共线而使机构处于死点位置，从而保证了飞机安全着陆。

如果取曲柄摇杆机构的曲柄为原动件，机构的死点位置将随之消失。可见，机构是否具有死点位置，一般取决于原动件的选择。

9.3.2　曲柄滑块机构的运动特性

1. 急回特性

如图 9-21 所示的对心曲柄滑块机构中，由于极位夹角 $\theta=0$，即 $K=1$，滑块 3 的工作行程和返回行程平均速度相等，所以机构没有急回特性。而图 9-22 所示的偏置曲柄滑块机构，由于 $\theta\neq0$，即 $K>1$，所以机构有急回特性。

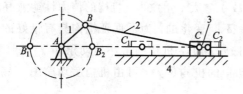

图 9-21　对心曲柄滑块机构的急回特性

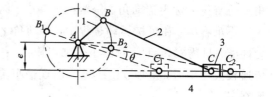

图 9-22　偏置曲柄滑块机构的急回特性

2. 死点位置

如图 9-21 和图 9-22 所示的曲柄滑块机构中，若以滑块 3 为主动件，当滑块 3 运动到两个极限位置时，连杆 2 与曲柄 1 处于共线位置，则机构处于死点位置。为使机构越过死点位置而连续运动，可采用如图 9-23 所示的死点位置互相错开的几个曲柄滑块机构，使其共同控制一个从动曲柄，这种方法在多缸发动机中已得到应用。

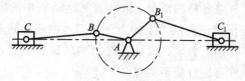

图 9-23　死点位置错开的曲柄滑块机构

3. 传动角

在曲柄滑块机构中,当曲柄为主动件而滑块为从动件时,不论是对心的曲柄滑块机构还是偏置曲柄滑块机构,最小传动角 γ_{min} 均出现在曲柄垂直于滑块导路的瞬时位置。对心的曲柄滑块机构两次出现最小传动角,而偏置曲柄滑块机构只有在曲柄 AB 转到如图 9-24 所示的 AB' 位置时,机构才产生最小传动角 γ_{min}。

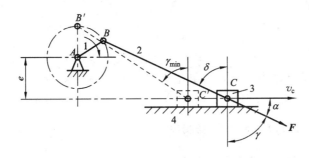

图 9-24　曲柄滑块机构的最小传动角

9.4　杆件的应力与强度计算

为了维持构件各部分之间的联系,保持构件的形状和尺寸,构件内部各部分之间必定存在着相互作用的力,该力称为内力。在外部载荷的作用下,构件内部各部分之间相互作用的内力也随之改变,这个因外部载荷作用而引起的构件内力的改变量,称为附加内力。在材料力学中,附加内力简称内力。它的大小及其在构件内部的分布规律随外部载荷的改变而变化,并与构件的强度、刚度和稳定性等问题密切相关。若内力的大小超过一定的限度,则构件将不能正常工作。内力分析是材料力学的基础。

9.4.1　应力的概念

确定了内力后,还不能解决杆件的强度问题。为此,引入应力的概念,应力是受力杆件某一截面上一点处的内力分布密集程度。

如图 9-25(a) 所示的杆件,在截面 $m-m$ 上任一点 A 的周围取微小面积 ΔA,设在微面积 ΔA 上分布的内力的合力为 ΔF,一般情况下,ΔF 与截面不垂直,则 ΔF 与 ΔA 的比值称为微面积 ΔA 上的平均应力,用 p_m 表示,即

$$p_m = \frac{\Delta F}{\Delta A}$$

一般情况下,内力在截面上的分布并非均匀,为了更精确地描述内力的分布情况,令微面积 ΔA 趋近于零,由此所得平均应力 p_m 的极限值,用 p 表示:

$$p = \lim_{\Delta A \to 0} \frac{\Delta F}{\Delta A} = \frac{dF}{dA}$$

p 称为 O 点处的应力,它是一个矢量,通常将其分解为与截面垂直的分量 σ 和与截面相切的分量 τ,σ 称为正应力;τ 称为剪应力(如图 9-25(b) 所示)。

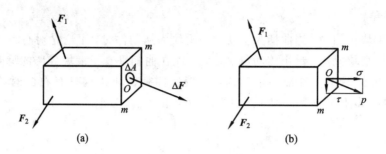

图 9 - 25　点的应力

在我国法定计量单位中，应力的单位为 Pa，1 Pa＝1 N/m²。在工程实践中，常采用 MPa 和 GPa 来表示应力，其值为 1 MPa＝10⁶ Pa，1 GPa＝10⁹ Pa。

9.4.2　材料在轴向拉压时的力学性能

材料的力学性能是指材料在外力作用下其强度和变形方面所表现的性能，它是强度计算和选用材料的重要依据。材料的力学性能一般是通过各种试验方法来确定的。本节只讨论在常温和静载条件下，材料在轴向拉压时的力学性能，所谓常温就是指室温，静载是指平稳缓慢加载至一定值后不再变化的载荷。

1. 拉伸试验和应力—应变曲线

轴向拉伸试验是研究材料力学性能最常用的试验。为便于比较试验结果，须按照国家统一标准加工成标准试样。常用的圆截面拉伸标准试样如图

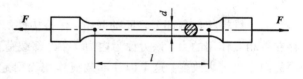

图 9 - 26　圆截面拉伸标准试样

9 - 26 所示，试样中间等直杆部分为试验段，其长度 l 称为标距；试样较粗的两端是装夹部分；标距 l 与直径 d 之比常取 $l/d＝10$。其他形状截面的标准试样可参阅有关国家标准。

拉伸试验在万能试验机上进行。试验时，将试样装在夹头中，然后开动机器加载，试样受到由零逐渐增加的拉力 F 的作用，同时发生伸长变形，直至试样断裂为止。试验机上一般附有自动绘图装置，在试验过程中能自动绘出载荷 F 和相应的伸长变形 Δl 的关系曲线，此曲线称为拉伸图或 $F - \Delta l$ 曲线（如图 9 - 27(a)所示）。

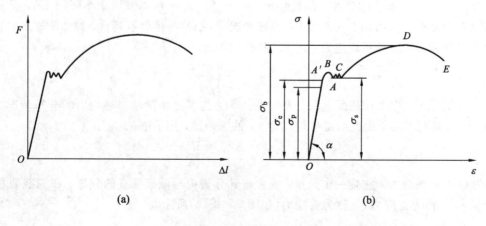

图 9 - 27　拉伸和应力应变图

拉伸图的形状与试样的尺寸有关。为了消除试样横截面尺寸和长度的影响，将载荷 F 除以试样原来的横截面面积 A，得到应力 σ；将变形 Δl 除以试样原长 l，得到应变 ε，这样得到的曲线称为应力—应变曲线（σ-ε 曲线）。σ-ε 曲线的形状与 F-Δl 曲线相似（如图 9-27(b)所示）。

2. 低碳钢拉伸时的力学性能

低碳钢是工程上广泛使用的金属材料，它在拉伸时表现出来的力学性能具有典型性。图 9-27(a)、(b)分别是低碳钢圆截面标准试样拉伸时的 F-Δl 曲线和 σ-ε 曲线。由图可知，整个拉伸过程大致可分为四个阶段，现分别说明如下。

1）线弹性阶段

图 9-27(b)中 OA 为一直线段，说明该段内应力和应变成正比。直线部分的最高点 A 所对应的应力值 σ_p，称为比例极限。低碳钢的比例极限 $\sigma_p = 190 \sim 200$ MPa。由图可见，弹性模量 E 即为直线 OA 的斜率，$E = \sigma/\varepsilon = \tan\alpha$。

当应力超过比例极限后，图中的 AA' 段已不是直线，胡克定律不再适用。但当应力值不超过 A' 点所对应的应力 σ_e 时，如将外力卸去，试样的变形也随之全部消失，这种变形为弹性变形，σ_e 称为弹性极限。比例极限和弹性极限的概念不同，但实际上 A 点和 A' 点非常接近，工程上对两者不作严格区分。

2）屈服阶段

当应力超过弹性极限后，图上出现接近水平的小锯齿形波动段 BC，这说明此时应力虽有小的波动，但基本保持不变，而应变却迅速增加，材料暂时失去了抵抗变形的能力，这种应力变化不大而变形显著增加的现象称为材料的屈服。BC 段对应的过程为屈服阶段，屈服阶段的最低应力值较为稳定，其值 σ_s 称为材料的屈服点应力。低碳钢的屈服点应力 $\sigma_s = 220 \sim 240$ MPa。屈服阶段，在抛光试样的表面，则可以看到试样表面有与轴线大约成 $45°$ 的条纹，称为滑移线，如图 9-28(a)所示。

3）强化阶段

屈服阶段后，材料抵抗变形的能力有所恢复，在图上表现为 σ-ε 曲线自 C 点开始又继续上升，直到最高点 D 为止。这种材料又恢复抵抗变形能力的现象称为材料的强化，CD 段对应的过程称为材料的强化阶段。曲线最高点 D 所对应的应力值用 σ_b 表示，称为材料的抗拉强度，它是材料所能承受的最大应力。低碳钢的抗拉强度 $\sigma_b = 370 \sim 490$ MPa。

4）缩颈阶段

应力达到抗拉强度后，在试样较薄弱的横截面处发生急剧的局部收缩，出现缩颈现象，如图 9-28(b)所示。从试验机上则看到试样所受拉力逐渐降低，最终试样被拉断。这一阶段为缩颈阶段，在 σ-ε 曲线上为一段下降曲线 DE。

(a) 　　　　　　　　　　　　　　(b)

图 9-28　拉伸现象

试样拉断后，弹性变形消失，但塑性变形保留下来。工程中常用试样拉断后残留的塑性变形来表示材料的塑性性能，常用的塑性指标有两个：伸长率 δ 和断面收缩率 ψ，分别为：

$$\delta = \frac{l_1 - l}{l} \times 100\% \qquad\qquad (9-3)$$

$$\psi = \frac{A - A_1}{A} \times 100\% \qquad\qquad (9-4)$$

式中，l 是标距原长；l_1 是拉断后标距的长度；A 为试样初始横截积；A_1 为拉断后缩颈处的最小横截面积（如图 9-29 所示）。

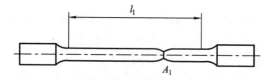

图 9-29　低碳钢拉伸试件断裂后的形状

工程上通常把伸长率 $\delta \geqslant 5\%$ 的材料称为塑性材料，如钢材、铜和铝等；把 $\delta < 5\%$ 的材料称为脆性材料，如铸铁、砖石等。低碳钢的伸长率 $\delta = 20\% \sim 30\%$，断面收缩率 $\psi = 70\% \sim 90\%$，故低碳钢是很好的塑性材料。综上所述，当应力增大到屈服点应力 σ_s 时，材料出现了明显的塑性变形；抗拉强度 σ_b 则表示材料抵抗破坏的最大能力，故 σ_s 和 σ_b 是衡量塑性材料强度的两个重要指标。

实验表明，如果将试样拉伸到超过屈服点应力 σ_s 后的任一点，如图 9-30 中的 F 点，然后缓慢地卸载，这时可以发现，卸载过程中试样的应力和应变保持直线关系，沿着与 OA 几乎平行的直线 FG 回到 G 点，而不是沿原来的加载曲线回到 O 点。OG 是试样残留下来的塑性应变，GH 表示消失的弹性应变。如果卸载后接着重新加载，则 $\sigma\text{-}\varepsilon$ 曲线将基本上沿着卸载时的直线 GF 上升到 F 点，F 点以后的曲线仍与原来的 $\sigma\text{-}\varepsilon$ 曲线相同。由此可见，将试样拉到超过屈服点应力后卸载，然后重新加载，材料的比例极限有所提高，而塑性变形减小，这种现象称为冷作硬化。工程中常用冷作硬化来提高某些构件的承载能力，如预应力钢筋、钢丝绳等。若要消除冷作硬化，需经过退火处理。

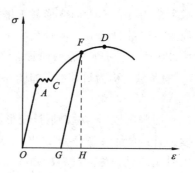

图 9-30　应力应变图

3. 其他材料在拉伸时的力学性能

其他金属材料的拉伸试验和低碳钢拉伸试验的做法相同，但材料所显示出来的力学性能存在差异。图 9-31 给出了锰钢、硬铝、退火球墨铸铁和 45 钢的应力—应变曲线，这些都是塑性材料。但前三种材料没有明显的屈服阶段，对于没有明显屈服点应力的塑性材料，工程上规定，取对应于试样产生 0.2% 的塑性应变时的应力值为材料的规定名义屈服极限，以 $\sigma_{0.2}$ 表示（如图 9-32 所示）。

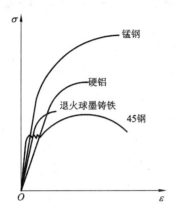

图 9 - 31　其他材料拉伸应力应变图

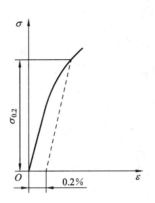

图 9 - 32　脆性材料屈服极限

图 9 - 33 为灰铸铁拉伸时的 σ - ε 曲线。由图可见，曲线没有明显的直线部分，既无屈服阶段，也无缩颈现象；断裂时应变通常很小，断口垂直于试样轴线。因铸铁构件在实际使用的应力范围内，其 σ - ε 曲线的曲率很小，实际计算时常近似地以图 9 - 33 中的虚直线代替，即认为应力和应变近似地满足胡克定律。铸铁的伸长率 δ 通常只有 0.5% ～ 0.9%，是典型的脆性材料。抗拉强度 σ_b 是脆性材料惟一的强度指标。

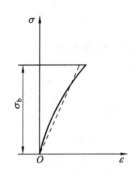

图 9 - 33　铸铁拉伸应力应变图

4. 材料压缩时的力学性能

金属材料的压缩试样，一般做成短圆柱体，为避免压弯，其高度为直径的 1.5 ～ 3 倍；非金属材料，如水泥等，常用立方体形状的试样。

图 9 - 34 为低碳钢拉伸、压缩时的 σ - ε 曲线，可以看出，在弹性阶段和屈服阶段两曲线是重合的。这表明低碳钢在压缩时的比例极限 σ_p、弹性极限 σ_e、弹性模量 E 和屈服点应力 σ_s 等都与拉伸时基本相同。进入强化阶段后，两曲线逐渐分离，压缩曲线上升。由于应力超过屈服点后，试样被愈压愈扁，横截面面积不断增大，因此，一般无法测出低碳钢材料的抗压强度极限，对塑性材料一般不做压缩试验。

铸铁压缩时的 σ - ε 曲线如图 9 - 35 所示，虚线为拉伸时的 σ - ε 曲线。可以看出，铸铁压缩时的 σ - ε 曲线也没有直线部分，因此压缩时也只是近似地满足胡克定律。铸铁压缩时的抗压强度 σ_{bc} 比抗拉强度 σ_b 高出 4 ～ 5 倍，塑性变形也较拉伸时明显增加，其破坏形式为沿 45° 左右的斜面剪断。

塑性材料的 δ 和 ψ 值都比较大，表示材料破坏前能发生很大的塑性变形。材料塑性好，故便于加工，而且抵抗冲击的能力较好，受应力集中的影响较小。脆性材料的 δ 和 ψ 值都比较小，故难以加工，矫正构件安装位置时容易产生裂纹，抵抗冲击的能力差，受应力集中的影响较大。塑性材料的抗拉能力和抗压能力基本相同，对受拉和受压构件都适用，但价格比脆性材料高。对于其他脆性材料，如硅石、水泥等，其抗压能力显著地高于抗拉能力。一般脆性材料价格较便宜，因此工程上常用脆性材料做承压构件，不宜用作受拉构件。

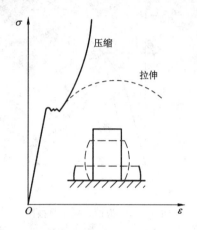
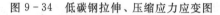

图 9-34　低碳钢拉伸、压缩应力应变图

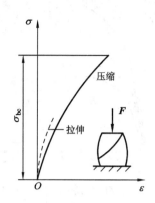

图 9-35　铸铁拉伸、压缩应力应变图

5. 材料的强度指标

1) 极限应力 σ^0

极限应力 σ^0 是指构件断裂或产生过大的变形不能正常使用的应力值。对于塑性材料，取屈服极限 σ_s 或名义屈服极限 $\sigma_{0.2}$ 作为其极限应力；对脆性材料，取断裂时的强度极限 σ_b 作为极限应力。即塑性材料：$\sigma^0 = \sigma_s$ 或 $\sigma_{0.2}$；脆性材料 $\sigma^0 = \sigma_b$。

2) 许用应力与安全系数

许用应力是构件在工作时容许承担的最大应力。为了安全，许用应力是将极限应力 σ^0 除以大于 1 的系数而得到的，用 $[\sigma]$ 表示，即

$$[\sigma] = \frac{\sigma^0}{n}$$

式中：n 为大于 1 的系数，称为安全系数。安全系数的确定十分复杂，安全系数过大，将造成材料的浪费；而安全系数过小，则可能使构件发生破坏。在常温、静载下，塑性材料的安全系数一般为 1.4~1.7，脆性材料的安全系数为 2.5~3.0。各种材料的许用应力值，一般由国家有关部门制定，以规范的形式给出。

9.5　轴向拉压杆的应力、变形和强度计算

在工程实际中，许多构件承受拉力和压力的作用，如图 9-36 所示的起重机吊架中，忽略自重，AB、BC 两杆均为二力杆，BC 杆在通过轴线的拉力作用下沿杆轴线发生拉伸变形，而 AB 杆则在通过轴线的压力作用下沿杆轴线发生压缩变形。这类杆件的受力特点是：杆件承受外力的作用线与杆件轴线重合；变形特点是：杆件沿轴线方向伸长或缩短，这种变形形式称为轴向拉伸或压缩，简称拉伸或压缩。这类杆件称为拉杆或压杆，内燃机中的连杆、压缩机中的活塞杆等均属此类，它们都可以简化成如图 9-37 所示的计算简图。

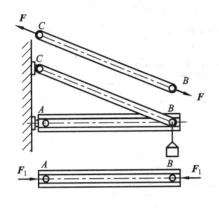

图 9-36　起重机吊架

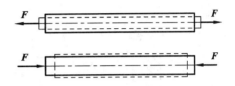

图 9-37　拉、压杆件受力计算简图

9.5.1　横截面上的正应力

　　要确定拉压杆横截面上的应力，必须了解其内力系在横截面上的分布规律。由于力与变形有关，因此，首先分析杆的变形。取一等截面直杆，事先在其表面画两条横截面的边界线（ab 和 cd）和许多与轴线平行的纵向线（如图 9-38（a）所示），然后在两端沿轴线施加拉力 P（如图 9-38（b）所示），可发现：（1）所有纵向线发生伸长，且伸长量相等；（2）横截面边界线沿轴线发生相对平移，ab、cd 分别移至 $a'b'$ 和 $c'd'$，但仍为直线，并仍与纵向线垂直。

　　根据这一现象可作如下假设：变形前为平面的横截面，变形后仍为平面，但沿轴向发生了平移，此假设称为平面假设。根据平面假设，任意两横截面间的各纵向纤维的伸长量（或缩短量）均相同，由材料的均匀性、连续性假设可知：内力在横截面上的分布是均匀的，即横截面上各点处的应力大小相等，其方向与横截面上轴力 N 一致，垂直于横截面，故为正应力，如图 9-39 所示。

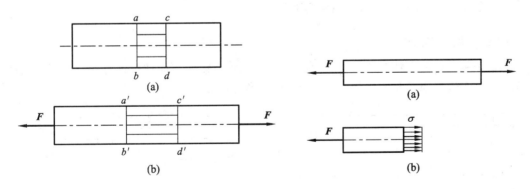

图 9-38　拉伸变形　　　　　　　　　图 9-39　拉应力分布

　　设杆的横截面面积为 A，轴力为 N，则该横截面上的正应力为：

$$\sigma = \frac{N}{A} \tag{9-5}$$

　　当杆发生轴向压缩时，上式同样适用。σ 的正负号规定与轴力相同，拉应力为正，压应力为负。

例 9 - 1 一段正中开槽的直杆(如图 9 - 40(a)所示),承受轴向载荷 $F = 20$ kN 的作用,如图 9 - 40 所示。已知 $h = 25$ mm,$h_0 = 10$ mm,$b = 20$ mm。试求杆内的最大正应力。

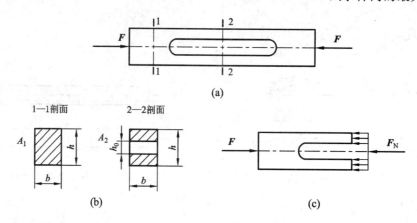

图 9 - 40 开槽直杆应力分析

解:(1)计算轴力。用截面法求得杆中各横截面上的轴力均为

$$N = -F = -20 \text{ kN}$$

(2)计算最大正应力。由于整个杆件轴力相同,最大正应力发生在面积较小的横截面上,即开槽部分横截面上。开槽部分的横截面面积 A 为

$$A = (h - h_0)b = (25 - 10) \times 20 = 300 \text{ mm}^2$$

则杆件内的最大正应力 σ_{max} 为

$$\sigma_{max} = \frac{F_N}{A} = -\frac{20 \times 10^3 \text{ N}}{300 \times 10^{-6} \text{ m}^2}$$

$$= -66.7 \times 10^6 \text{ Pa} = -66.7 \text{ MPa}$$

负号表示最大应力为压应力。

9.5.2 轴向拉压杆的变形、胡克定律

1. 轴向拉压杆的变形

实验表明,杆件在轴向拉力或压力的作用下,将沿轴线方向伸长或缩短,如图 9 - 41 所示,图中实线为变形前的形状,虚线为变形后的形状。

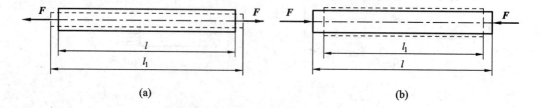

图 9 - 41 轴向拉压杆件的变形分析

设 l 为杆件变形前的长度,l_1 为杆件变形后的长度,则变形后的长度改变量为

$$\Delta l = l_1 - l$$

Δl 称为杆件的绝对伸长或缩短,即总的伸长量或缩短量,其单位为 m 或 mm。

为了消除杆件原尺寸对变形大小的影响,用绝对伸长量除以杆件的初始尺寸,即得单位伸长,称为纵向线应变,简称线应变,常用 ε 表示。对于轴力为常量的等截面直杆,线应变 ε 的正负号与 Δl 一致,拉伸时为正,压缩时为负。

$$\varepsilon = \frac{\Delta l}{l} \tag{9-6}$$

2. 胡克定律

轴向拉伸和压缩实验表明:当杆横截面上的正应力不超过某一限度时,正应力 σ 与相应的纵向线应变 ε 成正比,即

$$\sigma = E\varepsilon \tag{9-7}$$

式(9-7)称为胡克定律。常数 E 称为材料的弹性模量,对同一材料,E 为常数,弹性模量具有和应力相同的单位,常用 GPa 表示。

若将式 $\sigma = F_N/A$ 和 $\varepsilon = \Delta l/l$ 代入式(9-7),则得胡克定律的另一表达式:

$$\Delta l = \frac{Nl}{EA} \tag{9-8}$$

式(9-8)表明:当杆横截面上的正应力不超过某一限度时,杆的绝对变形 Δl 与轴力 N、杆长 l 成正比,而与横截面面积 A、材料的弹性模量 E 成反比。EA 越大,杆件变形越困难;EA 越小,杆件变形越容易。EA 反映了杆件抵抗拉伸(压缩)变形的能力,故称其为杆的抗拉(压)刚度。

对于图 9-42 所示的阶梯形截面拉压杆或内力分段不同的拉压杆,在计算杆件变形量时,应分段计算,然后叠加。

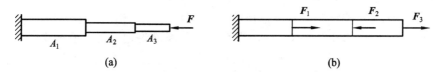

(a) 　　　　　　　　　　　　　　　　　　 (b)

图 9-42　拉压杆件变形量的计算

例 9-2　阶梯状直杆受力如图 9-43(a)所示,试求整个杆的总变形量。已知其横截面面积分别为 $A_{CB} = 300 \text{ mm}^2$,$A_{CD} = 300 \text{ mm}^2$,$A_{AB} = A_{BC} = 500 \text{ mm}^2$,弹性模量 $E = 200$ GPa。

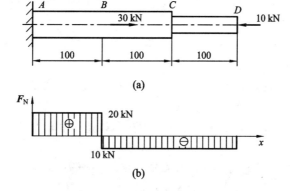

图 9-43　阶梯状直杆变形量计算

解:(1)作轴力图。用截面法求得 CD 段和 BC 段的轴力 $N_{CD} = N_{BC} = -10$ kN,AB 段

的轴力 $N_{AB}=20$ kN，画出杆的轴力图（如图 9-43(b)所示）。

（2）计算各段杆的变形量（应用胡克定律分别求出各段杆的变形量）。

$$\Delta l_{AB}=\frac{N_{AB}l_{AB}}{EA_{AB}}=\frac{20\times10^3\times0.1}{200\times10^9\times500\times10^{-6}}=2\times10^{-5}(\text{m})$$

$$\Delta l_{AB}=\frac{N_{BC}l_{BC}}{EA_{BC}}=\frac{-10\times10^3\times0.1}{200\times10^9\times500\times10^{-6}}=-1\times10^{-5}(\text{m})$$

$$\Delta l_{CD}=\frac{N_{CD}l_{CD}}{EA_{CD}}=\frac{-10\times10^3\times0.1}{200\times10^9\times300\times10^{-6}}=-1.67\times10^{-5}(\text{m})$$

（3）计算杆的总变形量。杆的总变形量等于各段变形量之和。

$$\Delta l=\Delta l_{AB}+\Delta l_{BC}+\Delta l_{CD}=(2-1-1.67)\times10^{-5}=-0.67\times10^{-5}(\text{m})$$

计算结果为负，说明杆的总变形为压缩变形。

9.5.3 强度计算

为了保证拉（压）杆安全正常地工作，必须使杆内的最大工作应力 σ_{max} 不超过材料的拉伸（或压缩）许用应力，即

$$\sigma_{max}\leqslant[\sigma] \tag{9-9}$$

上式称为拉（压）杆的强度条件。对于拉伸与压缩许用应力不等的材料，须分别校核最大拉应力、最大压应力强度条件。对于等截面杆件，式（9-9）可写成

$$\sigma_{max}=\frac{N_{max}}{A}\leqslant[\sigma] \tag{9-10}$$

式中：N_{max} 和 A 分别为危险截面上的轴力及其横截面面积。

利用强度条件，可以解决下列三种强度计算问题：

（1）校核强度。已知杆件的尺寸、所受载荷和材料的许用应力，根据式（9-9）校核杆件是否满足强度条件。

（2）设计截面。已知杆件所承受的载荷及材料的许用应力，确定杆件所需的最小横截面面积 A，由式（9-10）得

$$A\geqslant\frac{N_{max}}{[\sigma]} \tag{9-11}$$

（3）确定承载能力。已知杆件的横截面尺寸及材料的许用应力，确定许用荷载。由式（9-10）确定杆件最大许用轴力

$$N_{max}\leqslant[\sigma]A \tag{9-12}$$

然后即可求出结构的许用载荷。

例 9-3 某机构的连杆直径 $d=240$ mm，承受最大轴向外力 $F=3780$ kN，连杆材料的许用应力 $[\sigma]=90$ MPa。试校核连杆的强度。

解：（1）求活塞杆的轴力。由题意可用截面法求得连杆的轴力为

$$N=F=3780 \text{ kN}$$

（2）校核圆截面连杆的强度。连杆横截面上的正应力为

$$\sigma=\frac{N}{A}=\frac{3780\times10^3\text{N}}{\pi\times(240\text{ mm})^2/4}=83.6\text{ MPa}\leqslant[\sigma]$$

故圆截面连杆的强度足够。

9.5.4　应力集中的概念

在 9.5.1 节中,我们曾有平面假设并认为杆横截面上的应力均匀分布,但杆横截面尺寸突然变化,如在杆件上钻孔等,都会造成横截面突变处的局部区域内应力急剧增大,离开突变区域稍远处应力又趋于均匀。通常将这种横截面尺寸突然变化处应力急剧增大的现象称为应力集中如图 9 - 44 所示)。

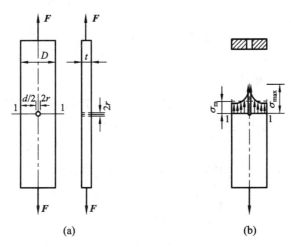

(a)　　　　　　　　　(b)

图 9 - 44　应力集中

为了避免和减小应力集中对杆件的不利影响,在设计时应尽量使杆件外形平缓光滑,不使杆截面尺寸发生突然变化。当杆件上必须开孔时,应尽量将孔洞置于低应力区内。

9.5.5　压杆稳定的概念

在研究压杆的强度问题时,认为只要压杆满足强度条件,就能保证安全工作。这个结论对于短粗压杆是正确的,但对于细长压杆就不适用了,例如,一根宽 30 mm,厚 2 mm,长 400 mm 的钢板条,其材料的许用应力 $[\sigma]=190$ MPa。按压缩强度条件计算,它的承载能力为

$$F \leqslant A[\sigma] = 0.03 \times 0.002 \times 160 \times 10^6 = 9600 \text{ (N)}$$

但实验发现,当压力还没有达到 70 N 时,它就开始弯曲,如图 9 - 45 所示;若压力继续增大,则弯曲变形急剧增加,最后折断,此时的压力远小于 9600 N。压杆之所以丧失工作能力,是由于它不能保持原来的直线状态造成的。由此可见,细长压杆的承载能力不是取决于它的压缩强度条件,而是取决于它保持直线平衡状态的能力。压杆丧失保持原有直线平衡状态的能力而破坏的现象称为丧失稳定,简称失稳。

由于细长压杆失稳时杆件的工作压力远低于许用压应力,且失稳现象又常常突然发生,这势必会导致一些难以预料的严重后果,甚至导致整个结构物的倒塌,因此必须高度重视细长压杆的稳定性问题。

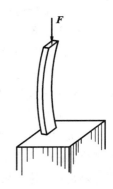

图 9 - 45　压杆稳定

第10章　凸轮机构

10.1　凸轮机构的应用和分类

1. 凸轮机构的应用和组成

在各种自动化和半自动化机械中，广泛地应用着各种凸轮机构。它的作用主要是将凸轮的连续转动，转化成从动推杆的往复移动或摆动，例如：

（1）如图10-1所示的自动车床的进刀凸轮机构中，当凸轮按顺时针方向转动时，推动摆杆摆动，再经齿轮齿条，使刀架和刀具向左移动而完成送刀动作。

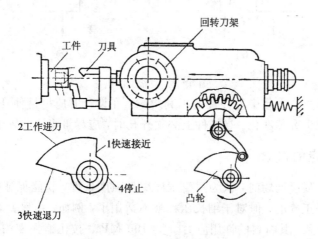

图10-1　自动车床的进刀凸轮

（2）图10-2为一内燃机中控制进、排气门开启和关闭时间的凸轮机构。当凸轮连续转动时，从动推杆通过机械传动控制气门作断续地往复移动，从而控制气门的开闭。

（3）图10-3为一自动机床的送料机构。当圆柱形凸轮连续回转时，从动杆作间歇的往复摆动，从而带动滑板往复移动而完成送料动作。

（4）图10-4为自动车床中控制横刀架的凸轮组示意图。当凸轮轴连续回转时，轴上的两个凸轮使刀架协调地依次运动，从而完成零件加工所要求的进、退刀动作循环。

从以上实例可以看出，凸轮机构主要由凸轮、从动杆和机架组成。

凸轮机构的优点主要是，只要具有适当的凸轮轮廓，就可以使从动杆得到任意预定的运动规律，它的结构简单紧凑，设计也较方便，故在各种自动机械中得到广泛应用；它的缺点主要是：凸轮与从动杆为点接触或线接触，较易磨损，故通常用于受力不大的地方，比如用在控制和调节的仪器仪表中，另外，凸轮轮廓曲线的加工也较困难。

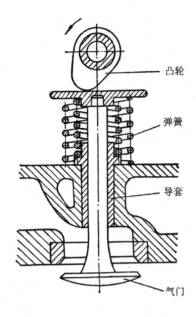

图 10-2 内燃机气门控制机构

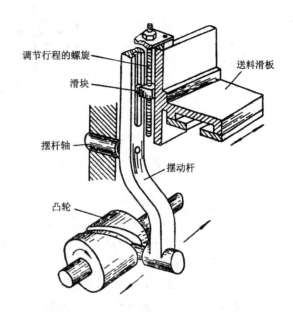

图 10-3 自动机床的送料机构

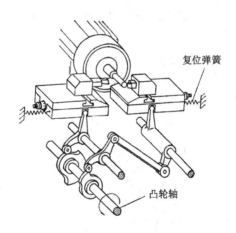

图 10-4 自动机床中的凸轮组

2. 凸轮的分类

凸轮的种类很多，通常有以下四种分类方法。

1）按凸轮形状分类

（1）盘状凸轮（如图 10-1、图 10-2 所示）。工作时，从动推杆随着凸轮回转半径的变化而在垂直于凸轮轴线的平面内作往复直线运动或摆动。

（2）圆柱凸轮（如图 10-3 所示）。从动杆在平行于凸轮轴线的平面内运动。

（3）移动凸轮（如图 10-5 所示）。工作时凸轮作往复移动，相当于盘状凸轮的回转中心趋近于无穷远，这时的盘状凸轮就转变成移动凸轮。

由于盘状凸轮使用较多，本章主要讨论这种凸轮。

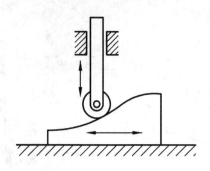

图 10-5　移动凸轮

2）按从动杆的运动方式分类

（1）移动从动推杆凸轮机构（如图 10-2 所示）。

（2）摆动从动推杆凸轮机构（如图 10-1 所示）。

3）按从动杆端部形状分类

（1）尖顶从动杆凸轮机构（如图 10-6(a)所示）。这种从动杆结构简单，且能与复杂的凸轮轮廓保持接触，因而从动杆可以实现复杂的运动规律。但因尖顶易于磨损，故只宜于传力不大的低速凸轮机构中。

（2）滚子从动杆凸轮机构（如图 10-6(b)所示）。由于滚子与凸轮间的摩擦小，不易磨损，故应用最广。

（3）平底从动杆凸轮机构（如图 10-6(c)所示）。平底从动杆在高速工作时较易形成油膜而减少摩擦、磨损，但不能用于凸轮轮廓呈凹形的场合。

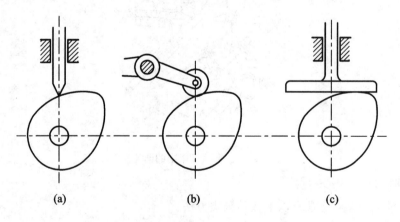

(a)　　　　　　　　　(b)　　　　　　　　　(c)

图 10-6　从动杆的端部形状

4）按锁合方式分类

（1）力锁合。利用弹簧力（如图 10-2 所示）或从动杆重量等外力达到锁合目的。

（2）形锁合。由凸轮和从动杆的几何形状来保证锁合。例如，图 10-7 中将凸轮轮廓曲线做成凹槽形，将从动杆上的滚子嵌入凹槽内，从而达到锁合的目的。图 10-8 是一种等宽度的凸轮，也是属于形锁合的。

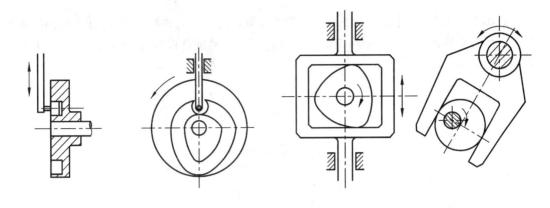

图 10-7 盘形内凸轮   图 10-8 等宽度凸轮

10.2 从动推杆常用的运动规律

在图 10-9 所示的凸轮机构中，从动推杆在最低位置时，从动推杆尖顶在 a 点(如图 10-9(a)所示)，以凸轮的最小半径所作的圆称为基圆，最小半径称为基圆半径，用 r_b 表示。当凸轮按逆时针方向转过一个角度 δ 时(如图 10-9(b)所示)，从动杆将上升一段距离，即产生一位移 s。当凸轮转过 δ_0 时，从动推杆到达最高位置(如图 10-9(c)所示)，此时从动推杆的最大位移称为行程 h。如果将从动推杆的位移 s 与凸轮转角 δ 的关系用曲线表示(如图 10-9(d)所示)，此曲线称为从动推杆的位移曲线，或称 $s-\delta$ 曲线。

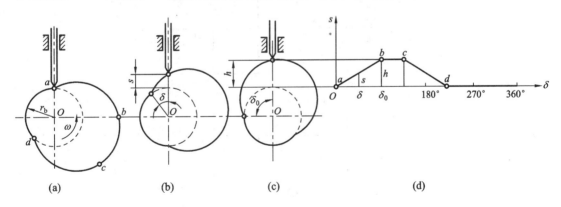

图 10-9 凸轮机构的位移曲线($s-\delta$ 曲线)

由图 10-9 可以看出，从动杆的位移 s 是随凸轮转角 δ 的变化而变化的，因而也将随时间的变化而变化(因为 $\delta=\omega t$)。因此，当凸轮以一定的角速度 ω 旋转时，从动杆的位移 s、速度 v 和加速度 a 的变化规律，都由凸轮的轮廓所决定。在设计凸轮轮廓时，应按机器工作时的要求和特点来选定从动杆的运动规律，然后设计出凸轮应有的轮廓曲线。下面介绍两种常用的从动杆运动规律。

1. 等速运动规律

在图 10 - 10(a)所示的凸轮机构中,凸轮以角速度 ω(ω 为常数)按逆时针方向作等角速转动。当凸轮的转角从 0 开始均匀地增加到 δ_0 时,从动推杆以速度 v(v 为常数)等速地从起始位置上升,其行程为 h。

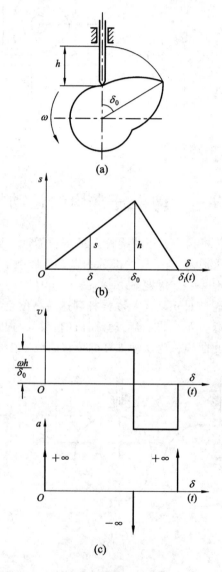

图 10 - 10　等速运动的位移、速度、加速度曲线

由理论力学可知,等速运动中位移(从动推杆的位移)s 与时间 t 关系为

$$s = vt \tag{10-1}$$

同样,凸轮的转角 δ 与时间 t 的关系为:

$$\delta = \omega t \tag{10-2}$$

由(10 - 1)、(10 - 2)两式消去 t,可得:

$$s = \frac{v}{\omega}\delta \tag{10-3}$$

上式中 v 和 ω 都是常数，所以位移 s 和转角 δ 成正比关系。因此，从动推杆的位移曲线 $(s\text{-}\delta)$ 为一斜直线（如图 10-10(b)所示）。

当 $\delta = \delta_0$ 时，从动推杆的位移 $s = h$，将这些关系代入式 (10-3) 中，可得从动推杆上升时的速度 v 为：

$$v = \frac{h\omega}{\delta_0} \tag{10-4}$$

再将公式 (10-4) 代入式 (10-3) 中，即可得到位移曲线方程：

$$s = \frac{h}{\delta_0}\delta \tag{10-5}$$

当凸轮的转角 $\delta > \delta_0$ 时，从动推杆等速地下降，故 $s\text{-}\delta$ 曲线发生转折而变为另一斜直线（如图 10-10(b)所示）。

由于 $\delta = \omega t = $ 常数 $\times t$，故位移曲线的横坐标 δ 也就反映了时间 t 的坐标，用 (t) 表示。故位移 $(s\text{-}\delta)$、速度 $(v\text{-}\delta)$ 和加速度 $(a\text{-}\delta)$ 曲线，也可看成是 $s\text{-}t$、$v\text{-}t$ 和 $a\text{-}t$ 曲线。因为，$s = f(t)$、$v = \mathrm{d}s/\mathrm{d}t$、$a = \mathrm{d}v/\mathrm{d}t$，所以位移、速度和加速度曲线所表示的函数关系，正好依次存在着一次导数的关系。这样可以帮助我们来分析从动推杆的运动规律。

从动推杆在等速上升过程中，速度不随凸轮转角 δ 的变化而变化，故速度曲线 $(v\text{-}\delta)$ 为一水平直线，如图 10-10(c)所示。当从动推杆向上运动时，速度为正值；从动推杆向下运动时，速度为负值。因此，在 $s\text{-}\delta$ 曲线转折处，$v\text{-}\delta$ 曲线发生突变（间断）。

从动推杆作等速运动时，其加速度 $a=0$，所以加速度曲线 $(a\text{-}\delta)$ 为与 δ 轴相重合的水平直线。但在 $s\text{-}\delta$ 曲线的转折处，由于速度发生突变（如图 10-10(c)所示），将使从动推杆的瞬时加速度在理论上趋于无穷大，以致引起无穷大的惯性力，使凸轮机构发生刚性冲击。因此，这种运动规律只宜于低速的场合。为了避免刚性冲击，通常是修改位移曲线，使其在转折处改成与直线相切的圆弧过渡，或采用其他运动规律。在金属切削机床自动进刀等运动中，常采用等速运动规津。

2. 等加速等减速运动规律

当凸轮转速较高时，为了避免刚性冲击，可以采用等加速等减速运动规律。

设凸轮以等角速 ω 转动，当转角 δ 从 0 增加到 δ_0 时，从动推杆上升的距离（行程）为 h。为了使从动推杆在运动开始和终止时的速度不发生突变，通常将从动推杆的整个行程 h 分为两段：前半段为等加速上升，后半段为等减速上升。在这两段时间内，加速度的绝对值相等。

根据理论力学知识，最后得到从动推杆位移、速度、加速度与凸轮转角的关系曲线为：

$$s = \frac{2h}{\delta_0^2}\delta^2 \tag{10-6}$$

$$v = \frac{4h\omega}{\delta_0^2}\delta \tag{10-7}$$

$$a = \frac{4h\omega^2}{\delta_0^2} \tag{10-8}$$

$s\text{-}\delta$ 曲线可以通过下面的作图方法作出。

设已知凸轮的转角从 0 增加到 δ_0，从动推杆上升的距离为 h，作图的步骤为：

（1）选取横坐标轴代表 δ，纵坐标轴代表 s（如图 10-11(a)所示）。

（2）按适当的比例，在 δ 坐标轴上找出代表 $\delta_0/2$ 的一点，并过此点作出垂直向上的直线，在此直线上找出一点，使其纵坐标代表 $h/2$。

（3）将代表 $\delta_0/2$ 和 $h/2$ 的两线段，分成相同的等分，如图 $10-11$(a)中取为四等分，分别得到各等分点 1、2、3、4 和 $1'$、$2'$、$3'$、$4'$。

（4）从原点 O 开始，作各斜直线 $O1'$、$O2'$、$O3'$、$O4'$；再过 1、2、3、4 各点作垂直向上的直线，各斜直线与相应的铅垂线分别相交于 $1''$、$2''$、$3''$、$4''$各点。

（5）连接 $1''$、$2''$、$3''$、$4''$各点成光滑的曲线，即为所求的等加速上升的 $s-\delta$ 曲线。

同理，也可得图 $10-11$(b)所示的速度曲线。图(c)所示的加速度曲线。从图 $10-11$(c)中可以看出，加速度仍然有突变，只不过它是有限值，对凸轮也会产生冲击，使凸轮产生柔性冲击。

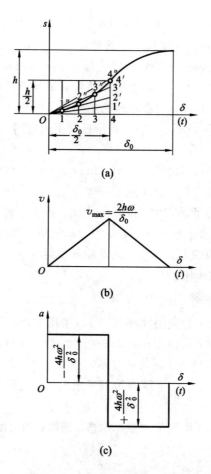

图 $10-11$　等加速等减速运动的位移、速度、加速度曲线

第 11 章　联　　接

11.1　概　　述

所有的机器都是由多个零件联接而成的。按组成联接的零件在工作中相对位置是否变化，联接可分为动联接和静联接两类。组成联接的零件在工作中相对位置发生变化（即构成运动副）的联接，称为动联接，例如：轴与滑动轴承的联接、车床主轴箱中滑移齿轮与轴的联接等。组成联接的零件在工作中相对位置不发生变化的联接，称为静联接，例如：减速器中齿轮与轴的联接、箱盖与箱体的联接等。

按拆开联接时是否需要破坏联接件，联接又可分为可拆联接和不可拆联接两类。键联接、花键联接、销联接和螺纹联接等属于可拆联接；而铆接、焊接和粘接等则属于不可拆联接。

过盈联接是利用材料本身的弹性变形，在一定装配过盈量下使被联接件套装起来的联接。采用不同的过盈量可得到可拆联接或不可拆联接。

组成联接的零件可分为联接件和被联接件。起联接作用的零件，如键、销、铆钉、螺栓、螺母等称为联接件；需要联接起来的零件，如减速器的箱盖、箱座等称为被联接件。也有的联接不需要联接件，如过盈联接等。

由于联接的广泛应用，大多数的联接零件都有国家标准或部颁标准，有的还有行业规范。目前已实施的标准联接零件有平键、螺栓、螺母，销，铆钉等，因此，设计联接时应尽量遵循有关标准和规范，以便简化设计，提高设计质量，降低设计和生产的成本。

生产实践中广泛地应用着螺纹零件，如螺栓、丝杠和螺母等。利用螺纹零件将两个或两个以上的零件相对固定起来的联接，称为螺纹联接。螺纹联接具有结构简单、装拆方便及联接可靠等优点，在机械制造和工程结构中应用广泛。大多数螺纹和螺纹零件均已标准化，并有专门工厂生产。

11.2　螺纹的形成、类型和主要参数

1. 螺纹的形成和类型

如图 11-1(a)所示，将一直角三角形（底边 AB 长为 πd）绕在直径为 d 的圆柱体上，同时使底边 AB 与圆柱体端面圆周线重合，则此直角三角形的斜边在圆柱体的表面上形成一条螺旋线。用不同形状的车刀沿螺旋线可切制出三角形、矩形、梯形和锯齿形的螺纹，如图 11-1(b)～图 11-1(e)所示。

在圆柱体上沿一条螺旋线切制的螺纹，称为单线螺纹（如图 11-2(a)所示）；也可沿二条、三条螺旋线分别切制出双线螺纹和三线螺纹（如图 11-2(b)、(c)所示）。单线螺纹主要用于联接，多线螺纹主要用于传动。

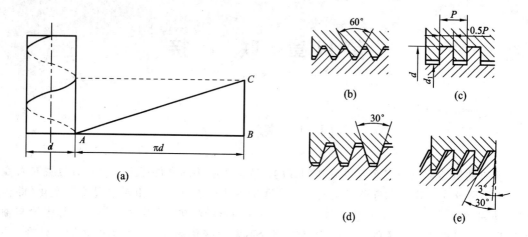

图 11-1　螺纹的形成及其类型

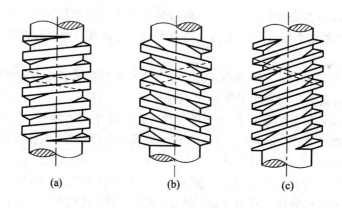

图 11-2　不同线数的螺纹

（a）单线螺纹；（b）双线螺纹；（c）三线螺纹

　　按螺旋线绕行方向的不同，又有右旋螺纹和左旋螺纹之分，如图 11-3 所示，通常采用右旋螺纹，左旋螺纹仅用于有特殊要求的场合。

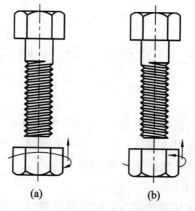

图 11-3　左、右旋螺纹

（a）右旋螺纹；（b）左旋螺纹

螺纹有外螺纹和内螺纹之分。在圆柱体外表面上形成的螺纹，称为外螺纹；在圆柱体的内表面上形成的螺纹，称为内螺纹。

螺纹还可分为普通螺纹、英寸制螺纹、管螺纹和锥螺纹等。普通螺纹又有粗牙和细牙两种。公称直径相同时，细牙螺纹的螺距小，升角小，自锁性好，螺杆强度较高，适用于受冲击、振动和变载荷的联接以及薄壁零件的联接。但细牙螺纹比粗牙螺纹的耐磨性差，不宜经常拆卸，故生产实践中广泛使用粗牙螺纹。

2. 螺纹的主要参数

现以图 11－4 所示的三角形外螺纹为例说明螺蚊的主要参数：

(1) 大径(d、D)——螺纹的最大直径。对外螺是牙顶圆柱直径(d)，对内螺纹是牙底圆柱直径(D)。标准规定大径为螺纹的公称直径。

(2) 小径(d_1、D_1)——螺纹的最小直径。对外螺纹是牙底圆柱直径(d_1)，对内螺纹是牙顶圆柱直径(D_1)。

(3) 中径(d_2、D_2)——处于大径和小径之间的一个假想圆柱直径，该圆柱的母线位于牙型上凸起(牙)和沟槽(牙间)宽度相等处。

(4) 螺距(P)——在中径线上，相邻牙对应两点间的轴向距离。

(5) 导程(S)——同一螺旋线上，相邻两牙在中径线上对应两点之间的轴向距离。对单线螺纹，$S＝P$；对于线数为 n 的多线螺蚊，$S＝nP$。

(6) 牙形角(α)——在轴向截面内螺纹牙形两侧边的夹角。

(7) 升角(λ)——在中径圆柱上螺旋线的切线与垂直于螺纹轴线的平面间的夹角，其计算式为

$$\tan\lambda = \frac{S}{\pi d_2} = \frac{nP}{\pi d_2} \tag{11-1}$$

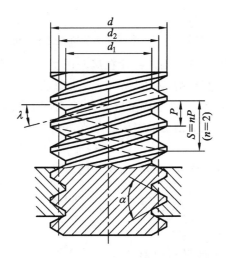

图 11－4　螺纹的主要参数

11.3 螺旋副的受力分析、自锁和效率

11.3.1 矩形螺纹(牙形角 $\alpha = 0°$)

1. 螺旋副的受力分析

如图 11-5(a)所示,举重螺杆的举重量为 Q,当对螺杆加一转矩 T 后,重物将被举起。设 Q 均匀分布在各圈螺纹的工作面上,如图 11-5(b)所示。为了分析方便,现将螺杆简化为一个滑块,如图 11-5(c)所示,并假定 Q 力集中作用在滑块上。在圆周力 F 的推动下,滑块沿螺母的螺纹斜面上升。

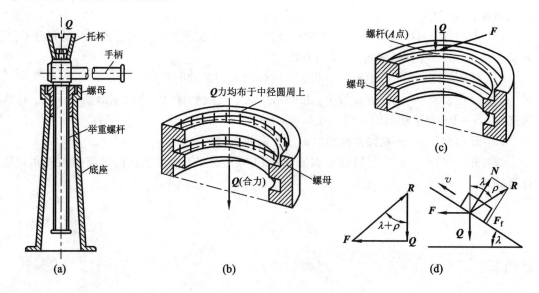

图 11-5 矩形螺纹螺旋副的受力分析

若按螺母螺纹中径圆柱展开,则螺纹牙在展开图上变成一斜面,如图 11-5(d)所示。当滑块沿斜面等速上升时,在载荷 Q、圆周力 F、法向反力 N、摩擦力 F_f 的共同作用下,滑块处于平衡状态。由于 N 和 F 可合成全反力 R(R 与 N 的夹角 ρ 为摩擦角),则滑块将在 Q、F、R 作用下处于平衡状态,由力的封闭三角形可得到:

$$F = Q \tan(\lambda + \rho) \tag{11-2}$$

当螺旋副转动时,为克服螺纹中的阻力所需的转矩为:

$$T = F \frac{d_2}{2} = \frac{Q d_2}{2} \tan(\lambda + \rho) \tag{11-3}$$

2. 螺旋传动的效率

螺杆转动一周时转矩 T 所做的功为:

$$A_1 = 2\pi T = Q\pi d_2 \tan(\lambda + \rho)$$

因螺杆转动一周时，重物上升的距离为导程 S（如图 11-6 所示），故举升重物所做的有效功为

$$A_2 = QS = Q\pi d_2 \tan\lambda$$

因此，螺旋传动的效率为

$$\eta = \frac{Q\pi d_2 \tan\lambda}{Q\pi d_2 \tan(\lambda + \rho)} = \frac{\tan\lambda}{\tan(\lambda + \rho)} \tag{11-4}$$

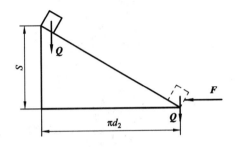

图 11-6　滑块等速上升做功

3. 螺纹的自锁

如图 11-7(a)所示，当滑块沿斜面等速下滑时，摩擦力 F_f 的方向沿斜面向上。F 为支持力，Q 为主动力，F_f 和法向力 N 合成全反力 R，如图 11-7(b)所示，由力的封闭三角形得

$$F = Q \tan(\lambda - \rho) \tag{11-5}$$

由式(11-5)可知，若 $\lambda < \rho$，则 $F < 0$。这就是说，在 $\lambda < \rho$ 时，为了使滑块沿斜面等速下滑，需要给滑块加一力 F，其大小按式(11-5)计算，方向与图 11-7 所示的 F 方向相反。如果不给滑块加一力 F，则不论轴向载荷 Q 多大，滑块都不会自行滑下，即不论举重螺杆举升重量 Q 有多大，螺杆都不会自动下降，这种现象称为自锁。自锁条件为

$$\lambda < \rho \tag{11-6}$$

为了保证自锁，通常取 $\lambda \leqslant 4.5°$。举重螺杆能够自锁，可以不用装设制动装置，但由于螺纹升角 λ 较小，故效率较低。

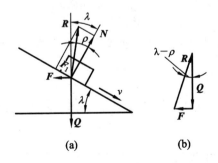

图 11-7　滑块等速下降时的受力分析

11.3.2　其他螺纹（牙形角 $\alpha \neq 0°$）

牙形角不等于零的螺纹有三角形、梯形、锯齿形螺纹。螺旋副工作时，螺杆与螺母在

转矩 T 的作用下相对转动，并承受轴向载荷 Q，螺杆牙下表面沿螺母牙的上表面移动，如图 11-8(a) 所示。此种情况相当于槽面摩擦，如图 11-8(b) 所示。将分析矩形螺纹所得的各公式中的摩擦系数 f 和摩擦角 ρ 换成当量摩擦系数 $f_v = f/\cos(\alpha/2)$ 和当量摩擦角 $\rho_v = \mathrm{arctg}\, f_v$，即得牙形角不等于零的螺纹的圆周力 F、转矩 T 和效率 η 的计算公式为

$$F = Q \tan(\lambda + \rho_v) \tag{11-7}$$

$$T = \frac{1}{2} d_2 Q \tan(\lambda + \rho_v) \tag{11-8}$$

$$\eta = \frac{\tan\lambda}{\tan(\lambda + \rho_v)} \tag{11-9}$$

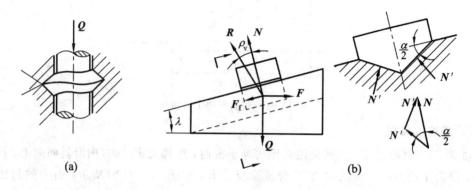

图 11-8　三角形螺纹副的受力分析

旋松螺纹时，施加的力为

$$F = Q \tan(\lambda - \rho_v) \tag{11-10}$$

自锁条件为

$$\lambda < \rho_v \tag{11-11}$$

分析上述几个公式，可得如下结论：

(1) 为了提高螺旋传动的效率，传动应该采用多头螺纹，因为多头螺蚊的升角较大。

(2) 为了联接可靠，联接应该采用单线三角形螺纹。因为三角形螺纹的当量摩擦系数 $f_v > f$，摩擦角 $\rho_v > \rho$，所以自锁性好，联接可靠性高。细牙螺纹比粗牙螺纹的升角小，故对联接紧密性要求较高的场合，应采用细牙螺纹。

(3) 传动螺纹多采用矩形螺纹、梯形螺纹和锯齿形螺纹。因为它们比三角形螺纹的当量摩擦角小，所以传动效率高。

11.4　螺纹联接的基本类型和螺纹联接件

11.4.1　螺纹联接的基本类型

螺纹联接的基本类型有螺栓联接、双头螺柱联接、螺钉联接、紧定螺钉联接。它们的结构和尺寸关系见表 11-1。

表 11-1 螺纹联接基本类型的结构和尺寸

类 型	构 造	主要尺寸关系
螺栓联接		螺纹余留长度 l_1 　普通螺栓联接 　静载荷 $l_1 \geqslant (0.3 \sim 0.5)d$ 　变载荷 $l_1 \geqslant 0.75d$ 　冲击、弯曲载荷 $l_1 \geqslant d$ 　配合螺栓联接 h_1 尽可能小 螺纹伸出长度 $l_2 \approx (0.2 \sim 0.3)d$ 螺栓轴线到被联接件边缘的距离 　　$e = d + (3 \sim 6)$ mm
双头螺柱联接		螺纹旋入深度 l_3，当螺纹孔零件为 　钢或青铜 $l_3 \approx d$ 　铸铁 $l_3 \approx (1.25 \sim 1.5)d$ 　铝合金 $l_3 \approx (1.25 \sim 2.5)d$ 螺纹孔深度 $l_4 \approx l_3 + (2 \sim 2.5)d$ 钻孔深度 $l_5 \approx l_4 + (0.2 \sim 0.3)d$ l_1、l_2、e 螺栓联接
螺钉联接		l_1、l_3、l_4、l_5、e 双头螺柱联接
紧定螺钉联接		$d \approx (0.2 \sim 0.3)d_s$ 转矩大时取大值

1. 螺栓联接

螺栓联接是将螺栓穿过被联接件的孔，然后拧紧螺母，将被联接件联接起来。螺栓联接分为普通螺栓联接和配合螺栓联接，前者是螺栓杆与孔壁之间留有间隙，后者是螺栓杆与孔壁之间没有间隙，常采用基孔制过渡配合。

螺栓联接无须在被联接件上切制螺纹孔，所以结构简单，装拆方便，应用广泛。这种联接适用于被联接件不太厚并能从被联接件两边进行装配的场合。

2. 双头螺柱联接

双头螺柱联接是将双头螺柱的一端旋紧在被联接件之一的螺纹孔中，另一端则穿过其余被联接件的通孔，然后拧紧螺母，将被联接件联接起来。这种联接适用于被联接件之一太厚，不能采用螺栓联接或希望联接结构较紧凑，且需经常装拆的场合。

3. 螺钉联接

螺钉联接是将螺钉穿过一被联接件的通孔，然后旋入另一被联接件的螺纹孔中。这种联接不用螺母，有光整的外露表面，它适用于被联接件之一太厚且不经常装拆的场合。

4. 紧定螺钉联接

紧定螺钉联接是将紧定螺钉旋入被联接件之一的螺纹孔中，并以其末端顶住另一被联接件的表面或顶入相应的凹坑中，以固定两个零件的相互位置。这种联接多用于轴与轴上零件的联接，并可传递不大的载荷。

11.4.2　螺纹联接件

螺纹联接件有螺拴、双头螺柱、螺钉、紧定螺钉、螺母、垫圈、防松零件等，它们多为标准件，其结构、尺寸在国家标准中都有规定。它们的公称尺寸均为螺纹大径 d，设计时应根据标准选用。

1. 螺栓

螺栓类型很多，常用的结构形式如图 11-9 所示。螺栓的一部分为制有螺纹的螺杆，另一部分为螺栓头。螺栓头部形状很多，如六角头、方头、圆柱头和 T 形头等，应用最多的是六角头。

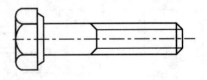

图 11-9　螺栓

2. 双头螺柱

双头螺柱的结构为两端均制有螺纹的螺杆，如图 11-10 所示。双头螺柱两端螺纹的公称直径及螺距相同，但两端螺纹长度有不等或相等之分。

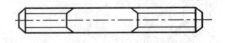

图 11-10　双头螺柱

3. 螺钉

螺钉结构与螺栓相似，如图 11-11 所示。螺钉的结构形式有六角头螺钉、内六角沉头螺钉、开槽浅沉头螺钉、开槽圆头螺钉等等。

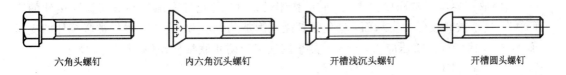

六角头螺钉　　　　　内六角沉头螺钉　　　　开槽浅沉头螺钉　　　　开槽圆头螺钉

图 11 - 11　螺钉

4. 紧定螺钉

紧定螺钉沿杆全长或部分长度制有螺纹，如图 11 - 12 所示。末端的形状有倒角端、圆柱端、锥端等。倒角端用于接触面硬度较高的联接；锥端用于接触面硬度较低的联接；圆柱端用于传递较大的载荷。

开槽锥端紧定螺钉　　　开槽长圆柱端紧定螺钉　　开槽倒角端紧定螺钉　　　六角头短圆柱载锥端
　　　　　　　　　　　　　　　　　　　　　　　　　　　　　　　　　　　　紧定螺钉

图 11 - 12　紧定螺钉

5. 螺母

常见的螺母有六角螺母、方螺母、圆螺母等，如图 11 - 13 所示。其中以六角螺母应用最为普遍。六角螺母有厚薄之分，薄螺母用于尺寸受限制的地方，厚螺母用于经常装拆易于磨损之处。轴上零件要求轴向固定时，可采用圆螺母。

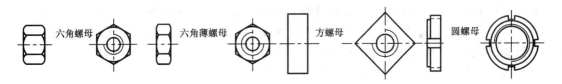

六角螺母　　　　　　六角薄螺母　　　　　　方螺母　　　　　　　圆螺母

图 11 - 13　螺母

6. 垫圈

常用的垫圈有弹簧垫圈、平垫圈等，如图 11 - 14 所示。

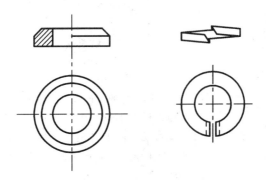

图 11 - 14　垫圈

垫圈放在螺母和被联接件之间,它的作用是:(1)防止拧紧螺母时擦伤被联接件的表面;(2)垫平被联接件的支承面,避免螺杆受到附加的偏心载荷;(3)增加被联接件的支承面积,减少接触处的挤压应力;(4)有的垫圈还可以防止联接松动(见表 11-2)。

11.5 螺栓联接的预紧与防松

1. 螺栓联接的预紧

螺栓联接在装配时要拧紧螺母,使螺栓联接受到预紧力的作用。螺栓联接的预紧增强了联接的可靠性,防止联接在工作载荷作用下松动。对有气密性要求的管路、压力容器等联接,预紧可使被联接件的接合面在工作载荷的作用下,仍具有足够的紧密性,避免泄漏。对承受横向载荷的螺栓联接,预紧力在被联接件的接合面间产生所需的正压力,使结合面间产生的总摩擦力足以平衡外载荷,由此可知预紧在螺栓联接中起着重要的作用。

重要的螺栓联接,装配时应严格控制预紧力。有两种控制预紧力的方法:一是采用定力矩扳手;二是采用测力矩扳手。

重要的螺栓联接应尽量不采用小于 M12~M16 的螺栓,以免装配时由于锁紧力过大而被拧断。

2. 螺栓联接的防松

螺栓联接的防松就是防止螺纹副的相对转动。当螺栓联接采用三角形螺纹时,由于标准螺纹的升角比较小,而量摩擦角较大,故联接具有自锁性。在静载荷的作用下,当工作温度变化不大时,这种自锁性可以防止螺母松脱,但如果联接是在冲击、振动、变载荷作用下或工作温度变化很大时,螺栓联接则可能松动,联接松脱往往会造成严重事故。因此设计螺栓联接时,应考虑防松的措施。

防松的方法很多,常用的几种防松方法见表 11-2。

表 11-2　常用的防松方法

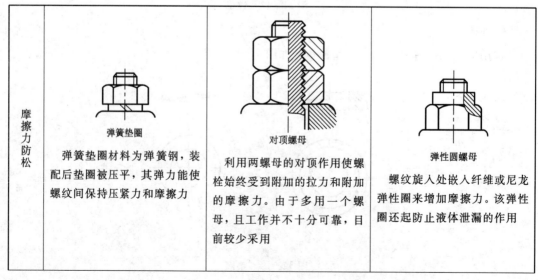

摩擦力防松	弹簧垫圈 弹簧垫圈材料为弹簧钢,装配后垫圈被压平,其弹力能使螺纹间保持压紧力和摩擦力	对顶螺母 利用两螺母的对顶作用使螺栓始终受到附加的拉力和附加的摩擦力。由于多用一个螺母,且工作并不十分可靠,目前较少采用	弹性圆螺母 螺纹旋入处嵌入纤维或尼龙弹性圈来增加摩擦力。该弹性圈还起防止液体泄漏的作用

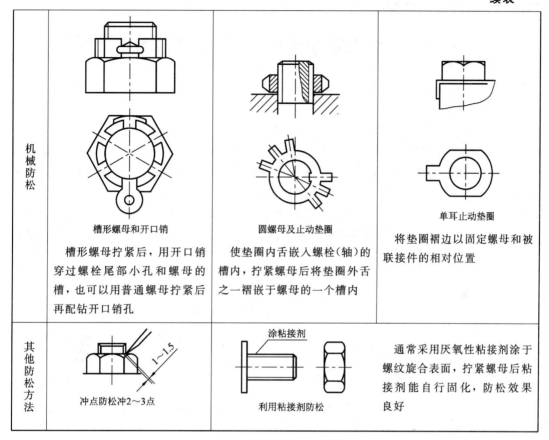

机械防松		
槽形螺母和开口销	圆螺母及止动垫圈	单耳止动垫圈
槽形螺母拧紧后，用开口销穿过螺栓尾部小孔和螺母的槽，也可以用普通螺母拧紧后再配钻开口销孔	使垫圈内舌嵌入螺栓（轴）的槽内，拧紧螺母后将垫圈外舌之一褶嵌于螺母的一个槽内	将垫圈褶边以固定螺母和被联接件的相对位置
其他防松方法		
冲点防松冲2～3点	利用粘接剂防松	通常采用厌氧性粘接剂涂于螺纹旋合表面，拧紧螺母后粘接剂能自行固化，防松效果良好

11.6　键　联　接

在各种机器上都有很多转动零件，如飞轮、带轮、齿轮、凸轮和蜗轮等。这些零件和轴大多数采用键或花键联接，如图 11-15 所示。键联接的作用是联接转动零件与轴，以传递运动和动力。

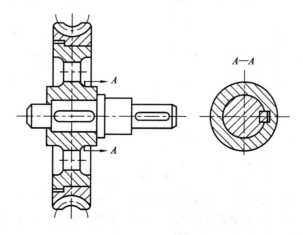

图 11-15　键联接

11.6.1　键联接的类型

根据键联接的结构和承受载荷情况的不同,键联接可分为松键联接和紧键联接。

1. 松键联接

松键联接分为平键联接和半圆键联接。

1)平键联接

平键分为普通平键、导向平键和滑键三种。

(1)普通平键(如图 11 - 16 所示)。普通平键的上平面与下平面互相平行,两个侧面也互相平行,其端部结构有圆头(A 型)、平头(B 型)和单圆头(C 型)三种。采用普通圆头平键时,轴上的键槽宜用端铣刀加工(如图 11 - 17(a)所示),它的优点是键在键槽中的固定较好,但键槽端部的应力集中较大;采用普通平头平键时,轴上的键槽宜用圆盘铣刀加工(如图 11 - 7(b)所示),其优点是键槽端部应力集中较小,但键在键槽轴向固定不好;单圆头平键常用在轴端的联接中。

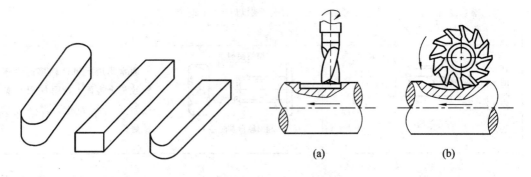

图 11 - 16　普通平键　　　　　　　　图 11 - 17　轴上键槽的加工

　　装配时,一般先将键放入轴上键槽内,然后推上轮毂,构成平键联接,如图 11 - 18 所示。这种联接,键的上面与轮毂键槽的底面之间留有间隙,而键的两侧面与轴、轮毂键槽的侧面配合紧密。为了便于装拆,轴上键槽一般制成与键的形状一样,而轮毂键槽开通。工作时,依靠键和键槽侧面的挤压来传递运动和转矩,因此平键的侧面为工作面。

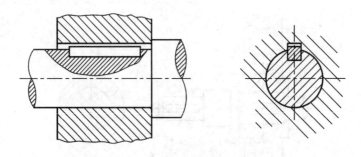

图 11 - 18　平键联接

平键联接由于结构简单、装拆方便和对中性好,因而获得了广泛的应用。

(2)导向平键。导向平键(如图 11 - 19 所示)是加长的普通平键,其端部形状有 A 型和 B 型两种。导向平键联接是将键用螺钉固定在轴上的键槽中,转动零件的轮毂可在轴上沿轴向滑动。为了拆卸方便，在键的中部制有起键用的螺钉孔。导向平键联接适用于轴上零件的轴向移动量不大的场合，如变速箱中的滑移齿轮。

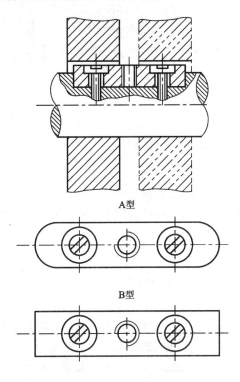

图 11 - 19　导向平键联接

（3）滑键联接。当轴上零件的轴向移动量很大时，导向平键将很长，不易制造，这时可采用滑键（如图 11 - 20 所示）。滑键联接是将滑键固定在轮毂上，并与轮毂一起在轴的键槽中滑动。

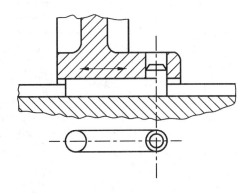

图 11 - 20　滑键联接

2）半圆键联接

半圆键（如图 11 - 21（a）所示）的上表面为一平面，下表面为半圆形弧面，两侧面互相平行。装配时，半圆键放在轴上半圆形的键槽内，然后推上轮毂（如图 11 - 21（b）所示）。这种键联接，键的上表面与轮毂键槽的底面间留有间隙，键的侧面和轴、轮毂键槽的侧面贴合。工作时，依靠键和键槽侧面的挤压来传递运动和转矩，因此半圆键的侧面是工作面。

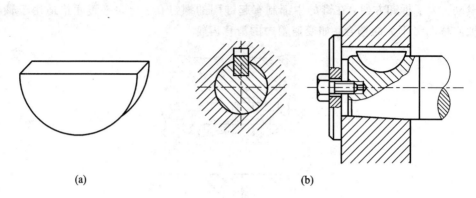

图 11-21 半圆键联接

半圆键结构紧凑，装拆方便，能在轴上的键槽中摆动，以适应轮毂键槽底面的偏斜，但轴上键槽较深，降低了轴的强度。半圆键联接适用于轻载、轮毂宽度较窄和轴端处的联接，尤其适用于圆锥形轴端的联接。

2. 紧键联接

紧键联接分为楔键联接和切向键联接两类。

1）楔键联接

楔键如图 11-22 所示，键的顶面有 1∶100 的斜度，两侧面互相平行。楔键分为普通楔键（如图 11-22(a)所示）和钩头楔键（如图 11-22(b)所示）两种，它们均为标准件。这种键联接（如图 11-23 所示），键的侧面不与键槽侧壁接触，键的顶面和底面分别与轮毂键槽和轴槽的底面紧密贴合。因此，键与轴、轮毂之间产生很大的挤压力。工作时，靠挤压力及其在接触面上所产生的摩擦力来传递运动和转矩，可承受不大的单方向的轴向力。由此可见，楔键的顶面和底面为工作面。

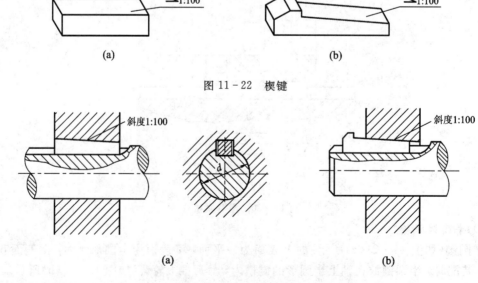

图 11-22 楔键

图 11-23 楔键联接
（a）普通楔键联接；（b）钩头楔键联接

　　由于楔键在装配时被打入轴和轮毂之间的键槽内,所以使套在轴上的零件向键所在的方向移动一微小距离,造成轴和轴上零件的中心线不重合,即产生偏心。另外,当受到冲击、变载荷作用时,楔键联接容易松动。因此,楔键联接只适用于对中性要求不高、转速较低的场合,如农业机械、建筑机械等。钩头楔键的钩头是供拆卸楔键时用的,但易发生人身安全事故,所以应加装防护罩。

　　2) 切向键联接

　　切向键是由两个具有 1:100 单面斜度的普通楔键沿斜面贴合在一起组成的(如图 11 - 24(a)所示),该组合体的上平面与下平面互相平行。装配时,键自轮毂两端打入,楔紧在轴与轮毂的键槽中,组成切向键联接(如图 11 - 24(b)所示)。装配后,切向键的下平面在通过轴心线的平面内,上平面与轮毂槽底面压紧。工作时,靠切向键上、下平面与键槽底面的挤压力和轮毂接触面上的摩擦力来传递运动和转矩。因此,切向键的上、下平面为工作面。

　　一副切向键只能传递单方向的转矩,当需要传递两个方向的转矩时,应装两副切向键,并在轴上互成 110°～ 135°分布(如图 11 - 24(c)所示)。切向键的键槽对轴的强度削弱较大,另外,切向键联接还使装在轴上的零件与轴产生偏心,故切向键联接适用于对中性和运动精度要求不高、低速、重载、轴径大于 100 mm 的场合。

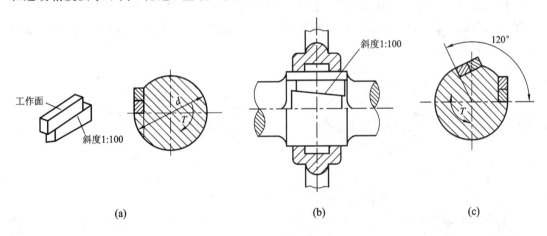

(a)　　　　　　　　　　　(b)　　　　　　　　　　　(c)

图 11 - 24　切向键联接

11.6.2　花键联接

1. 花键的特点和应用

　　在轴上加工出多个键齿则称为花键轴,而在轮毂孔上加工出多个键槽则称为花键孔,二者组成的联接即为花键联接(如图 11 - 25 所示)。与平键联接相比,花键联接因多齿承载,接触面大,所以能传递较大的载荷,而且轴上零件与轴的对中性和沿轴向移动的导向性都较好。另外,由于齿槽较浅,故对轴的强度削弱较小。因此,花键联接适用于载荷大、定心精度要求高的静联接和动联接,特别是在汽车、飞机和各种机床上得到广泛应用。其缺点是加工较复杂,需用专门的加工设备,生产成本较高。

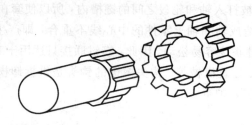

图 11-25 花键联接

2. 花键联接的分类和定心方式

按齿形的不同,花键联接主要分为矩形花键联接和渐开线花键联接。

1) 矩形花键

矩形花键的齿形为矩形,常用外径定心(如图 11-26(a)所示),其特点是承载能力大、定心精度高、导向性好,能用磨削的方法获得较高精度。另外,由于矩形齿的齿槽较浅、应力集中较小,故对轴和轮毂的强度削弱较小。矩形花键齿廓形状简单,容易加工,所以应用最广。

2) 渐开线花键

渐开线花键的齿形为渐开线(如图 11-26(b)所示),多采用齿形定心。这种花键可用齿轮加工方法切制,工艺性好,加工精度高。与矩形花键相比,渐开线花键齿根较厚,强度高,应力集中小。

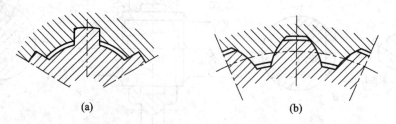

(a)　　　　　　　　　　　(b)

图 11-26 花键联接的分类及定心方式

由于各种联接件在工作过程中,主要承受的是剪切和挤压应力,主要的破坏形式也是剪切和挤压破坏,因此我们将在下一节简要介绍有关剪切和挤压的基本知识。

11.7 剪切与挤压的实用计算

11.7.1 剪切与挤压的概念与实例

1. 剪切的概念与实例

工程中常用的联接件,如销钉、键、螺栓、铆钉、焊缝等,都是构件承受剪切的实例。如图 11-27(a)所示的铆钉联接,当拉力 F 增加时,铆钉沿 $m-m$ 截面发生相对错动(如图 11-27(c)所示),甚至可能被切断。其受力特点是:铆钉受到一对大小相等、方向相反、作用线平行且相距很近的外力作用;其变形特点是:铆钉沿两个力作用线之间的截面发生相对错动,这种变形称为剪切变形,发生相对错动的面称为剪切面。剪切面上与截面相切的内力称为剪力，用 F_s 表示。只有一个剪切面的剪切变形称为单剪（如图 11-27(d) 所示）；有两个剪切面的剪切变形称为双剪（如图 11-28 所示）。

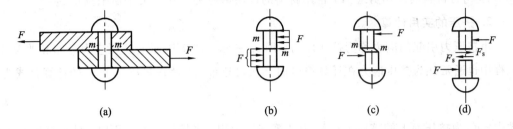

(a)　　　　　　　　　(b)　　　　　　(c)　　　　　(d)

图 11-27　剪切与挤压变形

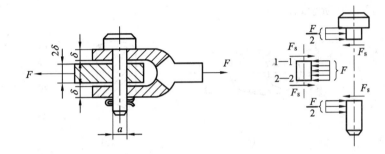

图 11-28　双剪现象

2. 挤压的概念与实例

联接件在发生剪切变形的同时，在传递力的接触面上也受到较大的压力作用，从而出现局部压缩变形，这种现象称为挤压，发生挤压的接触面称为挤压面，挤压面上的压力称为挤压力，用 F_{bs} 表示。如图 11-29 所示，上钢板孔左侧与铆钉上部左侧互相挤压，下钢板孔右侧与铆钉下部右侧互相挤压。当挤压力过大时，相互接触面处将产生局部显著的塑性变形，铆钉孔被压成长圆孔。工程机械上常用的平键经常发生挤压破坏。

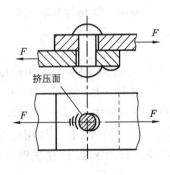

挤压面

图 11-29　挤压破坏

11.7.2　剪切与挤压的实用计算

1. 剪切的实用计算

由于联接件发生剪切而使剪切面上产生了剪应力 τ，剪应力在剪切面上的分布情况一般比较复杂，工程中为便于计算，通常认为剪应力在剪切面上是均匀分布的。由此得剪应力 τ 的计算公式为

$$\tau = \frac{F_s}{A} \tag{11-12}$$

式中：F_s 为剪切面上的剪力；A 为剪切面面积。

为保证联接件工作时安全可靠，要求剪应力不超过材料的许用剪应力。由此得剪切的强度条件为

$$\tau = \frac{F_s}{A} \leqslant [\tau] \tag{11-13}$$

式中：$[\tau]$为材料的许用剪应力。常用材料的许用剪应力可从有关手册中查得。

2. 挤压的实用计算

由挤压力引起的应力称为挤压应力，用σ_{bs}表示。在挤压面上挤压应力分布相当复杂，工程中也通常认为挤压应力在计算挤压面上均匀分布。由此得挤压应力σ_{bs}的计算公式为

$$\sigma_{bs} = \frac{F_{bs}}{A_{bs}} \tag{11-14}$$

式中：F_{bs}为挤压面上的挤压力；A_{bs}为计算挤压面积。当挤压面为平面时，计算挤压面积即为实际挤压面面积；当挤压面为圆柱面时，计算挤压面积等于半圆柱面的正投影面积，$A_{bs} = d\delta$(如图11-30所示)。

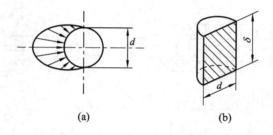

(a)　　　　　　　　(b)

图11-30　计算挤压面

为保证联接件具有足够的挤压强度而正常工作，其强度条件为

$$\sigma_{bs} = \frac{F_{bs}}{A_{bs}} \leqslant [\sigma_{bs}] \tag{11-15}$$

式中：$[\sigma_{bs}]$为材料的许用挤压应力。具体数据可从有关手册中查得。

例11-1　图11-31所示的钢板铆接件中，已知钢板的拉伸许用应力$[\sigma]=98$ MPa，挤压许用应力$[\sigma'_{bs}]=196$ MPa，钢板厚度$\delta=10$ mm，宽度$b=100$ mm；铆钉的许用剪应力$[\tau]=137$ MPa，挤压许用应力$[\sigma''_{bs}]=314$ MPa，铆钉直径$d=20$ mm。钢板铆接件承受的载荷$F=23.5$ kN。试校核钢板和铆钉的强度。

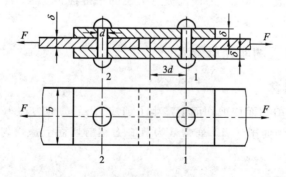

图11-31　钢板铆接件强度计算

解：(1) 钢板的拉伸强度校核。钢板的最大拉应力发生在中间钢板圆孔处1-1和2-2横截面处

$$\sigma = \frac{F_N}{A} = \frac{F}{(b-d)\delta} = \frac{23.5 \times 10^3 \, \text{N}}{(100-20) \, \text{mm} \times 10 \, \text{mm}} = 29.4 \, \text{MPa} < [\sigma]$$

故钢板的拉伸强度是安全的。

(2) 钢板的挤压强度校核。钢板的最大挤压应力发生在中间钢板孔与铆钉接触处，所受的挤压力 $F_{bs} = F$，实际挤压面为直径为 d、长为 δ 的半个圆柱面，计算挤压面积 $A_{bs} = d\delta$，则有

$$\sigma_{bs} = \frac{F_{bs}}{A_{bs}} = \frac{F}{d\delta} = \frac{23.5 \times 10^3 \, \text{N}}{20 \, \text{mm} \times 10 \, \text{mm}} = 117.5 \, \text{MPa} < [\sigma'_{bc}]$$

故钢板的挤压强度是安全的。

(3) 铆钉的剪切强度校核。铆钉有两个剪切面，每个剪切面上的剪力 $F_s = F/2$，每个剪切面面积等于铆钉的横截面积，于是有

$$\tau = \frac{F_s}{A} = \frac{F/2}{\pi d^2/4} = \frac{2 \times 23.5 \times 10^3 \, \text{N}}{3.14 \times (20 \, \text{mm})^2} = 37.4 \, \text{MPa} < [\tau]$$

故铆钉的剪切强度是安全的。

(4) 铆钉的挤压强度校核。铆钉的挤压力和计算挤压面积与钢板相同，但铆钉的挤压许用应力比钢板高，钢板的挤压强度是安全的，则铆钉的挤压强度也是安全的。

综上所述，整个铆接件是安全的。

第12章　带　传　动

12.1　概　　述

带传动是一种应用很广的机械传动，如图 12 - 1 所示，它是由主动轮、从动轮和紧套在两带轮上的传动带所组成。依靠传动带与带轮之间的摩擦力，将主动轴的运动和转矩传给从动轴。

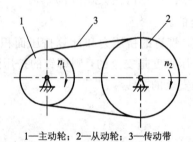

1—主动轮；2—从动轮；3—传动带

图 12 - 1　带传动示意图

1. 带传动的特点及应用

与齿轮传动相比较，带传动的主要优点为：

（1）传动带弹性好，能减缓冲击，吸收振动，特别是无接头的 V 形带，使运转平稳，无噪声；

（2）当机器发生过载时，带与带轮之间会自动打滑，可防止其他零件因过载而损坏，起到保护作用；

（3）结构简单，制造成本低，维护方便；

（4）能用于两轴中心距较大的传动。

带传动的主要缺点是：外廓尺寸大、传动效率较低、带的寿命短、对轴的作用力较大。另外，由于带传动在工作中受摩擦力和皮带弹性变形的影响，所以不能保证传动比恒定。

由以上特点可知，带传动通常应用于传动比要求不高、两轴中心距较大的机械中，如汽车中曲轴与水泵、发电机之间的传动。

2. 带传动的类型

根据带的横截面形状，传动带可分为平带、V 带、多楔带、圆带及同步带等类型，如图 12 - 2 所示。

平带的横截面为长方形，由多层胶帆布构成，工作面是与带轮接触的内表面，带长可按需要剪截后连接成封闭环形。

V 带的横截面为等腰梯形，工作面是带与轮槽接触的两侧面，这种皮带是无接头的环形带，常常几根一起使用。根据带与带轮楔形槽两侧面摩擦的受力分析可知，在相同压紧力和摩擦系数的条件下 V 带产生的摩擦力约为平带的 3 倍，同时，V 带可以多根并用，所以，V 带可比平带传递更大的功率。V 带又分为普通 V 带、窄 V 带、宽 V 带、半宽 V 带及大楔角 V 带等多种类型，其中普通 V 带应用最广。

多楔带相当于多条 V 带组合，兼有平带与 V 带的优点，主要用于要求结构紧凑的大功率传动。

圆带的横截面为圆形，一般用于功率较小的低速传动，如仪器、缝纫机等。

同步带是带齿的环形带，属啮合型传动，靠皮带上的齿与带轮上相应的轮齿啮合进行传动。因而，其传动比准确，但对制造及安装精度要求较高，成本也较高。

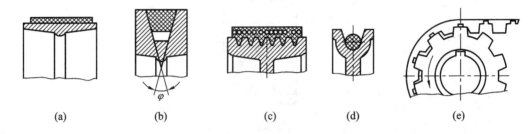

| (a) | (b) | (c) | (d) | (e) |

图 12-2 传动带的主要类型
(a) 平带；(b) V 带；(c) 多楔带；(d) 同步带；(e) 圆带

12.2 V 带的结构与标准

普通 V 带已经标准化，按其结构分为帘布芯结构和绳芯结构两类。它的横截面结构如图 12-3 所示，由包布层(胶帆布)、伸张层(顶胶)、强力层(抗拉体)和压缩层(底胶)组成。包布层由胶帆布制成，用于保护 V 带。伸张层由橡胶制成，装在带轮上弯曲时承受拉伸。强力层可由几层胶帘布或由一层胶线绳制成，用来承受基本拉力。帘布芯结构的 V 带容易制造，抗拉强度好，用于一般用途的传动；蝇芯结构的 V 带柔软、韧性好、抗弯强度高，用于带轮直径小及转速较高的场合。近年来，有时还采用合成纤维作 V 带的强力层，以提高其承载能力。压缩层用橡胶制成，以便在弯曲时承受压缩。

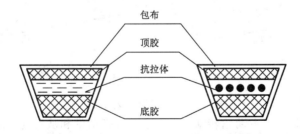

包布

顶胶

抗拉体

底胶

图 12-3 普通 V 带的结构

根据国家标准规定，普通 V 带按截面尺寸不同，分为 Y、Z、A、B、C、D、E 七种型号。Y 型 V 带的截面尺寸最小，E 型 V 带的截面尺寸最大，具体的截面尺寸如需要请查阅有关资料。V 带是无接头的环形带，每种型号都有几种不同的周长。当 V 带弯曲时，伸张层将会伸长，压缩层被压缩，而两者之间的中性层的长度不发生变化。沿 V 带中性层量得的宽度叫节宽，用 b_p 表示。在皮带轮槽中亦有与 V 带节宽相应的轮槽宽度称为基准宽度，用 b_d 表示；而该处的直径称为带轮的基准直径，用 d_d 表示（如图 12-4 所示）。V 带在规定的张紧力下，位于带轮基准直径上的皮带中性层的周长，称为 V 带的基准长度，用 L_d 表示，用于 V 带传动的几何尺寸的计算。

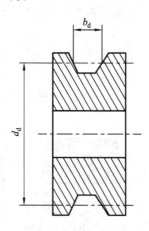

图 12-4　基准宽度与基准直径

12.3　带传动的工作情况分析

1. 带传动的受力分析

带传动的皮带是紧套在主、从动带轮上的，带与带轮之间存在一定的正压力。

（1）静态下：带轮两边的带拉力相等，即上下两边受相同的初拉力 F_0（如图 12-5(a) 所示）。

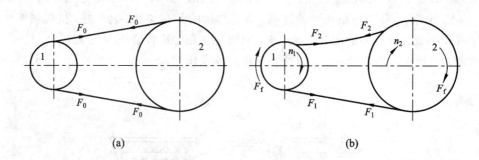

图 12-5　带传动的受力分析

（2）带传动工作时：当主动轮转动时，靠摩擦力拖动带和从动轮。传递载荷时，在摩擦力的作用下，使绕主动轮一边的带拉得更紧，带的拉力由 F_0 增至 F_1，形成紧边；而另一边的带则由 F_0 降至 F_2，形成松边（如图 12-5(b) 所示）。紧边和松边的拉力差称为有效拉力 F，即

$$F = F_1 - F_2 \tag{12-1}$$

有效拉力 F 在数值上等于带与小带轮接触面上产生的摩擦力总和 F_f。若传递功率为

$P(\mathrm{kW})$，带的速度为 $v(\mathrm{m/s})$，则带传动所需要的有效拉力应为

$$F = \frac{1000P}{v}(\mathrm{N}) \tag{12-2}$$

由于工作前后 V 带的总长近似不变，故紧边的拉力增加量应等于松边拉力的减少量，即

$$F_1 + F_2 = 2F_0 \tag{12-3}$$

由式(12-1)及式(12-3)得

紧边拉力 $\qquad\qquad\qquad F_1 = F_0 + \dfrac{F}{2} \tag{12-4}$

松边拉力 $\qquad\qquad\qquad F_2 = F_0 - \dfrac{F}{2} \tag{12-5}$

(3)带将打滑时：对于一定的张紧力 F_0 来说，当带所传递的有效拉力 F 超过带与带轮接触面之间的最大摩擦力总和时，带将在带轮上打滑，即将打滑时，F_1 和 F_2 之间的关系，可用欧拉公式表示

$$\frac{F_1}{F_2} = \mathrm{e}^{f\alpha_1} \tag{12-6}$$

式中：e 为自然对数底，e=2.718；f 为摩擦系数(对于 V 带传动，用当量摩擦系数 f_v)；α_1 为皮带在小带轮上的包角(rad)。

2. 带传动的应力分析

当带传动工作时，带中的应力有拉应力、弯曲应力及离心应力三种。

(1)拉应力。由于带传动的紧边拉力与松边拉力不相等，故带在紧边和松边上的拉应力值也不同，其值为

紧边拉应力 $\qquad\qquad\qquad \sigma_1 = \dfrac{F_1}{A} \tag{12-7}$

松边拉应力 $\qquad\qquad\qquad \sigma_2 = \dfrac{F_2}{A} \tag{12-8}$

式中：A 为 V 带的横截面积(mm^2)。

(2)弯曲应力。带绕在带轮上将会产生弯曲应力，其值为

小带轮应力 $\qquad\qquad\qquad \sigma_{b1} \approx \dfrac{Eh}{d_{d1}} \tag{12-9}$

大带轮应力 $\qquad\qquad\qquad \sigma_{b2} \approx \dfrac{Eh}{d_{d2}} \tag{12-10}$

式中：E 为带的弹性模量(MPa)；h 为带高度(mm)；d_{d1} 为小带轮的基准直径(mm)；d_{d2} 为大带轮的基准直径(mm)。

由式(12-9)和式(12-10)可知，当带的高度 h 越大、带轮基准直径 d_d 越小时，带的弯曲应力 σ_b 就越大。为了避免带的弯曲应力过大，带轮直径不能过小。所以，国家标准规定了 V 带轮的最小直径，如需要可查阅有关手册。

(3)离心应力 σ_c。带绕带轮作圆周运动时，由于离心力作用而在带的全长上产生离心拉应力，其值为

$$\sigma_c = \frac{qv^2}{A}(\mathrm{MPa}) \tag{12-11}$$

式中：q 为带单位长度的质量（kg/m）；A 为带的横截面面积（mm^2）；v 为皮带的速度（m/s）。

由图 12-6 可以看出，带中最大应力发生在带的紧边开始绕入小轮处（即 A_1 点），其值为

$$\sigma_{max} = \sigma_1 + \sigma_{b1} + \sigma_c (MPa) \tag{12-12}$$

当变应力循环一定次数后，带将疲劳破坏。

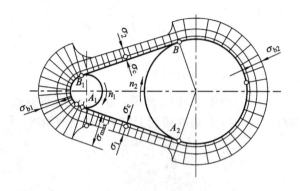

图 12-6　带工作时应力分布情况

3. 带的弹性滑动和打滑

皮带是弹性体。带传动时，由于紧边和松边的拉力不同，而两边的弹性变形就不同，运动速度 v_1 和 v_2 也就不同，如图 12-7 所示，显然，$v_1 > v_2$。可见，带在主动轮上绕行时，其速度由 v_1 降至 v_2，由于主动轮是等速转动，其线速度始终为 v_1，所以，皮带与主动轮产生了相对滑动。同理，皮带与从动轮面也发生了相对滑动，造成带速领先于从动轮。我们把由于皮带紧、松边的弹性变形不同而引起皮带在带轮面上滑动的现象称为弹性滑动。

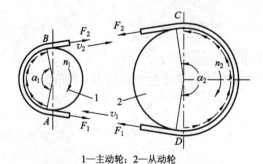

1—主动轮；2—从动轮

图 12-7　带传动的弹性滑动

一般说来，并不是在带与带轮的全部接触弧上都发生弹性滑动，只有当外载荷引起的有效拉力大于带与带轮接触弧上摩擦力总和的最大值时，带才在带轮的全部接触弧上发生显著的相对滑动，从动轮转速迅速下降甚至为零，使传动失效，这种现象称为带的打滑。

带的弹性滑动和打滑是两个完全不同的概念，前者是由于带轮两边拉力差及带的弹性变形而引起带的局部滑动，是带传动中不能避免的现象。而打滑则是因为过载而产生的带的全面滑动，是可以避免的。

第13章　齿　轮　传　动

13.1　齿轮传动的特点、类型及基本要求

1. 齿轮传动的特点

齿轮传动是依靠两轮轮齿之间直接接触的啮合传动，用以传递空间任意两轴间的运动和动力，其传递速度可达 300 m/s，传递的功率可以从一瓦到十几万千瓦，广泛应用于矿山、冶金、建筑、化工、起重运输等机械中，是现代机械中应用得最广泛的一种机械传动。与其他机械传动相比，齿轮传动具有以下特点：

（1）传动准确可靠。齿轮传动能保持传动比恒定不变，因而传动平稳，冲击、振动和噪声较小。又因齿轮传动是靠轮齿依次啮合来传递运动和动力，所以不会发生弹性滑动和打滑现象。

（2）传动效率高、工作寿命长。齿轮传动的机械效率可达 0.95～0.98，且能可靠连续地工作几年甚至几十年。

（3）结构紧凑、适用的功率和速度范围广。与其他传动相比，在传递功率相同的情况下，齿轮传动所占空间位置较小，而且齿轮传动所传递的功率和速度范围都较大。

（4）成本较高，不适宜两轴中心距过大的传动。齿轮的制造和安装精度要求较高，因而成本也较高。另外，当两轴中心距过大时，齿轮的径向尺寸会很大，或者齿轮的个数较多，致使结构庞大。这是齿轮传动的主要缺点。

2. 齿轮传动的类型

根据两齿轮相对运动的平面位置不同，把齿轮传动分为平面齿轮传动和空间齿轮传动两大类。

1）平面齿轮传动

平面齿轮传动的两齿轮轴线相互平行，常见的类型有：

（1）直齿圆柱齿轮传动（简称直齿轮传动）。直齿轮传动按其相对运动情况又可分为外啮合齿轮传动（如图 13 - 1(a)所示）、内啮合齿轮传动（如图 13 - 1(b)所示）和齿轮齿条传动（如图 13 - 1(c)所示）。

（2）斜齿圆柱齿轮传动（简称斜齿轮传动）。如图 13 - 1(d)所示，这种齿轮相对于轴线倾斜了一个螺旋角。斜齿轮传动按其两轮相对运动情况又可分为外啮合、内啮合及齿轮齿条传动三种。

（3）人字齿轮传动。这种齿轮的轮齿呈人字形，可以看成是由两个螺旋角大小相等、旋向相反的斜齿轮合并而成（如图 13 - 1(e)所示）。

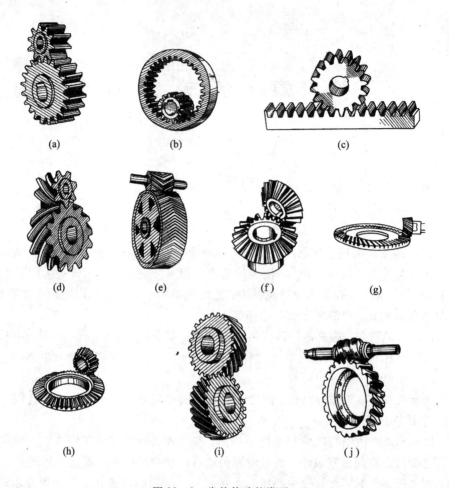

(a)　　　　　　　(b)　　　　　　　(c)

(d)　　　　(e)　　　　(f)　　　　(g)

(h)　　　　　(i)　　　　　(j)

图 13-1　齿轮传动的类型

2）空间齿轮传动

空间齿轮传动的两轮轴线不平行，按两轴线的相对位置可分为：

（1）圆锥齿轮传动。这种齿轮传动的两轮轴线相交，两轴间夹角通常为 90°（如图 13-1（f）所示）。锥齿轮又可分为直齿、斜齿和弧齿三种，其中直齿锥齿轮传动应用较普遍。

（2）交错轴斜齿轮传动。这种齿轮传动的两齿轮轴线在空间交错，既不平行也不相交（如图 13-1（i）所示）。

（3）蜗杆蜗轮传动。这种传动的两轴线在空间交错成 90°角（如图 13-1（j）所示）。

3. 齿轮传动的基本要求

在传递运动和动力的过程中，对齿轮传动提出了两个基本要求：

（1）传动准确、平稳。即要求齿轮在传动过程中的瞬时角速度之比恒定不变，以免发生噪声、振动和冲击。这与齿轮的齿廓形状、制造安装精度等有关。

（2）承载能力强、使用寿命长。即要求齿轮在传动过程中有足够的强度，能传递较大的动力，而且要有较长的使用寿命。这与齿轮的尺寸、材料和热处理工艺等有关。

为使齿轮传动满足传动准确平稳的要求，必须研究轮齿的齿廓形状、啮合原理、加工方法等问题；要使齿轮传动有足够的承载能力和较长的使用寿命，则必须研究轮齿的强度、材料、热处理方式及结构等问题。本章将围绕上述两方面问题进行分析讨论。

13.2　齿廓啮合的基本定律

对齿轮传动的基本要求之一，就是两个齿轮的瞬时角速度比(简称传动比)必须恒定不变。否则，当主动轮以等角速度回转时，从动轮的角速度为变量，就会产生惯性力。它不仅影响齿轮的寿命，而且还会引起机器的振动并产生噪声，影响其工作精度。齿廓啮合基本定律就是研究齿轮的齿廓曲线如何满足传动比恒定不变这个条件。

如图 13-2 所示，两齿廓 E_1、E_2 在任意点 K 接触，O_1、O_2 为两轮的固定轴心。现在过 K 点作两齿廓 E_1、E_2 的公法线 nn，它与两轮的连心线 O_1O_2 相交于 P 点。设齿轮 1 的角速度为 ω_1(顺时针回转)，齿轮 2 的角速度为 ω_2(逆时针回转)，则两齿廓在 K 点的线速度分别为：

$$v_{K1} = \omega_1 \times O_1K, \quad v_{K2} = \omega_2 \times O_2K$$

为保证两齿廓在啮合过程中始终保持接触，而不发生分离或相互嵌入，故速度 v_{K1} 和 v_{K2} 在公法线 nn 上的分速度必须相等，即

$$v_{K1} \cos\alpha_{K1} = v_{K2} \cos\alpha_{K2}$$

代入上述 v_{K1} 和 v_{K2} 式，得

$$\omega_1 O_1K \cos\alpha_{K1} = \omega_2 O_2K \cos\alpha_{K2}$$

故

$$i_{12} = \frac{\omega_1}{\omega_2} = \frac{O_2K \cos\alpha_{K2}}{O_1K \cos\alpha_{K1}}$$

再过两轮轴心 O_1 和 O_2 分别作公法线 nn 的垂线 O_1N_1 和 O_2N_2，交 nn 于 N_1 和 N_2 点，由图 13-2 可知 $\angle N_1O_1K = \alpha_{K1}$，$\angle N_2O_2K = \alpha_{K2}$，所以，有 $O_2K \cos\alpha_{K2} = O_2N_2$，$O_1K \cos\alpha_{K1} = O_1N_1$。又因为 $\triangle O_1N_1P \sim \triangle O_2N_2P$，所以

$$i_{12} = \frac{\omega_1}{\omega_2} = \frac{O_2N_2}{O_1N_1} = \frac{O_2P}{O_1P} \qquad (13-1)$$

上式表明：互相啮合传动的一对齿廓，在任一瞬时的传动比，必等于该瞬时两轮连心线被齿廓接触点公法线所分两线段长度的反比。这一规律就是齿廓啮合基本定律。

因 O_1O_2 为定长，要保证 $i_{12}=\omega_1/\omega_2$ 恒定不变，则要求 O_2P/O_1P 必须是常数。为使 O_2P/O_1P 等于常数，则 O_1O_2 段的分点 P 必须为一定点。由此可知，满足齿廓啮合基本定律的齿廓形状必须符合这一条件：不论两齿廓在哪一点接触，其接触点的公法线都与连心线交于一定点 P，该定点 P 称为节点。

令 $O_1P = r_1'$，$O_2P = r_2'$，以 r_1' 和 r_2' 为半径作的圆，称为节圆。可以证明，齿轮传动时，两节圆作纯滚动。两个齿轮轴心 O_1、O_2 间的距离称为中心距，以 a' 表示，$a'=r_1'+r_2'$。

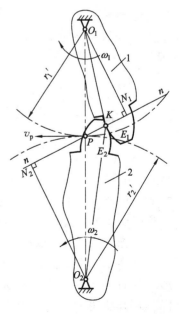

图 13-2　齿廓啮合基本定律

一对能满足齿廓啮合基本定律的齿廓曲线称为共轭齿廓。具有共轭齿廓的齿轮除了满足定传动比的要求外，还必须满足强度高、寿命长、制造安装方便、互换性好及传动效率高等要求。目前，常用的齿廓曲线有渐开线、摆线和圆弧线等，其中，渐开线齿廓易于制造，便于安装，应用最广。

13.3　渐开线齿廓

1. 渐开线的形成及其性质

当一直线在圆周上作纯滚动时，该直线上任一点的轨迹称为该圆的渐开线，这个圆称为基圆，该直线称为渐开线的发生线，如图 13-3 所示。渐开线齿轮轮齿的齿廓就是由同一基圆上产生的两条相反对称的渐开线组成的。

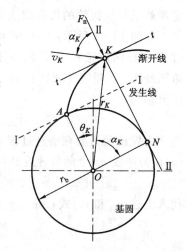

由渐开线的形成过程可知，渐开线具有下述特性：

（1）发生线沿基圆滚过的长度应等于基圆上被滚过的弧长，即

$$\overline{NK} = \overset{\frown}{NA}$$

（2）因发生线 NK 沿基圆作纯滚动，故它与基圆的切点 N 为渐开线上 K 点的曲率中心，线段 NK 是渐开线上 K 点的曲率半径，也是渐开线上 K 点的法线。由此可见，渐开线上各点的法线均与基圆相切，切于基圆的直线必为渐开线上一点的法线。

图 13-3　渐开线的形成

（3）渐开线齿廓上 K 点的法线（即为其受另一齿轮作用的正压力方向线）与齿廓上该点速度方向线所夹的锐角 α_K，称为渐开线齿廓在该点的压力角。由图 13-3 知，$\angle NOK$ 在数值上等于压力角，故

$$\cos\alpha_K = \frac{ON}{OK} = \frac{r_b}{r_K} \tag{13-2}$$

式中：r_b 为渐开线的基圆半径；r_K 为渐开线上 K 点的向径。

由式（13-2）可知，渐开线上各点压力角的大小是不同的，K 点离基圆圆心越远即 r_K 大，该点的压力角也愈大。当 $r_K = r_b$ 时，$\alpha_K = 0°$，说明渐开线中基圆上的压力角等于零度。

（4）渐开线的形状取决于基圆的大小。如图 13-4 所示，基圆愈小，渐开线愈弯曲；基圆愈大，渐开线愈平直。当基圆半径为无穷大时，其渐开线将成为垂直于 N_3K 的直线。齿条的渐开线齿廓就是这种直线齿廓。

（5）因渐开线是从基圆开始向外展开，所以基圆以内无渐开线。

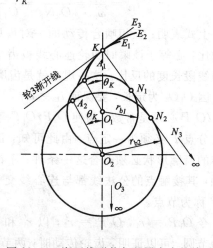

图 13-4　渐开线形状与基圆大小的关系

2. 渐开线齿廓满足齿廓啮合基本定律

一对相啮合的渐开线齿廓 E_1 和 E_2 在任意点 K 接触，如图 13-5 所示，过 K 点作两齿廓的公法线。根据渐开线的性质可知，该公法线即为两轮基圆的内公切线 $N_1 N_2$，与两轮的连心线 $O_1 O_2$ 交于 P 点。因为啮合点 K 是任意点，如在图中点 K' 啮合时，过 K' 点作齿廓的公法线也是两基圆的公切线，由于齿轮在传动过程中，两基圆的大小、位置都是固定不变的，而过两定圆在同一方向只能作出唯一的内公切线，所以，$N_1 N_2$ 与定直线 $O_1 O_2$ 必相交于定点 P，因此渐开线齿廓满足齿廓啮合基本定律。

3. 渐开线齿廓啮合的特点

（1）啮合线为不变的直线。当齿轮传动时，其

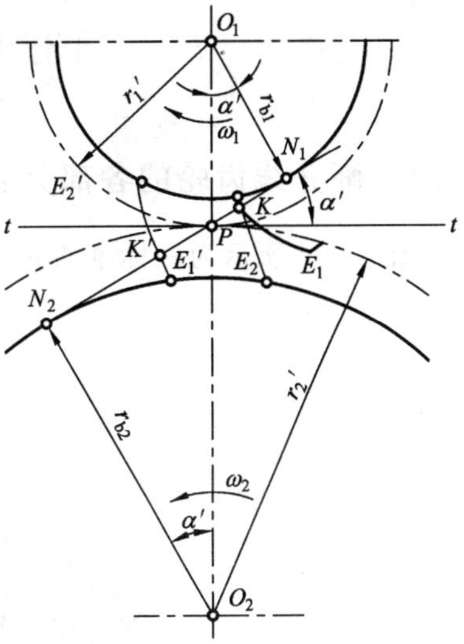

图 13-5　渐开线齿廓的啮合

齿廓接触点相对于与机架固连的坐标系所走过的轨迹称为啮合线。由渐开线的性质可知，渐开线齿廓啮合点的公法线必与基圆相切，因此一对渐开线齿廓在任意一点啮合时，其啮合点必在两基圆的内公切线上。因此，两基圆的内公切线就是两渐开线齿廓在啮合过程中啮合点的轨迹，称为理论啮合线。

（2）传力方向不变。如上所述，齿轮在啮合过程中，啮合线是一条不变的直线。当不考虑摩擦时，两齿廓的正压力方向，必为过接触点的公法线方向，即啮合线方向。因为啮合线的位置固定不变，所以，两渐开线齿廓无论在任何位置啮合，其齿廓间的正压力方向（即传力方向）也始终不变。若齿轮传递的扭矩一定时，其压力的大小也不变，这对齿轮传动的平稳性是非常有利的。

如图 13-5 所示，啮合线 $N_1 N_2$ 与两节圆的内公切线 $t\,t$ 间所夹的锐角 α'，称为啮合角。显然，啮合角在数值上等于渐开线在节圆处的压力角。在传动过程中，由于啮合线位置不变，故啮合角为常数，即

$$\cos\alpha' = \frac{r_{b1}}{r_1} = \frac{r_{b2}}{r_2} \tag{13-3}$$

（3）渐开线齿轮中心距具有可分性。由图 13-5 可知，$\triangle O_1 N_1 P \sim \triangle O_2 N_2 P$，所以有：

$$\frac{O_2 P}{O_1 P} = \frac{O_2 N_2}{O_1 N_1} = \frac{r_{b2}}{r_{b1}}$$

因此，式（13-1）可写成

$$i_{12} = \frac{\omega_1}{\omega_2} = \frac{r_2'}{r_1'} = \frac{r_{b2}}{r_{b1}} \tag{13-4}$$

上式表明渐开线齿轮的传动比又等于两基圆半径的反比。当两个齿轮加工完成之后，两轮基圆半径便已确定，当中心距稍为改变时，传动比仍保持不变。这一特点对渐开线齿轮的加工和装配是十分有利的。渐开线齿轮啮合传动的这一特点，称渐开线齿轮的可分性，也可称为中心距的可分性。但应注意啮合角和节圆半径却随中心距的变化而改变。

13.4　渐开线直齿轮

13.4.1　渐开线齿轮的各部分名称及符号

如图 13-6 所示为一标准直齿圆柱齿轮的一部分，渐开线齿轮各部分的名称及符号如下。

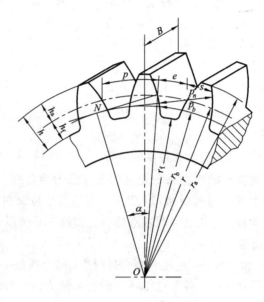

图 13-6　直齿圆柱齿轮(部分)

1. 齿顶圆、齿根圆

齿轮齿顶圆柱面与端平面(垂直于齿轮轴线的平面)的交线，称为齿顶圆，其直径和半径分别以 d_a 和 r_a 表示。齿轮齿根圆柱面与端平面的交线，称为齿根圆，其直径和半径分别以 d_f 和 r_f 表示。

2. 齿厚、齿槽宽和齿距

一个轮齿的两侧端面齿廓之间的任意圆弧长，称为在该圆上的齿厚，用 s_K 表示。一个齿槽的两侧端面齿廓之间的任意圆弧长，称为在该圆上的齿槽宽，用 e_K 表示。两相邻而同侧端面齿廓之间的任意圆弧长，称为在该圆上的齿距(周节)，用 p_K 表示。三者关系如下：

$$p_K = s_K + e_K \tag{13-5}$$

在直径为 d_K 的任意圆柱面上，$zp_K = \pi d_K$，其中 z 为齿轮的齿数，因而 $d_K = zp_K/\pi$。其中，比值 p_K/π 包含有无理数 π，在不同直径的圆周上，比值 p_K/π 也不相同，且齿廓各点压力角也不相等，这给计算、制造和测量带来不便。因此，人为地把齿轮某一圆周上的比值 p_K/π 规定为标准值(整数或有理数)，并使该圆上的压力角也为标准值，这个假想的圆称为分度圆，其直径和半径分别用 d 和 r 表示。规定分度圆上的齿厚、齿槽宽、齿距、压力角等的符号一律不加脚标，如 s、e、p、α 等，如图 13-6 所示。凡是分度圆上的参数都直接称之为齿厚、齿距、模数、压力角等，而其他圆上的参数都必须指明是哪个圆上的参数，如齿根圆上齿厚(表示为 s_f),齿顶圆压力角(表示为 α_a)等。

3. 齿顶高、齿根高、齿高

齿顶圆与分度圆之间的径向距离,称为齿顶高,用 h_a 表示。齿根圆与分度圆之间的径向距离,称为齿根高,用 h_f 表示。齿顶与齿根圆之间的径向距离,称为齿高,用 h 表示。显然

$$h = h_a + h_f \tag{13-6}$$

4. 齿宽

图 13-6 中的 B 称为齿宽,其大小的确定将在后面章节中讨论。

13.4.2　渐开线齿轮的基本参数及几何尺寸

1. 模数

人为地把分度圆上齿距 p 与无理数 π 的比值 p/π 规定为标准值,叫做齿轮的模数,用 m 表示,其单位为 mm。即

$$m = \frac{p}{\pi} \text{ 或 } p = \pi m \tag{13-7}$$

于是得到分度圆直径 d 的计算公式,即

$$d = mz \tag{13-8}$$

模数是齿轮几何尺寸计算的基础。由式(13-7)可知,模数越大,轮齿的尺寸也越大,弯曲能力越高。为了便于计算、加工、检验和互换,我国已规定了标准模数系列,见表 13-1。

表 13-1　渐开线圆柱齿轮模数

第一系列 (mm)	0.1, 0.12, 0.15, 0.2, 0.25, 0.3, 0.4, 0.5, 0.6, 0.8, 1, 1.25, 1.5, 2, 2.5, 3, 4, 5, 6, 8, 10, 12, 16, 20, 25, 32, 40, 50
第二系列 (mm)	0.35, 0.7, 0.9, 1.75, 2.25, 2.75, 3.5, 4.5, 5.5, 7, 9, 14, 18, 22, 28, 36, 45

注:① 选用模数时应优先采用第一系列,其次是第二系列;
　　② 本表适用于渐开线圆柱齿轮,对斜齿轮是指法面模数。

2. 压力角

我们常说的齿轮压力角,是指渐开线齿廓在分度圆处压力角,简称为压力角,用 α 表示。考虑到制造、互换及承载能力等诸多因素,我国规定:分度圆处的压力角为标准压力角,其标准值为 $\alpha = 20°$。

至此可以给分度圆下一个确切的定义:具有标准模数和标准压力角的圆就是分度圆,每个齿轮只有一个分度圆。

3. 齿顶高系数

为了用模数的倍数来表示齿顶高的大小,引入了齿顶高系数 h_a^*,于是

$$h_a = h_a^* m \tag{13-9}$$

式中:正常齿 $h_a^* = 1$;短齿 $h_a^* = 0.8$。

4. 标准顶隙系数

当一对齿轮互相啮合时，一个齿轮的齿顶与另一个齿轮齿槽底部之间必须留有间隙，以保证传动过程中不发生干涉，同时也为了储存润滑油来润滑工作齿面。一个齿轮齿顶与另一个齿轮齿根之间在连心线上的径向距离，称为顶隙，用 c 表示，其值为

$$c = c^* m \tag{13-10}$$

式中：c^* 为标准顶隙系数，正常齿 $c^* = 0.25$；短齿 $c^* = 0.3$。

由此可得到计算齿根高的公式

$$h_f = h_a + c = (h_a^* + c^*)m \tag{13-11}$$

5. 齿数

齿数不但影响齿轮的几何尺寸，而且也影响齿廓曲线的形状。由式 $\cos\alpha_K = r_b/r_K$ 可知 $r_b = r\cos\alpha$，即 $d_b = d\cos\alpha = mz\cos\alpha$。当 m、α 不变时，z 越大 d_b 越大（基圆越大），渐开线越平直。

综上所述，m、α、h_a^*、c^* 和 z 是渐开线齿轮几何尺寸计算的五个基本参数。m、α、h_a^*、c^* 均为标准值且 $s = e$ 的齿轮，称为标准齿轮。

13.4.3 标准直齿圆柱齿轮几何尺寸计算

标准直齿圆柱齿轮几何尺寸的计算公式归纳在表 13-2 中。

表 13-2 标准直齿圆柱齿轮几何尺寸的计算公式

名 称	符号	公 式	名 称	符号	公 式
模数	m	根据齿轮轮齿的强度计算后取标准值确定	齿距	p	$p = \pi m$
			齿厚	s	$s = \pi m/2$
压力角	α	$\alpha = 20°$	齿槽宽	e	$e = \pi m/2$
分度圆直径	d	$d_1 = mz_1$；$d_2 = mz_2$	顶隙	c	$c = c^* m$
基圆直径	d_b	$d_{b1} = d_1\cos\alpha$；$d_{b2} = d_2\cos\alpha$	齿顶圆直径	d_a	$d_a = d \pm 2h_a = m(z \pm 2h_a^*)$
齿顶高	h_a	$h_a = h_a^* m$	齿根圆直径	d_f	$d_f = d \mp 2h_f = m(z \mp 2h_a^* \mp 2c^*)$
齿根高	h_f	$h_f = (h_a^* + c^*)m$	标准中心距	a	$a = \dfrac{d_2 \pm d_1}{2} = \dfrac{m(z_2 \pm z_1)}{2}$
齿高	h	$h = h_a + h_f = (2h_a^* + c^*)m$			

注：同一式中有上下运算符号者，上面符号用于外啮合或外齿轮，下面符号用于内啮合或内齿轮。

13.5 渐开线标准直齿圆柱齿轮的啮合传动

虽然渐开线齿廓在传动中能实现定传动比传动这个要求，但是齿轮传动是靠多对轮齿依次啮合来实现的。这多对轮齿必须满足什么条件，才能保证传动时每对轮齿都能正确地依次啮合？另外必须满足什么条件，才能保证齿轮传动能够连续进行？这些都是关系到渐开线齿轮传动性能的关键问题。

1. 正确啮合条件

要使两轮相邻轮齿的两对同侧齿廓能同时在啮合线上正确地进行啮合，如图 13-7 所

示，前对齿在 a_1 接触，而后对齿在 a_2 接触。显然，两轮相邻轮齿同侧齿廓间的法线距离（称为法向齿距，以 p_n 表示）必须相等，即

$$p_{n1} = p_{n2}$$

否则，前对齿在 a_1 啮合时，后对齿不是相互嵌入，就是相互脱离，均不能正确啮合。又根据渐开线的特性可知，同一齿轮上的法向齿距等于基圆齿距。所以，欲使一对齿轮能够正确啮合，则必有 $p_{b1} = p_{b2}$，经过推导得

$$m_1 = m_2 = m$$
$$\alpha_1 = \alpha_2 = \alpha \qquad (13-12)$$

综上所述，一对渐开线齿轮的正确啮合条件是：两轮的模数和压力角必须分别相等。

2. 连续传动条件

如图 13-8(a)所示为一对渐开线齿轮正确啮合的情形。主动轮 1 以角速度 ω_1 顺时针回转，推动从动轮 2 以角速度 ω_2 逆时针回转，因为两轮齿相啮合只能在

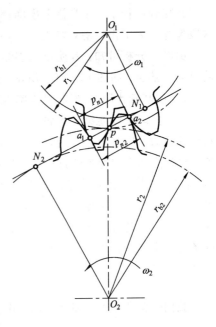

图 13-7　正确啮合条件

啮合线上进行，所以，开始啮合时主动轮的齿根部分的某点与从动轮的齿顶接触，故从动轮齿顶圆与啮合线 N_1N_2 的交点 B_2 为一对轮齿进入啮合的起始点。随着传动的进行，啮合点沿啮合线移动，主动轮齿廓上的接触点由齿根移向齿顶，而从动轮则是由齿顶移向齿根。因此，主动轮的齿顶圆与啮合线 N_1N_2 的交点 B_1 为啮合的终止点。我们把啮合点走过的实际轨迹 B_1B_2 称为实际啮合线，随着齿顶圆的加大，B_1B_2 将移近 N_1N_2，但因基圆内无渐开线，故 N_1N_2 是理论上最长的啮合线段，称为理论啮合线，N_2、N_1 点则称为啮合极限点。

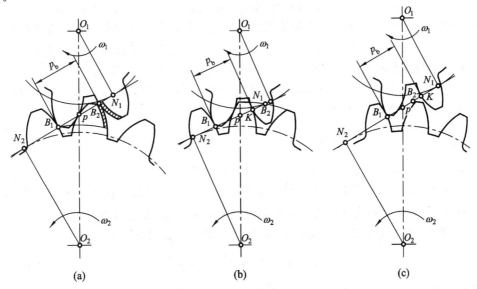

(a)　　　　　　　　　(b)　　　　　　　　　(c)

图 13-8　轮齿啮合过程

在啮合过程中，并非整个齿廓都参与啮合，而是从齿顶到齿根的一段齿廓参与啮合，这段齿廓称为工作齿廓，如图 13-8(a)中阴影部分所示。

由以上分析可知，若使传动连续进行，必须是当前一对齿尚未脱离啮合时，后一对齿就已进入啮合。如图 13-8(a)所示，此时 $B_1B_2=p_b$，即实际啮合的线段长度等于齿轮的法向齿矩（或基圆齿距），当前对齿啮合点到达 B_1 点，将要脱离啮合时，后对齿刚好在 B_2 进入啮合，传动刚好连续。若如图 13-8(b)所示，此时 $B_1B_2>p_b$，可见当前对齿啮合到 B_1 将要脱离时，后对齿正在啮合线上 K 点啮合，即从 B_2 点到 K 点已经啮合了 B_2K 一段距离，这时传动不但能连续进行，而且还有一段时间为两对齿同时啮合。若如图 13-8(c)所示，此时 $B_1B_2<p_b$，尽管两轮基圆齿距相等，但当前对齿啮合到 B_1 即将脱离时，后对齿尚未进入啮合，致使传动不能连续进行，定传动比传动将会无法实现。所以，为了保证齿轮能够平稳地连续进行传动，必须满足：两轮实际啮合线段大于或等于齿轮的基圆齿距 p_b 的条件，即

$$B_1B_2 \geqslant p_b \quad \text{或} \quad \frac{B_1B_2}{p_b} \geqslant 1$$

我们通常用 ε 表示 B_1B_2/p_b，并称之为重合度，这时齿轮连续传动的条件可表示为

$$\varepsilon = \frac{B_1B_2}{p_b} \geqslant 1 \tag{13-13}$$

重合度是齿轮传动的重要指标之一，重合度越大，说明同时啮合的轮齿对数越多，传动越平稳且连续性越好，承载能力也较高。

综上所述，要保证一对齿轮正确啮合及连续传动的条件，除了要求两轮基圆齿距相等外，还要求 ε≥1。

3. 标准中心距

当一对齿轮传动时，一个齿轮节圆上的齿槽宽 e' 与另一齿轮节圆上的齿厚 s' 之差，即 $(e_2'-s_1')$、$(e_1'-s_2')$ 称为齿侧间隙，简称侧隙。侧隙有利于齿面润滑，可补偿加工与装配误差、轮齿的热澎胀和热变形等。由于齿侧间隙实际上很小，通常靠公差来控制，所以，在计算齿轮几何尺寸时都不考虑，即认为是无侧隙啮合。由表 13-2 可知，标准直齿圆柱齿轮的 $s_1=e_1=s_2=e_2$，可以无侧隙安装，此时两轮的分度圆相切，节圆与其各自的分度圆相重合，这种安装称为标准安装。标准安装时的中心距称为标准中心距，以 a 表示。由于中心距等于两齿轮节圆半径之和，而标准安装时分度圆与节圆重合，所以标准安装时的中心距也可表示为两轮分度圆半径之和，即

$$a = a' = r_1 + r_2 = \frac{m(z_1+z_2)}{2} \tag{13-14}$$

实际上由于制造、安装、磨损等原因，往往使得两轮的实际中心距 a' 与标准中心距 a 不一致。但渐开线齿轮具有可分性，所以不会影响定传动比传动，这时分度圆与节圆并不重合。若 $a'>a$ 时，节圆大于分度圆，啮合角也大于压力角；反之亦然。

对内啮合圆柱齿轮传动，当标准安装时，其标准中心距计算公式为

$$a = r_2 - r_1 = \frac{m(z_2-z_1)}{2} \tag{13-15}$$

由此可知：节圆、啮合角是一对齿轮传动时才存在的参数，单个齿轮没有节圆和啮合

角。而分度圆、压刀角则是单个齿轮所固有的几何参数,无论啮合传动与否,都不影响它们的独立存在。只有当标准安装时,分度圆与节圆才重合,压力角才等于啮合角。

13.6　渐开线齿轮的加工原理和根切现象

13.6.1　切制齿廓的基本原理

渐开线齿轮的加工方法较多,有铸造、模锻、热轧、冲压、切削加工等,目前,以切削加工方法应用最为广泛。按其加工原理的不同,渐开线齿轮的加工方法可分为仿形法与范成法两大类。

1. 仿形法

仿形法是在普通铣床上使用成形刀具将齿轮轮坯逐一铣削出齿槽而形成齿廓。这类刀具的刀刃形状和被切齿轮的齿槽形状相同,常用的成形刀具有盘形铣刀和指状铣刀,如图 13-9 所示。铣齿时,铣刀绕自身轴线转动,轮坯沿自身轴线进给,切出一个齿槽后把轮坯旋转 $2\pi/z$ 度,再铣下一个齿槽,直至将所有齿槽全部切制出来。

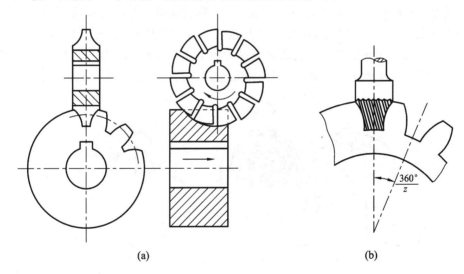

(a)　　　　　　　　　　　　(b)

图 13-9　仿形法切齿

(a) 盘形铣刀;(b) 指状铣刀

由于渐开线齿廓形状取决于基圆大小,而 $r = mz\cos\alpha/2$,故其齿廓形状与齿轮的模数、压力角、齿数都有关。当用仿形法加工齿轮时,对每一种模数和齿数的齿轮就需配一把铣刀,这是不经济、不现实的。所以,在实际生产中,为减少刀具,对于同一模数和标准压力角的铣刀,一般采用 8 把(或 15 把)为一套。每把铣刀铣制一定范围齿数的齿轮,以适应加工不同齿数齿轮的需要,如表 13-3 所示。

表 13-3　每号铣刀切制齿轮的齿数范围

刀号	1	2	3	4	5	6	7	8
齿数范围	12、13	14～16	17～20	21～25	26～34	35～54	55～134	≥135

由于用一把铣刀加工几种齿数的齿轮，其齿轮的齿廓是有一定误差的。因此，用仿形法加工的齿轮精度较低，又因切齿不能连续进行，故生产率低，不宜用于成批生产。但因不需要专用机床，所以适用于修配和小批量生产。

2. 范成法

当大批量生产、要求齿轮精度较高时，常采用范成法（又称包络法或展成法）加工齿轮。这种方法是利用一对齿轮（或齿轮与齿条）相互啮合时，两轮的共轭齿廓曲线互为包络线的原理来切齿的。所以，将其中的一个齿轮（或齿条）制成刀具，加工时，除了切削和让刀运动外，刀具与齿轮轮坯之间的运动与一对互相啮合的齿轮运动完全相同。这样，刀具便切削出与其共轭的渐开线齿廓。

由齿轮传动的正确啮合条件可知，被切齿轮的模数和压力角必与切齿刀具的模数和压力角相同。又由 $i_{12} = \omega_1/\omega_2 = z_2/z_1$ 可知，刀具的齿数 z 是一定的，因此只要改变 i_{12} 就可得到不同齿数的齿轮。即用范成法加工齿轮时，可用同一把刀具加工出模数、压力角相同的各种齿数的齿轮。

用范成法加工齿轮时，常用的刀具有三种：

（1）齿轮插刀。这种刀具是一个具有切削刃的渐开线外齿轮，如图 13-10(a)所示。插齿时，插刀与轮坯按定传动比 $n_刀/n_坯 = z_坯/z_刀$ 作回转运动，即范成运动。同时，插刀沿轴线方向作往复运动，即切削运动，使刀刃切削齿轮坯。因此，用这种方法加工出来的齿轮轮廓为插刀刀刃在轮坯上的一系列依次位置的包络线，如图 13-10(b)所示。在实际加工时，还需有径向运动和让刀运动，当径向进给全部达到一个齿高时，切齿即告完成。

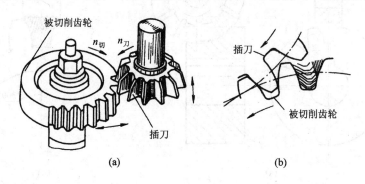

图 13-10　齿轮插刀插齿

（2）齿条插刀。当齿轮插刀的齿数增加到无穷多时，其基圆半径也增至无穷大，渐开线齿廓变成直线齿廓，齿轮插刀就变成齿条插刀。如图 13-11 所示为用齿条插刀切制齿轮的情形，其加工原理与齿轮插刀切削齿轮坯的原理相同，只是齿条插刀的运动为直线运动，其移动速度 v_1 与轮坯角速度 ω_2 间的关系为 $v_1 = r_2\omega_2 = mz_2\omega_2/2$（由机床提供）。齿条插刀不能加工内齿轮。

（3）齿轮滚刀。用上述两种刀具进行插齿加工都是间断切削，生产率较低，因而在生产中更广泛地采用齿轮滚刀来加工齿轮。如图 13-12 所示是用齿轮滚刀切制齿轮的情形。齿轮滚刀相当于按螺旋线方向排列的多个齿条，也就是说在其轴向剖面内具有齿条的直线齿廓（刀刃）。当齿轮滚刀转动时，相当于一个齿条连续地向一个方向移动，所以切削过程是连续的，提高了生产率。这种方式适用于大批量生产，但也不能加工内齿轮。

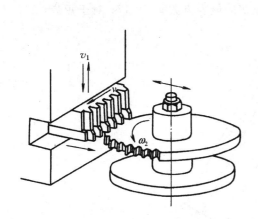

图 13 - 11　用齿条插刀切制齿轮

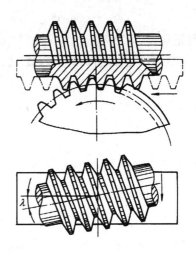

图 13 - 12　用齿轮滚刀切制齿轮

13.6.2　渐开线齿轮的根切现象和最少齿数

用范成法加工齿数较少的齿轮，当刀具的齿顶线与啮合线的交点超过了啮合极点 N_1 时，如图 13 - 13 所示，会出现轮齿根部的渐开线齿廓被切掉一部分的现象，这种现象称为根切。严重的根切，不仅削弱轮齿的弯曲强度，也将减小齿轮传动的重合度，应设法避免。

下面以齿条刀具加工渐开线齿轮为例，说明不产生根切的参数关系。

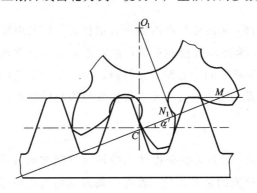

图 13 - 13　根切现象

如图 13 - 14 所示，若不产生根切，须使刀具的齿顶线不超过啮合极限点 N_1。但当刀具模数一定时，其齿顶高 $h_a = h_a^* m$ 为定值，即齿顶线位置固定，欲使其不超过 N_1，就应设法提高 N_1 的位置。由图可知，N_1 的位置是由被切齿轮的基圆半径决定的，基圆半径越大，N_1 位置越高，就越不易产生根切；反之，基圆半径越小，越易产生根切。当 m、α 确定后基圆半径 r 与齿数 z 成正比，故齿数越少越易产生根切。在图 13 - 14 中，不出现根切的几何条件是 $CB_2 \leqslant CN_1$，即

$$\frac{h_a^* m}{\sin\alpha} \leqslant \frac{mz}{2} \sin\alpha$$

经过推导整理得

$$z_{min} = \frac{2h_a^*}{\sin^2\alpha} \qquad (13-16)$$

对正常齿，$h_a^*=1$，$\alpha=20°$，所以不产生根切的最少齿数 $z_{min}=17$；对于短齿，$h_a^*=0.8$，$\alpha=20°$，不产生根切的最少齿数 $z_{min}=14$。

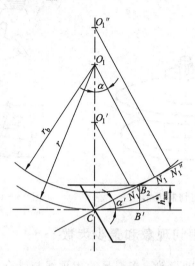

图 13-14　根切的参数关系

13.7　渐开线变位齿轮概述

随着工业生产的发展，对齿轮传动的要求日益提高，只采用标准齿轮已不能满足一些特殊的使用要求。例如，为减轻机器的重量，在尺寸和结构上需要采用齿数小于 z_{min} 的齿轮；有些齿轮传动要满足特定的中心距；在材料、传动尺寸不变的条件下，需尽可能地改善和提高齿轮传动的承载能力等。这些要求促使变位齿轮的应用日趋广泛。

13.7.1　变位齿轮

如图 13-15(a)所示，若刀具的分度线与轮坯分度圆相切并作纯滚动，便可切制出在分度圆上的齿厚等于齿槽宽的标准齿轮。若将齿条刀具相对轮坯移动一段距离 xm 切制轮坯，xm 称为变位值，x 称为变位系数，此时轮坯分度圆不再与刀具分度线相切。这种刀具移位的加工方法，称为变位修正法，用变位修正法切制出来的齿轮，称为变位齿轮。如果刀具向远离轮坯方向移动，称为正变位($x>0$)，如图 13-15(b)所示。如果刀具向靠近轮坯方向移动，则称为负变位($x<0$)，如图 13-15(c)所示。齿条刀具中与分度线相平行的任一直线上的齿距、模数和压力角都与刀具分度线上的数值相同且均为标准值。$r=mz\cos\alpha/2$ 齿轮的基圆也不会改变，即变位齿轮与标准齿轮的齿廓是同一条渐开线，只是所取部位不同而已。

由变位切齿原理可知，切制变位齿轮与切齿标准齿轮比较，只是刀具位置的变化，并没有改变切齿机床的相对运动关系，所以，无需重新设计齿轮加工机床与刀具。这为变位齿轮的制造提供了极大的方便，使变位齿轮传动得以广泛应用。

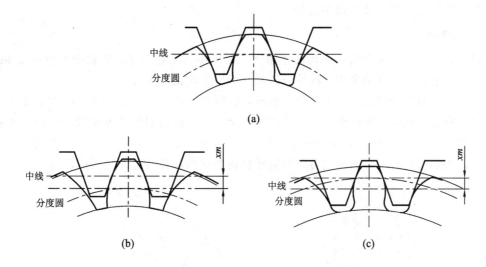

图 13 - 15　标准齿轮与变位齿轮比较

正变位轮齿根部厚度增加，齿廓曲率半径增大，有利于提高齿轮强度，因此使用较多。但轮齿顶部齿厚变薄，要防止正变位时齿顶变尖；负变位时增加了轮齿发生根切的机会，故要防止负变位产生根切。

13.7.2　变位齿轮传动

变位齿轮传动分为高度变位齿轮传动和角度变位齿轮传动两大类。

1. 高度变位齿轮传动

两齿轮变位系数之和为零（$x_1 + x_2 = 0$）的传动，称为高度变位齿轮传动。一般小齿轮采用正变位 $x_1 > 0$；大齿轮采用负变位 $x_2 < 0$。变位后 h_{a1} 增大而 h_{f1} 减小，h_{a2} 减小而 h_{f2} 增大，即齿顶高和齿根高均发生变化（但全齿高不变）。

高度变位后的齿轮分度圆仍相切，节圆与分度圆相重合。变位后的中心距 a' 仍等于标准中心距 a，啮合角 α' 等于分度圆压力角 α。

2. 角度变位齿轮传动

当变位后两齿轮的实际中心距 $a' \neq a$ 且 $x_1 + x_2 \neq 0$ 时，这种传动与标准齿轮传动相比，啮合角发生了变化，所以称角度变位。角度变位分为两种情况：

（1）当 $x_1 + x_2 > 0$ 时，称为正传动。其中，$a' > a$，$\alpha' > \alpha$，因此，只要恰当地选择变位系数，就可以得到所需的中心距，这就是配凑中心距的方法。

（2）当 $x_1 + x_2 < 0$ 时，称为负传动。其中，$a' < a$，$\alpha' < \alpha$，负传动缺点较多，一般只在特殊情况下配凑中心距才被采用。

13.8　齿轮传动的失效形式和计算准则

13.8.1　齿轮传动的失效形式

齿轮传动是由轮齿来传递运动和动力的，其失效形式一般是指传动齿轮轮齿的失效。

齿轮轮齿的失效形式主要有以下五种。

1. 轮齿折断

当一对轮齿进入啮合时，在载荷作用下，轮齿相当于悬臂梁，齿根处弯曲应力最大，而且在齿根过渡处有应力集中，故轮齿折断一般发生在齿根部分。

轮齿折断有两种情况：一种是疲劳折断，它是由于轮齿齿根部分受到较大交变弯曲应力的多次重复作用，在齿根受拉的一侧产生疲劳裂纹，随着裂纹不断扩展，最后导致轮齿折断，如图 13-16(a)所示，另一种是过载折断，即轮齿受到短时严重过载或冲击载荷的作用引起的突然折断，用淬火钢或铸铁等脆性材料制造的齿轮容易发生过载折断。

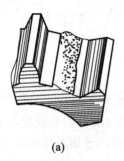
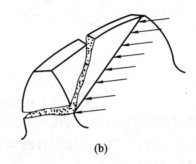

(a)　　　　　　　　　　　　　　(b)

图 13-16　轮齿折断

齿宽较小的直齿圆柱齿轮往往会产生全齿折断。齿宽较大的直齿圆柱齿轮，由于制造安装的误差，使其局部受载过大时，则产生局部折断。对于斜齿圆柱齿轮，由于齿面接触线倾斜的缘故，其轮齿通常也产生局部折断，如图 13-16(b)所示。

2. 齿面疲劳点蚀

轮齿工作时，两齿面在理论上是线接触，但由于齿面的弹性变形，实际上形成微小的接触面积，其表层的局部应力很大，此应力称为接触应力。在传动过程中，齿面上各点依次进入和退出啮合，接触应力按脉动循环变化。当齿面的接触应力超过材料的接触疲劳强度极限时，在载荷多次重复作用下，首先在靠近节线的齿根表面处产生微小的疲劳裂纹，随着裂纹扩展，最后导致齿面金属小块剥落下来，形成一些小麻坑，这种现象称为

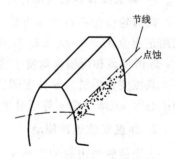

图 13-17　齿面疲劳点蚀

疲劳点蚀，又称点蚀，如图 13-17 所示。点蚀发生后，破坏了齿轮的正常工作，从而引起振动和噪声。

3. 齿面胶合

在高速重载的齿轮传动中，常因啮合处的高压接触使温升过高，破坏了齿面的润滑油膜，造成润滑失效，使两齿轮齿面金属直接接触，导致局部金属粘结在一起。随着传动过程的继续，较硬金属齿面将较软的金属表面沿滑动方向撕划出沟，这种现象称为齿面胶合，如图 13-18 所示。在低速重载情况下，由于油膜不易形成，也可能发

图 13-18　齿面胶合

生胶合。

4. 齿面磨损

齿轮在啮合过程中，由于齿面间有相对滑动，故在载荷作用下，必然会产生磨损，严重的磨损将使齿面失去渐开线形状，齿侧间隙增大，齿根厚度减小从而产生冲击和噪声，甚至发生轮齿折断。齿面磨损是开式传动不可避免的一种失效形式。在闭式传动中，降低表面粗糙度和保护良好的润滑，可以避免或减轻磨损。

5. 齿面塑性变形

在重载作用下，轮齿材料屈服产生塑性流动而使齿面或齿体发生塑性变形，导致齿面失去正确的齿形而失效，这种失效形式发生在低速、启动及过载频繁的传动中，如图 13-19 所示。

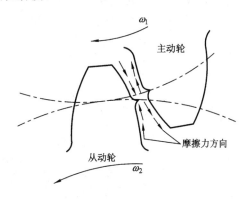

图 13-19　齿面塑性变形

13.8.2　齿轮传动的设计计算准则

在上述各种失效形式中，因磨损和塑性变形等尚无成熟的计算方法，故工程上通常只按齿面接触疲劳强度和齿根弯曲疲劳强度进行设计计算。

齿轮传动的一般设计计算准则如下：

1. 闭式传动

当一对或其中一个齿轮齿面为软齿面（硬度≤350 HBS）时，常因点蚀而失效，故通常先按接触疲劳强度设计几何尺寸，然后用弯曲疲劳强度校核其承载能力。当一对齿轮均为硬齿面（硬度＞350 HBS）时，常因轮齿折断而失效，故通常先按齿根弯曲疲劳强度设计几何尺寸，然后用齿面接触疲劳强度校核其承载能力。

2. 开式传动

对于开式齿轮传动，因主要失效形式是磨损，但目前尚无完善的计算方法，且齿轮传动常因磨损而使齿根减薄，导致轮齿折断，故仅以齿根弯曲疲劳强度设计几何尺寸，并将所得模数加大 10%～20%。以考虑磨损的影响，不必进行齿面接触疲劳强度计算。

13.9　直齿圆柱齿轮传动的强度计算

13.9.1　受力分析

在对齿轮进行强度计算，以及设计轴和轴承等轴系零件时，都要对齿轮传动进行受力分析。

如图 13-20 所示为一对标准安装的标准齿轮传动，如果略去齿面间的摩擦力，则在啮合平面内的总压力就是法向力 F_n。F_n 方向与啮合线相重合，可分解成切于分度圆的圆周力 F_t 和沿半径方向的径向力 F_r，F_t 和 F_r 互相垂直，由力矩平衡条件得

圆周力 $\qquad F_t = \dfrac{2000\,T_1}{d_1}$ （13-17）

径向力 $\qquad F_r = F_t \tan\alpha$ （13-18）

法向力 $\qquad F_n = \dfrac{F_t}{\cos\alpha}$ （13-19）

式中：T 为小齿轮上传递的名义转矩；d 为小齿轮分度圆直径；α 为分度圆压力角。

圆周力的方向在主动轮上与运动方向相反，在从动轮上与运动方向相同。径向力的方向对于两轮都是指向各自轮心（如图 13-20 所示）。

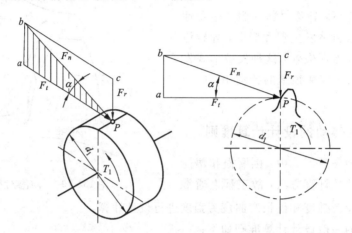

图 13-20　齿轮受力分析

13.9.2　计算载荷

上节齿轮轮齿受力分析中的法向力 F_n 是作用在轮齿上的理想情况下的载荷，称为名义载荷。当齿轮在实际状况下工作时，由于原动机和工作机的载荷特性不同，产生附加动载荷。齿轮、轴和支承装置加工、安装误差及受载后产生的弹性变形，使载荷沿齿宽分布不均匀造成载荷集中等原因，使实际载荷比名义载荷大。因此，在计算齿轮传动的强度时，需引用载荷系数 K 来考虑上述各种因素的影响，以 KF_n 代替名义载荷 F_n，使之尽可能符合作用在轮齿上的实际载荷。KF_n 称为计算载荷，用符号 F_{nc} 表示，即

$$F_{nc} = KF_n \qquad (13-20)$$

13.9.3　直齿圆柱齿轮传动的强度计算

1. 齿面接触疲劳强度计算

轮齿表面疲劳点蚀与齿面接触应力大小有关，而点蚀现象多发生在节点附近。根据弹性力学中的赫兹公式，可以得到齿面接触疲劳强度的校核公式及设计公式为

校核公式 $\qquad \sigma_H = Z_E Z_H \sqrt{\dfrac{2KT_1(u\pm1)}{bd_1^2 u}} \leqslant [\sigma_H]$ （13-21）

设计公式 $\qquad d_1 \geqslant \sqrt[3]{\dfrac{2KT_1(u\pm1)}{\phi_d u}\left[\dfrac{Z_E Z_H}{[\sigma_H]}\right]^2}$ （13-22）

式中：σ_H 为齿面节点附近接触应力；Z_E 为材料弹性系数，与齿轮材料的弹性模量和泊松

比有关；Z_H 为节点区域系数，与节点处齿面形状有关；K 为载荷系数，如需要可查阅有关资料；T_1 为小齿轮传递的名义转矩；u 为齿数比，$u = z_2/z_1$；ϕ_d 为齿宽系数，$\phi_d = b/d_1$；$[\sigma_H]$ 为许用接触应力，如需要可查阅有关资料。

2. 齿根弯曲疲劳强度计算

为了防止轮齿因疲劳而折断，应保证齿轮的轮齿具有足够的弯曲疲劳强度。弯曲疲劳强度的校核公式以及设计公式为

校核公式
$$\sigma_F = \frac{2KT_1 Y_F Y_S}{bm^2 z_1} \leqslant [\sigma_F] \qquad (13-23)$$

设计公式
$$m \geqslant \sqrt[3]{\frac{2KT_1 Y_F Y_S}{\phi_d z_1^2 [\sigma_F]}} \qquad (13-24)$$

式中：σ_F 为齿根弯曲应力；Y_F 为齿形系数，考虑齿廓形状对弯曲应力的影响，只与齿数和变位系数有关，如需要可查阅有关资料；Y_S 为应力修正系数，考虑齿根应力集中对弯曲应力的影响，如需要可查阅有关资料；$[\sigma_F]$ 为许用弯曲应力，如需要可查阅有关资料。

13.10 斜齿圆柱齿轮传动

13.10.1 斜齿轮齿廓曲面的形成及啮合特点

前面论述的直齿圆柱齿轮的齿廓形成及啮合特点，都是就其端面来讨论的。实际上齿轮具有一定的宽度，如图 13-21 所示。其齿廓曲面是发生面 S 在基圆柱上作纯滚动时，发生面上与基圆柱母线 NN 平行的任一直线 KK 的轨迹。该轨迹即为直齿圆柱齿轮的渐开线齿廓曲面，两齿轮啮合时，齿面的接触线均为平行于齿轮轴线的直线，此直线在啮合面上，故啮合面即为两基圆的内公切面。当一对轮齿进入啮合或脱离啮合时，载荷皆沿整个齿宽突然加上或卸去。因此，直齿圆柱齿轮传动的平稳性较差，噪声和冲击也较大，一般不适用于高速、重载的传动。

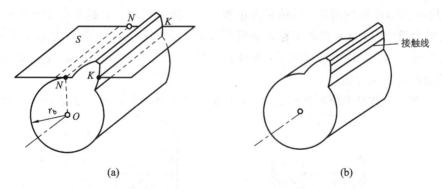

(a) 　　　　　　　　　　　　　　　　(b)

图 13-21 渐开线曲面的形成

斜齿圆柱齿轮齿廓曲面的形成原理与直齿圆柱齿轮相似，只是在发生面上的直线 KK 不再与基圆柱母线 NN 平行，而是与之成一角度 β_b，如图 13-22 所示。当发生面在基圆上作纯滚动时，该斜直线 KK 的轨迹为一渐开螺旋面，该曲面即为斜齿轮的齿廓曲面。直线 KK 与基圆柱母线 NN 夹角 β_b 为基圆柱上的螺旋角。

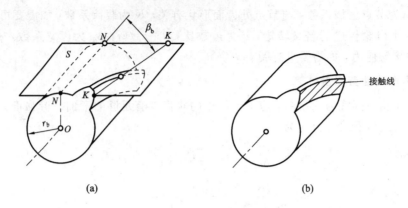

图 13 - 22　渐开线螺旋面的形成

当两斜齿轮传动时，齿面接触线的长度随啮合位置的变化而变化，开始接触线的长度由短变长，然后由长变短，直至脱离啮合。由于斜齿轮传动时，两轮轮齿的啮合过程是一种逐渐进入和脱离的啮合过程，因而减少了传动时的冲击、振动和噪音，从而提高了传动的平稳性。斜齿轮传动适用于高速、大功率的齿轮传动。

13.10.2　斜齿圆柱齿轮的几何参数及几何尺寸计算

由于斜齿圆柱齿轮的齿廓曲面是渐开螺旋面，因此，在垂直于齿轮的轴的端面上和垂直齿廓螺旋面方向的法面上的参数是不同的，故计算斜齿轮的几何尺寸时，必须注意端面和法面参数的换算关系。

1. 斜齿圆柱齿轮的几何参数

1）螺旋角

斜齿圆柱齿轮齿廓曲面与任意圆柱面的交线都是一条螺旋线，该螺旋线的切线与过切点的圆柱母线间所夹的锐角，称为该圆柱面上的螺旋角。在斜齿圆柱齿轮各个不同的圆柱面上，其螺旋角是不同的，通常用分度圆柱面上的螺旋角进行几何尺寸计算，螺旋角越大，轮齿越倾斜，传动平稳性越好，但轴向力也越大。一般设计时，取螺旋角 $\beta_b = 8° \sim 20°$。近年来，为增大重合度，增加传动平稳性和降低噪声，在选择 β_b 上，有增大螺旋角的倾向。对于人字齿轮，因其轴向力可以抵消，常取 $\beta_b = 25° \sim 45°$，但其加工困难，精度较低，一般用于重型机械的齿轮传动。

斜齿轮按其齿廓渐开螺旋面的旋向，可以分为左旋和右旋两种，如图 13 - 23 所示。

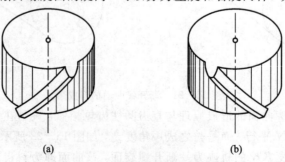

图 13 - 23　斜齿轮轮齿旋向
（a）左旋；（b）右旋

2）齿距与模数

由图 13-24 可知，法向齿距 P_n 和端面齿距 P_t 的关系为：

$$P_n = P_t \cos\beta$$

又　　　　　　　　$$P_n = \pi m_n, \quad P_t = \pi m_t$$

故　　　　　　　　$$m_n = m_t \cos\beta \tag{13-25}$$

式中：m_n 为法面模数；m_t 为端面模数。

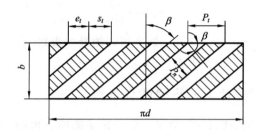

图 13-24　斜齿轮分度圆柱面上法面和端面参数的关系

3）压力角

法面压力角 α_n 与端面压力角 α_t 的关系为

$$\tan\alpha_n = \tan\alpha_t \cos\beta \tag{13-26}$$

用成型铣刀或滚刀加工斜齿轮时，刀具的进刀方向垂直于斜齿轮的法面，故一般规定法面内的参数为标准参数。

4）齿顶高系数及顶隙系数

齿顶高系数和顶隙系数的有关公式见表 13-4。斜齿轮的法面参数 m_n、α_n、h_{an}^*、c_n^* 为标准值，且与直齿圆柱齿轮的参数标准值相同，即 m_n 查表 13-1 的 m 数值即可。

表 13-4　齿顶高系数和顶隙系数公式

$h_a = h_{at}^* m_t = h_{an}^* m_n$
$h_f = (h_{at}^* + c_t^*) m_t = (h_{an}^* + c_n^*) m_n$
$c = c_t^* m_t = c_n^* m_n$
$m_n = m_t \cos\beta$
$h_{at}^* = h_{an}^* \cos\beta$
$c_t^* = c_n^* \cos\beta$

2. 外啮合标准斜齿轮的几何尺寸计算

由于一对斜齿轮的啮合在端面上相当于一对直齿轮的啮合，故可将直齿轮几何尺寸的计算公式应用于斜齿轮端面的计算，公式如下：

分度圆直径　　　　$$d = m_t z = m_n \frac{z}{\cos\beta} \tag{13-27}$$

齿顶圆直径　　　　$$d_a = d + 2h_a = m_n \left(2h_{an}^* + \frac{z}{\cos\beta}\right) \tag{13-28}$$

齿根圆直径　　　　$$d_f = d - 2h_f = m_n \left(\frac{z}{\cos\beta} - 2h_{an}^* - 2c_n^*\right) \tag{13-29}$$

全齿高 $\qquad h = h_a + h_f = m_n(2h_{an}^* + c_n^*)$ $\qquad$ (13-30)

标准中心距 $\qquad a = \dfrac{d_1 + d_2}{2} = \dfrac{m_n(z_1 + z_2)}{2\cos\beta}$ $\qquad$ (13-31)

斜齿轮传动的中心距与螺旋角 β 有关。当一对斜齿轮的模数和齿数一定时，可以通过改变其 β 的大小来配凑给定的实际安装中心距。

一对标准斜齿轮不发生根切的最少齿数为

$$z_{\min} = \frac{2h_{at}^*}{\sin\alpha_t} \qquad (13-32)$$

若 $\beta = 15°$、$\alpha_n = 20°$、$h_{an}^* = 1$，则其不发生根切的最少齿数 $z_{\min} = 11$。由此可见，标准斜齿轮的结构比直齿轮紧凑。

13.10.3　斜齿圆柱齿轮传动的正确啮合条件

由斜齿轮齿廓曲面的形成可知，为保证斜齿轮正确啮合传动，除像直齿轮那样保证两轮的模数、压力角相等外，两轮的螺旋角还应相匹配。对外啮合传动，两轮的螺旋角应大小相等、方向相反；对内啮合传动，两轮的螺旋角应大小相等、方向相同。

因此，斜齿轮传动的正确啮合条件是：

$$\begin{aligned} m_{n1} &= m_{n2} = m_n \\ \alpha_{n1} &= \alpha_{n2} = \alpha_n \\ \beta_1 &= -\beta_2(外啮合)，\beta_1 = \beta_2(内啮合) \end{aligned} \qquad (13-33)$$

13.10.4　斜齿圆柱齿轮的当量齿数

当用仿形法切制斜齿轮时，盘形铣刀的刀刃应位于轮齿的法面内，并沿着螺旋齿槽的方向进刀。因此，盘形铣刀的刀刃形状必须与斜齿轮的法向齿槽的开头相当。如图 13-25 所示，对斜齿圆柱齿轮任一轮齿作垂直于分度圆柱螺旋线的法面 $n-n$，此法面与分度圆柱交线为一椭圆，其长半轴 $a = \dfrac{d}{(2\cos\beta)}$，短半轴 $b = \dfrac{d}{2}$。由数学知识可知，椭圆在 C 点的曲率半径 $\rho = \dfrac{a^2}{b} = \dfrac{d}{(2\cos^2\beta)}$，以曲率半径 ρ 为分度圆半径，取法面模数 m_n 为标准模数，按标准压力角 α_n 作一个直齿圆柱齿轮，则该齿轮的齿形近似于斜齿轮的法面齿形。这个假想的直轮圆柱齿轮称为斜齿轮的当量齿轮，其齿数 $z_v = \dfrac{2\rho}{m_n z_v}$，将 ρ 代入 z_v 得：

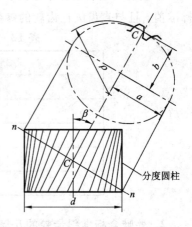

图 13-25　斜齿轮的当量齿数

$$z_v = \frac{d}{m_n\cos^2\beta} = \frac{z}{\cos^3\beta} \qquad (13-34)$$

式中：z 为斜齿轮的实际齿数。

当量齿数可用来选择盘形铣刀号数及计算斜齿轮轮齿的强度，还可用以将直齿轮的某些概念直接应用到斜齿轮上。

13.10.5　斜齿圆柱齿轮的受力分析

如图 13-26 所示为斜齿轮传动中的主动轮轮齿的受力情况。当齿轮上作用转矩 T 且不计摩擦力时，轮齿所受的法向力 F_n 可分解成三个相互垂直的分力：

圆周力
$$F_t = \frac{2000T_1}{d_1} \qquad\qquad (13-35)$$

径向力
$$F_r = \frac{F_t \tan\alpha_n}{\cos\beta} \qquad\qquad (13-36)$$

轴向力
$$F_a = F_t \tan\beta \qquad\qquad (13-37)$$

法向力
$$F_n = \frac{F_t}{\cos\alpha_n \cos\beta} \qquad\qquad (13-38)$$

式中：T_1 为小齿轮上传递的名义转矩（N·m）；d_1 为小齿轮分度圆直径（mm）；α_n 为法面压力角。

圆周力的方向，在主动轮上与齿轮回转方向相反，在从动轮上与齿轮回转方向相同。两轮的径向力的方向都指向各自的轮心，轴向力的方向可用主动轮左、右手法则判断，左旋用左手，右旋用右手，握住齿轮轴线，四指弯曲表示齿轮的转动方向，则大拇指伸直所表示的方向即为轴向力的方向，从动轮的轴向力与其相反。

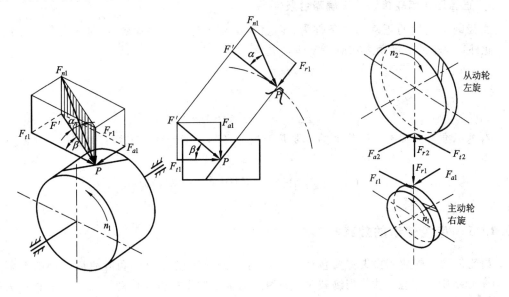

图 13-26　斜齿轮受力分析

13.11　直齿圆锥齿轮传动

1. 直齿圆锥齿轮传动的特点及其当量齿数

圆锥齿轮传动是用来传递相交两轴的运动和动力的，其传动可以看成是两个锥顶共点的圆锥体相互作纯滚动，如图 13-27 所示。圆锥齿轮的轮齿是均匀分布在一个截锥体上，从大端到小端逐渐收缩，其轮齿有直齿和曲齿两种类型。直齿圆锥齿轮易于制造，适用于低速、轻载传动；曲齿圆锥齿轮传动平稳、承载能力强，常用于高速重载传动，但其设计和制造较复杂。本节只讨论两轴相互垂直的标准直齿圆锥齿轮传动。

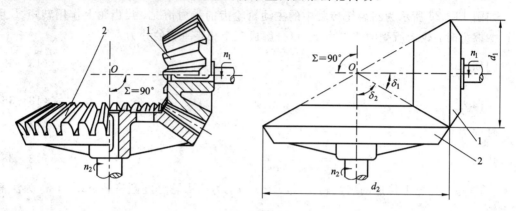

图 13-27　直齿圆锥齿轮传动

直齿圆锥齿轮和直齿圆柱齿轮相似，它具有基圆锥、分度圆锥、齿顶圆锥和齿根圆锥等。一对相互啮合传动的直齿圆锥齿轮还有节圆锥，对于正确安装的标准圆锥齿轮传动，节圆锥与分度圆锥相重合。

2. 直齿圆锥齿轮传动的正确啮合条件

直齿圆锥齿轮的正确啮合条件为：两直齿圆锥齿轮的大端模数 m 和压力角 α 分别相等，此外，两轮的节锥角之和应等于两轴夹角，即

$$m_1 = m_2 = m$$
$$\alpha_1 = \alpha_2 = \alpha$$
$$\sum = \delta_1 + \delta_2 = 90° \qquad (13-39)$$

有关标准直齿圆锥齿轮传动的主要几何尺寸及其强度计算请查阅有关资料。

13.12　齿轮传动的效率和润滑

13.12.1　齿轮传动的效率

齿轮传动中的功率损失主要包括：① 啮合中的摩擦损失；② 润滑油被搅动的油阻损失；③ 轴承中的摩擦损失。当满载时，采用滚动轴承的闭式齿轮传动计入上述三种损失后的平均效率，见表 13-5。

表 13-5　齿轮传动的平均效率

传动装置	6 级或 7 级精度的闭式传动	8 级精度的闭式传动	开式传动
圆柱齿轮	0.98	0.97	0.95
圆锥齿轮	0.97	0.96	0.93

13.12.2　齿轮传动的润滑

齿轮传动时对齿轮进行润滑，可以减少磨损和发热，还可以防锈和降低噪声，对防止

和延缓齿轮失效、改善齿轮传动的工作状况起着重要的作用。

1. 润滑方式

对于闭式齿轮传动的润滑，一般根据齿轮的圆周速度确定。

（1）浸油润滑：当齿轮的圆周速度 $v < 12$ m/s 时，通常将大齿轮浸入油池中进行润滑（如图 13 - 28 所示），浸入油中的深度约为一个齿高，但不应小于 10 mm，浸入过深则增大了齿轮的运动阻力并使油温升高。在多级齿轮传动中，可采用带油轮将油带到未浸入油池内的轮齿齿面上（如图 13 - 29 所示），同时可将油甩到齿轮箱壁面上散热，使油温下降。

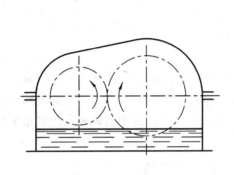

图 13 - 28　浸油润滑

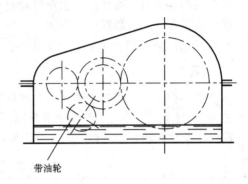

图 13 - 29　用带油轮带油润滑

（2）喷油润滑：当齿轮的圆周速度 $v > 12$ m/s 时，由于圆周速度大，齿轮搅油剧烈，且因离心力较大，会使粘附在齿廓面上的油被甩掉，因此不宜采用浸油润滑，可采用喷油润滑。即用油泵将具有一定压力的油经喷油嘴喷到啮合的齿面上，如图 13 - 30 所示。

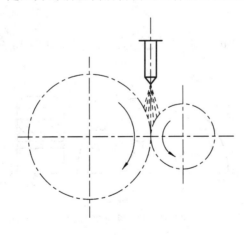

图 13 - 30　喷油润滑

对于开式齿轮传动的润滑，由于速度较低，通常采用人工定期加油润滑。

2. 润滑油的选择

齿轮传动润滑油的选择，可根据齿轮材料和圆周速度由相应表查得运动粘度值，并由选定的粘度再确定润滑油的牌号。

必须经常检查齿轮传动润滑系统的状况，如润滑油的质量、容量（油面应保持正常的高度）等。油面过低将造成润滑不良，过高会增加搅油功率损失。对于压力喷油润滑系统还需检查油压状况，油压过低将造成供油不足，过高则可能使油路不畅通，需进行调整。

13.13　齿轮的结构

根据齿轮传动的强度计算，可以得到齿轮的主要参数和尺寸，如齿数、模数、分度圆直径、齿宽、螺旋角等。而齿轮的结构形式和齿轮的轮毂、轮辐、轮缘等部分的尺寸，则由齿轮的结构来确定。

齿轮的结构设计，通常是先根据齿轮直径的大小，选择合理的结构形式，然后由经验公式确定有关尺寸，绘制零件工作图。

齿轮常用的结构形式主要有以下几种。

1. 齿轮轴

对于直径较小的钢制圆柱齿轮，若齿根圆至键槽底部的距离 $x < (2 \sim 2.5) m_n$（m_n 为法面模数）时，对于圆锥齿轮，若小端齿根圆至键槽底部的距 $x < (1.6 \sim 2) m$（m 为大端模数）时，皆应将齿轮和轴制成一体，称为齿轮轴，如图 13-31 所示。此种齿轮轴常用锻造毛坯。

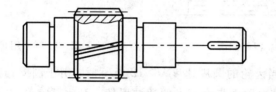

图 13-31　齿轮轴

2. 实体式齿轮

当齿顶圆直径 $d_a < 200$ mm 时，可采用实体式结构，如图 13-32 所示。此种齿轮常用锻钢制造。

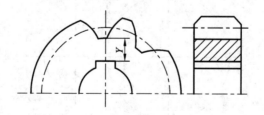

图 13-32　实体式齿轮

3. 腹板式齿轮

当齿顶圆直径 $d_a = 200 \sim 500$ mm 时，可采用腹板式结构，如图 13-33 所示。此种齿轮常用锻钢制造，也可采用铸造毛坯。齿轮各部分尺寸由图中经验公式确定。

4. 轮辐式齿轮

当齿顶圆直径 $d_a > 500$ mm 时，可采用轮辐式结构，如图 13-34 所示。此种齿轮常用铸钢或铸铁制造，各部分尺寸由图中经验公式确定。

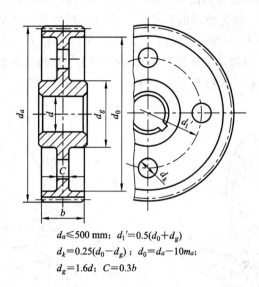

$d_a \leqslant 500$ mm；　$d_1' = 0.5(d_0 + d_g)$

$d_k = 0.25(d_0 - d_g)$；　$d_0 = d_a - 10m_a$；

$d_g = 1.6d$；　$C = 0.3b$

图 13－33　腹板式齿轮

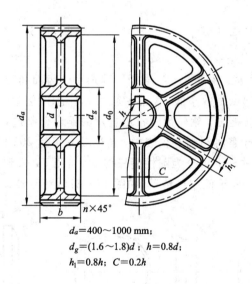

$d_a = 400 \sim 1000$ mm；

$d_g = (1.6 \sim 1.8)d$；　$h = 0.8d$；

$h_1 = 0.8h$；　$C = 0.2h$

图 13－34　轮辐式齿轮

13.14　蜗 杆 传 动

13.14.1　蜗杆传动的特点和类型

蜗杆传动主要由蜗杆和蜗轮组成，如图 13－35 所示。它用于传递交错轴之间的回转运动和动力，通常轴交角 $\sum = 90°$，蜗杆一般为主动件。

　　圆柱蜗杆传动一般为交错轴的两个各自绕其自身支承轴线转动的斜齿轮正交传动。其中，圆柱蜗杆可认为是一个齿数少的直径小于配对蜗轮的宽斜齿轮，形如螺杆。它有左旋和右旋、单头和多头之分，一般常用右旋。蜗轮则是齿数较多，齿体的中间曲面呈环面的与圆柱蜗杆配对的一个斜齿轮，如图 13-36 所示。由于蜗杆与蜗轮轴线正交，为了轮齿间啮合，蜗杆导程角 γ 和蜗轮螺旋角 β_2 必须相等，旋向相同，即 $\beta_2 = \gamma$。

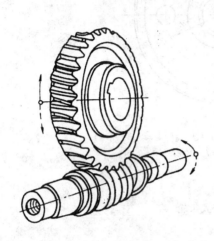

图 13-35　蜗杆传动

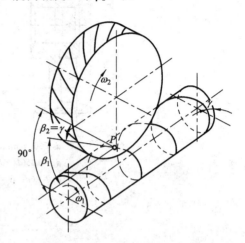

图 13-36　圆柱蜗杆传动的啮合

　　蜗杆传动的主要优点是：传动比 i 较大，传递动力时，$i = 10 \sim 80$，分度传动时，i 可达 1000；结构紧凑，传动平稳，噪声小；当蜗杆导程角小于齿面间的当量摩擦角时，可以实现自锁。蜗杆传动的主要缺点是效率低，发热量较大，不适于传递大功率。为了降低摩擦，减小磨损，提高齿面抗胶合能力，蜗轮齿圈常用贵重的铜合金制造，成本较高。

　　蜗杆传动广泛应用于各种机器和仪表中，传递功率可达 200 kW，一般在 50 kW 以下。

　　蜗杆传动按照蜗杆的外形可分为圆柱蜗杆传动（如图 13-37(a)所示）、圆环面蜗杆传动（如图 13-37(b)所示）和锥面蜗杆传动（如图 13-37(c)所示）。

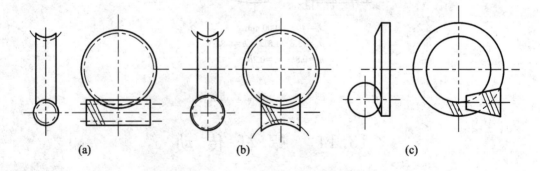

　　(a)　　　　　　　　　　(b)　　　　　　　　　　(c)

图 13-37　蜗杆传动的类型

　　圆柱蜗杆按螺旋面的形状可分为阿基米德蜗杆（即 ZA 蜗杆，如图 13-38 所示），渐开线蜗杆（即 Zl 蜗杆，如图 13-39 所示）等。

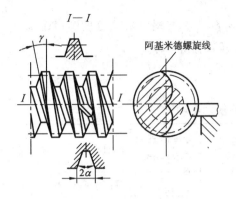

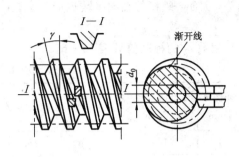

图 13 - 38　阿基米德蜗杆　　　　　　　图 13 - 39　渐开线蜗杆

阿基米德蜗杆的端面齿廓是阿基米德螺旋线，轴向齿廓是直线。其加工与车普通梯形螺纹相似，容易制造，故应用广泛。其缺点是不易得到高的精度。

渐开线蜗杆的端面齿廓是渐开线，加工时刀具切削刃切于基圆，也可以用滚刀加工，其磨削方便，制造精度较高，适用于成批生产以及功率较大的高速传动，传动效率较高。其缺点是要用专用设备加工。

本节仅讨论轴交角 $\Sigma = 90°$ 时的阿基米德蜗杆传动。

13. 14. 2　蜗杆传动的主要参数

如图 13 - 40 所示，蜗杆轴线与蜗轮轴线的公垂线称为连心线。圆柱蜗杆轴线和连心线构成的平面称为中间平面。在中间平面内，蜗杆齿廓与齿条相同，两侧边为直线。根据啮合原理，与之相啮合的蜗轮在中间平面内的齿廓是渐开线，所以，在中间平面内蜗轮与蜗杆的啮合就相当于渐开线齿轮与齿条的啮合。规定蜗杆传动的设计计算都以中间平面参数及其几何尺寸关系为准。

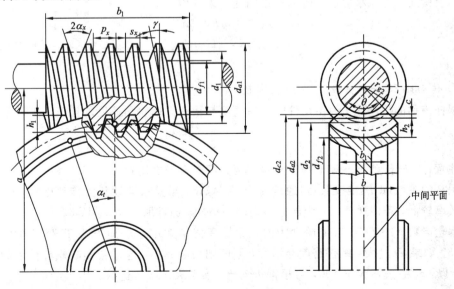

图 13 - 40　蜗杆传动的主要参数和几何尺寸

1) 模数 m 和压力角 α

当蜗杆与蜗轮啮合时,蜗杆的轴向齿距 $p_x = \pi m_{x1}$ 应与蜗轮端面分度圆齿距 $p_t = \pi m_{t2}$ 相等。因而,蜗杆的轴向模数也应与蜗轮的端面模数相等,即

$$m_{x1} = m_{t2} = m$$

模数 m 的标准值见表 13-6。

表 13-6 蜗杆基本参数

模数 m /mm	分度圆直径 d_1/mm	蜗杆头数 z_1	直径系数 q	模数 m /mm	分度圆直径 d_1/mm	蜗杆头数 z_1	直径系数 q
1	18	1	18.000	10	90	1, 2, 4, 6	9.000
2	22.4	1, 2, 4, 6	11.200		160	1	16.000
	35.5	1	17.750	12.5	112	1, 2, 4	8.960
2.5	28	1, 2, 4, 6	11.200		200	1	16.000
	45	1	18.000	16	140	1, 2, 4	8.750
4	40	1, 2, 4, 6	10.000		250	1	15.625
	71	1	17.750	20	160	1, 2, 4	8.000
5	50	1, 2, 4, 6	10.000		315	1	15.750
	90	1	18.000		200	1, 2, 4	8.000
8	80	1, 2, 4, 6	10.000	25	400	1	16.000
	1400	1	17.500				

蜗杆轴向压力角 α_{x1} 等于蜗轮端面压力角 α_{t2},均为标准压力角,即

$$\alpha_{x1} = \alpha_{t2} = \alpha$$

综上所述,阿基米德蜗杆传动的正确啮合条件为:

$$\left. \begin{array}{l} m_{x1} = m_{t2} = m \\ \alpha_{x1} = \alpha_{t2} = \alpha \\ \beta_2 = \gamma \end{array} \right\} \qquad (13-40)$$

2) 传动比 i、蜗杆头数 z_1 和蜗轮齿数 z_2

蜗杆传动的传动比 i 为主动件蜗杆角速度与从动件蜗轮角速度的比值,即

$$i = \frac{\omega_1}{\omega_2} = \frac{n_1}{n_2} = \frac{z_2}{z_1} \qquad (13-41)$$

注意:蜗杆传动比不等于蜗轮和蜗杆两分度圆直径之比。

蜗杆的头数(即螺旋线数目)通常为 1、2、4、6。当要求自锁和大传动比时,$z_1 = 1$,但传动效率较低。若传递动力,为保证传动的平稳性,通常取 $z_1 = 2$、4、6。

蜗轮齿数 $z_2 = iz_1$,当传递动力时,为提高传动效率,z_2 应不小于 28,通常取 $z_2 = 32\sim63$。如果 z_2 过大,蜗杆跨度会增大,刚度则相应减小,这样会影响蜗杆传动的啮合精度,所以,z_2 一般不大于 100,可根据传动比 i 参考表 13-7 选取。

表 13 - 7　蜗杆头数 z_1 与蜗轮齿数 z_2 推荐值

传动比 i	5～8	7～16	15～32	30～83
蜗杆头数 z_1	6	4	2	1
蜗轮齿数 z_2	30～48	28～64	30～64	30～83

3）蜗杆导程角 γ

按照螺纹形成原理，蜗杆分度圆柱上的导程角 γ 为

$$\tan\gamma = \frac{z_1 p_{x1}}{\pi d_1} = \frac{z_1 m}{d_1} \tag{13-42}$$

蜗杆传动的效率与导程角有关，导程角越大，传动效率越高；导程角越小，传动效率越低。当传递动力时，要求效率高，常取 $\gamma = 15° \sim 30°$，此时应采用多头蜗杆。若蜗杆传动要求具有反传动自锁性能时，常取 $\gamma \leqslant 3°30'$ 的单头蜗杆。

4）蜗杆分度圆直径 d_1，蜗杆直径特性系数 q

加工蜗轮时，为了保证蜗杆传动的线接触，必须采用与其相啮合的蜗杆尺寸相同的滚刀。由式(13-42)可知，滚刀分度圆直径 d_1 不仅与模数 m 有关，而且与头数和导程角有关。加工同一模数的蜗轮，要求准备多把蜗轮滚刀，这给刀具的制造带来困难，也不经济。为了限制蜗轮滚刀数量，规定蜗杆分度圆直径为标准值，见表 13-6。由式(13-42)可得：

$$d_1 = \frac{z_1 m}{\tan\gamma}$$

令

$$q = \frac{z_1}{\tan\gamma}$$

则

$$d_1 = qm \tag{13-43}$$

由式(13-43)可知，当 m 一定时，d_1 越小(或 q 越小)导程角 γ 越大，传动效率越高，但蜗杆的强度和刚度降低。因此，在蜗杆轴刚度允许的情况下，设计蜗杆传动时，要求传动效率高时 d_1 取较小值，要求强度和刚度大时 d_1 取较大值。

5）中心距 a

标准蜗杆传动的中心距计算公式为

$$a = \frac{d_1 + d_2}{2} = \frac{m(q+m)}{2} \tag{13-44}$$

13.14.3　蜗杆传动的失效形式、结构

1. 失效形式及计算准则

蜗杆传动轮齿的失效形式和齿轮传动轮齿的失效形式基本相同，有胶合、磨损、疲劳点蚀和轮齿折断等。但蜗杆传动轮齿的胶合与磨损要比齿轮传动严重得多，这是由于蜗杆传动轮齿齿面间滑动速度较大，温升高，效率低，在润滑及散热不良时，闭式传动极易出现胶合。开式传动及润滑油不清洁的闭式传动，轮齿磨损速度很快，所以，轮齿表面产生胶合、磨损、疲劳点蚀是蜗杆传动的主要失效形式。

由于蜗杆齿是连续的螺旋齿，且蜗杆材料比蜗轮强度高，因此失效总出现蜗轮轮齿上，所以，只对蜗轮轮齿作强度计算。对闭式蜗杆传动的蜗轮轮齿仍按齿面接触疲劳强度设计，按齿根弯曲疲劳强度校核并进行热平衡验算；对开式蜗杆传动，只按齿根弯曲疲劳强度设计。由于蜗杆常与轴制成一体，设计时可按一般轴对蜗杆强度进行验算，必要时还应进行刚度验算。

2. 蜗杆蜗轮的结构

蜗杆通常与轴做成一体，称为蜗杆轴，如图 13-41 所示。

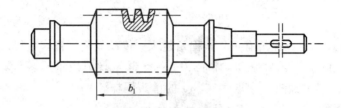

图 13-41 蜗杆轴

铸铁蜗轮或直径小的青铜蜗轮可做成整体式，如图 13-42(a)所示。

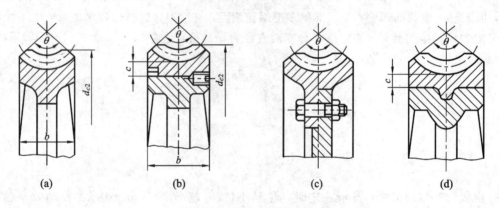

(a)　　　　　(b)　　　　　(c)　　　　　(d)

图 13-42 蜗轮结构

直径大的蜗轮，为了节约贵重的有色金属，常采用组合式结构，即齿圈用有色金属制造，而轮芯用钢或铸铁制成。组合形式有以下三种：

(1) 齿圈压配式。其齿圈和轮芯采用过盈联接形式，如图 13-42(b)所示。为了工作可靠起见，在接合面圆周上装 4~8 个直径为$(1.2\sim1.5)m$ 的螺钉，m 为蜗轮模数。为了便于钻孔，应将螺钉中心线向材料较硬的一边偏移 2~3 mm，此结构用于尺寸不大而工作温度变化小的场合。

(2) 螺栓联接式。其齿圈与轮芯采用铰制孔螺栓联接形式，如图 13-42(c)所示。由于装拆方便，常用于尺寸较大或磨损后需要更换齿圈的场合。

(3) 浇铸式。在铸铁轮芯上浇铸出青铜齿圈，如图 13-42(d)所示，该形式仅用于成批生产蜗轮。齿圈最小厚度 $c=2m$，但不小于 10 mm。

第14章 轮 系

14.1 轮系的分类

在实际的机械传动中，仅用一对齿轮往往不能满足生产上的多种要求，通常是采用一系列彼此相啮合的齿轮所组成的齿轮传动系统来达到目的的。这种多齿轮的传动装置称为轮系。轮系分为定轴轮系和行星轮系两大类。

14.1.1 定轴轮系

当齿轮系运转时，若其中各齿轮的轴线相对于机架的位置都是固定不变的，则该轮系称为定轴轮系。

由轴线互相平行的圆柱齿轮组成的定轴轮系，称为平面定轴轮系，如图 14-1 所示。包含有相交轴齿轮、交错轴齿轮等在内的定轴轮系，则称为空间定轴轮系，如图 14-2 所示。

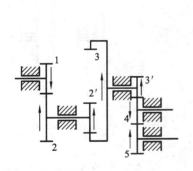

图 14-1 平面定轴轮系

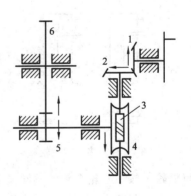

图 14-2 空间定轴轮系

14.1.2 行星轮系

当齿轮系运转时，若至少有一个齿轮的几何轴线绕另一齿轮固定的几何轴线转动，则该齿轮系称为行星轮系。如图 14-3 所示的行星轮系，主要由行星齿轮、行星架（系杆）和中心轮所组成。图 14-4 为行星轮系的简图。

在行星轮系中，活套在构件 H 上的齿轮 2，一方面绕自身的轴线 $O'O'$ 回转；另一方面又随构件 H 绕固定轴线 OO 回转。例如，天体中的行星，兼有自转和公转，故把作行星运动的齿轮 2 称为行星齿轮。支承行星齿轮的构件 H 则称为行星架。与行星齿轮相啮合且轴线固定的齿轮 1 和 3 称为中心轮，其中外齿中心轮称为太阳轮，而内齿中心轮称为内齿圈。

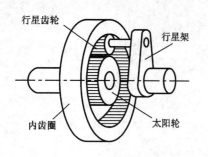

图 14-3　行星轮系结构图

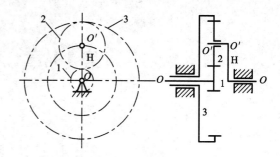

图 14-4　行星轮系

　　行星轮系中由于一般都以中心轮和行星架作为运动的输入和输出构件，故称它们为行星轮系的基本构件。

　　根据结构复杂程度不同，行星轮系可分为以下三类：

　　(1) 单级行星轮系。它是由一级行星齿轮传动机构组成的轮系，即它是由一个行星架及其上的行星轮和与之相啮合的中心轮所构成的轮系，如图 14-4 所示。

　　(2) 多级行星轮系。它是由两级或两级以上同类型单级行星齿轮传动机构组成的轮系，如图 14-5 所示。

　　(3) 组合行星轮系。它是由一级或多级行星齿轮系与定轴轮系所组成的轮系，如图 14-6 所示。

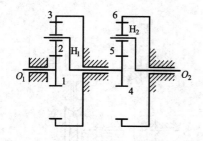

图 14-5　多级行星轮系

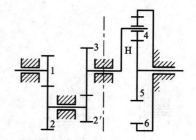

图 14-6　组合行星轮系

　　行星轮系按中心轮个数的不同又可分为以下三类：

　　(1) 2K-H 型行星轮系。它由两个中心轮(2K)和一个行星架(H)所组成，如图 14-7 所示。

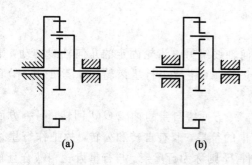

(a)　　　　　　　　(b)

图 14-7　简单行星轮系

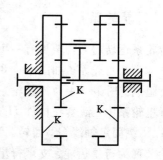

图 14-8　多级行星轮系

（2）3K 型行星轮系。它是由三个中心轮（3K）所组成的行星齿轮传动机构，如图 14 - 8 所示。

（3）K－H－V 型行星轮系。它是由一个中心轮（K）、一个行星架（H）和一个输出机构组成的行星齿轮传动机构，如图 14 - 9 所示。行星轮与输出轴 V 之间用等角速比输出机构联接，以实现等速比的运动输出，此等角速比输出机构简称为输出机构（或 W 机构）。当前使用比较广泛的渐开线少齿差行星齿轮传动和摆线少齿差行星轮系皆属于 K－H－V 型行星轮系。

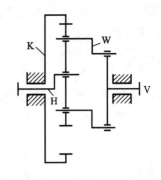

图 14 - 9　K－H－V 型行星轮系

14.2　定轴轮系传动比的计算

14.2.1　轮系的传动比

在轮系中，输入轴和输出轴角速度（或转速）之比称为轮系的传动比。常用字母"i"表示传动比，并在其右下角用下标表明其对应的两轴，例如，i_{17} 表示轴 1 与轴 7 的角速度之比。

确定轮系的传动比包含以下两方面：

（1）计算传动比 i 的大小；

（2）确定输出轴（轮）的转动方向。

有了此两点内容才能全面表达输入轴与输出轴之间的关系。

14.2.2　定轴轮系传动比的计算公式

图 14 - 10(a)所示为一对外啮合圆柱齿轮，两轮转向相反，其传动比规定为负，可表示为 $i_{12} = n_1/n_2 = -z_2/z_1$。如图 14 - 10(b)所示为一对内啮合圆柱齿轮，两轮转向相同，其传动比规定为正，可表示为 $i_{12} = n_1/n_2 = z_2/z_1$。

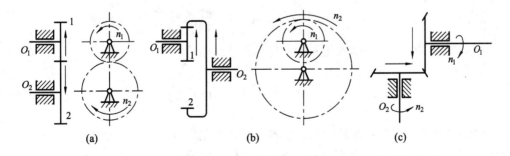

图 14 - 10　定轴轮系

转向的确定除用上述正负号表示外，也可用画箭头的方法表示。对外啮合齿轮，可用反方向箭头表示，如图 14 - 10(a)所示；对内啮合齿轮，可用同方向箭头表示，如图 14 - 10(b)所示；对圆锥齿轮传动，可用两箭头同时指向或背离啮合处来表示两轴的实际转向，如图 14 - 10(c)所示。

设轮 1 为主动轮，轮 K 为从动轮，其间共有 (K−1) 对相啮合齿轮，则可得定轴齿轮系传动比的计算公式：

(1) 定轴齿轮系的总传动比等于组成该齿轮系的各对齿轮传动比的连乘积，即

$$i_{1K} = i_{12} i_{23} i_{34} \cdots i_{(K-1)K}$$

(2) 定轴齿轮系总传动比的大小等于各对啮合齿轮中所有从动轮齿数的连乘积与所有主动轮齿数的连乘积之比，即

$$i_{1K} = \frac{\omega_1}{\omega_K} = \frac{n_1}{n_K} = \frac{z_2 z_4 \cdots z_K}{z_1 z_3 \cdots z_{(K-1)}}$$

(3) 定轴齿轮系主、从动轮的转向可用两种方法判定。画箭头方法用于包含空间齿轮传动的一般情况。若定轴齿轮系中主、从动轮轴线相互平行，则其传动比有正、负可言，其含义为主、从动轮转向相同或相反。对全部由圆柱齿轮组成的定轴齿轮系，其传动比的正、负决定于外啮合齿轮的对数 m，因为有一对外啮合齿轮，两轴转动方向即改变一次，因此可用 $(-1)^m$ 判定。此时，可直接由下式计算

$$i_{1K} = \frac{\omega_1}{\omega_K} = \frac{n_1}{n_K} = (-1)^m \frac{z_2 z_4 \cdots z_K}{z_1 z_3 \cdots z_{(K-1)}} \tag{14-1}$$

例 14-1　如图 14-11 所示为车床溜板箱进给刻度盘轮系，运动由齿轮 1 输入，由齿轮 4 输出。已知各轮齿数 $z_1 = 18$，$z_2 = 87$，$z_2' = 28$，$z_3 = 20$，$z_4 = 84$，试求轮系的传动比 i_{14}。

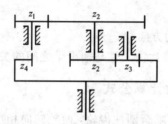

图 14-11　例 14-1 附图

解　根据平面定轴轮系传动比的计算公式得

$$i_{14} = \frac{n_1}{n_4} = (-1)^m \frac{z_2 z_3 z_4}{z_1 z_2' z_3} = (-1)^2 \frac{87 \times 20 \times 84}{18 \times 28 \times 20} = 14.5$$

上式计算结果为正，表示末轮 4 与首轮 1 的转向相同。

14.3　行星轮系传动比的计算

对于行星轮系，其传动比的计算显然不能直接利用定轴齿轮系传动比的计算公式。这是因为行星轮除绕本身轴线自转外，还随行星架绕固定轴线公转。

为了利用定轴齿轮系传动比的计算公式间接求出单级行星轮系的传动比，可采用转化机构法，即假设给整个单级行星轮系加上一个与行星架 H 的转速大小相等、方向相反的附加转速 "$-n_H$"，则根据相对运动原理，此时单级行星轮系中各构件间的相对运动关系不变，例如，钟表各指针的相对运动关系并不会因整个钟表作相对的附加反转运动而改变一样，但反转后行星架的转速为零，即原来运动的行星架转化为静止。这样，原来的单级行

星轮系就转化为一个假想的定轴轮系，这个假想的定轴轮系称为原单级行星轮系的转化机构。对于转化机构的传动比，则可按定轴轮系传动比的公式进行计算。而原来单级行星轮系的传动比，则可通过转化机构传动比计算公式间接求出。

如图 14-12(a)所示为行星轮系，图 14-12(b)表示其转化机构，转化前、后各构件的转速如表 14-1 所示。

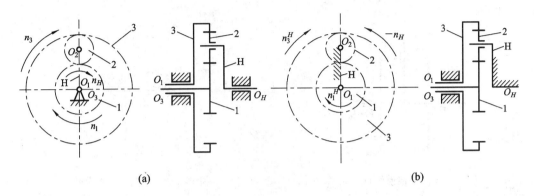

图 14-12 行星轮系及其转化机构

表 14-1 转化前、后行星轮系中各构件的转速

构件	原轮系中的转速	转化机构中的转速
1	n_1	$n_1^H = n_1 - n_H$
3	n_3	$n_3^H = n_3 - n_H$
H	n_H	$n_H^H = n_H - n_H = 0$

注：表中 n_1^H、n_3^H、n_H^H 分别表示转化机构中各构件相对于行星架 H 的转速。

对于转化机构的传动比，则可用定轴轮系传动比的计算方法求出，即

$$i_{13}^H = \frac{n_1^H}{n_3^H} = \frac{n_1 - n_H}{n_3 - n_H} = -\frac{z_3}{z_1}$$

式中：负号表示齿轮 1 和齿轮 3 在转化机构中的转向相反。

上式虽然没有直接表示出该行星轮系的传动比，但式中已包含了各基本构件的转速与各轮齿数之间的关系。在计算轮系传动比时，各轮齿数一般是已知的，若在 n_1，n_3，n_H 三个运动参数中已知任意两个（包括大小和方向），就可确定第三个，从而可求出该行星轮系中任意两轮的传动比。推广到一般情况，单级行星轮系中任意两轮 1、K 以及行星架 H 的转速与齿数的关系为

$$i_{1K}^H = \frac{n_1^H}{n_K^H} = \frac{n_1 - n_H}{n_K - n_H} = (-1)^m \frac{z_2 z_4 z_K}{z_1 z_3 z_{K-1}} \tag{14-2}$$

式中：1 为主动轮；K 为从动轮；m 为齿轮 1 至 K 间外啮合的次数。

应用式(14-2)求行星轮系的传动比时，必须注意以下几点：

(1) n_1、n_K、n_H 必须是轴线平行或重合的相应齿轮的转速，其原因在于公式推导过程中附加转速($-n_H$)与各构件原来的转速是代数相加的，因而 n_1、n_K、n_H 必须是平行向量。正因为如此，对于圆锥齿轮所组成的差动轮系，如图 14-13 所示，其两中心轮之间或中心轮与行星架之间的传动比可用上述公式求解，但行星轮的转速则不能用上式求解。

（2）将 n_1、n_K、n_H 的已知值代入式（14-2）时必须带正号或负号，在假定其中一已知转速的转向为正号以后，则另一已知转速的转向与其相同时取正号，与其相反时取负号。

（3）$i_{1K}^H \neq i_{1K}$。i_{1K}^H 为转化机构中轮1与轮 K 的转速之比，其大小与正负号应按定轴轮系传动比的计算方法确定；而 i_{1K} 则是行星轮系中轮1与轮 K 的绝对转速之比，其大小与正负号必须由计算结果确定。

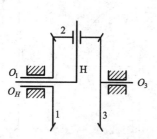

图 14-13　圆锥齿轮行星轮系

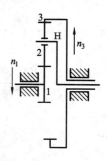

图 14-14　例 14-2 附图

例 14-2　一行星轮系如图 14-14 所示，已知各轮齿数为：$z_1 = 16$，$z_2 = 24$，$z_3 = 64$，当轮1和轮3的转速 $n_1 = 100$ r/min，$n_3 = -400$ r/min，试求 n_H 和 i_{1H}。

解　由式（14-2）可得：

$$i_{13}^H = \frac{n_1 - n_H}{n_3 - n_H} = (-1)^1 \frac{z_3}{z_1}$$

将 n_1，n_3 及各轮齿数代入上式得：

$$\frac{100 - n_H}{-400 - n_H} = -\frac{64}{16}$$

解得

$$n_H = -300 \text{ r/min}$$

则

$$i_{1H} = \frac{n_1}{n_H} = -\frac{1}{3}$$

14.4　轮系的功用

由上述可知，轮系广泛用于各种机械设备中，其功用如下：

（1）传递相距较远的两轴间的运动和动力。当两轴间的距离 a 较大时，若仅用一对齿轮来传动，则齿轮尺寸过大，既占空间，又浪费材料，且制造安装都不方便。若改用齿轮系传动，就可克服上述缺点，如图 14-15 所示。

（2）可获得大的传动比。当两轴之间需要较大的传动比时，如果仅用一对齿轮传动，不仅外廓尺寸大，且小齿轮易损坏。一般一对定轴齿轮的传动比不宜大于7。为此，当需要获得较大的传动比时，可用很少几个齿轮组成行星齿轮系来达到目的。

（3）可实现变速、变向传动。在主动轴转速不变的条件下，应用齿轮系可使从动轴获得多种转速，此种传动称为变速传动。汽车、机床、起重设备等多种机器设备都需要变速传动，如图 14-16 所示为最简单的变速传动。主动轴 O_1 转速不变，移动双联齿轮 1—1'，使之与从动轴上两个齿数不同的齿轮 2、2' 分别啮合，即可使从动轴 O_2 获得两种不同的转速，从而达到变速的目的。

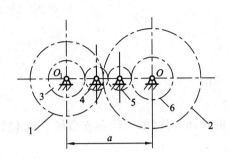

图 14-15 相距较远两轴之间的传动

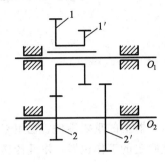

图 14-16 可变速的齿轮系

当主动轴转向不变时，可利用齿轮系中的惰轮来改变从动轮的转向。在如图 14-17 所示的齿轮系中，主动轮 1 转向不变，则可通过搬动手柄，改变中间轮 2、3 的位置，以改变它们外啮合的次数，从而达到从动轮 4 变向的目的。

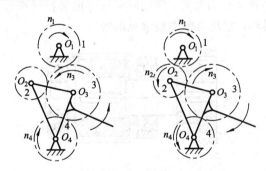

图 14-17 可变向的齿轮系

第15章　轴类部件

15.1　轴

轴是机器上的重要零件，它用来支持机器中的转动零件（如齿轮和皮带轮等），使转动零件具有确定的工作位置，并且传递运动和转矩。

15.1.1　轴的分类

根据轴所起的作用以及承受载荷的性质不同，可将轴分为以下三类：

1. 转轴

转轴既支承转动零件又传递动力，即同时承受弯曲和扭转两种作用。如图 15-1 所示的减速器输入轴即为转轴，它是机械中最常见的轴。

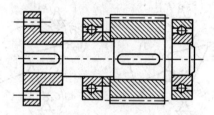

图 15-1　转轴

2. 传动轴

传动轴仅传递动力，即只受扭转作用而不受弯矩作用或弯矩作用很小。如图 15-2 所示的汽车变速箱与后桥间的轴就是传动轴。

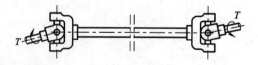

图 15-2　传动轴

3. 心轴

心轴仅用来支撑转动零件而不传递动力，因此只受弯矩作用。心轴可以是固定不动的，如图 15-3(a)所示的支撑滑轮的轴；心轴也可以是转动的，如图 15-3(b)所示的车轴。

轴还可按结构形状的不同分为直轴（如图 15-1～图 15-3 所示）、曲轴（如图 15-4 所示）和软轴（如图 15-5 所示）等。

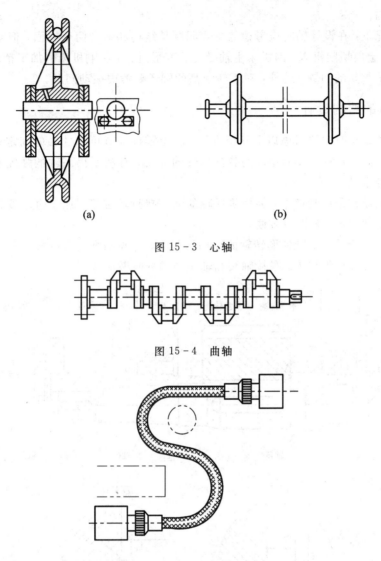

图 15 - 3 心轴

图 15 - 4 曲轴

图 15 - 5 软轴

15.1.2 轴的材料

轴的材料主要采用碳素钢和合金钢。由于碳素钢比合金钢价格低,对应力集中的敏感性较小,所以应用广泛。常用的优质碳素钢有 35、40、45 钢,最常用的是 45 号钢,并经过正火或调质处理。对于受力较小或不重要的轴,以及一般较长的传动轴,可用 A3、A4、A5等普通碳素钢。合金钢的机械强度较高、淬火性能较好,但价格贵,对应力集中较敏感,因此只用在传递大功率并要求减轻重量、提高轴颈耐磨性的场合。

15.1.3 设计轴应考虑的主要问题

为了保证轴能正常工作,要求轴有足够的强度和刚度。为了保证轴上零件(如齿轮、皮带轮、轴承等)能固定可靠和装拆方便,同时便于轴的加工制造、减少生产费用,轴必须具有合理的结构。

　　一般情况下，在设计轴时应考虑的主要问题是结构和强度两个方面，但对于某些机械的轴，例如，金属切削机床，因机床主轴受力后变形过大，影响机床的加工精度，则其主轴的刚度成为很重要的问题。此外，对于转速高的轴还要考虑振动问题。

15.1.4　轴的结构设计

　　设计轴的结构时主要考虑以下几个方面：轴上零件要有可靠的轴向固定；轴上零件要有可靠的周向固定；便于轴上零件的装拆和轴的加工；有利于提高轴的强度和刚度；能节约材料和减轻重量。

　　轴的形状通常采用阶梯形，因为阶梯轴的强度接近等强度，加工也不复杂，同时轴上的零件能可靠地固定，装拆也方便。

　　如图 15-6 所示为一阶梯形转轴的结构示例。轴上与轴承配合的部分称为轴颈，与其他零件配合的部分称为轴头。联接轴头和轴颈的部分叫做轴身。

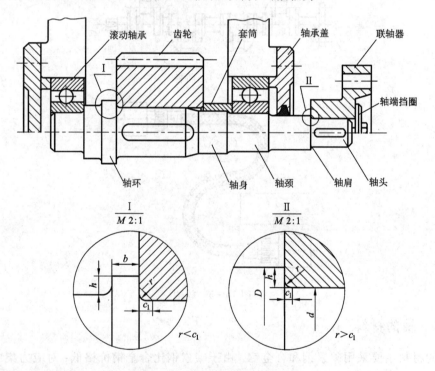

图 15-6　阶梯形转轴的结构示例

在确定轴上各个配合处的直径时，要注意以下几点：

　　① 与滚动轴承配合的轴颈直径，必须符合滚动轴承的内颈标准系列。

　　② 轴上螺纹部分必须符合螺纹标准。

　　③ 轴上花键部分必须符合花键标准。

1. 轴上零件的轴向固定

　　零件在轴上作轴向固定是为了保证零件有确定的相对位置，防止它作轴向移动，并且能承受轴向力。常用的轴向固定方法有以下几种：

（1）轴肩和轴环（如图 15-6 所示）。这是一种最常用的固定方法，可以承受较大的轴向力。图中的齿轮和联轴器就是分别靠轴环和轴肩作轴向固定的。

（2）轴端挡圈、定位套筒和圆螺母（如图 15-7 所示）。轴端挡圈用于轴端零件的固定。套筒定位可减少轴的直径变化，其结构简单，比较常用，但当无法采用套筒或套筒太长时，可考虑用圆螺母加以固定。此时，应在轴上切制螺纹（一般为细牙螺纹），而且螺纹外径要比套装齿轮的轴径小，为了防止螺母松脱，可采用双螺母或加止退垫圈。

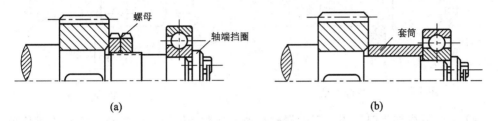

(a)   (b)

图 15-7　几种轴向固定方法

（3）弹性挡圈与紧定螺钉（如图 15-8 和图 15-9 所示）。弹性挡圈与紧定螺钉用于轴向力很小，或仅仅为了防止零件偶然沿轴向移动的场合。

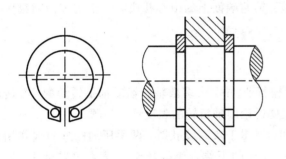 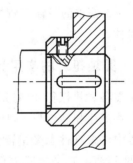

图 15-8　弹性挡圈固定   图 15-9　紧定螺钉固定

2. 轴上零件的周向固定

在轴上作周向固定是为了传递转矩和防止零件与轴产生相对转动。常用的周向固定方法有以下几种：

（1）平键和花键（见第 11 章）。

（2）静配合。利用轴径和轮毂之间具有过盈配合将它们联接在一起。过盈愈大，联接愈紧固，能传递的转矩也就愈大。

此外，还有同时能做轴向和周向固定的紧定螺钉固定方法。

3. 轴上零件的装拆和轴的加工

（1）阶梯轴的阶梯应保证零件能顺利的装拆。如图 15-6 所示的轴，它的直径从轴端到中间逐段增大，可依次将齿轮、套筒、滚动轴承、轴承盖和联轴器安装到轴的右端上去；另一滚动轴承安装在轴的左端；同时，轴的端面应有倒角。有时将轴身和轴头的过渡部分做成锥形，以便安装时将轮毂上的键槽和键对准。

（2）轴上需要磨削的轴段。为了磨削方便，在轴颈或轴头与轴肩过渡处应留有砂轮越程槽（如图 15-10 所示）。

（3）轴上切制螺纹时，应有便于车刀退出的螺尾退刀槽（如图 15 - 11 所示）。

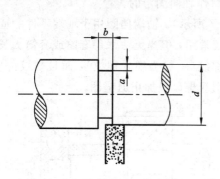

图 15 - 10 砂轮越程槽

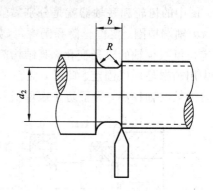

图 15 - 11 退刀槽

（4）为了减少加工时使用车刀的规格和换刀次数，最好将一根轴上所有的圆角半径取成同样大小，所有的倒角取成同样的尺寸，所有的退刀槽取成同样宽度。

（5）如果沿轴的长度方向需铣制几个键槽时，最好将这些键槽都开在轴的同一根母线上，键槽的宽度尽可能统一，以便于铣切。

（6）为了使轴的各段有较好的同轴度，轴两端面上的中心孔应有一定的表面粗糙度及合适的尺寸。

15.1.5 圆轴扭转的实用计算

由于在各种机械行业（特别是交通运输行业）中，大多数轴的运动都是转动的，在转动过程中必将产生扭转变形，因此，本章主要讨论圆轴扭转的强度计算问题。

工程中许多杆件承受扭转变形，例如，当钳工攻螺纹孔时，两手所加的外力偶作用在丝锥杆的上端，工件的反力偶作用在丝锥杆的下端，使得丝锥杆发生扭转变形（如图 15 - 12 所示）。如图 15 - 13 所示的方向盘的操纵杆以及一些传动轴等均是扭转变形的实例，它们均可简化为如图 15 - 14 所示的计算简图。从计算简图中可以看出，杆件扭转的受力特点是：杆件承受作用面与杆轴线垂直的力偶作用；其变形特点是：杆件的各横截面绕杆轴线发生相对转动，杆轴线始终保持直线，这种变形称为扭转变形。

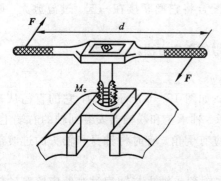

图 15 - 12 丝锥攻螺纹

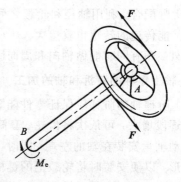

图 15 - 13 汽车方向盘

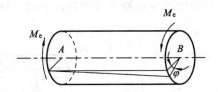

图 15 - 14　圆轴扭转变形

1. 扭转变形外力偶矩的计算

工程中通常给出传动轴的转速及其所传递的功率，而作用于轴上的外力偶矩并不直接给出，外力偶矩的计算公式为

$$\{M_e\}_{N\cdot m} = 9549 \frac{\{P\}_{kW}}{\{n\}_{r/min}} \tag{15-1}$$

式中：M_e 为外力偶矩；P 为轴传递的功率；n 为轴的转速。输入力偶矩为主动力偶矩，其转向与轴的转向相同；输出力偶矩为阻力偶矩，其转向与轴的转向相反。

2. 扭矩与扭矩图

如图 15 - 15 所示，等截面圆轴 AB 两端面上作用有一对平衡外力偶矩 M_e，现用截面法求圆轴横截面上的内力。将轴从 $m-m$ 横截面处截开，以左段作为研究对象，根据平衡条件 $\sum Ms=0$，$m-m$ 横截面上必有一个内力偶矩与 A 端面上的外力偶矩 M_e 平衡，该内力偶矩称为扭矩，用 T 表示，单位为 N·m。若取右段为研究对象，求得的扭矩与以左段为研究对象求得的扭矩大小相等、转向相反，它们是作用与反作用的关系。通常，扭转圆轴各横截面上的扭矩是不同的，扭矩 T 是横截面的位置 x 的函数，即

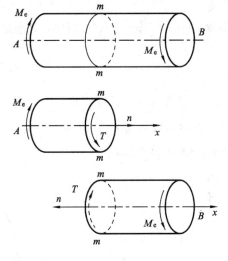

$$T = T(x)$$

图 15 - 15　扭转变形的内力计算

以与轴线平行的 x 轴表示横截面的位置，以垂直于 x 轴的 T 轴表示扭矩，则由函数 $T=T(x)$ 绘制的曲线称为扭矩图。

3. 横截面上的应力

与分析轴向拉压杆横截面上的应力一样，应从研究杆件的变形（几何方面）入手，并考虑应力与变形的关系（物理方面）和静力平衡条件（静力学方面），来确定圆轴扭转时横截面上的应力。

1）几何方面

为了研究圆轴横截面上的应力情况，可进行圆轴扭转实验。实验前在圆轴表面画若干垂直于轴线的圆周线和平行于轴线的纵向线，在圆轴端面上标出一条半径（如图 15 - 16(a)所示）。轴的两端施加一对平衡的外力偶 M_e，使圆轴扭转。当扭转变形较小时，可观察到各圆周线的形状、大小、间距保持不变，仅绕轴线作相对转动；纵向线仍保持直线但倾斜了一个相同的角度 γ，γ 称为剪应变。原来的矩形变成平行四边形，端面的半径转过了 φ 角

度(如图 15-16(b)所示)。根据这些变形特点可得到以下两点结论:

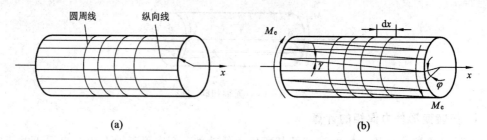

图 15-16　扭转变形现象

(1) 假设圆轴的横截面变形前为平面,变形后仍为平面,其大小和形状不变。

(2) 由于圆周线距离不变,故横截面上无正应力。相邻横截面之间发生相对错动,因此,横截面上必然有垂直于半径方向的剪应力存在。

在圆轴上截取长为 $\mathrm{d}x$ 的微段,放大后如图 15-17 所示。横截面 2-2 相对于 1-1 转过了一个角度 $\mathrm{d}\varphi$,半径 O_2B 转至 O_2C 处。由于纵向线倾斜 γ 角度,即 A 点的剪应变为 γ,且 $\gamma \approx \tan\gamma = \dfrac{BC}{AB} = R\dfrac{\mathrm{d}\varphi}{\mathrm{d}x}$。同样,可推得在距轴线为 ρ 的 A' 点处的剪应变 γ_ρ 为

$$\gamma_\rho \approx \tan\gamma_\rho \approx \rho\frac{\mathrm{d}\varphi}{\mathrm{d}x} \qquad (15-2)$$

式中:$\dfrac{\mathrm{d}\varphi}{\mathrm{d}x}$ 称为单位长度转角,用 φ' 表示,即 $\varphi' = \dfrac{\mathrm{d}\varphi}{\mathrm{d}x}$。由于各纵向线倾斜了相同的 γ 角,因此,在同一横截面上,φ' 为常量。从式(15-2)可知,横截面上任一点的剪应变 γ_ρ 与该点到轴线的距离成正比。

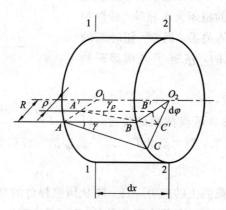

图 15-17　微段轴的变形情况

2) 物理方面

实验表明,在线弹性范围内,某一点处的剪应力与其相应的剪应变成正比,即

$$\tau_\rho = G\gamma_\rho = G\rho\frac{\mathrm{d}\varphi}{\mathrm{d}x} \qquad (15-3)$$

式(15-3)表明,横截面上任一点剪应力 τ_ρ 与该点到轴线的距离 ρ 成正比,其方向垂直于半径。实心圆轴与空心圆轴横截面上剪应力分布如图 15-18 所示。

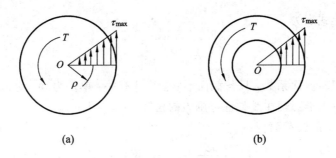

图 15 - 18　扭转变形的剪应力分布

(a) 实心圆轴横截面上的剪应力分布；(b) 空心圆轴横截面上的剪应力分布

3）静力学方面

为了求出单位长度转角 $\dfrac{\mathrm{d}\varphi}{\mathrm{d}x}$，可应用静力学关系。圆轴横截面上的扭矩 T 应由横截面上无数微剪力对轴线的力矩所组成，由此可确定横截面上剪应力的指向为顺着扭矩的转向。从图 15 - 19 中可以得出：

$$T = \int_A \tau_\rho \mathrm{d}A \cdot \rho$$

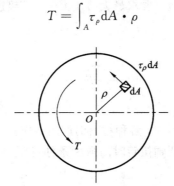

图 15 - 19　剪应力与扭矩的关系

将式(15 - 3)代入，并注意到 $\dfrac{\mathrm{d}\varphi}{\mathrm{d}x}$ 和 G 为常量，可得：

$$T = \int_A G\rho \frac{\mathrm{d}\varphi}{\mathrm{d}x}\mathrm{d}A \cdot \rho = G \frac{\mathrm{d}\varphi}{\mathrm{d}x}\int_A \rho^2 \mathrm{d}A \qquad (15 - 4)$$

令 $I_P = \int_A \rho^2 \mathrm{d}A$，$I_P$ 称为横截面对圆心 O 点的极惯性矩，也称截面的二次极矩，单位为 m^4 或 mm^4，它只与横截面的几何形状和尺寸有关。式(15 - 4)可写成：

$$\frac{\mathrm{d}\varphi}{\mathrm{d}x} = \frac{T}{GI_P} \qquad (15 - 5)$$

将式(15 - 5)代入式(15 - 3)得：

$$\tau_\rho = \frac{T\rho}{I_P} \qquad (15 - 6)$$

当 $\rho = R$ 时，剪应力最大，即圆轴横截面上边缘点的剪应力最大。其值为

$$\tau_{\max} = \frac{TR}{I_P}$$

令 $W_P = \dfrac{I_P}{R}$，则上式变为

$$\tau_{\max} = \frac{T}{W_P} \tag{15-7}$$

式中：W_P 称为扭转截面系数，只与截面形状、尺寸有关，单位为 m^3 或 mm^3。式(15-6)和式(15-7)均只适用于圆轴在线弹性范围内的扭转。

对于直径为 d 的圆截面杆：

$$I_P = \frac{\pi d^4}{32} \qquad W_P = \frac{\pi d^3}{16}$$

对于空心圆杆，设内径为 d，外径为 D，其比值 $\alpha = d/D$，则

$$I_P = \frac{\pi D^4}{32} - \frac{\pi d^4}{32} = \frac{\pi D^4}{32}(1 - \alpha^4)$$

$$W_P = \frac{\pi D^3}{16}(1 - \alpha^4)$$

4. 圆轴扭转时的强度计算

为了保证圆轴扭转时的强度，要求最大剪应力 $\tau_{\max}$ 不超过材料的许用剪应力 $[\tau]$，即

$$\tau_{\max} \leqslant [\tau]$$

对于等截面圆轴，则有：

$$\tau_{\max} = \frac{T_{\max}}{W_P} \leqslant [\tau] \tag{15-8}$$

式(15-8)为圆轴扭转时的强度条件，其中许用应力 $[\tau]$ 是通过扭转试验测得材料的极限剪应力后，除以安全系数得到的。各种材料的许用剪应力可在有关规范中查到。

与轴向拉压杆一样，利用圆轴扭转时的强度条件可解决强度校核、截面选择、承载能力计算三类问题。

例 15-1 汽车传动轴 AB（如图 15-20 所示）轴材料的许用剪应力 $[\tau]=60$ MPa，外径 $D=90$ mm，内径 $d=85$ mm，传递的最大力偶矩 $M=1.5$ kN·m，试校核该轴的强度。

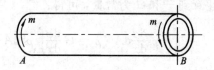

图 15-20 汽车传动轴的强度计算

解：传动轴 AB 各截面的扭矩均为

$$T = M = 1.5 \text{ kN·m}$$

扭转截面系数 W_P 为

$$W_P = \frac{\pi D^3}{16}(1 - \alpha^4) = \frac{3.14 \times 90^3}{16}\left[1 - \left(\frac{85}{90}\right)^4\right] = 29\ 271 \text{ mm}^3$$

传动轴 AB 的最大剪应力为

$$\tau_{\max} = \frac{T}{W_P} = \frac{1.5 \times 10^6 \text{ N·mm}}{29\ 271 \text{ mm}^3} = 51.2 \text{ MPa} < [\tau]$$

此传动轴的强度足够。

5. 圆轴扭转时的变形计算

扭转变形用两个横截面的相对转角 φ 来表示，由式(15-5)可得：

$$\mathrm{d}\varphi = \frac{T}{GI_P}\mathrm{d}x \tag{15-9}$$

对于长度为 l、扭矩 T 不随长度变化的等截面圆轴，则有：

$$\varphi = \frac{Tl}{GI_P} \tag{15-10}$$

对于阶梯状圆轴以及扭矩分段变化的等截面圆轴，须分段计算相对转角，然后求代数和。

6. 圆轴扭转时的刚度计算

圆轴扭转时除了强度要求外，有时还有刚度要求，即要求轴在一定的长度内扭转角不超过某个值，通常限制单位长度转角 φ'。因此，圆轴扭转时的刚度条件是整个轴上的最大单位长度转角 $\varphi'_{\max}$ 不超过规定的单位长度许可转角 $[\varphi']$，即

$$\varphi'_{\max} \leqslant [\varphi']$$

对于等截面圆轴，则有：

$$\varphi'_{\max} = \frac{T_{\max}}{GI_P} \leqslant [\varphi'] \tag{15-11}$$

式中：单位长度转角 φ' 的单位为 rad/m。工程上，单位长度许可转角 $[\varphi']$ 的单位为 (°)/m，考虑单位换算，则得：

$$\varphi'_{\max} = \frac{T_{\max}}{GI_P} \times \frac{180°}{\pi} \leqslant [\varphi'] \tag{15-12}$$

不同类型的轴的 $[\varphi']$ 的值可从有关工程手册中查得。

例 15-2　等截面传动圆轴如图 15-21(a)所示。已知该轴转速 $n=300$ r/min，主动轮输入功率 $P_C=30$ kW，从动轮输出功率 $P_A=5$ kW，$P_B=10$ kW，$P_D=15$ kW，材料的切变模量 $G=80$ GPa，许用剪应力 $[\tau]=40$ MPa，单位长度许可转角 $[\varphi']=1$(°)/m。试按强度条件及刚度条件设计此轴直径。

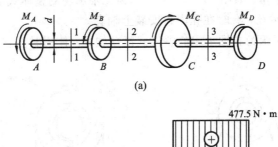

(a)

(b)

图 15-21　扭转轴的结构设计

解：(1) 计算外力偶矩。由公式 $\{M_e\}_{N\cdot m}=9549\dfrac{\{P\}_{kW}}{\{n\}_{r/min}}$，可分别求得 $M_A=159.2\ N\cdot m$，$M_B=318.3\ N\cdot m$，$M_C=955\ N\cdot m$，$M_D=477.5\ N\cdot m$。

(2) 画扭矩图。计算各段扭矩得 $T_{AB}=-159.2\ N\cdot m$，$T_{BC}=-4775\ N\cdot m$，$T_{CD}=477.5\ N\cdot m$。扭矩图如图 15-21(b) 所示。由扭矩图可知，$T_{max}=477.5\ N\cdot m$，发生在 BC 与 CD 段。

(3) 按强度条件设计轴的直径。根据强度条件 $\tau_{max}=\dfrac{T_{max}}{W_P}\leqslant[\tau]$ 及 $W_P=\dfrac{\pi d^3}{16}$ 得：

$$d\geqslant\sqrt[3]{\frac{16T_{max}}{\pi[\tau]}}=\sqrt[3]{\frac{16\times477.5\times10^3}{3.14\times40}}=39.3\ mm$$

(4) 按刚度条件设计轴的直径。根据刚度条件 $\varphi'_{max}=\dfrac{T_{max}}{GI_P}\times\dfrac{180°}{\pi}\leqslant[\varphi']$ 及 $I_P=\dfrac{\pi d^4}{32}$，得

$$d\geqslant\sqrt[4]{\frac{32T_{max}\times180°}{\pi^2G[\varphi']}}=\sqrt[4]{\frac{32\times477.5\times10^3\times180°}{3.14^2\times80\times10^3}}=43.2\ mm$$

综上所述，若圆轴要同时满足强度和刚度条件，则取 $d=44\ mm$。

15.2　轴　承

轴承是支承轴颈的部件，有时也用来支承轴上的回转零件，它是机械中的重要组成部分。按照承受载荷的方向不同，轴承可分为向心轴承（轴承反作用力与轴的中心线垂直）和推力轴承（轴承反作用力与轴的中心线方向一致）两类；按照工作时的摩擦性质不同，可分为滑动轴承和滚动轴承两类。

15.2.1　滑动轴承

1. 滑动轴承的主要类型和结构

1）向心滑动轴承

（1）整体式滑动轴承。如图 15-22(a) 所示为无轴承座的整体式滑动轴承，它是在机架或箱体上直接制出轴承孔，有时在孔内再安装上轴套。

如图 15-22(b) 所示为有轴承座的整体式滑动轴承，使用时把它用螺栓装到机架上。

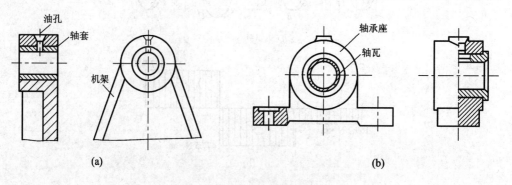

(a)　　　　　　　　　　　　　　(b)

图 15-22　整体式滑动轴承

　　整体式滑动轴承具有结构简单、制造方便、价格低廉、刚度较大等优点。但轴套磨损后间隙无法调整，装拆时必须作轴向移动，不太方便。故只适用于低速、轻载和间歇工作的场合。

　　(2) 剖分式滑动轴承。剖分式滑动轴承的结构如图 15 - 23 所示。它由轴承盖、轴承座、上下轴瓦和润滑装置等组成，轴承盖与轴承座用两个或四个双头螺柱联接。为了便于装配时的对中和防止横向错动，在其剖分面上设置有阶梯形止口。考虑到径向载荷作用在轴上方向的不同，剖分面可以制成水平的(如 15 - 23(a)所示)和 45°斜开的(如图 15 - 23(b)所示)两种。剖分式滑动轴承的装拆方便，轴瓦磨损后可用减薄剖分面的垫片厚度来调整间隙，因此应用广泛。

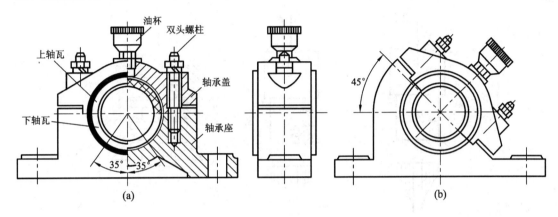

图 15 - 23　剖分式滑动轴承

　　(3) 调心式滑动轴承。调心式滑动轴承的结构如图 15 - 24(a)所示，它的特点是把轴瓦的支撑面做成球面，使其能自动适应轴或机架的变形，以避免如图 15 - 24(b)所示的摩擦情况。此种轴承适用于轴承宽度 B 与轴颈直径 d 之比大于 1.5 的场合。

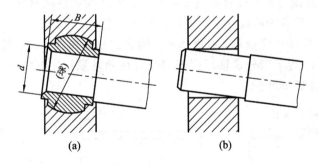

图 15 - 24　调心式滑动轴承

　　2) 推力滑动轴承

　　推力滑动轴承用来承受轴向载荷，如图 15 - 25 所示。按推力轴颈支承面的形式不同，分为实心、环形和多环形三种，如图 15 - 26 所示。图 15 - 26(a)所示为实心推力轴颈，当轴旋转时，由于端面上不同半径处的线速度不相等，因而使端面中心的磨损很小，而边缘的磨损却很大，结果造成轴颈与轴瓦间的压力分布很不均匀。采用图 15 - 26(b)的环形结构，则可使其端面上压力的分布得到明显的改善。图 15 - 26(c)为多环形推力轴颈，由于支承面积大，故可用来承受较大的载荷。

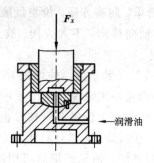

图 15-25 推力滑动轴承

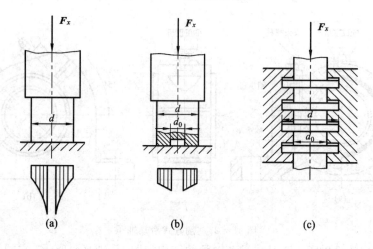

图 15-26 推力轴颈

2. 轴瓦的结构

轴瓦是轴承中直接与轴颈接触的重要零件,它的结构和性能直接关系到轴承的效率、寿命和承载能力,因此是轴承设计中的主要研究对象之一。

轴瓦的结构如图 15-27 所示,有整体式、剖分式和分块式三种。整体式轴瓦(也称轴套)用于整体式滑动轴承;剖分式轴瓦用于剖分式滑动轴承;分块式轴瓦用于大型滑动轴承,以便于运输、装配和调整。

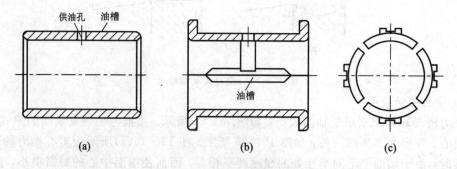

图 15-27 轴瓦的结构
(a)整体式;(b)剖分式;(c)分块式

为了改善轴瓦表面的摩擦性能,提高承载能力,常在轴瓦的内表面浇注一层减摩材料

（如轴承合金等），此层材料称为轴承衬（简称轴衬）。为使轴衬牢固地贴附在轴瓦的内表面，常在轴瓦上预制一些燕尾式沟槽等，如图 15-28 所示。

(a)　　　　　　　　　　　　　　　　　(b)

图 15-28　轴衬

　　为了把润滑油导入整个摩擦表面之间，在轴瓦的非承载区需开设油槽，如图 15-29 所示。油槽的长度要适宜，因为如果油槽太长，则会使润滑油从轴瓦端部大量流失；如果油槽过短，则润滑油将流不到整个轴瓦与轴颈的接触表面。油槽的长度一般取轴瓦长度的80%，轴瓦的结构尺寸可参看机械设计手册。

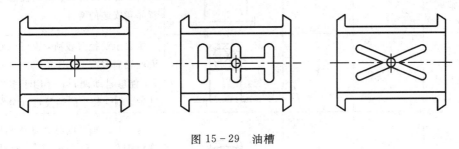

图 15-29　油槽

15.2.2　滚动轴承

　　由于滚动轴承具有摩擦阻力小、效率高、启动轻快和润滑简单等优点，因此在各种机械设备中获得了十分广泛的应用。滚动轴承是标准件，设计时应按标准选用。

1. 滚动轴承的构造

　　滚动轴承的基本构造如图 15-30 所示，它是由外圈 1、内圈 2、滚动体 3 和保持架 4 四个基本元件组成的，有的轴承还有其他的附属元件。多数情况内圈随轴一起转动，外圈不动，但也存在相反的情况或内、外圈一起转动。内、外圈上都有滚道，滚动体沿滚道滚动，并且可以限制滚动体的侧向位移。保持架的作用是把滚动体彼此均匀地隔开，避免运动时相互碰撞，以减少滚动体的磨损。滚动轴承内圈与轴配合，外圈与轴承座孔或机座配合。

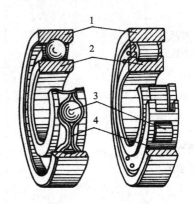

图 15-30　滚动轴承的构造

2. 滚动轴承的类型

　　根据所能承受的载荷的方向，滚动轴承可分为向心轴承和推力轴承两大类；根据滚动体的形状，滚动轴承又可分为球轴承和滚子轴承。常用滚动体的形状如图 15-31 所示。

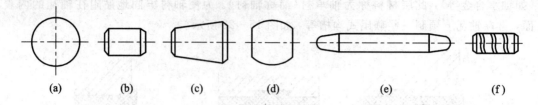

$$(a)\quad(b)\quad(c)\quad(d)\quad(e)\quad(f)$$

图 15-31　滚动体的形状

常用滚动轴承的类型及主要性能见表 15-1。

表 15-1　滚动轴承的主要类型、特性及应用

轴承名称	类型代号	原标准类型代号	简　图	主要特性及应用
双列角接触球轴承	0	6		能同时承受径向载荷和双向的轴向载荷，具有相当于一对角接触球轴承背靠背安装的特性
调心球轴承	1	1		主要承受径向载荷，也可以承受不大的轴向载荷；允许角偏位小于 $2°\sim3°$，能够自动调心。适用于多支点传动轴、刚性较小的轴及难以对中的轴
调心滚子轴承	2	3、9		与调心球轴承的特性基本相同，允许角偏位小于 $1°\sim2.5°$，承载能力大。常用于其他轴承不能胜任的重载和冲击载荷的场合，如轧钢机、大功率减速器等
推力调心滚子轴承				能承受很大的载荷和不大的径向载荷，能自动调心，允许角偏位小于 $2°\sim3°$。适用于重载和要求调心性能好的场合，如重型机床、大型立式电机轴的支承等
圆锥滚子轴承	3	7		能够同时承受径向载荷和单向轴向载荷，承载能力大；内、外圈可以分离，安装调整方便，一般应成对使用。适用于径向和轴向载荷都较大的场合，如斜齿轮、锥齿轮、蜗杆蜗轮轴及机床主轴的支承等
双列深沟球轴承	4	0		具有深沟球轴承的特性，比深沟球轴承的承载能力和刚性更大，可用于比深沟球轴承要求更高的场合

轴承名称	类型代号	原标准 类型代号	简　图	主要特性及应用
推力球 轴承	5	8	 51000 52000	套圈可以分离；只能承受轴向载荷，51000 型承受单向轴向载荷；52000 型承受双向轴向载荷；极限转速低。常用于起重机吊钩、蜗杆轴和立式车床主轴的支承等
深沟球 轴承	6	0		主要承受径向载荷，也能承受一定的轴向载荷；极限转速高，高速时可用来承受不大的纯轴向力；承受冲击能力差。价格低廉、应用最广，适用于刚性较大的轴上，如机床齿轮箱、小功率电机等
角接触球 轴承	7	6		能承受径向和单向轴向载荷，接触角 α 越大，则承受轴向载荷的能力也越大，一般应成对使用。适用于刚性大、跨距较小的轴，如斜齿轮减速器和蜗杆减速器中轴的支承等
推力圆柱 滚子轴承	8	9		能承受很大的单向载荷，承载能力比推力球轴承大得多。常用于承受轴向载荷大而又不需调心的场合
圆柱滚子轴承	N	2		内、外圈可以分离，且允许少量轴向移动；承载能力比深沟球轴承大，能承受较大的冲击载荷，但不能承受轴向载荷。适用于刚性大、对中良好的轴，如大功率电机，人字齿轮减速器等

3. 滚动轴承的代号

国标规定了滚动轴承代号的表示方法，并要求打印在轴承端面上。一般用途的滚动轴承代号由基本代号、前置代号和后置代号构成，用阿拉伯数字和拉丁字母等表示，其构成如表 15 - 2 所示。

表 15 - 2 滚动轴承代号的构成

前置代号	基 本 代 号					后 置 代 号						
	五	四	三	二	一							
轴承分部件代号	类型代号	尺寸系列代号		内径代号		内部结构代号	密封与防尘结构代号	保持架及其材料代号	特殊轴承材料代号	公差等级代号	游隙代号	其他代号
		宽度系列代号	直径系列代号									

1) 滚动轴承的基本代号

滚动轴承的基本代号用来表示轴承的内径、尺寸和类型，一般最多为五位数。

(1) 轴承的内径代号。对公称内径为 15～17 mm 及常用公称内径 $d=20～480$ mm 的滚动轴承，其内径代号以右起第一、二位数字表示。具体的表示方法及其余内径的代号如表 15 - 3 所示。

表 15 - 3 轴承的内径代号

轴承公称内径/mm		内 径 代 号	示 例
0.6～10(非整数)		用公称内径毫米数直接表示，在其与尺寸系列代号之间用"/"分开	深沟球轴承 618/2.5 $d=2.5$ mm
1～9(整数)		用公称内径毫米数直接表示，对深沟球轴承及角接触球轴承 7、8、9 直径系列，内径与尺寸系列代号之间用"/"分开	深沟球轴承 625/5 $d=5$ mm
10～17	10	00	深沟球轴承 6201 $d=12$ mm
	12	01	
	15	02	
	17	03	
20～480		公称内径除以 5 的商数，商数为个位数，需在商数左边加"0"，如 07	调心滚子轴承 23208 $d=40$ mm
≥500		用公称内径毫米数直接表示，但在与尺寸系列之间用"/"分开	调心滚子轴承 230/500 $d=500$ mm

(2) 轴承的尺寸系列代号。滚动轴承的尺寸系列代号由直径系列代号(右起第三位数字)和宽度系列代号(右起第四位数字)组合而成，直径系列代号和宽度系列代号的数字及

意义如表 15–4 和表 15–5 所示。当表示轴承内径相同时，具有不同的外径和宽度，如图 15–32 所示。

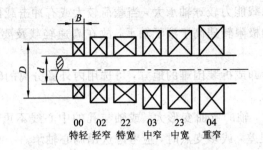

00　02　22　03　23　04
特轻 轻窄 特宽 中窄 中宽 重窄

图 15–32　轴承尺寸系列代号及结构

表 15–4　直径系列代号的数字及意义

代号	0	1	2	3	4	5	7	8	9
意义	特轻	特轻	轻	中	重	特重	超轻	超轻	超轻

表 15–5　宽度系列代号的数字及意义

代号	0	1	2	3	4	5	6	7	8
意义	窄	正常	宽	特宽$_3$	特宽$_4$	特宽$_5$	特宽$_6$	特低	特窄

（3）轴承类型代号。滚动轴承类型代号用基本代号右起第五位数字（或字母）表示，常用轴承的类型及代号如表 15–1 所示。

2）滚动轴承的后置、前置代号

后置、前置代号是轴承在结构形状、尺寸、公差、技术等要求有所改变时，在基本代号左、右添加的补充代号。

（1）滚动轴承的后置代号包括内部结构代号、公差等级代号和轴承游隙代号三种。

内部结构代号：表示同一类型轴承的不同代号。例如，接触角 $\alpha=15°$、$\alpha=25°$、$\alpha=40°$ 的角接触球轴承分别在基本代号后用 C、AC、B 表示。

公差等级代号：滚动轴承的公差等级分为 0、6、6x、5、4、2 六级，其中 0 级精度最低，2 级精度最高。标记方法是在轴承基本代号后写 $/P_0$、$/P_6$、$/P_{6x}$、$/P_5$、$/P_4$、$/P_2$。

轴承游隙代号：轴承的游隙分为径向游隙和轴向游隙，它们分别表示一个套圈固定，另一个套圈沿径向或轴向由一个极限位置到另一个极限位置的移动量。游隙代号分 6 组，常用代号为 0，一般不予标注；其他组的代号分别为 $/C_1$、$/C_2$、$/C_3$、$/C_4$、$/C_5$。

（2）滚动轴承的前置代号。轴承的前置代号里用字母表示轴承的分部件。例如，L 表示可分离轴承的可分离套圈，K 表示轴承的滚动体与保持架组件等。

4. 滚动轴承类型选择

选用滚动轴承时，首先要选择类型。影响正确选择轴承类型的主要因素有：轴承的载荷、转速、装拆及经济性等。具体选择可参考下列原则：

（1）轴承受载的大小、方向及性质是选择类型的主要依据。如只承受径向载荷时一般选用深沟球轴承或圆柱滚子轴承；只承受轴向载荷时选用推力轴承；同时承受径向及轴向载荷，但轴向载荷不大时，可选用深沟球轴承或接触角不大的角接触球轴承或圆锥滚子轴承；同时承受径向及轴向载荷，而轴向载荷较大时，应选用接触角较大的角接触球轴承或圆锥滚子轴承，也可以选用向心轴承与推力轴承组合，分别承受径向力与轴向力。

（2）滚子轴承的承载能力较球轴承大，当载荷较大或有冲击载荷时，宜选用滚子轴承。

（3）球轴承允许的极限转速高于滚子轴承，故在高速轻载及要求旋转精度较高时，宜选用球轴承。

（4）对于需经常拆卸或拆装困难的地方，可选用内外圈分离的轴承，如圆柱滚子轴承、圆锥滚子轴承等。

（5）当支承跨距大，轴的弯曲变形大，或轴与孔的中心线不重合而有角度误差，两个轴承座孔中心位置有误差，或多支点时，应考虑选用调心轴承。

（6）考虑经济性。一般球轴承比滚子轴承便宜，调心轴承价格最高。同型号不同精度的轴承比价为：

普通级：6 级：6x 级：5 级：4 级：2 级＝1：1.8：2.3：7：10。

可见，相同型号的轴承中，精度愈高价格愈高。在相同精度的轴承中，深沟球轴承的价格最低。因此，在选用轴承时，应该在保证轴承工作性能的前提下，尽量选用价格低廉的轴承。

5．滚动轴承的组合设计

为了保证滚动轴承的正常工作，除了正确地选择轴承的类型、尺寸外，还要对轴承进行合理的组合设计，以解决轴承的轴向固定、组合方式、间隙调整、配合选择、安装拆卸等问题。

1）滚动轴承的轴向固定

为了防止轴承在承受轴向负荷时相对于轴或座孔产生轴向移动，轴承内圈与轴、轴承外圈与座孔必须进行轴向定位。

轴承内圈固定的常用方法有：① 轴用弹性挡圈固定（如图 15-33（a）所示），这种方法制造简单、装卸方便、占位置小，用于轴承转速不高、轴向负荷不大、轴颈上车螺纹有困难的场合；② 轴端挡圈固定（如图 15-33（b）所示），这主要用于轴向负荷较大、轴承转速较高、轴端车螺纹有困难的场合；③ 圆螺母固定（如图 15-33（c）所示），用于轴承转速较高、轴向负荷较大的场合，这种方法需与止动垫圈配套使用，以防止螺母松动；④ 紧定套固定（如图15-33（d）所示），用于光轴上、轴承转速不高、承受平稳的径向负荷与不大的轴向负荷的调心轴承，它是在轴颈上安装锥形带槽紧定套，紧定套用螺母和止动垫圈定位。

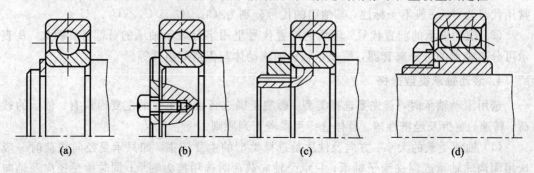

（a）　　　　　（b）　　　　　（c）　　　　　（d）

图 15-33　轴承内圈固定的常用方法

　　轴承外圈固定的常用方法有：① 孔用弹性挡圈固定(如图 15 - 34(a)所示)，它的特点与轴用弹性挡圈固定方法相同，多用于圆柱滚子轴承和轴向负荷不大的深沟球轴承；② 止动环固定(如图 15 - 34(b)所示)，这种方法仅适用于外圈带止动槽的深沟球轴承，且外壳为剖分式结构；③ 轴承盖固定(如图 15 - 34(c)所示)，适用于转速高、轴向负荷大的各种向心轴承；④ 带槽锁紧螺母固定(如图 15 - 34(d)所示)，适用于转速高、轴向负荷大且不便于用轴承盖固定的场合。

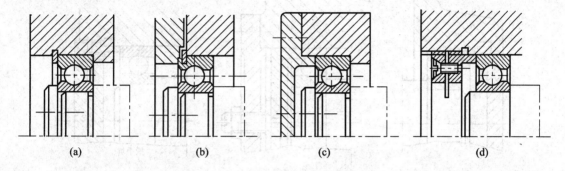

| (a) | (b) | (c) | (d) |

图 15 - 34　轴承外圈固定的常用方法

　　以上介绍的轴向固定元件都是标准件，其结构和尺寸可查有关手册。

　　2) 滚动轴承轴向固定的组合方式

　　滚动轴承的内外圈都必须进行轴向定位，使轴在工作中不发生轴向窜动。但为了补偿轴受热后的伸长，应允许其在适当的范围内自由微量伸缩。因此，确定轴系轴向固定的结构时，还须考虑轴受热伸长的补偿措施。常见的轴向固定组合方式有：两端固定、一端固定一端游动和两端游动三种方式。

　　(1) 两端固定。由两端轴承各限制轴一个方向的轴向移动，这种组合方式称为两端固定，也称双支点单向固定，如图 15 - 35(a)所示为两端固定形式的典型结构。为了补偿轴的受热伸长，在轴承外圈与轴承盖之间应留有间隙 $a = 0.2 \sim 0.4$ mm。对于内部间隙可以调整的角接触轴承，不必在此处留间隙，而是在装配时将间隙留在轴承内部，如图 15 - 35(b)所示。

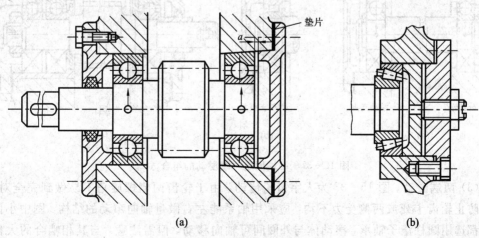

| (a) | (b) |

图 15 - 35　两端固定组合形式

两端固定方式结构简单、便于安装，适用于温差不大的短轴。

轴承间隙调整的常用方法有：① 调整垫片，如图 15 - 35 所示，垫片的厚度为 0.02～0.5 mm，通过增减垫片厚度使轴承获得所需间隙；② 调整环，如图 15 - 36(a) 所示，调整环的厚度可以在安装时配做；③ 调节螺钉，如图 15 - 36(b) 所示；④ 调整端盖，如图 15 - 36(c) 所示。③、④ 两种方法用于角接触轴承的轴向间隙调整。

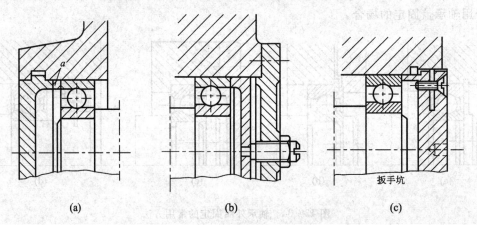

| (a) | (b) | (c) |

图 15 - 36　轴承间隙调整的常用方法

（2）一端固定一端游动。当轴的支承跨距较大或工作温度较高时，多采用一端固定一端游动的组合方式，这种组合方式也称单支点双向固定。固定端限制轴两个方向的移动，可以承受双向轴向负荷；游动端沿轴向可自由移动，以适应轴的热胀冷缩。游动端若采用内外圈不可分离型轴承时，只需固定内圈，外圈在轴承孔内应轴向游动，如图 15 - 37(a) 所示；若游动端采用分离型径向接触轴承，则内外圈都需固定，如图 15 - 37(b) 所示。在图 15 - 37(c) 中，右端为内部间隙，可以调整的向心角接触球轴承构成的单支点双向固定，左端采用径向接触轴承作游动。

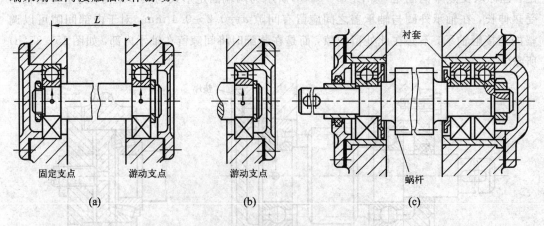

| (a) | (b) | (c) |

图 15 - 37　一端固定一端游动的组合方式

（3）两端游动。图 15 - 38 为人字齿轮传动，由于轮齿两侧螺旋角不易做到完全对称，为了防止轮齿卡死或两侧受力不均，应采用轴系能左右微量轴向窜动的结构。图中小齿轮两端都选用圆柱滚子轴承，滚动体与外圈间可轴向移动。但需注意，与其相啮合的大齿轮轴系则必须两端固定，以使该轴系在箱体中有确定的位置。

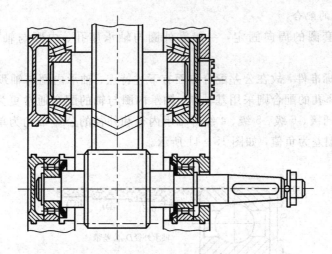

图 15 - 38　两端游动的组合方式

3）轴承组合的轴向调整

有时轴上安装的零件要求有准确的轴向位置，例如，图 15 - 39(a)所示的蜗杆传动，要求蜗轮的中间平面通过蜗杆轴线；如图 15 - 39(b)所示的锥齿轮传动，要求两齿轮的节锥顶点重合，这些都要求轴的轴向位置能够调整。在图 15 - 40(a)中的小锥齿轮轴系，是利用增、减套杯与箱体间的一组垫片 1 来实现套杯轴向位置调整的，由于轴承组合可随套杯做轴向移动，从而实现齿轮位置的调整。轴承盖和套杯之间的一组垫片 2 则用来调整轴承游隙。图 15 - 40(b)中，轴承的游隙靠螺母调整，操作不便，且轴上有螺纹，削弱了轴的强度。但轴承"背对背"安装，其轴系刚度比"面对面"安装好，故也常被采用。

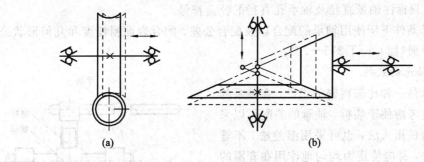

(a)　　　　　　　　　　　　　　(b)

图 15 - 39　轴系位置调整示意图

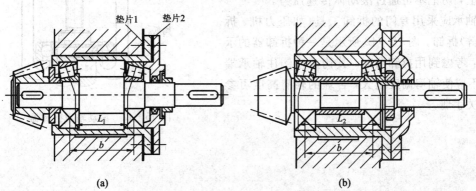

(a)　　　　　　　　　　　　　　(b)

图 15 - 40　轴系位置及轴承间隙调整

4）滚动轴承的配合

滚动轴承的套圈的周向固定，一般靠外圈与轴承座孔、内圈与轴颈之间的配合来保证。

滚动轴承是标准件，故在公差配合方面有下述特点：轴承内圈与轴颈的配合采用基孔制；轴承外圈与座孔的配合则采用基轴制；轴承内圈与轴的配合通常更为紧密。滚动轴承公差标准规定普通级、6 级、5 级、4 级等轴承内径和外径的公差带均为单向分布，即采用上偏差为零、下偏差为负值，如图 15－41 所示。

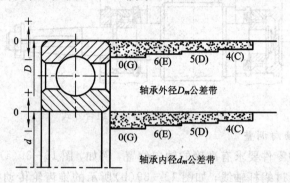

图 15－41　滚动轴承的配合

滚动轴承配合的选择，应根据轴承的类型和尺寸、负荷的性质和大小及其他性能要求来决定。一般说来，在转速高、负荷大、振动大、工作温度高和温差大的情况下，转动套圈的配合就紧些。对于与内圈配合的旋转轴，通常选 r6、n6、m6、k6、js6；对于与固定外圈配合的轴承孔，常选用 G7、H7、J7 和 M7。标注轴承配合时，不需要标注轴承内径及外径的公差符号，只标注轴颈直径及轴承孔直径的公差符号。

各种工况条件下所使用轴承的配合以及配合公差、配合表面粗糙度和几何形状公差等可查阅有关手册（如 GB/T 275－93）。

5）滚动轴承的装拆

滚动轴承是一种比较精密的组件，在轴系的结构设计中应考虑便于装拆。轴承的装配可以采用锤打或压力机压入法，也可采用温差法。不管采用什么方法，都应使压力均匀地作用在套圈的端面上，切记不可通过滚动体传递压力。

轴承应采用专门的拆卸工具（如压力机、拆卸器等）拆卸。图 15－42 所示是一种拆卸器的示意图，考虑到用拆卸器时，其钩头应钩住轴承端面，不应使轴肩高度过大，合理的轴肩高度可参看有关手册。

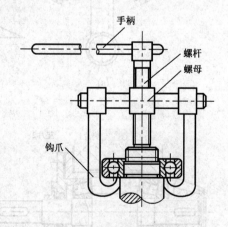

图 15－42　滚动轴承拆卸器

第四篇　液压与液力传动

第 16 章　液 压 传 动

　　用液体作为工作介质来实现能量传递的传动方式称为液体传动。液体传动按其工作原理的不同可分为液压传动和液力传动，主要以液体的压力能进行工作的称为液压传动，主要以液体的动能进行工作的称为液力传动。

16.1　概　　论

16.1.1　液压传动的工作原理

　　这里通过液压千斤顶的工作原理来说明液压传动的工作原理。如图 16-1 所示，液压千斤顶主要由大油缸 6 和活塞 7、小油缸 3、活塞 2、单向阀 4 和 5、截止阀 9 以及杠杆 1 等组成，另外还有重物 8 和油箱 10。

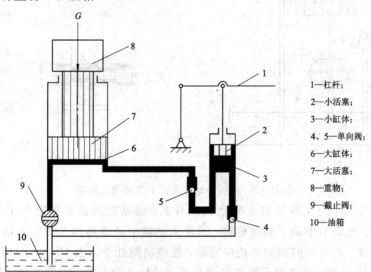

1—杠杆；

2—小活塞；

3—小缸体；

4、5—单向阀；

6—大缸体；

7—大活塞；

8—重物；

9—截止阀；

10—油箱

图 16-1　液压千斤顶的工作原理图

　　工作时用手向上提起杠杆 1，小活塞 2 被带动上升，于是小油缸 3 的下腔密封容积增大，腔内压力下降，形成局部真空，这时单向阀 5 将所在的通道关闭，油箱 10 中的油液在大气压力的作用下推开单向阀 4 沿进油通道进入油缸 3 的下腔，完成一次吸油动作。接着压下杠杆 1，小活塞 2 下移，小油缸 3 的下腔密封容积减小，腔内压力升高，这时单向阀 4 自动关闭油液流回油箱 10 的通道，而油缸 3 下腔的压力油推开单向阀 5 挤入大油缸 6 的下腔，推动大活塞 7 向上移动，将重物 8 顶起一段距离。如此反复提压杠杆 1，即可将重物不断升起，达到顶起重物的目的。

若将截止阀 9 旋转 90°，则在重物的重力作用下，大油缸中的油液流回油箱，大活塞 7 下降到原位。

从此例可以看出液压千斤顶就是液压传动装置，通过其工作过程可知液压传动是依靠液体在密封容积变化中的压力能来实现运动和动力传动的。

16.1.2 液压传动系统的组成

如图 16 - 2 所示是一个机床工作台液压传动系统，我们可以通过它进一步了解液压传动系统的基本原理和组成情况。

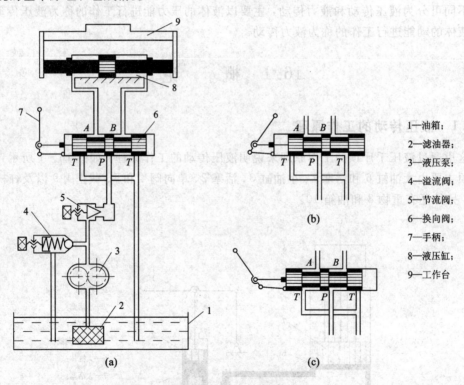

图 16 - 2 液压传动系统的工作原理及组成

1—油箱；
2—滤油器；
3—液压泵；
4—溢流阀；
5—节流阀；
6—换向阀；
7—手柄；
8—液压缸；
9—工作台

如图 16 - 2(a) 所示，液压缸 8 固定在床身上，活塞连同活塞杆带动工作台作往复运动。液压泵 3 在电动机驱动下高速旋转，油液从油箱中经滤油器 2 被吸入液压泵内，增大压力后输入系统。若将换向阀的手柄向右推，使换向阀处于如图 16 - 2(b) 所示的位置，则来自液压泵的压力油经节流阀 5 和换向阀 6 进入油缸 8 的左腔，推动活塞连同工作台 8 一起向右移动，同时油缸右腔的油液经换向阀回到油箱。若将换向阀的手柄向左推，使换向阀处于如图 16 - 2(c) 所示的位置，则压力油经换向阀进入油缸的右腔，推动活塞连同工作台一起向左移动，这时左腔的油液也经换向阀回到油箱。

　　节流阀是用来调节油缸运动速度的,当节流阀的开口较大时,进入油缸的流量较多,油缸的运动速度也较快;反之,当节流阀的开口较小时,油缸的运动速度则较慢。换向阀是用来改变油液在系统中的运动方向的,可以使油液进入油缸的左腔或右腔。溢流阀是用来控制系统油液最高压力的,当系统的压力达到其调定值时,该阀打开,油液由此流回油箱,起到控制系统最高压力或溢流稳压的作用。

　　从上例可知液压传动系统由以下五个部分组成:

　　(1)动力元件。动力元件是指液压油泵,它将发动机或电动机输入的机械能转换为液压能,其作用是为系统提供具有一定压力和流量的液压油,是系统的动力源。

　　(2)执行元件。执行元件是指液压油缸和液压马达,它们是将液压能转换为机械能,输出力和速度或扭矩和转速,以驱动工作部件。

　　(3)控制元件。控制元件是指各类阀,其作用是用来控制系统中油液的压力、流量和流动方向,以保证执行元件完成预定的动作。

　　(4)辅助元件。辅助元件是指油箱、油管、过滤器、冷却器及各种指示器和控制仪表等,它们的作用是提供必要的条件使系统得以完成正常工作。

　　(5)工作介质。工作介质是液压油,液压系统就是通过工作介质来实现运动和动力传递的。

16.1.3　液压系统图及图形符号

　　如图 16-1 和图 16-2 所示的液压传动系统图是一种半结构式的工作原理图,这种图形直观性强、较易理解,但难于绘制,如果系统中元件过多时更是如此。为了便于阅读、分析、设计和绘制液压系统,在工程实际中,国内外都采用液压元件的图形符号来表示。按照规定,这些图形符号只表示元件的功能,不表示元件的结构和参数,并以元件的静止状态或零位状态来表示。如图16-3 所示的液压系统图就是采用国家标准 GB786.1—93 规定的液压图形符号绘制的,使用这些图形符号,可使液压系统图形简单清晰,便于绘制。GB786.1—93 规定的液压图形符号见本书附录。

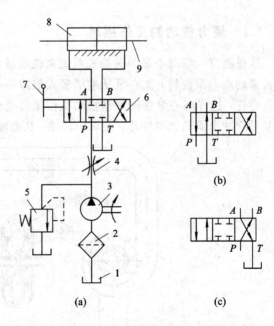

图 16-3　液压传动系统工作原理图(用图形符号)

16.1.4　液压传动的特点

1. 液压传动的优点

　　与其他传动形式相比液压传动的主要优点有:

　　（1）在相同功率条件下，液压传动装置体积小、重量轻。

　　（2）执行元件工作平稳，换向时冲击较小，可频繁换向。

　　（3）可方便实现过载保护，且工作油液能使液压元件实现自润滑，故使用寿命长。

　　（4）液压传动容易实现无级调速，且调速范围大。

　　（5）操纵简单、调节控制方便，特别是与机、电、气联合使用，易于实现复杂的自动工作循环。

　　（6）由于液压元件已实现了标准化、系列化和通用化，液压系统的设计、制造、维修已大大简化。

2．液压传动的缺点

　　液压传动的主要缺点有：

　　（1）液压传动中的泄漏和液体的可压缩性会影响执行元件运动的准确性。

　　（2）液压传动有较多的能量损失，传动效率较低，因此不宜作远距离传动。

　　（3）液压传动对油温的变化比较敏感，不宜在很高或很低的温度下工作。

　　（4）液压系统出现故障时不易查找原因。

　　综上所述，液压传动的优点是主要的，它的缺点会随着科学技术的发展逐步得到解决。

16.2　液力传动

16.2.1　液力传动的工作原理

　　这里通过一组离心泵—涡轮机系统来说明液力传动的工作原理。如图 16-4 所示，发动机带动离心泵旋转，离心泵从液槽吸入液体并带动液体旋转，然后将液体以一定的速度输入导管，这样离心泵便把发动机的机械能转变成了液体的动能。由离心泵输出的高速液体经导管冲击涡轮机的叶片，使涡轮转动，从而输出机械能。

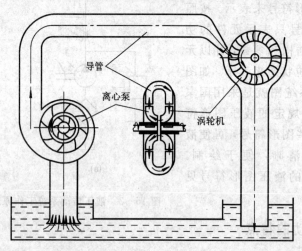

图 16-4　离心泵—涡轮机系统

液力传动装置主要有液力偶合器和液力变矩器，我们主要介绍后者。

16.2.2 液力变矩器

液力传动是一种以液体为工作介质的能量转换装置，它主要包括：能量输入部件，一般称为泵轮，它将发动机的机械能转变为液体的动能；能量输出部件，一般称为涡轮，它将液体的动能转变为机械能。如果液力传动装置只有上述两个部件，则称这一传动装置为液力偶合器。若除上述两部件外还有一个固定的导流部件（一般称为导轮），则称这个液力传动装置为液力变矩器。

如图16-5所示是泵轮、涡轮和导轮各为一个的最简单的液力变矩器，在各工作轮上都安装着一定形状和角度的工作叶片。其工作过程如下：

发动机通过飞轮、驱动壳将动力传给泵轮，高速转动的泵轮将液体带动起来一起旋转，这样泵轮将发动机的机械能转变为液体的动能。液体以一定的速度沿导轮的叶片飞出，去冲击涡轮的叶片，使涡轮旋转，将动力向后边传递，这样涡轮就将液体的动能转变为机械能对外输出。同时沿涡轮叶片飞出的液流冲击固定不动的导轮，导轮通过液流对涡轮施加反作用力矩，从而使涡轮的输出力矩增大，这样就达到了变矩的目的，液流经过导轮回到泵轮进入下一个循环。

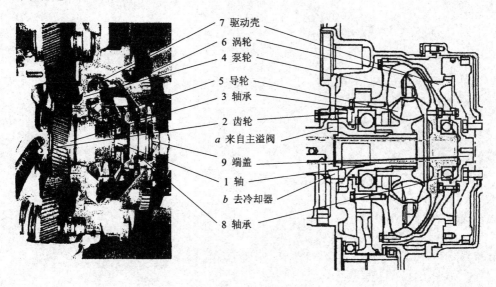

7 驱动壳
6 涡轮
4 泵轮
5 导轮
3 轴承
2 齿轮
a 来自主溢阀
9 端盖
1 轴
b 去冷却器
8 轴承

图16-5 液力变矩器

16.2.3 液力传动的特点

液力传动装置主要有以下优点：

（1）使车辆具有良好的自动适应性。当外载荷增大时，变矩器能使车辆自动增大牵引力，同时车辆自动减速，以克服增大了的外载荷；反之，当外载荷减小时，车辆又能自动减小牵引力，提高车辆的速度。

（2）扩大了机械的适应范围。当工程机械的工作装置作业时，如果作业阻力增大，则工作装置的运动速度自动变慢；如果作业阻力减小，则工作装置的运动速度自动变快，以适应工作阻力的变化。

（3）保证发动机经常在额定工况下工作。发动机在额定工况下工作，可避免发动机因外负荷突然增大而熄火，同时也可满足车辆牵引工况和作业工况的需要。

（4）提高了车辆的使用寿命。由于液力传动的工作介质是液体，故能吸收并减少来自发动机和外载荷的振动和冲击，因此，可提高车辆的使用寿命。

（5）提高了车辆的舒适性。采用了液力传动后，车辆可以平稳起步，并在较大的速度范围内无级变速，可以吸收和减少振动及冲击，从而提高了车辆的舒适性。

（6）简化了车辆的操纵。由于液力变矩器本身就是一个自动无级变速器，发动机的动力范围得到了扩大，故变速箱的挡数可以减小，换挡操纵简单。

与一般机械传动相比，液力传动的主要缺点是传动效率较低，成本较高。

第17章 液 压 泵

在液压传动系统中,液压泵是动力元件,其功用是把原动机输入的机械能转变成液压能对外输出,向系统提供具有一定压力和流量的液压油。在液压传动系统中所使用的液压泵都是容积式液压泵,它是依靠周期性变化的密闭容积和必要的配流装置来进行工作的。

17.1 液压泵概述

17.1.1 液压泵的工作原理及分类

如图 17-1 所示为一单柱塞液压泵的工作原理。柱塞 2 安装在泵体 3 里,并在弹簧作用下始终与偏心轮 1 接触,当偏心轮 1 由原动机带动旋转时,柱塞 2 便在泵体 3 内往复移动,使密封腔 a 的容积发生变化。当柱塞向右移动时,密封腔的容积增大,形成局部真空,油箱中的油便在大气压力的作用下通过单向阀 4 流入泵体内,实现吸油,此时单向阀 5 关闭,防止系统油液回流;当柱塞向左移动时,密封腔的容积减小,油液受挤压,便经单向阀 5 压入系统,实现压油,此时单向阀 4 关闭,避免油液流回油箱。若偏心轮不停地旋转,泵就不断地吸油和压油。

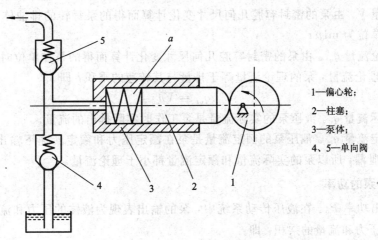

1—偏心轮;
2—柱塞;
3—泵体;
4、5—单向阀

图 17-1 单柱塞液压泵的工作原理

由此可见,液压泵是靠密封容腔的容积变化来实现吸油和压油的,其排油量的大小取决于密封腔的容积变化,故称为容积式泵。容积式泵工作的两个必要条件是:

(1)有周期性的密封容积变化。密封容积由小变大时实现吸油,由大变小时实现压油。

(2)有配流装置。它保证密封容积由小变大时只与吸油管连通,密封容积由大变小时只与压油管连通。上述单柱塞泵中的两个单向阀 4、5 就是起配流作用的,是配流装置的一种类型。

　　根据液压泵结构形式的不同,液压泵有齿轮泵、叶片泵、柱塞泵、螺杆泵等类型。其中,齿轮泵可分为外啮合齿轮泵和内啮合齿轮泵;叶片泵可分为单作用叶片泵和双作用叶片泵;柱塞泵可分为轴向柱塞泵和径向柱塞泵。

　　根据液压泵的输出流量是否变化,液压泵还可分为定量泵和变量泵。

17.1.2　液压泵的性能参数

1. 液压泵的压力

　　(1)工作压力 p。液压泵的工作压力是指泵工作时,输出油液的实际压力。其值大小取决于外界负载,当外界负载增大时,液压泵的压力升高;当外界负载减小时,液压泵的压力降低。

　　(2)额定压力 p_n。泵在正常工作条件下,按实验标准规定能连续运转的最高压力称为泵的额定压力。其值大小受泵本身的泄漏和结构强度所制约,当泵的工作压力超过额定压力时,泵就会超载。

　　由于液压传动的用途不同,系统所需要的压力也不相同,为了便于液压元件的设计、生产和使用,将压力分为几个等级,如表 17-1 所示。

表 17-1　压　力　等　级

压力等级	低压	中压	中高压	高压	超高压
压力 p/MPa	≤2.5	>2.5~8	>8~16	>16~32	>32

2. 液压泵的排量和流量

　　(1)排量 V。由泵的密封容腔几何尺寸变化计算而得的泵每转的排油体积称为泵的排量,其常用单位为 mL/r。

　　(2)理论流量 q_{vt}。由泵的密封容腔几何尺寸变化计算而得的泵在单位时间内的排油体积称为泵的理论流量,泵的理论流量等于排量与其转速的乘积,即

$$q_{vt} = Vn \tag{17-1}$$

　　(3)实际流量 q_v。液压泵的实际流量是泵工作时实际排出的流量。

　　(4)额定流量 q_{vn}。液压泵的额定流量是泵在额定压力和额定转速下输出的实际流量。由于泵存在泄漏,所以泵的实际流量和额定流量都小于理论流量。

3. 液压泵的功率

　　(1)输出功率 P_o。在液压传动系统中,泵的输出表现为液体的压力和流量,其输出功率等于液体压力和流量的乘积,即

$$P_o = pq_v \tag{17-2}$$

式中:P_o 为泵的输出功率;p 为输出油液的压力;q_v 为输出油液的流量。

　　(2)输入功率 P_i。液压泵的输入功率为驱动泵轴的机械功率,即

$$P_i = 2\pi nT_i \tag{17-3}$$

式中:P_i 为泵的输入功率;n 为泵轴的转速;T_i 为液压泵的输入转矩。

　　液压泵在工作中,由于有泄漏和机械摩擦,就有能量损失,故其输出功率小于输入功率,即 $P_o < P_i$。

4. 液压泵的效率

(1) 容积效率 η_v。液压泵的实际流量与理论流量的比值称为泵容积效率,即

$$\eta_v = \frac{q_v}{q_{vt}} = \frac{q_{vt} - \Delta q_v}{q_{vt}} = 1 - \frac{\Delta q_v}{q_{vt}} \qquad (17-4)$$

式中:q_v 为实际流量;q_{vt} 为理论流量;Δq_v 为液压泵的泄漏量,它是理论流量与实际流量的差值,其值大小与泵的压力 p 有关,随 p 的增大而增加。

(2) 机械效率 η_m。由于泵在工作时存在各种摩擦损失(机械摩擦、液体摩擦),所以,驱动泵轴所需要的实际转矩必然大于理论转矩,理论转矩与实际转矩的比值称为机械效率,即

$$\eta_m = \frac{T_t}{T_i} \qquad (17-5)$$

式中:T_i 为实际输入转矩;T_t 为理论转矩。

如果忽略各种能量损失,泵的理论机械功率将全部转换为液压功率,即

$$pq_{vt} = pVn = 2\pi n T_t$$

则有 $T_t = \dfrac{pV}{2\pi}$,将此式带入式(17-5)得:

$$\eta_m = \frac{pV}{2\pi T_i} \qquad (17-6)$$

(3) 总效率 η。泵的输出功率与输入功率的比值称为泵的总效率,即

$$\eta = \frac{P_o}{P_i} = \frac{pq_v}{2\pi n T_i} = \frac{q_v pV}{Vn 2\pi T_i} = \eta_v \eta_m \qquad (17-7)$$

例 17-1 某液压泵的输出油压 $p=12$ MPa,转速 $n=1400$ r/min,排量 $V=48$ mL/r,容积效率 $\eta_v=0.95$,总效率 $\eta=0.9$,求液压泵的输出功率和输入功率各为多大。

解:(1) 求液压泵的输出功率。

液压泵的实际输出流量:

$$q_v = q_{vt}\eta_v = Vn\eta_v = 48 \times 10^{-3} \times 1400 \times 0.95 = 63.84 \text{ L/min}$$

液压泵的输出功率:

$$P_o = pq_v = \frac{12 \times 10^6 \times 63.84 \times 10^{-3}}{60} = 12.77 \text{ kW}$$

(2) 求液压泵的输入功率。

液压泵的输入功率:

$$P_i = \frac{P_o}{\eta} = \frac{12.77}{0.9} = 14.19 \text{ kW}$$

17.2 齿 轮 泵

齿轮泵是液压系统中广泛采用的液压泵,有外啮合和内啮合两种结构形式。齿轮泵的优点是结构简单、制造方便、体积小、重量轻、转速高、自吸性能好、对油的污染不敏感、工作可靠、寿命长、便于维护修理以及价格低廉等;主要缺点是流量和脉动率大、噪声大、排量不可调等。

17.2.1 外啮合齿轮泵

1. 外啮合齿轮泵的工作原理

图 17-2 所示为渐开线圆柱直齿形的外啮合齿轮泵的工作原理图,在泵体内有一对齿数相同的外啮合渐开线齿轮,齿轮两侧由端盖盖住(图中未示出)。泵体、端盖和齿轮之间形成了密封腔,并由两个齿轮的齿面接触线将左右两腔隔开,形成了吸、压油腔。当齿轮按图示方向旋转时,右侧吸油腔内的轮齿相继脱开啮合,使密封容积增大,形成局部真空,油箱中的油在大气压力作用下进入吸油腔,并被旋转的齿轮带入左侧,左侧压油腔的轮齿不断进入啮合,使密封容积变小,油液被挤出,通过压油口压油,这就是齿轮泵的吸油和压油过程。齿轮不断地旋转,泵就不断地吸油和压油。

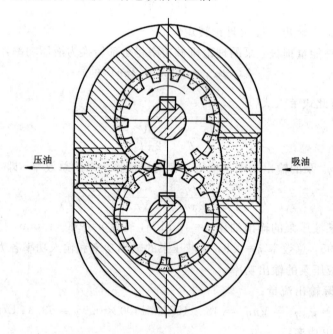

压油　　　　　　　　　　　　　　　　　　吸油

图 17-2　外啮合齿轮泵的工作原理图

2. 齿轮泵的排量和流量

齿轮泵的排量 V 相当于两个齿轮齿槽容积之和。假设齿槽容积等于轮齿体积,那么其排量就等于一个齿轮的齿槽容积和轮齿体积的总和,即相当于以有效齿高($h=2\ m$)和齿宽构成的平面所扫过的环形体积,即泵的排量为

$$V = \pi dhb = 2\pi zm^2 b \qquad (17-8)$$

式中:d 为分度圆直径,$d=mz$;h 为有效齿高,$h=2\ m$;z 为齿轮齿数。

实际齿槽容积比轮齿体积稍大一些,所以通常取

$$V = 6.66\ zm^2 b \qquad (17-9)$$

齿轮泵的实际输出流量为

$$q_v = 6.66\ zm^2 bn\eta_v \qquad (17-10)$$

式中:n 为泵的转速;η_v 为泵容积效率。

式(17-10)中的 q_v 是齿轮泵的平均流量。实际上,由于齿轮泵啮合过程中压油腔的容积变化率是不均匀的,因此齿轮泵的瞬时流量是脉动的。设 $q_{v\,max}$、$q_{v\,min}$ 表示最大、最小瞬时流量,流量脉动率 σ 可用下式表示:

$$\sigma = \frac{q_{v\,max} - q_{v\,min}}{q_v} \tag{17-11}$$

齿轮泵的齿数愈少,流量脉动率就愈大,其值最高可达 20% 以上。流量脉动引起压力脉动,随之产生振动与噪声(内啮合齿轮泵的流量脉动率要小的多),所以,高精度机械不宜采用外啮合齿轮泵。

3. 外啮合齿轮泵的结构特点

(1)困油现象。齿轮泵要平稳地工作,就要求齿轮啮合的重合度必须大于 1,即一对轮齿尚未脱开,另一对齿已进入啮合。这样,就有一部分油液被围困在两对轮齿所形成的密封腔之内,如图 17-3 所示。这个密封容积随齿轮转动先由最大(如图 17-3(a)所示)逐渐减小到最小(如图 17-3(b)所示),又由最小逐渐增加到最大(如图 17-3(c)所示)。当密封容积减小时,被困油液受到挤压,压力急剧上升,并从缝隙中流出,导致油液发热,轴承等机件也受到附加的不平衡负载作用。当密封容积增大时,又会造成局部真空,使溶于油中的气体分离出来,产生气穴,引起噪声、振动和气蚀,这就是齿轮泵的困油现象。

消除困油现象的方法,通常是在齿轮的两端盖板上开卸荷槽(如图 17-3(d)中的虚线所示),使密封容积减小时通过右边的卸荷槽与压油腔相通;密封容积增大时通过左边的卸荷槽与吸油腔相通。在很多齿轮泵中,两槽并不对称于齿轮中心线分布,而是整个向吸油腔侧平移一段距离,这样能取得更好的卸荷效果。

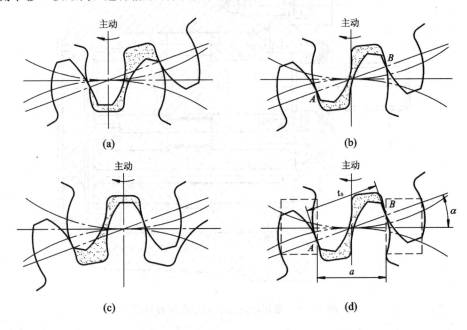

图 17-3 齿轮泵的困油现象及消除措施

(2)径向作用力不平衡。当齿轮泵工作时,液体作用在齿轮外缘上的压力是不均匀的,从低压腔到高压腔,压力沿齿轮旋转方向逐齿递增,因此齿轮和轴受到径向不平衡力的作用。工作压力越高,径向不平衡力也越大,严重时能使泵轴弯曲,导致齿顶接触泵体产生磨损,同时也降低了轴承的使用寿命。

为了减少径向不平衡力的影响,常采取缩小压油口的办法,使压油腔的压力油仅作用在一到两个齿的范围内;同时适当增大径向间隙,使齿顶不与泵体接触。

(3)泄漏。外啮合齿轮泵压油腔的压力油向吸油腔泄漏有三条途径:一是通过齿轮啮合处的啮合间隙;二是通过泵体内孔和齿顶圆间的径向间隙;三是通过齿轮两端面和盖板间的端面间隙。在三类间隙中,以端面间隙的泄漏量最大,约占 70%~80% 左右,而且泵的压力愈高,间隙泄漏就愈大,因此其容积效率很低,一般齿轮泵只适用于低压场合。为了减小泄漏,用设计较小间隙的方法并不能取得很好的效果,因为泵在经过一段时间运转后,由于磨损而使间隙增大,泄漏又会增加。为使齿轮泵能在高压下工作,并具有较高的容积效率,需要从结构上采取措施对端面间隙进行自动补偿。

通常采用的端面间隙自动补偿装置有浮动轴套式和弹性侧板式两种,其原理都是引入液压油使轴套或侧板紧贴齿轮端面,压力越高,贴得越紧,因而能自动补偿端面磨损和减小间隙。如图 17-4 所示为采用浮动轴套的中高压齿轮泵的一种典型结构,图中 1 和 2 是浮动安装的,轴套左侧的空腔均与泵的压油腔相通。当泵工作时,轴套 1 和 2 受左侧高压油的作用而向右移动,将齿轮的两侧面压紧,从而自动补偿了端面间隙。这样,齿轮泵的额定工作压力可达 20 MPa,容积效率不低于 0.9。

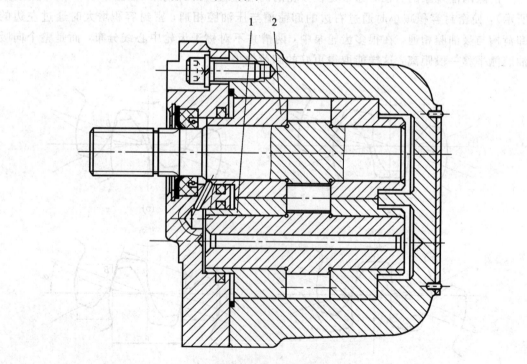

图 17-4 采用浮动轴套的中高压齿轮泵

17.2.2 内啮合齿轮泵

内啮合齿轮泵有渐开线齿形和摆线齿形两种,其结构示意图如图 17-5 所示。

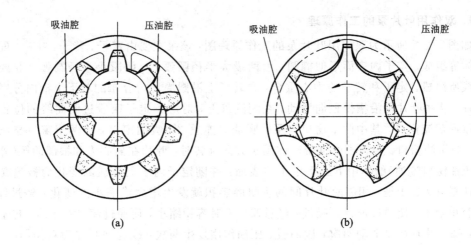

图 17-5 内啮合齿轮泵结构示意图

(a) 渐开线齿形；(b) 摆线齿形

1. 渐开线齿形内啮合齿轮泵

渐开线齿形内啮合齿轮泵由小齿轮、内齿环、月牙形隔板等组成。当小齿轮为主动轮时，带动内齿环绕各自的中心同方向旋转，左半部轮齿退出啮合，容积增大，形成真空，进行吸油。进入齿槽的油被带到压油腔，右半部轮齿进入啮合，容积减小，从压油口压油。在小齿轮和内齿轮之间要装一块月牙形隔板，以便将吸、压油腔隔开。

2. 摆线齿形内啮合齿轮泵

摆线齿形内啮合齿轮泵又称摆线转子泵，主要零件是一对内啮合的齿轮(即内、外转子)。内转子齿数比外转子齿数少一个，两转子之间有一偏心距。工作时，内转子带动外转子同向旋转，所有内转子的齿都进入啮合，形成几个独立的密封腔。随着内外转子的啮合旋转，各密封腔的容积将发生变化，从而进行吸油和压油。内啮合齿轮泵具有结构紧凑、尺寸小、重量轻、运转平稳、噪声小、流量脉动小等优点；其缺点是齿形复杂、加工困难、价格较贵。

17.3 叶 片 泵

叶片泵在机床、工程机械、汽车等设备中应用比较广泛。它具有结构紧凑、运动平衡、噪声小、输油均匀、寿命长等优点；其缺点是结构复杂、吸油特性差、对油液的污染敏感、转速不能太高。

一般叶片泵的工作压力为 7 MPa，高压叶片泵可达 14 MPa，随着结构和工艺材料的不断改进，叶片泵也逐步向中、高压方向发展。

叶片泵按其工作原理可分为单作用式和双作用式两类。双作用式和单作用式相比，其输出流量脉动率小，所受的径向力基本平衡。双作用式叶片泵常做成定量泵，而单作用式叶片泵可以做成多种变量形式。下面主要介绍双作用叶片泵。

1. 双作用叶片泵的工作原理

如图 17-6 所示为双作用叶片泵的工作原理图，该泵主要由定子、转子、叶片、配油盘和泵体等组成。定子内表面形似椭圆，由两段大半径圆弧 R、两段小半径圆弧 r 和四段过渡曲线所组成。定子和转子的中心重合，在转子上沿圆周均匀分布的若干个槽内分别安放有叶片，这些叶片可沿槽做径向滑动。在配流盘上，对应于定子四段过渡曲线的位置开有四个腰形配流窗口，其中两个窗口与泵的吸油口连通，为吸油窗口，另两个窗口与压油口连通，为压油窗口。当转子由轴带动按图示方向旋转时，叶片在离心力和根部油压（叶片根部与压油窗口连通）的作用下压下定子内表面，并随定子内表面曲线的变化而被迫在转子槽内往复滑动。于是，相邻两叶片间的密封腔容积就发生增大或缩小的变化，经过窗口 a 处时容积增大，便通过窗口 a 吸油，经过窗口 b 时容积缩小，便通过窗口 b 压油。转子每转一周，每一叶片往复滑动两次，因而吸、压油作用发生两次，故这种泵称为双作用叶片泵。因为吸、压油口对称分布，转子和轴所受的径向液压力相平衡，所以这种泵又称为平衡式叶片泵，该泵的排量不可调，是定量泵。

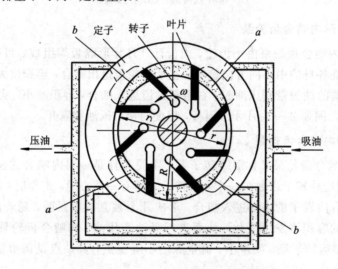

图 17-6　双作用叶片泵的工作原理图

2. 双作用叶片泵的排量和流量

由叶片泵的工作原理可知，当叶片泵每伸缩一次时，每两叶片间油液的排出量等于大半径 R 圆弧段的容积与小半径 r 圆弧段的容积之差。若叶片数为 z，则双作用叶片泵每转排油量应等于上述容积差的 $2z$ 倍，表达式为

$$V = 2z(R^2 - r^2)b \qquad (17-12)$$

泵输出的实际流量则为

$$q_v = Vn\eta_v = 2z(R^2 - r^2)bn\eta_v \qquad (17-13)$$

式中：b 为叶片宽度。

如果不考虑叶片厚度，则理论上双作用叶片泵流量无脉动。这是因为在转子转动时，压油窗口处的叶片使前后两个工作腔之间互相连通，形成了一个组合的密封工作腔。随着转子的匀速转动，位于大、小圆弧处的叶片均在圆弧上滑动，压油腔的容积不变，因此泵

的瞬时流量也是均匀的。但由于叶片有一定厚度，根部又连通压油腔，在吸油区的叶片不断伸出，根部容积要用压力油来补充，导致减少了输出量，造成少量流量脉动。通过理论分析可知，流量脉动率在叶片数为 4 的整数倍且大于 8 时最小，故双作用叶片泵的叶片数通常取 12。

3. 双作用叶片泵的结构特点

（1）定子过渡曲线。定子内表面的曲线是由四段圆弧和四段过渡曲线组成的（如图 17 - 6 所示）。理想的过渡曲线不仅应使叶片在槽中滑动时的径向速度和加速度变化均匀，而且应使叶片转到过渡曲线和圆弧交接点处的加速度突变不大，以减小冲击和噪声。目前，双作用叶片泵一般都使用综合性能较好的等加速或等减速曲线作为过渡曲线。

（2）径向作用力平衡。由于双作用叶片泵的吸、压油口对称分布，所以转子和轴承上所承受的径向作用力是平衡的。

17.4　柱　塞　泵

柱塞泵是依靠柱塞在缸体内往复运动，使密封工作腔的容积发生变化来实现吸油、压油的。由于其主要构件柱塞与缸体的工作部分均为圆柱表面，因此，加工方便，配合精度高，密封性能好。同时，柱塞泵的主要零件处于受压状态，使材料强度性能得到充分利用，故柱塞泵常做成高压泵。而且，只要改变柱塞的工作行程就能改变泵的排量，易于实现单向或双向变量。所以，柱塞泵具有压力高、结构紧凑、效率高及流量调节方便等优点。其缺点是结构较为复杂，有些零件对材料及加工工艺的要求较高，因而，在各类容积式泵中，柱塞泵的价格最高。柱塞泵常用于需要高压大流量和流量需要调节的液压系统中，如拉床、龙门刨床、工程机械等设备的液压系统。

柱塞泵按柱塞排列方向的不同，分为轴向柱塞泵和径向柱塞泵。轴向柱塞泵按其结构特点又分为斜盘式和斜轴式两类。

17.4.1　斜盘式轴向柱塞泵

1. 斜盘式轴向柱塞泵的工作原理

轴向柱塞泵的柱塞都平行于缸体的中心线，并均匀分布于缸体的圆周。斜盘式轴向柱塞泵的工作原理如图 17 - 7 所示，泵的传动轴中心线与缸体中心线重合，故斜盘式轴向柱塞泵又称为直轴式轴向柱塞泵。它主要由斜盘 1、柱塞 2、缸体 3、配油盘 4 所组成。缸体 3上均匀分布了若干个轴向柱塞孔，孔内装有柱塞 2，柱塞都与缸体轴线平行。斜盘与缸体间倾斜了一个 γ 角，缸体由轴带动旋转，斜盘和配油盘固定不动。在底部弹簧的作用下，柱塞头部始终紧贴斜盘。当缸体按图示方向旋转时，由于斜盘和弹簧的共同作用，使柱塞产生往复运动，各柱塞与缸体间的密封腔容积便发生增大或缩小的变化，通过配油盘上的窗口 a 吸油，窗口 b 压油。

如果改变斜盘倾角 γ 的大小，就改变了柱塞的行程，也就改变了泵的排量；如果改变斜盘倾角的方向，就改变了吸油、压油的方向。因此，斜盘式轴向柱塞泵就成为双向变量泵。

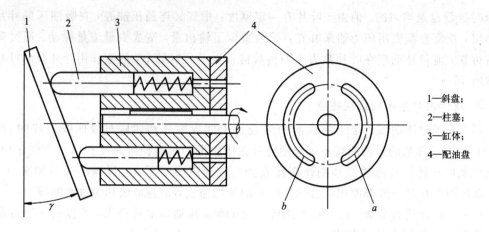

图 17 - 7　斜盘式轴向柱塞泵的工作原理

1—斜盘；

2—柱塞；

3—缸体；

4—配油盘

2. 斜盘式轴向柱塞泵的排量和流量

当柱塞泵旋转一周时，柱塞移动的距离为 $L = D\tan\gamma$（如图 17 - 8 所示），故柱塞泵每转的排量为

$$V = \frac{\pi}{4}d^2 D(\tan\gamma)z \tag{17-14}$$

泵实际输出的流量为

$$q_v = \frac{\pi}{4}d^2 D(\tan\gamma)zn\eta_v \tag{17-15}$$

式中：d 为柱塞直径；L 为柱塞行程；D 为缸体上柱塞分布圆直径；γ 为斜盘倾角；z 为柱塞数；n 为泵的转数；η_v 为泵的容积效率。

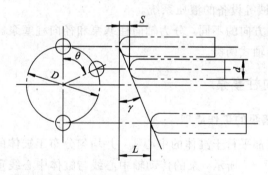

图 17 - 8　轴向柱塞泵流量的计算

实际上，由于柱塞在缸体孔中的运动不是恒速，因而，输出流量是有脉动的。当柱塞数为奇数且柱塞数多时，脉动较小，因而，一般常用的柱塞泵的柱塞个数为 7、9 或 11。

3. 轴向柱塞泵的结构特点

如图 17 - 9 所示为常见的轴向柱塞泵结构图，它由两部分组成：右边的主体部分（可再分为前泵体部分、中间泵体部分）和左边的变量部分。缸体 5 安装在中间泵体 1 和前泵体 7 内，由传动轴 8 通过花键带动旋转。在缸体内的七个轴向缸孔中分别装有柱塞 9。柱塞的球形头部装在滑履 12 的孔内，并可作相对滑动。中心弹簧 3 通过内套 2、钢球 13 和回程盘

14 将滑履 12 紧紧地压在斜盘 15 上，同时，中心弹簧 3 又通过外套 10 将缸体 5 压向配油盘 6。当缸体由传动轴带动旋转时，柱塞相对缸体作往复运动，于是容积发生变化，这时油液可通过缸孔底部月牙形的通油孔、配油盘 6 上的配油窗口和前泵体 7 的进、出油孔完成吸、压油工作。

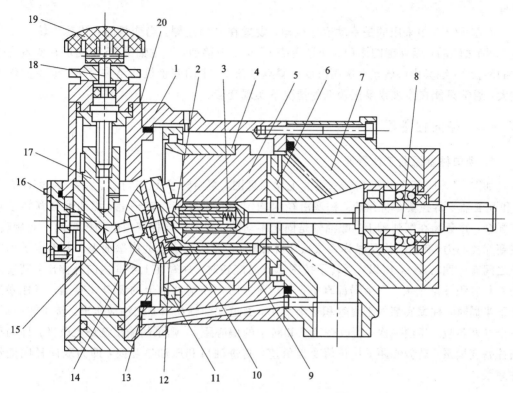

1—中间泵体；2—内套；3—中心弹簧；4—钢套；5—缸体；6—配油盘；7—前泵体；8—传动轴；
9—柱塞；10—外套；11—轴承；12—滑履；13—钢球；14—回程盘；15—斜盘；16—轴销；
17—变量活塞；18—丝杆；19—手轮；20—变量机构壳体

图 17-9 手动变量斜盘式轴向柱塞泵

轴向柱塞泵的结构特点如下：

（1）滑履结构。在图 17-9 中，各柱塞以球形头部直接接触斜盘而滑动，柱塞头部与斜盘之间为点接触，因此被称为点接触式轴向柱塞泵。当泵工作时，柱塞头部接触应力大，极易磨损，故一般轴向柱塞泵都在柱塞头部装有滑履。改点接触为面接触，并且各相对运动表面之间通过滑履上小孔引入压力油，实现可靠的润滑，大大降低了相对运动零件表面的磨损。这样，就有利于泵在高压下工作。

（2）中心弹簧机构。柱塞泵要想正常工作，柱塞头部的滑履必须始终紧贴斜盘。在图 17-7 中采用在每个柱塞底部加一个弹簧的方法，但这种结构随着柱塞的往复运动，弹簧易于疲劳损坏。在图 17-9 中改用一个中心弹簧 3，通过钢球 13 和回程盘 14 将滑履压向斜盘，从而使泵具有较好的自吸能力，这种结构中的弹簧只受静载荷，不易疲劳损坏。

（3）缸体端面间隙的自动补偿。由图 17-9 可见，使缸体紧压配油盘端面的作用力，除弹簧 3 的推力外，还有柱塞孔底部台阶面上所受的液压力，此液压力比弹簧力大得多，而且随泵工作压力的增大而增大。由于，缸体始终受力紧贴着配油盘，因此，使端面间隙得到了自动补偿，提高了泵的容积效率。

（4）变量机构。在变量轴向柱塞泵中均设有专门的变量机构，用来改变斜盘倾角 γ 的大小以调节泵的排量。轴向柱塞泵的变量方式有多种，其变量机构的结构形式也多种多样。

在图 17-9 中采用的是手动变量机构，设置在泵的左侧。当变量时，转动手轮 19、丝杆 18 随之转动，因导键的作用，变量活塞 17 便上下移动，通过轴销 16 使支承在变量壳体上的斜盘 15 绕其中心转动，从而改变了斜盘倾角 γ。手动变量机构结构简单，但手操作力较大，通常只能在停机或泵压较低的情况下实现变量。

17.4.2　径向柱塞泵

1. 径向柱塞泵的工作原理

如图 17-10 所示为径向柱塞泵的工作原理图，泵由转子 1、定子 2、柱塞 3、配油铜套 4 和配油轴 5 等主要零件组成，柱塞沿径向均匀分布地安装在转子上。配油铜套和转子紧密配合，并套装在配油轴上，配油轴是固定不动的。转子连同柱塞由电动机带动一起旋转，柱塞靠离心力（有些结构是靠弹簧或低压补油作用）紧压在定子的内壁面上。由于定子和转子之间有一偏心距 e，所以，当转子按图示方向旋转时，柱塞在上半周内向外伸出，其底部的密封容积逐渐增大，产生局部真空，于是通过固定在配油轴上的窗口 a 吸油。当柱塞处于下半周时，柱塞底部的密封容积逐渐减小，通过配油轴窗口 b 把油液压出。转子转一周，每个柱塞各吸、压油一次。若改变定子和转子的偏心距 e，则泵的输出流量也改变，即为径向柱塞变量泵；若偏心距 e 从正值变为负值，则进油口和压油口互换，即为双向径向变量柱塞泵。

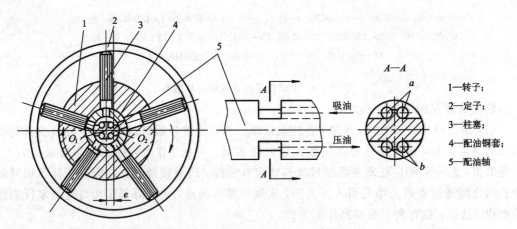

图 17-10　径向柱塞泵的工作原理图

1—转子；
2—定子；
3—柱塞；
4—配油铜套；
5—配油轴

2. 径向柱塞泵的排量和流量

柱塞的行程为两倍偏心距 e，泵的排量为

$$V = \frac{\pi}{4}d^2 2ez = \frac{\pi}{2}d^2 ez \tag{17-16}$$

泵的实际输出流量为

$$q_v = \frac{\pi}{2} d^2 ezn\eta_v \qquad (17-17)$$

径向柱塞泵的瞬时流量也是脉动的，与轴向柱塞泵相同，为了减少脉动，柱塞数通常也取奇数。径向柱塞泵的优点是制造工艺好，变量容易，工作压力较高，轴向尺寸小，便于做成多排柱塞的形式。其缺点是径向尺寸大，配油轴受有径向不平衡液压力作用，易磨损，泄漏间隙不能补偿，配油轴中的吸压油道的尺寸受到配油轴尺寸的限制，从而影响泵的吸入性能，这些缺点限制了泵的转速和压力的提高。

17.5　螺　杆　泵

螺杆泵是利用螺杆传动将液体沿轴向压送而进行工作的。螺杆泵内的螺杆可以有两根，也可以有三根。在液压传动中，使用最广泛的是具有良好密封性能的三螺杆泵，如图17-11 所示是三螺杆泵的结构图。在泵体内安装三根螺杆，中间的主动螺杆是右旋凸螺杆，两侧的从动螺杆是左旋凹螺杆。三螺杆泵的外圆与泵体的对应弧面保持着良好的配合，螺杆的啮合线把主动螺杆和从动螺杆的螺旋槽分割成多个相互隔离的密封工作腔。随着螺杆的转动，密封工作腔可以一个接一个地在左端形成，不断从左向右移动。主动螺杆每转一周，每个密封工作腔便移动一个导程，最左面的密封工作腔容积逐渐增大，则将油吸入；最右面的容积逐渐减小，则将油压出。螺杆直径越大，螺旋槽越深，泵的排量就越大；螺杆越长，吸油口和压油口之间的密封层次越多，泵的额定压力就越高。

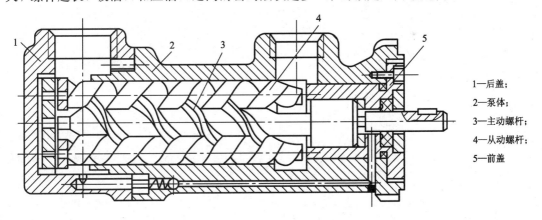

1—后盖；

2—泵体；

3—主动螺杆；

4—从动螺杆；

5—前盖

图 17-11　螺杆泵

螺杆泵的结构简单紧凑、体积小、重量轻、运转平稳、输油量均匀、噪声小、寿命长、自吸能力强、允许采用高转速、容积效率高、对油液的污染不敏感。因此，螺杆泵在精密设备中应用比较广泛。其主要缺点是螺杆齿形复杂、加工较困难、不易保证精度。

17.6　各类液压泵的性能比较及应用

为比较前述各类液压泵的性能、特点及应用场合，有利于选用，现将有关内容列于表17-2中。

表 17-2　各类液压泵的主要性能比较及应用

类型\项目	齿轮泵	双作用叶片泵	轴向柱塞泵	径向柱塞泵	螺杆泵
工作压力/MPa	<20	6.3~21	20~35	10~20	<10
容积效率	0.70~0.95	0.80~0.95	0.90~0.98	0.85~0.95	0.75~0.95
总效率	0.60~0.85	0.75~0.85	0.85~0.95	0.75~0.92	0.70~0.85
流量调节	不能	不能	能	能	不能
流量脉动率	大	小	中等	中等	很小
自吸特性	好	较差	较差	差	好
对油的污染敏感性	不敏感	敏感	敏感	敏感	不敏感
噪声	大	小	大	大	很小
单位功率造价	低	中等	高	高	较高
应用范围	机床、工程机械、农机、航空、船舶、一般机械	机床、注塑机、液压机、工程机械、飞机	工程机械、锻压机械、船舶、飞机	机床、液压机、船舶机械	精密机械、食品、化工、石油、纺织等机械

第 18 章　液压缸和液压马达

在液压传动系统中，液压缸和液压马达是执行元件，其功用是把通过回路输入的液压能转变成机械能对外输出。液压缸一般用于实现直线往复运动或摆动运动；液压马达用于实现回转运动。

18.1　液压缸的类型和特点

液压缸有多种类型，按结构特点不同可分为活塞式、柱塞式、摆动式、组合式四类。按作用方式又可分为单作用式和双作用式两种。在单作用式液压缸中，压力油只供入液压缸的一腔，使液压缸实现单方向运动，反方向运动则依靠外力来实现。在双作用液压缸中，压力油交替进入液压缸的两腔，使缸实现正反两个方向的往复运动。

18.1.1　活塞式液压缸

活塞式液压缸可分为双杆式和单杆式两种结构，其固定方式有缸体固定和活塞杆固定两种。

1. 双杆活塞式液压缸

如图 18-1 所示为双杆活塞式液压缸的原理图，活塞两侧均装有活塞杆。当两活塞杆直径相同（即有效工作面积相等）、供油压力和流量不变时，那么活塞往返运动时两个方向的推力和运动速度均相等，即

$$u = \frac{q_v}{A} = \frac{4q_v}{\pi(D^2 - d^2)} \tag{18-1}$$

$$F = (p_1 - p_2)A = \frac{\pi}{4}(D^2 - d^2)(p_1 - p_2) \tag{18-2}$$

式中：u 为活塞（或缸体）的运动速度；q_v 为供油流量；F 为活塞（或缸体）上的推力；p_1、p_2 分别为液压缸进、出口压力；A 为液压缸有效工作面积；D、d 分别为活塞、活塞杆直径。

这种两个方向等速、等力的特性使双杆液压缸可以用于双向负载基本相等的场合，如磨床液压系统。

如图 18-1(a) 所示为缸体固定式结构，缸的左腔进油，推动活塞向右移动，右腔回油；反之活塞向左移动。如图 18-1(b) 所示为活塞杆固定式结构，缸的左腔进油，推动活塞向左移动，右腔回油；反之缸体向右移动。

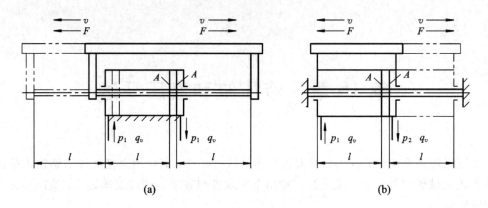

图 18-1　双杆活塞式液压缸

（a）缸体固定；（b）活塞杆固定

2. 单杆活塞式液压缸

如图 18-2 所示为双作用单杆活塞式液压缸。它只在活塞的一侧装有活塞杆，因而，两腔有效作用面积不同。当向两腔分别供油，且供油压力和流量不变时，活塞在两个方向的运动速度和推力都不相等。

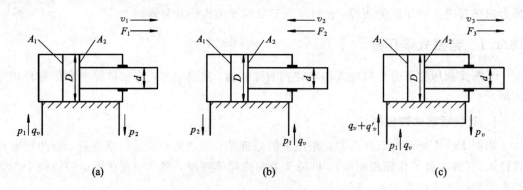

图 18-2　单杆活塞式液压缸

（a）无杆腔进油；（b）有杆腔进油；（c）差动连接

（1）当无杆腔进油时，活塞的运动速度 u_1 和推力 F_1 分别为：

$$u_1 = \frac{q_v}{A_1} = \frac{4q_v}{\pi D^2} \tag{18-3}$$

$$\begin{aligned} F_1 &= p_1 A_1 - p_2 A_2 \\ &= \frac{\pi}{4} D^2 p_1 - \frac{\pi}{4}(D^2 - d^2) p_2 \\ &= \frac{\pi}{4} D^2 (p_1 - p_2) + \frac{\pi}{4} d^2 p_2 \end{aligned} \tag{18-4}$$

（2）当有杆腔进油时，活塞的运动速度 u_2 和推力 F_2 分别为：

$$u_2 = \frac{q_v}{A_2} = \frac{4q_v}{\pi(D^2 - d^2)} \tag{18-5}$$

$$F_2 = p_1 A_2 - p_2 A_1$$

$$= \frac{\pi}{4}(D^2 - d^2)p_1 - \frac{\pi}{4}D^2 p_2 \qquad (18-6)$$

$$= \frac{\pi}{4}D^2(p_1 - p_2) - \frac{\pi}{4}d^2 p_1$$

式中：q_v 为供油流量；p_1、p_2 分别为液压缸进、出口压力；D、d 分别为活塞、活塞杆直径；A_1、A_2 分别为液压缸无杆腔和有杆腔的活塞有效作用面积。

比较上述各式，由于 $A_1 > A_2$，所以 $u_1 < u_2$，$F_1 > F_2$，即活塞杆伸出时推力较大，速度较小；活塞杆收回时推力较小，速度较大。因此，单杆活塞缸常用于一个方向有较大负载而运动速度较低，另一个方向为空载快速退回的设备。

（3）液压缸两腔同时供入压力油（如图 18-2(c)所示），由于无杆腔工作面积比有杆腔工作面积大，活塞向右的推力大于向左的推力，故其向右移动。液压缸的这种连接方式称为差动连接，差动连接时，活塞的速度和推力分别为：

$$u_3 = \frac{q_v}{A_1 - A_2} = \frac{4q_v}{\pi d^2} \qquad (18-7)$$

$$F_3 = p_1 A_1 - p_2 A_2 \approx \frac{\pi}{4}D^2 p_1 - \frac{\pi}{4}(D^2 - d^2)p_1 = \frac{\pi}{4}d^2 p_1 \qquad (18-8)$$

差动连接时，实际起有效作用的面积是活塞杆的横截面积。与非差动连接无杆腔进油工况相比，在输入油液压力和流量相同的条件下，活塞杆的伸出速度较大而推力较小。

18.1.2　柱塞式液压缸

如图 18-3 所示，柱塞缸由缸筒 1、柱塞 2、导向套 3、密封圈 4 和压盖 5 等零件所组成。由于柱塞与导向套配合，以保证良好的导向，故可以不与缸筒接触。因而，对缸筒内壁的要求很低，甚至可以不加工，工艺性好，成本低，特别适合于行程较长的场合。

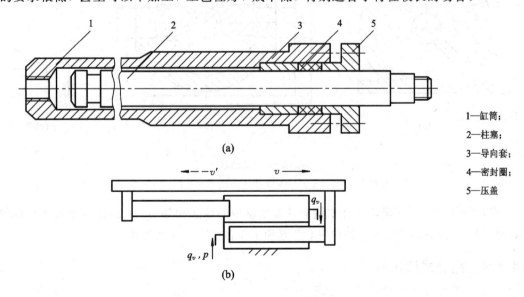

1—缸筒；
2—柱塞；
3—导向套；
4—密封圈；
5—压盖

图 18-3　柱塞式液压缸

柱塞端面是受压面，其面积大小决定了柱塞缸的推力和速度。柱塞工作时恒受压，为保证压杆的稳定，柱塞必须有足够的强度，故柱塞一般较粗，重量较大，水平安装时易产生单边磨损，所以，柱塞缸适宜于垂直安装使用。

若水平安装使用时，为减轻重量，有时制成空心柱塞。为防止柱塞自重下垂，通常要设置支撑套和托架。柱塞缸只能制成单作用缸，在大行程设备中，为了得到双向运动，柱塞缸常成对使用(如图 18-3 所示)。

柱塞缸结构简单、制造容易、维修方便，常用于大行程设备。

18.1.3　摆动式液压缸

摆动式液压缸也称摆动马达，是输出转矩并实现往复摆动的执行元件，有单叶片和双叶片两种形式。

如图 18-4(a)所示为单叶片式摆动缸，它的摆动角较大，可达 300°。当摆动缸进出油口压力分别为 p_1 和 p_2，且输入流量为 q_v 时，它的输出转矩 T 和角速度 ω 各为

$$T = \frac{b}{2}(R_2^2 - R_1^2)(p_1 - p_2) \tag{18-9}$$

$$\omega = \frac{2q_v}{b(R_2^2 - R_1^2)} \tag{18-10}$$

式中：b 为叶片的宽度；R_1、R_2 分别为叶片底部、顶部的回转半径。

如图 18-4(b)所示为双叶片式摆动缸，它的摆动角度较小，可达 150°，它的输出转矩是单叶片式的两倍，而角速度则是单叶片式的一半。

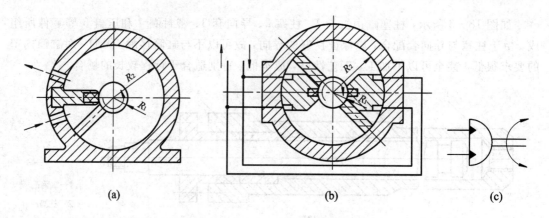

(a)　　　　　　　　　　　　　　　(b)　　　　　　　　　(c)

图 18-4　摆动缸
(a) 单叶片式摆动缸；(b) 双叶片式摆动缸；(c) 图形符号

摆动液压缸应用于驱动工作机构做往复摆动或间歇运动等场合，而且由于其密封性较差等原因，一般只用于低压，如送料、夹紧和工作台回转等辅助装置。

18.1.4　组合式液压缸

1. 伸缩缸

伸缩缸也称多级缸，它由两极或两极以上活塞缸套装而成，如图 18-5 所示，前一级活塞缸的活塞就是后一级活塞缸的缸筒。当伸缩缸逐个伸出时，有效工作面积依次减小，

因此，当输入流量相同时，外伸速度依次增大；当负载恒定时，液压缸的工作压力逐渐升高。空载收回的顺序一般是从小活塞到大活塞，活塞全部收回后，总长度较短，结构紧凑，适用于安装空间受到限制而行程要求很长的场合，如起重机伸缩臂液压缸、自卸汽车举升液压缸等。

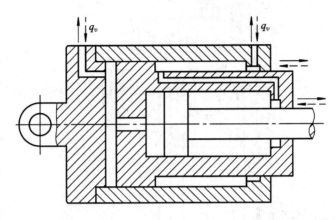

图 18 - 5　伸缩缸

2. 齿条活塞缸

如图 18 - 6 所示为齿条活塞缸，又称无杆活塞缸，它由带齿条杆的双活塞缸和齿轮齿条机构所组成。这种液压缸的特点是：将活塞的直线往复运动经过齿轮、齿条机构转换为回转运动。齿条活塞缸常用于机床的进给机构、回转工作台的转位机构等。

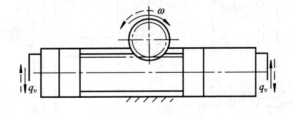

图 18 - 6　齿条活塞缸

18.2　液压缸的结构

如图 18 - 7 所示为液压滑台液压缸的典型结构，它由缸筒、活塞、活塞杆、端盖等组成。为了防止油液向外泄漏，或由高压腔向低压腔泄漏，在缸筒与端盖、活塞与活塞杆、活塞与缸筒之间均设置密封圈。为了防止灰尘、沙粒、水等脏物进入液压缸内部，在端盖与活塞杆之间装有防尘圈，用以刮除活塞杆上的脏物。为了防止活塞快速退回到行程终端时撞击缸盖，在液压缸的端部还设置了缓冲装置。液压缸用螺钉固定在滑座上，活塞杆通过支架和滑台固定在一起，当活塞杆往复移动时，即带动滑台运动。

归纳起来，液压缸由缸体组件、活塞组件、密封件和连接件等基本部分所组成，此外，一般液压缸还设有缓冲装置和排气装置。

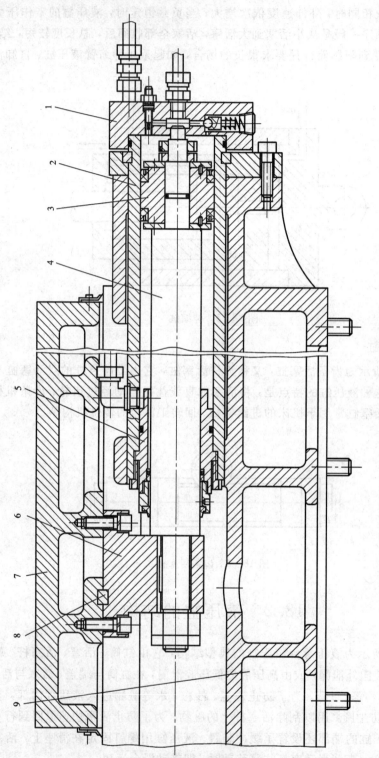

1—后端盖；2—缸筒；3—活塞；4—活塞杆；5—前端盖；6—支架；7—滑台；8—平键；9—滑座

图 18－7　液压滑台液压缸

18.2.1　缸体组件

缸体组件包括缸筒、端盖及其连接件。

1. 缸体组件的连接形式

缸体组件常见的连接形式如图 18 - 8 所示。法兰式结构简单，加工和拆装都很方便，连接可靠，缸筒端部一般采用铸造、镦粗或焊接方式制成粗大的外径，用以穿装螺栓，大中型液压缸大部分采用此种结构。半环式连接分外半环连接和内半环连接两种，半环连接工艺性好，连接可靠，结构紧凑，拆装方便。但半环槽对缸筒强度有所削弱，需加厚缸壁，常用于无缝钢管、缸筒与端盖的连接。螺纹式连接分为外螺纹连接和内螺纹连接两种，其特点是重量轻，外径小，结构紧凑，但缸筒端部结构复杂，装卸需专用工具，旋端盖时易损坏密封圈，一般用于小型液压缸。拉杆式连接结构通用性好，缸筒加工方便，拆装容易，但端盖的体积较大，拉杆受力后会拉伸变形，影响端部密封效果，只适用于长度不大的中低压缸。焊接式连接外形尺寸较大，结构简单，但焊接时易引起缸筒变形，主要用于柱塞式液压缸。

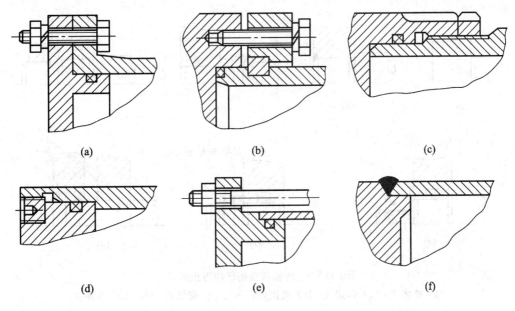

图 18 - 8　缸体组件的连接形式

(a) 法兰式；(b) 半环式；(c) 外螺纹式；(d) 内螺纹式；(e) 拉杆式；(f) 焊接式

2. 缸筒、端盖和导向套

缸筒是液压缸的主体，它与端盖、活塞等零件构成密闭的容腔承受油压，因此，要有足够的强度和刚度，以便抵抗液压力和其他外力的作用。缸筒内孔一般采用镗削、绞孔、滚压或珩磨等精密加工工艺制造，以使活塞及其密封件、支撑件能顺利滑动和保证密封效果，减少磨损。为防止腐蚀，缸筒内部有时需要镀铬。

端盖装在缸筒端部，与缸筒形成密闭容腔，同样承受很大的液压力，因此它们及其连接部件都应有足够的强度。

导向套对活塞杆或柱塞起导向和支撑作用。有些液压缸不设导向套，直接用端盖孔导向，结构简单，但磨损后必须更换缸盖。

18.2.2　活塞组件

活塞组件由活塞、活塞杆和连接件等组成。根据工作压力、安装方式和工作条件的不同，活塞组件也有多种结构形式。

1. 活塞组件的连接形式

如图 18-9 所示为活塞与活塞杆连接的主要形式。整体式连接（如图 18-9(a)所示）和焊接式连接（如图 18-9(b)所示）结构简单，轴向尺寸紧凑，但损坏后需整体更换。锥销式连接（如图 18-9(c)所示）加工容易，装配简单，但承载能力小，且需要必要的防止脱落装置。螺纹式连接（如图 18-9(d)、(e)所示）结构简单，装拆方便，但一般需备有防松螺母。半环式连接（如图 18-9(f)、(g)所示）强度高，但结构复杂。在轻载情况下，可采用锥销式连接。一般情况使用螺纹式连接；高压和振动较大的情况下，使用半环式连接；行程较短或尺寸不大的液压缸，其活塞与活塞杆可采用整体式或焊接式连接。

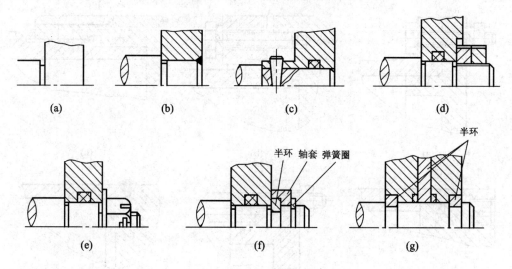

图 18-9　活塞与活塞杆的连接形式
(a) 整体式；(b) 焊接式；(c) 锥销式；(d)、(e) 螺纹式；(f)、(g) 半环式

2. 活塞和活塞杆

活塞受油压的作用在缸筒内做往复运动，因此，活塞必须具有一定的强度和良好的耐磨性。活塞一般用铸铁制造。活塞的结构通常分为整体式和组合式两类（如图 18-9 所示）。

活塞杆是连接活塞和工作部件的传力零件，它必须具备足够的强度和刚度。活塞杆无论是实心的还是空心的，通常都用钢料制造。活塞杆在导向套内往复运动，其外圆表面应当耐磨并具有防锈能力，故活塞杆外圆表面一般镀铬。

18.2.3　密封装置

密封装置的作用是用来防止液压油的泄漏。液压泵、液压缸、液压马达等是依靠密闭容积的变化来传递能量的，所以，密封装置的优劣将直接影响液压元件的性能。根据两个需要密封的偶合面间有无相对运动，可把密封装置分为动密封和静密封两类。密封装置应该具有良好的密封性能，并能随着压力的增加自动提高其密封性能，同时，摩擦阻力要小，耐油性、耐腐蚀性、耐磨性要好，使用寿命长，还要制造简单，装拆方便，使用的温度范围宽等。常见的密封方法主要有间隙密封、活塞环密封和密封圈密封。

1. 间隙密封

间隙密封是依靠相对运动零件配合面间的微小间隙来防止泄漏实现密封的，因此，可用减小间隙的办法来减少泄漏。一般的间隙为 0.01～0.05 mm，这就要求配合面的加工精度很高。在圆柱配合面的间隙密封中，常在配合表面上开有几道环行的沟槽（宽 0.3～0.5 mm，深 0.5～1 mm，间距 2～5 mm），一般称平衡槽。其作用是可使活塞自动对中，各向油压趋于平衡，减小摩擦阻力；可减小偏心量，增大油液泄漏阻力，提高密封性能；可储存油液，使活塞能自动润滑。

间隙密封的特点是结构简单，摩擦阻力小，磨损小，润滑性能好，但对零件的加工精度要求较高，密封效果较差，因此，间隙密封仅适用于尺寸较小，压力较低，运动速度较高的活塞与缸体内孔间的密封。

2. 活塞环密封

活塞环密封是依靠装在活塞环形槽内的弹性金属环紧贴缸筒内壁实现密封，如图 18－10 所示。其密封效果较间隙密封好，适应的压力和温度范围宽，能自动补偿磨损和温度变化的影响，能在高速条件下工作，摩擦阻力小，使用寿命长，工作可靠。但因活塞环与其对应的滑动面之间为金属接触，故不能完全密封，且活塞环加工复杂，缸筒内表面加工精度要求高，一般用于高压、高温、高速的场合。

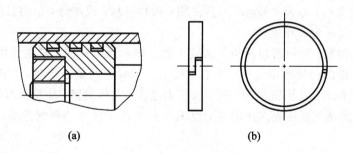

(a)　　　　　　　　　(b)

图 18－10　活塞环密封
(a) 活塞环的安装；(b) 活塞环

3. 密封圈密封

密封圈密封是液压系统中应用最广泛的一种密封形式，主要有 O 形、Y 形和 V 形等，此外，还有防尘圈、组合密封圈等密封装置，其材料为耐油橡胶、尼龙等。

（1）O 形密封圈。O 形密封圈的截面是圆形，主要用于静密封和滑动密封。O 形圈密封的原理如图 18－11 所示，它属于挤压密封。当密封圈装入密封槽后，其截面受到一定的压缩变形。在无液压力时，靠密封圈的弹性对接触面产生预接触压力 p_0，实现初始密封（如图 18－11(a)所示）。当密封腔充入压力油后，在液压力 p 的作用下，O 形圈被挤到槽的一侧，O 形圈变成如图 18－11(b)所示。O 形圈以更大的弹性变形力密封，密封面上的接触

压力上升为 p_m，提高了密封效果。O 形圈在安装时必须保证适当的预压缩量，压缩量的大小直接影响 O 形圈的使用性能和寿命，过小不能密封，过大则摩擦力增大，且易损坏。

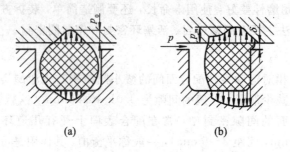

图 18 - 11　O 形圈密封原理

在静密封中，当压力大于 32 MPa 时，或在静密封中，当压力大于 10 MPa 时，O 形圈就会被挤入间隙中而损坏，以致密封效果降低或失去密封作用，为此在 O 形圈低压侧需设置由聚四氟乙烯或尼龙制成的挡圈（如图 18 - 12 所示），其厚度为 1.25～2.5 mm。当双向受高压时，两侧都要加挡圈。

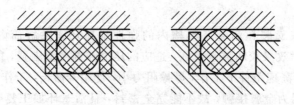

图 18 - 12　挡圈的设置

O 形圈结构简单，摩擦力较小，装拆方便，密封可靠，成本低，使用温度范围宽，但启动摩擦力较大，使用寿命较短。

（2）Y 形密封圈。Y 形密封圈的截面呈 Y 形，属唇形密封圈，它主要用于往复运动的密封。Y 形密封圈的密封作用是依赖于它的唇边对偶合面的紧密接触，在液压力的作用下产生较大的接触压力，达到密封的目的。液压力越大，贴得越紧，接触压力越大，密封性能越好。因此，Y 形圈从低压到高压的压力范围内都表现了良好的密封性能，还能自动补偿唇边的磨损。

当 Y 形圈安装时，唇口端对应着液压力高的一侧。当压力变化较大，且滑动速度较快时，为避免翻转，要使用支撑环，以固定密封圈，如图 18 - 13 所示。

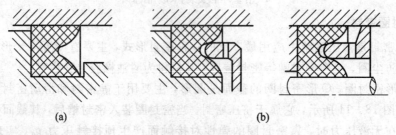

图 18 - 13　Y 形密封圈
（a）Y 形圈一般安装（b）Y 形圈带支撑环安装

　　Y 形密封圈密封性、稳定性和耐压性都较好，摩擦阻力小，使用寿命长，是目前使用广泛的密封装置之一。

　　（3）V 形密封圈。V 形密封圈的截面是 V 形，如图 18-14 所示，它是由压环、V 形圈和支撑环组成的。所采用的 V 形圈的数量可根据工作压力来选定，安装时，V 形圈的开口应向压力高的一侧。V 形圈的密封性能良好、耐高压、寿命长、通过选择适当的 V 形圈的数量和调节压紧力，可获得最佳的密封效果，但 V 形圈的摩擦阻力及轴向结构尺寸较大，它主要用于活塞杆的往复运动密封。

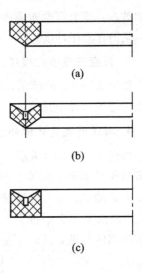

　　（4）防尘圈。防尘圈设置在活塞杆或柱塞密封圈的外部，防止外界灰尘、沙粒等异物进入液压缸内，以避免影响液压系统的工作液压元件的使用寿命。目前，常用的防尘圈一般为唇形，按其有无骨架分为骨架式和无骨架式两种。其中，无骨架式应用最为广泛，其工作状态如图 18-15 所示。防尘圈的唇部对活塞杆应有一定的过盈量，以便当活塞杆做往复运动时，唇口刃部能将粘附在杆上的灰尘、沙粒等清除掉。

图 18-14　V 形密封圈

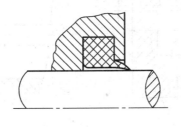

图 18-15　防尘圈

18.2.4　液压缸的缓冲装置

　　当运动部件的质量较大，运动速度较快时，由于惯性力较大，具有很大的动量，因而在活塞运动到缸体的终端时，会与端盖发生机械碰撞，产生很大的冲击和噪声，会引起液压缸的损坏。故一般应在液压缸内设置缓冲装置，或在液压系统中设置缓冲回路。

　　缓冲的一般原理是：当活塞快速运动到接近缸盖时，通过节流的方法增大回油阻力，使液压缸的回油腔产生足够的缓冲压力，活塞因运动受阻而减速，从而避免了与缸盖的快速相撞。常见的缓冲装置主要有下述几种，如图 18-16 所示。

1. 圆柱形环隙式缓冲装置

　　如图 18-16(a)所示，当缓冲柱塞 A 进入缸盖上的内孔时，缸盖和活塞间形成环形缓冲油腔 B，被封闭的油液只能经环形间隙 δ 排出，产生缓冲压力，从而实现减速缓冲。这种装置在缓冲过程中，由于回油通道的节流面积不变，故缓冲开始时产生的缓冲制动力很大，其缓冲效果较差，液压冲击较大，且实现减速所需行程较长。但这种装置结构简单，便于设计和降低成本，所以，在一般系列化的成品液压缸中多采用这种缓冲装置。

2. 圆锥形环隙式缓冲装置

如图 18 - 16(b)所示，由于缓冲柱塞 A 为圆锥形，所以，缓冲环形间隙 δ 随位移量不同而改变，即节流面积随缓冲行程的增大而缩小，使机械能的吸收较均匀，其缓冲效果较好，但仍有液压冲击。

3. 可变节流槽式缓冲装置

如图 18 - 16(c)所示，在缓冲柱塞 A 上开有三角节流沟槽，节流面积随着缓冲行程的增大而逐渐减小，其缓冲压力变化较平缓。

4. 可调节流孔式缓冲装置

如图 18 - 16(d)所示，当缓冲柱塞 A 进入到缸盖内孔时，回油口被柱塞堵住，只能通过节流阀 C 回油，调节节流阀的开度，可以控制回油量，从而控制活塞的缓冲速度。当活塞反向运动时，压力油通过单向阀 D 很快进入到液压缸内，并作用在活塞的整个有效作用面上，故活塞不会因推力不足而产生启动缓慢现象。这种缓冲装置可以根据负载的情况调整节流阀的开度，进而改变缓冲压力的大小，因此适用范围较广。

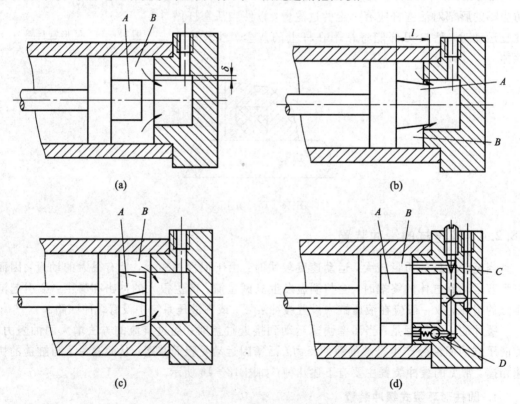

图 18 - 16　液压缸的缓冲装置

（a）圆柱形环隙式；（b）圆锥形环隙式；（c）可变节流槽式；（d）可调节流孔式

18.2.5　排气装置

液压系统往往会混入空气，使系统工作不稳定，并产生振动、噪声及工作部件爬行和前冲等现象，严重时会使系统不能正常工作。因此，在设计或使用液压缸时，必须考虑排除空气。

在液压系统安装或长时间停止工作后又重新启动时，必须把液压系统中的空气排出去。对于要求不高的液压缸往往不设专门的排气装置，而是将油口布置在缸筒两端的最高处，这样也能使空气随油液排往油箱，再从油面逸出。对于速度稳定性要求较高的液压缸或大型液压缸，常在液压缸两侧面的最高位置处（该处往往是空气聚集的地方）设置专门的排气装置，如排气塞、排气阀等。如图 18－17 所示为两种排气塞。当松开排气塞螺钉后，让液压缸全行程空载往复运动若干次，带有气泡的油液就会被排出，然后再拧紧排气塞螺钉，液压缸便可正常工作。

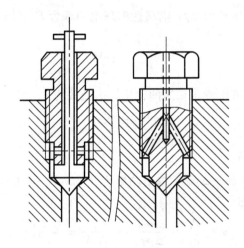

图 18－17　排气塞

18.3　液压马达

液压马达是执行元件，它能将液体的压力能转换为机械能，输出转矩和转速。液压马达与液压泵的结构基本相同，也可分为齿轮式、叶片式、柱塞式和螺杆式等。从原理上讲，液压泵可作液压马达，液压马达也可作液压泵，但由于二者的使用目的和工作条件不同，故实际结构有所区别。

18.3.1　液压马达的主要性能参数

在液压马达的各项性能参数中，压力、排量、流量等参数与液压泵同类参数具有相似的含义，其原则差别在于：在泵中它们是输出参数，在马达中则是输入参数。

从液压马达的功用来看，其主要性能参数为转速 n、转矩 T 和效率 η。

1. 液压马达的转速和容积效率

由于马达存在泄漏，输入马达的实际流量 q_v 应大于理论流量 q_{vt}，故液压马达的容积效率为

$$\eta_v = \frac{q_v}{q_{vt}} \qquad (18-11)$$

将 $q_{vt} = Vn$ 代入上式，可得液压马达的转速为

$$n = \frac{q_v}{V\eta_v} \qquad (18-12)$$

2. 液压马达的转矩和机械效率

因为液压马达工作时存在摩擦，所以它的实际输出转矩 T 必然小于理论转矩 T_t，故液压马达的机械效率为

$$\eta_m = \frac{T}{T_t} \qquad (18-13)$$

设马达进、出口间的压差为 Δp，则马达的理论功率为 $P_t = 2\pi n T_t = \Delta p q_{vt} = \Delta p \, Vn$，因而有

$$T_t = \frac{\Delta p V}{2\pi}$$

将上式代入式(18-13)，可得液压马达的输出转矩公式为

$$T = \frac{\Delta p V}{2\pi}\eta_m \qquad (18-14)$$

3. 液压马达的总效率

液压马达的输入功率 $P_i = \Delta p q_v$，输出功率 $P_o = 2\pi n T$。马达的总效率 η 为输出功率 P_o 与输入功率 P_i 的比值，即

$$\eta = \frac{P_o}{P_i} = \frac{2\pi n T}{\Delta p q_v} = \frac{T}{\frac{\Delta p V}{2\pi}}\eta_v = \eta_m \eta_v \qquad (18-15)$$

从上式可知，液压马达的总效率等于液压马达的机械效率 η_m 和容积效率 η_v 的乘积。

18.3.2　液压马达

液压马达的结构与同类型的液压泵基本相同。按照液压马达的输出转速不同，可分为高速马达和低速马达两类，一般认为额定转速高于 500 r/min 的属于高速马达，额定转速低于 500 r/min 的属于低速马达。按照排量是否可以调节，液压马达可分为定量马达和变量马达两类，其中变量马达又可分为单向变量马达和双向变量马达。下面以常用的轴向柱塞式液压马达为例介绍液压马达的工作原理。

如图 18-18 所示，当压力油经配油盘通入柱塞底部孔时，柱塞受压力油作用向外伸出，并紧压在斜盘上，这时斜盘对柱塞产生一反作用力 F。由于斜盘倾斜角为 γ，所以，F 可分解为两个分力：一个是轴向分力 F_x，它和作用在柱塞上的液压作用力相平衡；另一个是分力 F_y，它使缸体产生转矩。设柱塞和缸体的垂直中心线成 φ 角，此柱塞产生的转矩为

$$T_i = F_y a = F_y R \, \sin\varphi = F_x R \, \tan\gamma \, \sin\varphi \qquad (18-16)$$

式中：R 为柱塞在缸体中的分布圆半径。

液压马达输出的转矩应是处于高压腔各柱塞产生转矩的总和，即

$$T = \sum F_x R \, \tan\gamma \, \sin\varphi \qquad (18-17)$$

由于柱塞的瞬时方位角 φ 是变量，柱塞产生的转矩也发生变化，故液压马达产生的总转矩也是脉动的。

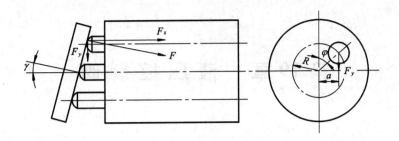

图 18-18 轴向柱塞式液压马达的工作原理

液压马达的转速 n 和平均转矩 T 也可按式(18-12)和式(18-14)计算。

当马达的进、回油口互换时,马达将反向转动。如果改变斜盘倾角 γ 的大小,就改变了马达的排量;如果改变斜盘倾角 γ 的方向,就改变了马达的旋转方向,这时就成为双向变量马达。

第 19 章　液 压 控 制 阀

在液压传动系统中，液压控制阀主要用来控制液压执行元件的运动方向、承载能力和运动速度，以满足机械设备工作性能的要求。液压控制阀按用途可分为方向控制阀、压力控制阀和流量控制阀三大类。尽管其类型各不相同，但它们之间存在着共性，在结构上所有阀的阀口开度面积、进出油口的压力差与流经阀的流量都遵循孔口流量公式，所有的阀都是通过控制阀体和阀芯的相对运动而实现控制目的的。

19.1　液压控制阀概述

液压控制阀是液压系统的控制元件，其作用是控制和调节液压系统中液体流动的方向、压力的高低和流量的大小，以满足执行元件的工作要求。

1. 对液压控制元件的基本要求

对液压控制元件的基本要求有以下几点：

（1）动作灵敏，使用可靠，工作时冲击和振动小，使用寿命长。

（2）油液通过液压阀时压力损失小。

（3）密封性能好，内泄漏少，无外泄漏。

（4）结构简单紧凑，体积小。

（5）安装、维护、调整方便，通用性好。

2. 液压控制阀的分类

（1）按用途液压控制阀可分为方向控制阀、压力控制阀和流量控制阀。这三类阀还可根据需要互相组合成为组合阀，其结构紧凑，连接简单，并提高了效率。

（2）按控制原理液压控制阀分为开关阀、比例阀、伺服阀和数字阀。开关阀调定后只能在调定状态下工作，该类阀使用广泛，本章将详细介绍。比例阀和伺服阀能根据输入信号连续地或按比例地控制系统的参数。数字阀则用数字信息直接控制阀的工作。

（3）按安装形式液压控制阀分为管式连接、板式连接、叠加式连接和插装式连接。管式连接又称螺纹式连接，阀的油口用螺纹管接头或法兰和管道及其他元件连接，并由此固定在管路上。板式连接是阀的各油口均布置在同一安装面上，并用螺钉固定在与阀有对应油口的连接板上，再用管接头与管道及其他元件连接，板式连接方便，应用较广。叠加式连接是阀的上下面为连接结合面，各油口分别在这两个面上，且同规格阀的油口连接尺寸相同，每个阀除其自身的功能外，还起油路通道的作用，阀相互叠装便构成回路，无需管道连接，结构紧凑，压力损失小。插装式连接的阀没有单独的阀体，是由阀芯、阀套等组成的单元体插装在插装块体的预制孔中，用连接螺纹或盖板固定，并通过快内通道把各插装式阀连通组成回路，插装快体起到阀体和管路的作用，这是适应液压系统集成化而发展起来的一种新型安装连接方式。

19.2　方 向 控 制 阀

方向控制阀用以控制液压系统中油液流动的方向和油液流的通与断，分为单向阀和换向阀两类。

19.2.1　单向阀

1. 普通单向阀

普通单向阀简称单向阀，其作用是控制油液单向流动。它由阀体 1、阀芯 2、弹簧 3 等零件组成。如图 19-1(a)所示为管式单向阀，图 19-1(b)所示为板式单向阀。压力油从进油口 P_1 进入，作用于锥形阀芯上，当克服弹簧的弹力时，顶开阀芯，经过环行阀口从出油口 P_2 流出。当液流反向时，在弹簧 3 的弹力和油液压力的作用下，阀芯锥面紧压在阀体的阀座上，则油液不能通过。如图 19-1(c)所示为单向阀的图形符号。

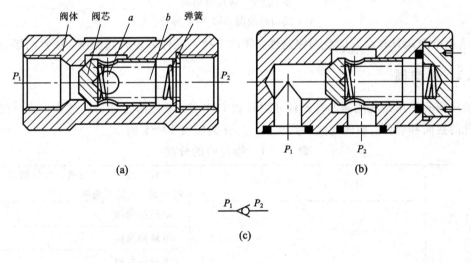

(a)

(b)

(c)

图 19-1　单向阀

(a) 直通式(管式)；(b) 直角式(板式)；(c) 符号

为了保证单向阀工作灵敏可靠，单向阀中的弹簧刚度一般都较小。单向阀的开启压力约在 0.04～0.1 MPa，当通过其额定流量时的压力损失一般不超过 0.1～0.4 MPa。若更换刚度较大的弹簧，使其开启压力达到 0.2～0.6 MPa，则可作背压阀使用。

2. 液控单向阀

如图 19-2(a)所示为液控单向阀，它由普通单向阀和液控装置两部分组成。当控制口 K 不通入压力油时，其作用与普通单向阀相同；当控制口 K 通入压力油时，推动活塞、顶杆，将阀芯顶开，使 P_2 和 P_1 接通，液流在两个方向可以自由流动。为了减小活塞移动的阻力，设有一外泄油口 L。如图 19-2(b)所示为液控单向阀的图形符号。

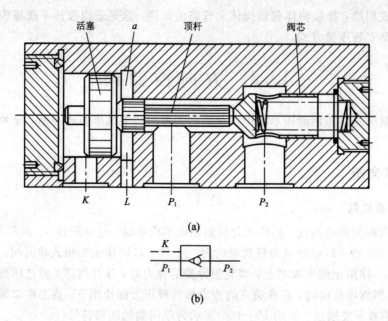

图 19 - 2　液控单向阀

(a) 结构原理图；(b) 图形符号

液控单向阀具有良好的反向密封性，常用于执行元件需长时间保压、锁紧的场合。

19.2.2　换向阀

换向阀的作用是利用阀芯和阀体相对位置的改变，来控制各油口的通断，从而控制执行元件的换向和启停。换向阀的种类很多，其分类如表 19 - 1 所示。

表 19 - 1　换向阀的分类

换向阀	按阀的工作位置和通路数分	二位二通、二位三通、二位四通、三位四通、三位五通等
	按控制方式分	电磁换向阀
		电液换向阀
		手动换向阀
		液动换向阀
		机动换向阀
		气动换向阀
	按阀芯形式分	滑阀式换向阀
		转阀式换向阀

1. 换向阀的工作原理

如图 19 - 3 所示为换向阀的工作原理图。在图示状态下，液压缸两腔不通压力油，活塞处于停止状态。若使阀芯左移，阀体的油口 P 和 A 连通、B 和 T 连通，则压力油经 P、A 进入液压缸左腔，推动活塞向右运动，此时右腔油液经 B、T 流回油箱；反之，若使阀芯右移，则油口 P 和 B 连通、A 和 T 连通，活塞便向左运动。

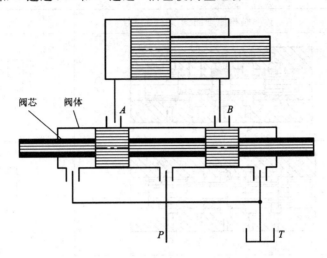

图 19 - 3　换向阀的工作原理图

表 19 - 2 列出了几种常用换向阀的结构原理和图形符号，换向阀图形符号的含义如下：

（1）方格数表示换向阀的阀芯相对于阀体所具有的工作位置数，二格即二位，三格即三位。

（2）方格内的箭头表示两油口相通，符号"⊥"和"⊤"表示此油口不连通。箭头、箭尾及不连通符号与任意方格的交点数表示油口通路数。

（3）P 表示压力油的进口，T 表示与油箱相连的回油口，A 和 B 表示连接其他工作油路的油口。

（4）三位阀的中间方格和二位阀靠近弹簧的方格为阀的常态位置。在液压系统图中，换向阀的符号与油路的连接一般应画在常态位置上。

表 19 - 2　换向阀的结构原理和图形符号

名称	结构原理图	图形符号
二位二通		
二位三通		
二位四通		

名称	结构原理图	图形符号
三位四通		
二位五通		
三位五通		

2. 三位换向阀的中位机能

三位阀的常态位（即中位）各油口的连通方式称为中位机能。中位机能不同，中位时对系统的控制性能也不相同。不同机能的阀，阀体通用，仅阀芯台肩结构、尺寸及内部通孔情况有所不同。

表 19-3 列出了三位四通换向阀的五种常用的中位机能形式、结构原理和中位符号。

表 19-3 三位四通换向阀中位机能

代号	结构简图	中位符号	中位油口状态和特点
O			各油口全封闭，换向精度高，但有冲击，缸被锁紧，泵不卸荷，并联缸可运动
H			各油口全通，换向平稳，缸浮动，泵卸荷，其他缸不能并联使用

代号	结构简图	中位符号	中位油口状态和特点
Y	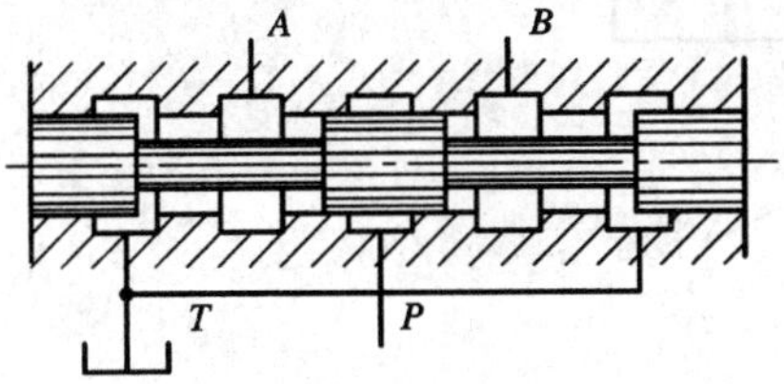	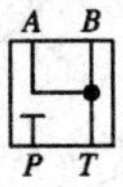	P 口封闭，A、B、T 口相通，换向较平衡，缸浮动，泵不卸荷，并联缸可运动
P	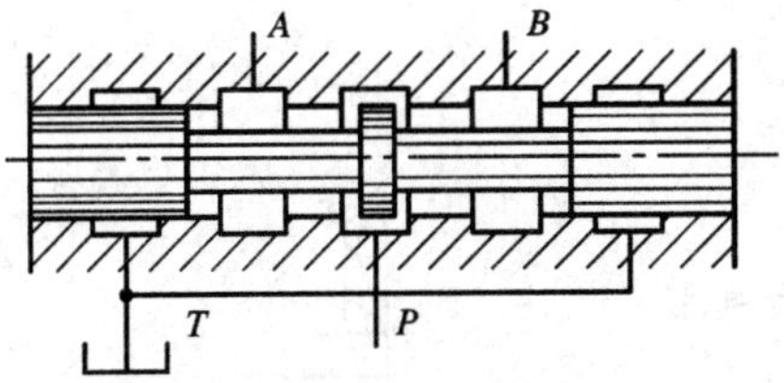	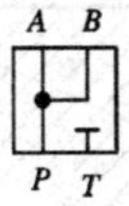	T 口封闭，P、A、B 口相通，换向最平稳，双杆缸浮动，单杆缸差动，泵不卸荷，并联缸可运动
M	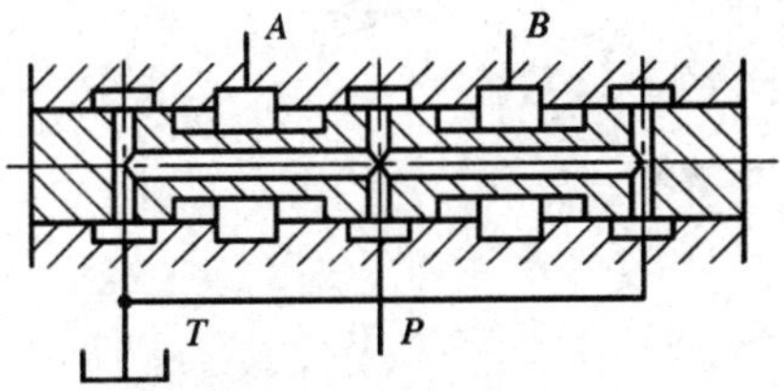	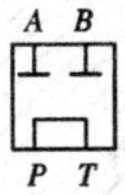	P、T 口相通，A、B 口封闭，换向精度高，但有冲击，缸被锁紧，泵卸荷，其他缸不能并联使用

3. 几种常用的换向阀

（1）机动换向阀。机动换向阀又称为行程阀，它一般是利用安装在运动部件上的挡块或凸轮，压下顶杆或滚轮，使阀芯移动，来实现油路切换的。机动换向阀通常是弹簧复位式的两位阀，它的结构简单，动作可靠，换向位置精度高。

如图 19-4(a) 所示为两位二通的机动换向阀，在图示状态下，阀芯在弹簧的弹力作用下被顶向上端，油口 P 和 A 不通，当挡块压下滚轮经推杆是阀芯移到下端时，油口 P 和 A 连通。图 19-4(b) 所示为其图形符号。

（2）电磁换向阀。如图 19-5(a) 所示为三位四通电磁换向阀，它是利用电磁铁的吸力操纵阀芯换位的方向控制阀。阀的两端各有一个电磁铁和一个对中弹簧，阀芯在常态时处于中位。当右端电磁铁通电时，右衔铁 6 通过推杆将阀芯 4 推至左端，阀在右位工作，其油口 P 与 B、A 与 T 相通；当左端电磁铁通电时，阀芯移至右端，阀在左位工作，油口 P 与 A、B 与 T 相通。图 19-5(b) 所示为三位四通电磁阀换向阀的图形符号。

电磁阀换向阀操纵方便，布局灵活，有利于实现自动化控制，目前应用十分广泛。按使用电源的不同，可分为交流电磁阀和直流电磁阀。交流电压常用 220 V 或 380 V，直流电压常用 24 V。

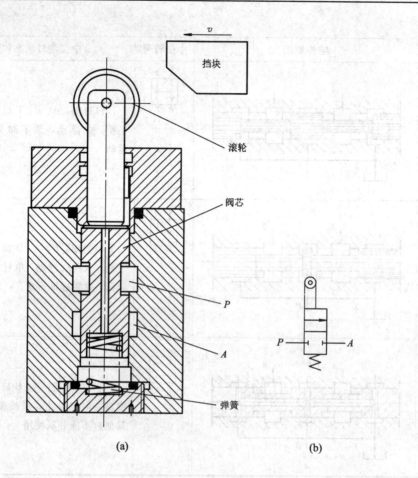

图 19-4 机动换向阀

(a) 结构原理图；(b) 图形符号

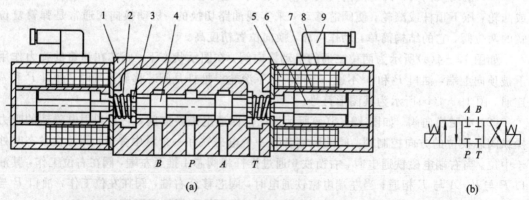

1—阀体；2—弹簧；3—弹簧座；4—阀芯；5—线圈；6—衔铁；7—隔套；8—壳体；9—插头组件

图 19-5 三位四通电磁阀换向阀

(a) 结构原理图；(b) 图形符号

（3）液动换向阀。电磁换向阀虽然布局容易，控制方便，但电磁铁的吸力有限，难于切换大的流量。当阀的通径大于 10 mm 时，常用压力油操纵阀芯换位，这种利用控制油路的压力油推动阀芯改变位置的阀常称为液动阀。

如图 19-6(a) 所示为三位四通液动换向阀。当其两端控制油口 K_1 和 K_2 均不通入压力油时，阀芯在两端弹簧的作用下处于中位；当 K_1 进压力油，K_2 接油箱时，阀芯移至右端，阀在左位工作，油口 P 与 A、B 与 T 相通；反之，K_2 进压力油，K_1 接油箱时，阀芯移至左端，阀在右位工作，油口 P 与 B、A 与 T 相通。图 19-6(b) 所示为三位四通液动换向阀的图形符号。

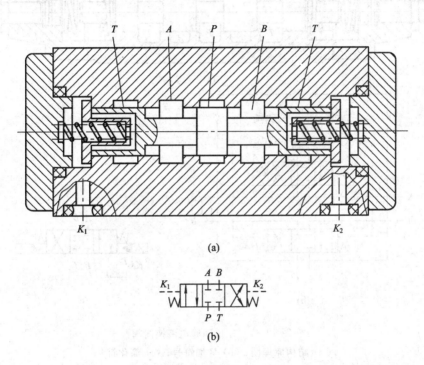

图 19-6　三位四通液动换向阀

(a) 结构原理图；(b) 图形符号

（4）电液换向阀。电液换向阀是由电磁阀和液动阀结合在一起构成的一种组合式换向阀。在电液换向阀中，电磁阀起先导控制作用（称先导阀），液动阀则控制主油路换向（称主阀）。

如图 19-7(a) 所示为三位四通电液换向阀的结构简图，上面是电磁阀（先导阀），下面是液动阀（主阀），其工作原理可用详细图形符号加以说明，如图 19-7(b) 所示。常态时，先导阀和主阀皆处于中位，主油路中，A、B、P、T 油口均不相通。当左电磁铁通电时，先导阀左位工作，控制油由 K 经先导阀到主阀芯左端油腔，操纵主阀芯右移，使主阀也切换至左位工作，主阀芯右端油腔回油经先导阀及泄油口 L 流回油箱，此时主油路口 P 与 A 相通、B 与 T 相通。同理，当先导阀右电磁铁通电时，主油路油口换接，P 与 B 相通、A 与 T 相通，实现了油液换向。图 19-7(c) 所示为电液换向阀的简化符号。

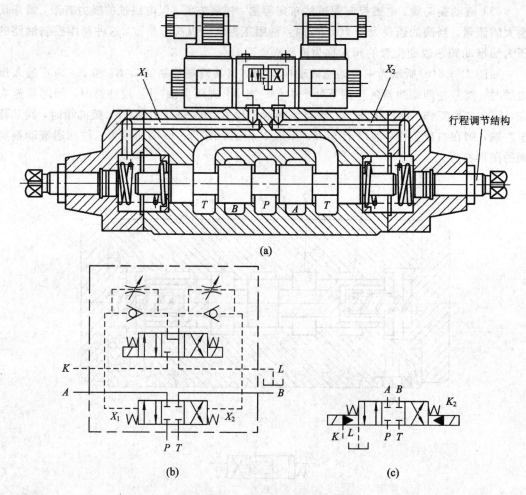

图 19 - 7 三位四通电液换向阀

(a) 结构原理图；(b) 详细符号；(c) 简化符号

（5）手动换向阀。手动换向阀是用手动杆操纵阀芯换位的换向阀。如图 19 - 8(a) 所示为自动复位式手动换向阀，放开手柄，阀芯在弹簧的作用下自动回复中位。如果将该阀阀芯右端弹簧的部位改为如图 19 - 8(b) 所示的形式，即可成为可在三个位置定位的手动换向阀。图 19 - 8(c)、图 19 - 8(d) 所示为其图形符号。手动换向阀结构简单，动作可靠，常用于持续时间较短且要求人工控制的场合。

（6）多路换向阀。多路换向阀是一种集中布置的组合式手动换向阀，常用于工程机械等要求集中操纵多个执行元件的设备中。多路换向阀的组合方式有并联式、串联式和顺序单动式三种，符号如图 19 - 9 所示。

当多路阀为并联式组合（如图 19 - 9(a) 所示）时，泵可以同时对三个或单独对其中任一个执行元件供油。在对三个执行元件同时供油的情况下，由于负载不同，三者将先后动作。当多路阀为串联式组合（如图 19 - 9(b) 所示）时，泵依次向各执行元件供油，第一个阀的回油口与第二个阀的压力油口相连。各执行元件可单独动作，也可同时动作。在三个执行元件同时动作的情况下，三个负载压力之和不应超过泵压。当多路阀为顺序单动式组合（如

图 19-9(c)所示)时，泵按顺序向各执行元件供油。操作前一个阀时，就切断了后面阀的油路，从而可以防止各执行元件之间的动作干扰。

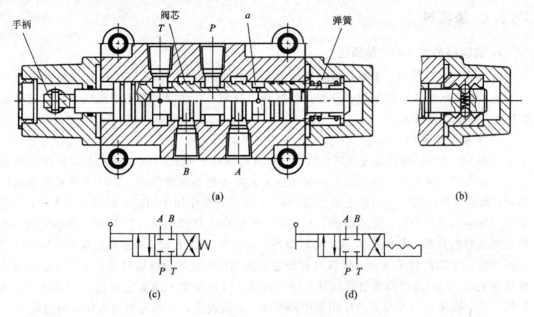

图 19-8　手动换向阀

(a) 弹簧复位式；(b) 钢球定位式；

(c) 图形符号(弹簧复位式)；(d) 图形符号(钢球定位式)

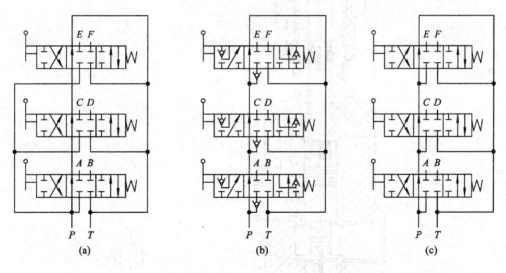

图 19-9　多路换向阀

(a) 并联式；(b) 串联式；(c) 顺序单动式

19.3　压力控制阀

压力控制阀是控制液压系统压力或利用压力变化来实现某种动作的阀的统称，这类阀的共同特点是利用阀芯上液体压力与弹簧力相平衡的原理来进行工作的。按用途不同压力控制阀可分为溢流阀、顺序阀、减压阀和压力继电器等。

19.3.1 溢流阀

1. 溢流阀的结构与工作原理

溢流阀有多种用途，主要是溢去系统多余的油液，使泵的供油压力得到调整并保持基本恒定。溢流阀按其结构原理可分为直动型和先导型，直动型一般用于低压系统，先导型常用于中、高压系统。

1）直动型溢流阀

如图 19 - 10(a)所示为直动式溢流阀。来自进油口 P 的压力油经阀芯上的径向孔和阻尼孔 a 通入阀芯的底部，阀芯的下端便受到压力为 p 的油液的作用。若阀的有效作用面积为 A，则压力油作用于该面积上的力为 pA。设调压弹簧作用于阀芯上的预紧力为 F，当进油压力较小（$pA<F$）时，阀芯处于下端位置，将进油口 P 和回油口 T 隔开，即不溢流。随着进油压力的升高，当 $pA=F$ 时，阀芯即将开启，当 $pA>F$ 时，阀芯向上移动，弹簧被进一步压缩，油口 P 和 T 相通，溢流阀开始溢流进油压力就不会继续升高。当通过溢流阀的流量变化时，阀口开度即弹簧压缩量也随之改变。但在弹簧压缩量变化很小的情况下，可以认为阀芯在液压力和弹簧力作用下保持平衡，溢流阀进口处的压力基本保持为定值。

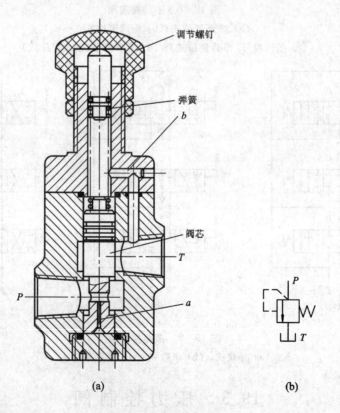

图 19 - 10　直动型溢流阀

(a) 结构原理图；(b) 图形符号

　　调节螺钉可以改变弹簧的预压缩量，从而调定溢流阀的溢流压力。阻尼小孔 a 的作用是增加液阻以减小滑阀（移动过快而引起）振动。卸油口 b 可将泄漏到弹簧腔的油液引回到回油口 T。

　　这种溢流阀因压力油直接作用于阀芯，故称直动型溢流阀。直动型溢流阀一般只能用于低压小流量的场合，当控制较高压力和较大流量时，需要刚度较大的调压弹簧，不但手动调节困难，而且溢流阀阀口开度（调压弹簧压缩量）略有变化便引起较大的压力变化。图19-10(b)所示为直动型溢流阀的图形符号，也是溢流阀的一般符号。

　　2）先导型溢流阀

　　如图19-11所示为先导型溢流阀，该阀由先导阀和主阀两部分组成。先导阀就是一个小规格的直动型溢流阀，而主阀阀芯是一个锥形端部、上面开有阻尼孔的圆柱筒。

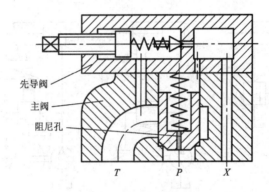

图 19-11　先导型溢流阀

　　油液从进油口 P 进入，经阻尼孔到达主阀弹簧腔，并作用在先导阀锥阀芯上（一般情况下，外控口 X 是堵塞的）。当进油压力不高时，液压力不能克服先导阀的弹簧弹力，这时，主阀芯因前后腔油压相同，故被主阀弹簧压在阀座上，主阀口关闭，阀内无油液流动；当进油压力升高到先导阀的预调压力时，先导阀阀口打开，主阀弹簧腔的油液流过先导阀阀口并经阀体上的通道和回油口 T 流回油箱，这时，油液流过阻尼小孔产生压力损失，使主阀芯两端形成压力差，主阀芯在此压差作用下，克服弹簧阻力向上移动，使进、回油口连通，达到溢流稳压的目的。调节先导阀的调压螺钉，便能调节溢流压力。更换不同刚度的弹簧，便能得到不同的调压范围。

　　在先导型溢流阀中，先导阀用于控制和调节溢流压力，主阀通过控制溢流口的启闭而稳定压力。由于通过先导阀的流量较小，锥阀的阀孔尺寸也较小，调压弹簧的刚度也就不大，因此调压比较轻便。主阀芯因两端均受油液压力的作用，主阀弹簧只需很小的刚度，当溢流量变化而引起主阀弹簧压缩量变化时，溢流阀所控制的压力变化也就较小，故先导型溢流阀稳压性能优于直动型溢流阀。但先导型溢流阀必须在先导阀和主阀都动作的情况下才能控制压力作用，因此，其灵敏度低于直动型溢流阀。图19-12所示为溢流阀的图形符号。

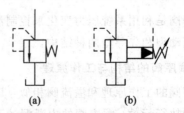

图 19-12　溢流阀的图形符号

（a）一般符号或直动型符号；（b）先导型符号

2. 溢流阀的应用

根据溢流阀在液压系统中所起的作用，溢流阀可作溢流阀、安全阀、卸荷阀和背压阀使用。

（1）作溢流阀用。在采用定量泵供油的液压系统中，由流量控制阀调节进入执行元件的流量，定量泵输出的多余油液则从溢流阀流回油箱。在工作过程中溢流阀口常开，系统的工作压力由溢流阀调整并保持基本恒定，如图 19-13(a) 所示的溢流阀 1。

（2）作安全阀用。如图 19-13(b) 所示为一变量泵供油系统，执行元件速度由变量泵自身调节，系统中无多余油液，系统工作压力随负载变化而变化。正常工作时，溢流阀口关闭；一旦过载，溢流阀口立即打开，使油液流回油箱，系统压力不再升高，以保障系统安全。

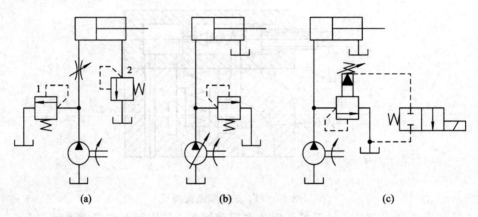

(a)　　　　　　　　　　　(b)　　　　　　　　　　　(c)

图 19-13　溢流阀的应用

（3）作卸荷阀用。如图 19-13(c) 所示，将先导式溢流阀远程控制口 K 通过二位二通电磁阀与油箱连接。当电磁铁断电时，远程控制口 K 被堵塞，溢流阀起溢流稳压作用；当电磁铁通电时，远程控制口 K 通油箱，溢流阀的主阀芯上端压力接近于零，此时溢流阀口全开，回油阻力很小，泵输出的油液便在低压下经溢流阀口流回油箱，使液压泵卸荷，从而减小系统功率损失，故溢流阀起卸荷作用。

（4）作背压阀用。如图 19-13(a) 所示，溢流阀 2 接在回油路上，可对回油产生阻力，即形成背压，利用背压可提高执行元件的运动平稳性。

19.3.2　顺序阀

顺序阀是利用系统压力变化来控制油路的通断，以实现某些液压元件的顺序动作。顺序阀有直动型和先导型两种结构。

1. 顺序阀的结构与工作原理

顺序阀的工作原理和溢流阀相似，其主要区别在于：溢流阀的出口接油箱，而顺序阀的出口接执行元件。顺序阀的内泄漏油不能用通道与出油口相连，而必须用专门的泄油口接通油箱。

如图 19-14(a) 所示为直动型顺序阀。常态下，进油口 P_1 与出油口 P_2 不通。进口油液经阀体 3 和下盖 1 上的油道流到控制活塞 2 的底部,当进口油液压力低于弹簧 5 的调定压力时,阀口关闭;当进口压力高于弹簧调定压力时,控制活塞在油液压力作用下克服弹簧力将阀芯 4 顶起,使 P_1 与 P_2 相通,压力油便可经阀口流出,弹簧腔的泄漏油从泄油口 L 流回油箱。因顺序阀的控制油直接从进油口引入,故称为内控外泄式顺序阀,其图形符号如图 19-14(b)所示。

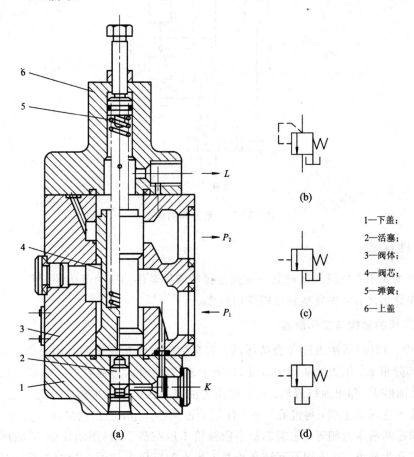

图 19-14 直动型顺序阀

(a) 结构原理图;(b) 内控外泄式图形符号;

(c) 外控外泄式图形符号;(d) 外控内泄式图形符号

1—下盖;
2—活塞;
3—阀体;
4—阀芯;
5—弹簧;
6—上盖

将图 19-14(a)中的下盖旋转 90°或 180°安装,切断原控制油路,将外控口 K 的螺塞取下接通控制油路,则阀的开启由外部压力油控制,便构成外控外泄式顺序阀,图形符号如图 19-14(c)所示。若再将上盖 6 旋转 180°安装,并将外泄口 L 堵塞,则弹簧腔与出油口相通,构成外控内泄式顺序阀,图形符号如图 19-14(d)所示。

2. 顺序阀的应用

如图 19-15 所示为机床夹具上用顺序阀实现工件先定位后夹紧的顺序动作回路,当换向阀右位工作时,压力油首先进入定位缸下腔,完成定位动作以后,系统压力升高,达到顺序阀的调定压力(为保证工作可靠,顺序阀的调定压力应比定位缸最高工作压力高 0.5~0.8 MPa)时,顺序阀打开,压力油经顺序阀进入夹紧缸下腔,实现液压夹紧;当换向阀左位工作时，压力油同时进入定位缸和夹紧缸上腔，拔出定位销，松开工件，夹紧缸通过单向阀回油。此外，顺序阀还用作卸荷阀、平衡阀、背压阀使用。

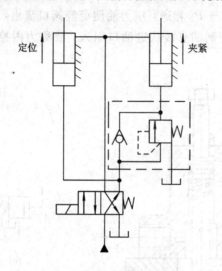

图 19-15　顺序阀的应用

19.3.3　减压阀

减压阀主要用来使液压系统某一支路获得较液压泵供油压力低的稳定压力。减压阀有直动型和先导型之分，先导型减压阀应用较多。

1. 减压阀的结构与工作原理

如图 19-16(a)所示为先导型减压阀。它在结构上和先导型溢流阀类似，也由先导阀和主阀两部分组成。压力油从阀的进油口(图中未示出)进入进油腔 P_1，经减压阀口 x 减压后，再从出油腔 P_2 和出油口流出。出油腔压力油经小孔 f 进入主阀芯 5 的下端，同时经阻尼小孔 e 流入主阀芯上端，再经孔 c 和 b 作用于锥阀芯 3 上。当出油口压力较低时，先导阀关闭，主阀芯两端压力相等，主阀芯被平衡弹簧 4 压在最下端(图示位置)，减压阀口开度为最大，压降为最小，减压阀不起减压作用；当出油口压力达到先导阀的调定压力时，先导阀开启，此时 P_2 腔的部分压力油经孔 e、c、b、先导阀口、孔 a 和泄漏口 L 流回油箱。由于阻尼小孔 e 的作用，主阀芯两端产生压力差，主阀芯便在此压力差作用下克服平衡弹簧的弹力上移，减压阀口减小，使出油口压力降低至调定压力。由于外界干扰(如负载变化)使出油口压力变化时，减压阀将会自动调整减压阀口的开度以保持出油压力稳定。调节螺母 1 即可调节调压弹簧 2 的预压缩量，从而调定减压阀出油口压力。如图 19-16(b)所示为直动型减压阀的图形符号，也是减压阀的一般符号。图 19-16(c)所示为先导型减压阀的图形符号。

2. 减压阀的应用

减压阀在夹紧油路、控制油路和润滑油路中应用较多。如图 19-17 所示是减压阀用于夹紧油路的原理图，液压泵除供给主油路压力油外，还要通过分支路上的减压阀为夹紧缸提供较泵供油压力低的稳定压力油，其夹紧力大小由减压阀来调节控制。

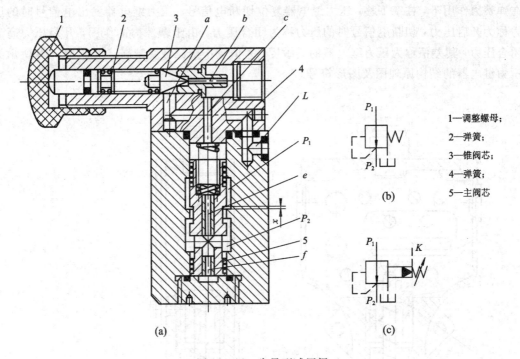

图 19-16 先导型减压阀

（a）结构原理图；（b）减压阀的一般符号；（c）先导型减压阀的图形符号

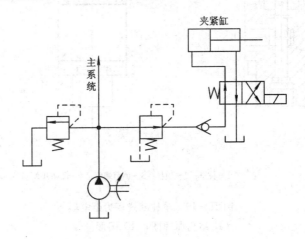

图 19-17 减压阀的应用

19.3.4 压力继电器

压力继电器是将油液的压力信号转变为电信号的转换元件。它利用液压系统压力的变化来控制电路的接通或切断，以实现自动控制或安全保护。

压力继电器的类型很多，如图 19-18 所示为单柱塞式压力继电器。压力油从油口 P 进入压力继电器，作用在柱塞 1 低部；当系统压力到达调定压力时，作用在柱塞上的液压力克服弹簧的弹力，推动顶杆 2 上移，使微动开关 4 的触点闭合，发出电信号，调节螺钉 3 可以改变弹簧的压缩量，相应地就调节了发出电信号的控制油压力；当系统压力降低时，在弹簧力作用下，柱塞下移，压力继电器复位切断电信号。压力继电器发出电信号时的压力称为开启压力，切断电信号时的压力称为闭合压力。由于摩擦力的作用，开启压力高于闭合压力，其差值称为压力继电器的灵敏度，差值越小则灵敏度越高。如图 19 - 18 所示为压力继电器的结构原理图及图形符号。

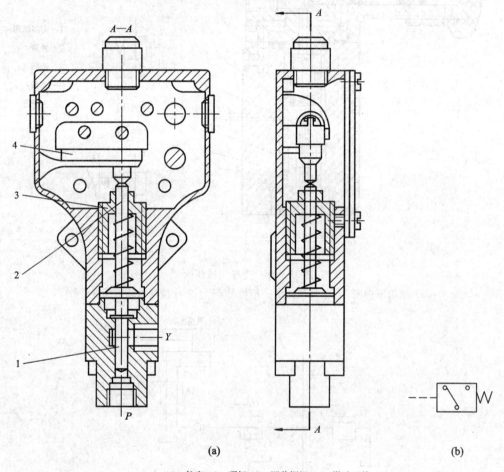

(a)　　　　　　　　　　　　　　　　(b)

1—柱塞；2—顶杆；3—调节螺钉；4—微动开关

图 19 - 18　单柱塞式压力继电器
(a) 结构原理图；(b) 图形符号

19.4　流量控制阀

　　流量控制阀是通过改变阀口通流面积来调节输出流量，从而控制执行元件的运动速度的。常用的流量控制阀有节流阀和调速阀两种。

19.4.1　流量控制阀的特性

1. 节流口的流量特性公式

　　通过节流口的流量与其结构有关，实际应用的节流口都介于薄壁孔和细长孔之间，故通过节流孔的流量可以用小孔流量通用公式 $q_v=CA_T\Delta p^\varphi$ 来描述。当 C、Δp、和 φ 一定时，只要改变节流口的通流面积 A_T，就可调节通过节流口的流量 q_v。

2. 影响节流口流量稳定的因素

在液压系统中，当节流口的通流面积 A_T 调定后，要求通过节流口的流量 q_v 稳定不变，以使执行元件速度稳定，但实际上有很多因素影响着节流口的流量稳定性。

（1）负载变化的影响。节流口前后的压力差 Δp 随执行元件所受负载的变化而变化，Δp 的变化会引起通过节流口的流量变化，且 φ 越大，Δp 变化对流量影响越大，而薄壁孔 φ 值最小，因此，节流口常采用薄壁孔。

（2）温度变化的影响。油的温度变化会引起油的粘度变化，小孔流量通用公式中的系数 C 值就发生变化，从而使流量发生变化，显然，节流孔越长，影响越大。薄壁孔长度最短，对温度变化最不敏感。

（3）节流孔的阻塞。在压差、油温和粘度等因数不变的情况下，当节流口的开度很小时，流量会出现不稳定，甚至断流，这种现象称为阻塞。产生阻塞的主要原因是：节流口处高速液流产生局部高温，致使油液氧化变质生成胶质沉淀，甚至引起油中碳的燃烧产生灰烬，这些生成物和油中原有的杂质结合，在节流口表面逐步形成附着层，它不断堆积又不断被高速液流冲掉，流量就不断地发生波动，附着层堵死节流口时则出现断流。

阻塞将会造成系统执行元件速度不均，因此，节流阀有一个能正常工作的最小流量限制值，称为最小稳定流量。

3. 节流口的形式

如图 19 - 19 所示是常用的三种节流口形式。如图 19 - 19（a）所示为针阀式节流口，针阀做轴向移动，改变通流面积，以调节流量，其结构简单，但流量稳定性差，一般用于要求不高的场合。如图 19 - 19（b）所示为偏心式节流口，阀芯上开有截面为三角形或矩形的偏心沟槽，转动阀芯就可以改变通流面积以调节流量，其阀芯受径向不平衡力，适用于压力较低的场合。如图 19 - 19（c）所示为轴向三角槽式节流口，阀芯端部开有一个或两个斜三角槽，在轴向移动时，阀芯就可改变通流面积的大小，其结构简单，可获得较小的稳定流量，应用广泛。

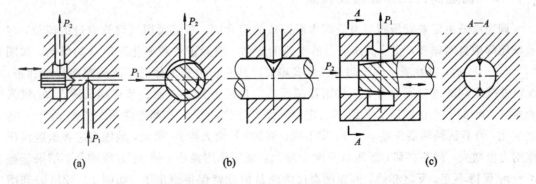

图 19 - 19　常用的节流口形式
（a）针阀式；（b）偏心式；（c）轴向三角槽式

19.4.2　节流阀的结构及特点

如图 19-20 所示为普通节流阀，它的节流口是轴向三角槽式。当打开节流阀时，压力油从进油口 P_1 进入，经孔 a 阀芯 1 左端的轴向三角槽、孔 b 和出油口 P_2 流出，阀芯 1 在弹簧力的作用下始终紧贴在推杆 2 的端部，旋转手轮 3，可使推杆沿轴向移动，改变节流口的通流面积，从而调节通过阀的流量。如图 19-20(b) 所示为节流阀的图形符号。

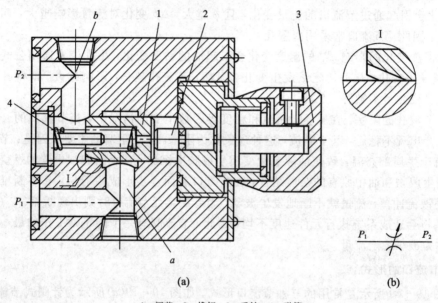

(a)　　　　　　　　　　　　　　(b)

1—阀芯；2—推杆；3—手轮；4—弹簧

图 19-20　普通节流阀

(a) 结构原理图；(b) 图形符号

节流阀的结构简单，体积小，使用方便，成本低。但负载和温度的变化对流量稳定性的影响较大，因此只适用于负载和温度变化不大或速度稳定性要求不高的液压系统。

19.4.3　调速阀的工作原理及特点

调速阀是由定差减压阀与节流阀串联而成的组合阀。节流阀用来调节通过的流量，定差减压阀则自动调节，使节流阀前后的压差为定值，消除了负载变化对流量的影响。如图 19-21(a) 所示，定差减压阀 1 与节流阀 2 串联，其左右两腔也分别与节流阀前后端相通。设定差减压阀的进口压力为 p_1，油液经减压后出口压力为 p_2，通过节流阀又降至 p_3 进入液压缸。p_3 的大小由液压缸负载 F 决定，负载 F 变化，则 p_3 和调速阀两端压差 p_1-p_3 随之变化，但节流阀两端压差 p_2-p_3 却不变。例如，F 增大使 p_3 增大，减压阀芯弹簧腔液压作用力也增大，阀芯右移，减压口开度 x 加大，减压作用减小，使 p_2 有所增加，结果压差 p_2-p_3 保持不变；反之亦然。调速阀通过的流量因此就保持恒定了。如图 19-21(b) 和图 19-21(c) 所示分别为调速阀的详细符号和简化符号。

图 19-22 表示节流阀和调速阀的流量特性曲线，图中曲线 1 表示的是节流阀的流量与进出油口压差 Δp 的变化规律。根据流量公式 $q_v = CA_T \Delta p^\varphi$ 可知，节流阀的流量随压差

变化而变化。图中 2 表示的是调速阀的流量与进出口压差 Δp 的变化规律，调速阀在压差大于一定值后流量基本稳定。调速阀在压差很小时，定差减压阀阀口全开，减压阀不起作用，这时调速阀的特性和节流阀相同。可见要使调速阀正常工作，应保持最小压差。

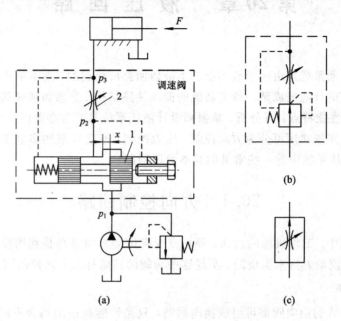

图 19 - 21　调速阀的工作原理和符号

（a）工作原理图；（b）详细符号；（c）简化符号

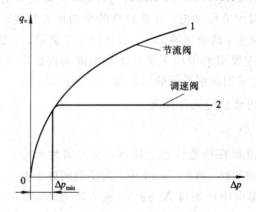

图 19 - 22　流量阀的流量特性曲线

第 20 章　液 压 回 路

　　一个液压传动系统是由一个或多个基本液压回路所组成的。基本液压回路是指由若干个液压元件组成的且能完成某一特定功能的简单油路结构。熟悉和掌握基本液压回路的组成、工作原理及性能特点，对分析、掌握和设计液压系统是非常必要的。

　　基本液压回路按功用可分为方向控制、压力控制、速度控制和多缸工作控制等主要回路。下面介绍液压系统中的一些常见的基本液压回路。

20.1　方向控制回路

　　在液压系统中，工作机构的启动、停止或变换运动方向等都是利用控制进入元件液流的通、断及改变流动方向来实现的。实现这些功能的回路称为方向控制回路。

1. 换向回路

　　各种操纵方式的换向阀都可组成换向回路，只是性能和适用场合不同。手动换向的精度和平稳性不高，常用于换向不频繁且无需自动化的场合，如一般机床夹具、工程机械等。对速度和惯性较大的液压系统，采用机动阀较为合理，只需使运动部件上的挡块有合适的迎角或轮廓曲线，即可减少液压冲击，并有较高的换向位置精度。电磁阀使用方便，易于实现自动化，但换向时间短，故换向冲击大，只适用于小流量、平稳性要求不高的场合。对换向精度与平稳性有一定要求的液压系统，常采用液动阀或电液换向阀。换向有特殊要求，如磨床液压系统，需采用特别设计的组合阀——操纵箱。

　　双向变量泵本身便可使执行元件换向。

2. 锁紧回路

　　锁紧回路是使液压缸能在任意位置上停留，且停留后不会在外力作用下移动位置的回路。在图 20-1 中，当换向阀处于左位或右位工作时，液控单向阀控制口 X_2 或 X_1 通入压力油，缸的回油便可反向流过单向阀口，故此时活塞可向右或向左移动。到了该停留的位置时，只要令换向阀处于中位，因阀的中位机能为 H 型，控制油直通油箱，故控制压力立即消失（Y 型中位机能亦可），液控单向阀不再双向导通，液压缸因两腔油液被封死便被锁紧。由于液控单向阀中的单向阀采用座阀式结构，密封性好，极少泄漏，故有液压锁之称。锁紧精度只受缸本身的泄漏影响。

　　当换向阀的中位机能为 O 或 M 等型时，似乎无需液控单向阀也能使液压缸锁紧。其实由于换向阀存在较大的泄漏，锁紧

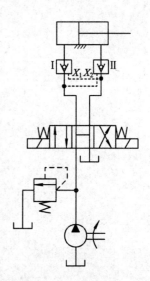

图 20-1　锁紧回路

功能较差，只能用于锁紧时间短且要求不高的场合。

20.2　压力控制回路

压力控制回路是对系统整体或系统某一部分的压力进行控制的回路，这类回路包括调压、卸荷、释压、保压、增压、减压、平衡等多种回路。

1. 调压回路

为使系统的压力与负荷相适应并保持稳定，或为了安全而限定系统的最高压力，都要用到调压回路，下面介绍两种调压回路。

1）双向调压回路

当执行元件正反行程需不同的供油压力时，可采用双向调压回路，如图 20 - 2 所示。在图 20 - 2(a)中，当换向阀在左位工作时，活塞为工作行程，泵出口由溢流阀 1 调定为较高压力，缸右腔油液通过换向阀回油箱，溢流阀 2 此时不起作用。当换向阀如图示在右位工作时，缸作空行程返回，泵出口由溢流阀 2 调定为较低压力，阀 1 不起作用，缸退抵终点后，泵在低压下回油，功率损耗小。如图 20 - 2(b)所示回路在图示位置时，阀 2 的出口为高压油封闭，即阀 1 的远控口被堵塞，故泵压由阀 1 调定为较高压力。当换向阀在右位工作时，液压缸左腔通油箱压力为零，阀 2 相当于是阀 1 的远程调压阀，泵压被调定为较低压力。图 20 - 2(b)所示回路的优点是：阀 2 工作中仅通过少量泄油，故可选用小规格的远程调压阀。

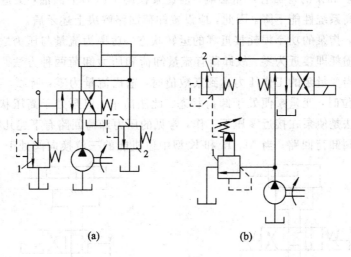

(a)　　　　　　　　　(b)

图 20 - 2　双向调压回路

2）多级调压回路

注塑机、液压机在不同的工作阶段，液压系统需要不同的压力。如图 20 - 3(a)所示为二级调压回路。在图示状态下，泵出口由阀 1 调定为较高压力，电磁阀通电后，则由远程调压阀 2 调定为较低压力。如图 20 - 3(b)所示为三级调压回路，在图示状态下，泵出口由阀 1 调定为最高压力(若阀 4 采用 H 型中位机能的电磁阀，则此时泵卸荷，即为最低压力)，当换向阀 4 的左、右电磁铁分别通电时，泵压由远程调压阀 2 或 3 调定。

在图 20-3(a)或(b)中,为了获得多级压力,阀 2 或阀 3 的调定压力必须小于本回路中阀 1 的调定压力值。

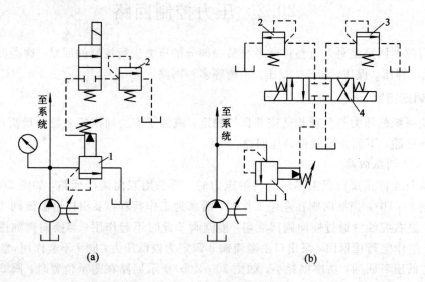

图 20-3　多级调压回路

2. 卸荷回路

在液压设备短时间停止工作期间,一般不宜关闭发动机或电动机,因为频繁启闭对发动机(或电动机)和泵的寿命有严重影响。但让泵在调定压力下回油,又造成很大的能量浪费,使油温升高系统性能下降。因此,应设置卸荷回路解决上述矛盾。

所谓卸荷,指泵的功率损耗接近零的运转状态。功率为流量与压力之积,两者任一近似为零,功率损耗即接近为零,故卸荷有流量卸荷和压力卸荷两种方法。流量卸荷法用于变量泵,一般当变量泵的工作压力达到某数值时,输出流量为零,所以,当 O 型机能三位换向阀处于中位时,变量泵便处于卸荷状态。此法简单,但泵处于高压状态,磨损比较严重。压力卸荷法是使泵在接近零压下工作,常见的压力卸荷回路有下述几种:

(1) 换向阀卸荷回路。当 M、H 和 K 型中位机能的三位换向阀处于中位时,泵卸荷,

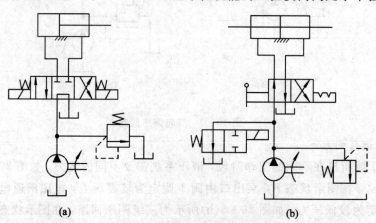

图 20-4　换向阀卸荷回路

如图 20-4(a)所示。如图 20-4(b)所示为利用二位二通阀旁路卸荷。此二法均较简单，但换向阀切换时会产生液压冲击，仅适用于低压、流量小于 40 L/min 处，且配管应尽量短。若将图 20-4(a)中的换向阀改为装有换向时间调节器的电液换向阀，则可用于流量较大的系统，卸荷效果将是很好的(注意：此时泵的出口或换向阀回油口应设置背压阀，以便系统能重新启动)。

(2) 电磁溢流阀卸荷回路。流量较大时采用先导型溢流阀实现卸荷的方法性能较好，其原理前已述及。此回路采用电磁溢流阀(如图 20-5 所示)，管路连接可更简便。电磁溢流阀中的电磁换向阀可以是二位二通阀或二位四通阀。根据二位阀常态位的通断情况，常态时泵可卸荷或不卸荷，通过二位阀的泄油可作外部泄油(泄油单独通油箱)或内部泄油(泄油由阀内接通溢流阀的回油腔)。

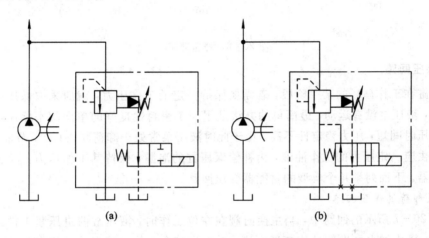

图 20-5　电磁溢流阀卸荷回路
(a) 二位二通阀；(b) 二位四通阀

3. 释压回路

液压系统在工作过程中(例如，机床工进或液压机保压压制)储存了一定的能量，使油液压缩，机械部分产生弹性变形，若迅速改变运动状态会产生液压冲击。对于液压缸直径大于 25 cm、压力大于 7 MPa 的液压系统，通常需设置释压回路，使液压缸高压腔中的压力能在换向前缓慢地释放。

如图 20-6(a)所示为节流阀释压回路，当工作行程结束后，M 型换向阀首先切换至中位使泵卸荷；同时液压缸上腔的高压油通过节流阀释压，释压的快慢由节流阀调节。释压后，换向阀切换至左位，活塞上升。

如图 20-6(b)所示的回路能使释压和换向自动完成。工作行程结束后，换向阀切换至中位使泵卸荷，同时缸上腔通过节流阀释压。当压力降至压力继电器调定的压力时，微动开关复位发出信号，使换向阀切换至右位，压力油打开液控单向阀，液压缸上腔回油，活塞上升。

如图 20-6(c)所示为溢流阀释压回路。工作行程结束后，换向阀先切换至中位使泵卸荷；同时，溢流阀的外控口通过节流阀和单向阀通油箱，因而溢流阀开启使缸上腔释压。调节节流阀即可调节溢流阀的开启速度，也就调节了缸的释压速度。溢流阀的调定压力应大于系统的最高工作压力，因此溢流阀也起安全阀的作用。

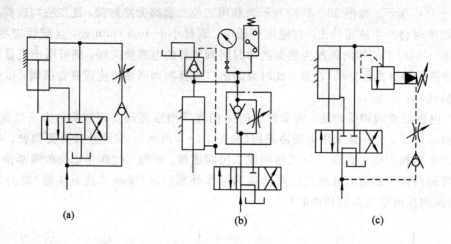

(a)　　　　　　　　(b)　　　　　　　　(c)

图 20-6　释压回路

4. 保压回路

液压缸在工作循环的某一阶段，若需要保持一定的工作压力，就应采取保压回路。在保压阶段，液压缸没有运动，最简单的办法是用一个密封性良好的单向阀来保压，但是这种办法保压时间短，压力稳定性不高。由于此时液压泵常处于卸荷状态（为了节能）或给其他液压缸供应一定压力的工作油液，为补偿保压缸的泄漏，保持其工作压力，可在回路中设置蓄能器。下面列举几个典型的蓄能器保压回路。

1）泵卸荷的保压回路

在图 20-7 所示的回路中，当主换向阀在左位工作时，液压缸前进压紧工件，进油路压力升高，压力继电器发信号使二通阀通电，泵即卸荷，单向阀自动关闭，液压缸则由蓄能器保压。当缸压不足时，压力继电器复位使泵重新工作。保压时间取决于蓄能器容量，调节压力继电器的通断调节区间即可调节缸压力的最大值和最小值。

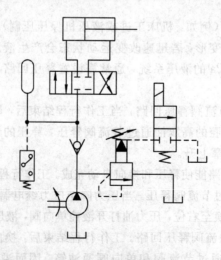

图 20-7　泵卸荷的保压回路

2）多缸系统一缸保压的回路

多缸系统中负载的变化不应影响保压缸内压力的稳定。在如图 20-8 所示的回路中，进给缸快进时，泵压下降，但单向阀3关闭，把夹紧油路和进给油路隔开，蓄能器4用来给夹紧缸保压并补偿泄漏，压力继电器5的作用是在夹紧缸压力达到预定值时发出电信号，使进给缸动作。

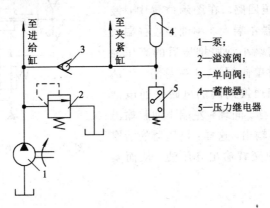

图20-8　多缸系统一缸保压回路

5. 增压回路

增压回路可以提高系统中某一支路的工作压力，以满足局部工作机构的需要。采用了增压回路，系统的整体工作压力仍然较低，这样就可以节省能源消耗。

1) 单作用增压器的增压回路

增压器实际上是由活塞缸和柱塞缸(或小活塞缸)组成的复合缸(见图20-9中的工件4)，它利用活塞和柱塞(或小活塞)有效面积的不同，使液压系统中的局部区域获得高压。显然，在不考虑摩擦损失与泄漏的情况下，单作用增压器的增压倍数(增压比)等于增压器大小两腔有效面积之比。在图20-9所示的回路中，当阀1在左位工作时，压力油经阀1、6进入工作缸7的上腔，下腔经顺序阀8和阀1回油，活塞下行。当负载增加使油压升高到顺序阀2的调定值时，阀2的阀口打开，压力油即经阀2、阀3进入增压器4的右腔，推动增压活塞右行，增压器右腔便输出高压油进入工作缸7。调节顺序阀2可以调节工作缸上腔在非增压状态下的最大工作压力。调节减压阀3可以调节增压器的最大输出压力。

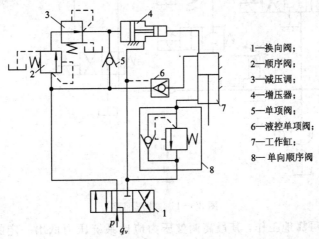

图20-9　单作用增压器的增压回路

2）双作用增压器的增压回路

单作用增压器只能断续供油，若需获得连续
输出的高压油，可采用如图 20-10 所示的双作用
增压器连续供油的增压回路。在图示位置中，液
压泵压力油进入增压器左端大、小油腔，右端大
油箱的回油通油箱，右端小油腔增压后的高压油
经单向阀 4 输出，此时单向阀 1、3 被封闭。当活
塞移到右端时，二位四通换向阀的电磁铁通电油
路换向后，活塞反向左移。同理，左端小油腔输出
的高压油通过单向阀 3 输出。这样，增压器的活塞
不断往复运动，两端便交替输出高压油，从而实
现连续增压。

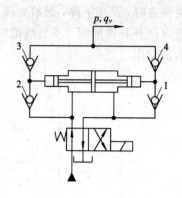

图 20-10　双作用增压器的增压回路

6. 减压回路

定位、夹紧、分度、控制油路等支路往往需要稳定的低压，为此，该支路只需串接一个
减压阀即可，如图 20-11 所示为用于工件夹紧的减压回路。通常减压阀后要设单向阀，以
防止系统压力降低时（例如，另一缸空载快进）油液倒流，并可短时保压。在图示状态中，
夹紧压力由阀 1 调定，当二通阀通电后，夹紧压力则有远程调压阀 2 决定，故此回路为二
级减压回路。若系统只需一级减压，可取消二通阀与阀 2，堵塞阀 1 的外空口。若取消二通
阀，阀 2 用直动式比例溢流阀取代，根据输入信号的变化，使可获得无级或多级的稳定低
压。有时反向无需减压，可用单向减压阀取代，但此时要将单向减压阀置于换向阀与夹紧
缸之间，否则不起作用。

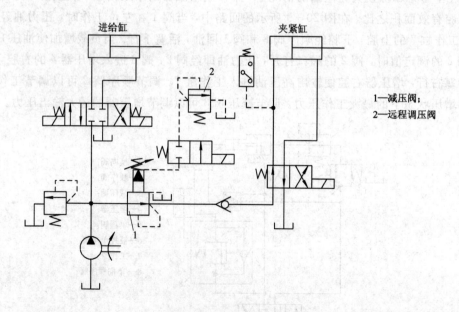

1—减压阀；
2—远程调压阀

图 20-11　减压回路

为使减压回路可靠地工作，其最高调整压力应比系统压力低出一定的数值，例如，中
高压系列减压阀约为 1 MPa（中低压系列约为 0.5 MPa），否则减压阀不能正常工作。当减

压支路的执行元件速度需要调节时，节流元件应装在减压阀的出口，因为当减压阀起作用时，有少量泄油从先导阀流回油箱，节流元件装在出口，可避免泄油对节流元件调定的流量产生影响。减压阀出口压力若比系统压力低得多，会增加功率损失和系统升温，必要时可用高低压双泵分别供油。

7. 平衡回路

为可防止立式液压缸及其工作部件在悬空停止期间因自重而自行下滑，或在下行运动中由于自重而造成失控超速的不稳定运动，可设置平衡回路。

在垂直放置的液压缸的下腔串接一单向顺序阀可防止液压缸因自重自行下滑。但活塞下行时有较大的功率损失，为此可采用外控单向顺序阀，如图 20-12(a)所示。当活塞下行时，来自进油路、并经节流阀控制的压力油打开顺序阀，背压较小，提高了回路效率。但由于顺序阀的泄露，运动部件在悬停过程中总要缓缓下降。对要求停止位置准确或停留时间较长的液压系统，可采用如图 20-12(b)所示的液控单向阀平衡回路。在图 20-12(b)中，节流阀的设置是必要的。若无此阀，运动部件下行时会因自重而超速运动，缸上腔出现真空，致使液控单向阀关闭，待压力重建后才能打开，这会造成下行运动时断时续和强烈振动的现象。

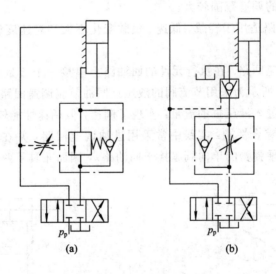

图 20-12　平衡回路

20.3　速度控制回路

液压系统执行元件的速度应能在一定范围内加以调节（调节回路）；由空载进入加工状态时，速度要能由快速运动稳定地转换为工进速度（速度换接回路）；为提高效率，空载快进速度应能超越泵的流量有所增加（增速回路）。机械设备，特别是机床，对调速性能有较高的要求，故调速回路是本章的重点。

1. 调速回路

对公式 $v = q_v/A$ 和 $n = q_v/V$ 进行分析，工作中面积 A 改变较难，故合理的调速途径是

改变 q（用流量阀或用变量泵）和使用排量 V 可变的变量马达。据此调速回路有节流调速、容量调速和容积节流调速三种。对调速的要求是调速范围大、调好后的速度稳定性好和效率高。

1）节流调速回路

节流调速回路用定量泵供油，用节流阀或调速阀改变进入执行元件的流量使之变速。根据流量阀在回路中的位置不同，分为进油节流调速、回油节流调速和旁路节流调速三种回路。

（1）进油节流调速。在执行元件的进油路上串接一个流量阀即构成进油节流调速回路。如图 20-13 所示为采用节流阀的液压缸进油节流调速回路，泵的供油压力由溢流阀调定，调节节流阀的开口，改变进入液压缸的流量，即可调节缸的速度。泵多余的流量经溢流阀回油箱，故无溢流阀则不能调速。

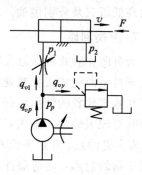

图 20-13　进油节流调速回路

通过分析可知，液压缸速度与节流阀通流面积成正比。调节节流阀通流面积即可实现无级调速，这种回路的调速范围较大。

进油节流调速回路适用于轻载、低速、负载变化不大和对速度稳定性要求不高的小功率液压系统。

（2）回油节流调速回路。在执行元件的回油路上串接一个流量阀，即构成回油节流调速回路。如图 20-14 所示为采用节流阀的液压缸回油节流调速回路。用节流阀调节缸的回油流量，也就控制了进入液压缸的流量，实现了调速，但调速性能较差。

为了提高回路的综合性能，实践中常采用进油调速回路，并在回油路加背压阀（用溢流阀、顺底阀或装有硬弹簧的单向阀串接于回油路），因而兼具了两回路的优点。

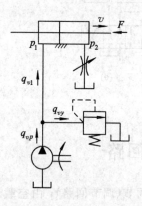

图 20-14　回油节流调速回路

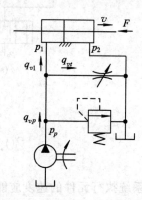

图 20-15　旁路节流调速回路

（3）旁路节流调速回路。将流量阀安放在和执行元件并联的旁油路上，即构成旁路节流调速回路。如图 20-15 所示为采用节流阀的旁路节流调速回路。节流阀调节了泵溢回油箱的流量，从而控制了进入缸的流量。调节节流阀开口，即实现了调速。

本回路低速承载能力差，故其应用比前两种回路少，只用于高速、重载、对速度平稳性要求很低的较大功率的系统，如牛头刨床主运动系统、输送机械液压系统等。

（4）采用调速阀的节流调速回路。采用节流阀的节流调速回路在负载变化时，缸速随节流阀两端压差变化，故速度平稳性差。如用调速阀代替节流阀，速度平稳性便大为改善，因为只要调速阀两端的压差超过它的最小压差 Δp_{min} 值，通过调速阀的流量便不随压差而变化。资料表明，进油和回油节流调速回路采用调速阀后，速度波动量不超过 $\pm 4\%$。

在采用调速阀的调速回路中，虽然解决了速度稳定性问题，但由于调速阀中包含了减压阀和节流阀的损失，并且同样存在着溢流损失，故此回路的功率损失比节流阀调速回路还要大些。

2）容积调速回路

节流调速回路效率低、发热大，只适用于小功率系统。而采用变量泵或变量马达的容积调速回路，因无节流损失或溢流损失，故效率高、发热小。容积调速回路适用于工程机械、矿山机械、农业机械和大型机床等大功率液压系统。

容积调速的油路按油液循环方式的不同，分为开式油路和闭式油路两种。开式油路即通过油箱进行油液循环的油路（前述回路皆为开式油路），即泵从油箱吸油，执行元件的回油仍返回油箱。开式油路的优点是油液在油箱中便于沉淀杂质和析出气体，并得到良好的冷却；主要缺点是空气易侵入油液，致使运动不平稳，并产生噪声。闭式油路无油箱这一中间环节，泵吸油口和执行元件回油口直接连接，油液在系统内封闭循环，这样，油气隔绝，结构紧凑，运行平稳，噪声小；缺点是散热条件差。

容积调速回路无溢流，这是构成闭式油路的必要条件。为了补偿泄漏以及由于执行元件进、回油腔面积不等所引起的流量之差，闭式油路需设辅助泵，与之配套还设一溢流阀和一小油箱。辅助泵低压补油还起到防止空气侵入、改善主泵吸油条件、强迫系统内热油（因元件有压力损失）与小油箱中冷油进行一定程度热交换的作用。

容积调速回路按所用执行元件的不同分为泵-缸式和泵-马达式两类。

（1）泵-缸式容积调速回路。泵-缸式容积调速回路的组成如图 20-16 所示，该回路为开式油路，但也可采用闭式油路。改变变量泵 1 的排量即可调节活塞速度，回路最大压力由安全阀 2 调定，6 为背压阀，单向阀 3 用来防止系统停机时油液经泵倒流入油箱和空气进入系统。本回路在推土机、升降机、插床、拉床等大功率的系统中得到应用。

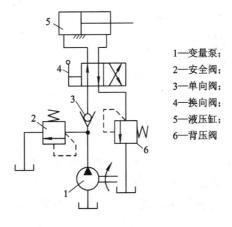

1—变量泵；
2—安全阀；
3—单向阀；
4—换向阀；
5—液压缸；
6—背压阀

图 20-16　泵-缸式容积调速回路

（2）泵—马达式容积调速回路。泵—马达式容积调速回路有三种形式，即变量泵—定量马达式、定量泵—变量马达式和变量泵—变量马达式。下面分别作简要介绍。

① 变量泵—定量马达式容积调速回路。如图20-17所示，此回路采用了闭式油路，5为安全阀，1为补油辅助泵，其输出低压由溢流阀2调定，泵4输出的流量全部进入马达6。

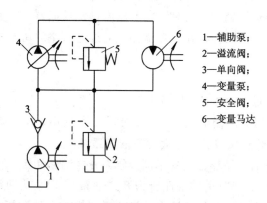

图20-17　变量泵-定量马达式调速回路

1—辅助泵；
2—溢流阀；
3—单向阀；
4—变量泵；
5—安全阀；
6—变量马达

若不计损失，马达的转速 $n_M = q_{vp}/V_M$，因马达的排量 V_M 为定值，故调节变量泵的流量 q_{vp} 即可对马达的转速 n_M 进行调节。

同样，在不计损失的条件下，马达的输出转矩 $T = p_p V_M/2\pi$，功率 $P = p_p V_M n_M$。

② 定量泵—变量马达式容积调速回路。如图20-18所示为回路的组成，根据式 $n_M = q_{vp}/V_M$，因泵4的供油流量 q_{vp} 为定值，故调节变量马达6的排量 V_M，便可对自身的转速 n_M 进行调节。

本回路的调速范围很小，因过小地调节 V_M，输出转矩 T 将降至很小值，以致带不动负载，造成马达"自锁"现象，故这种调速回路很少单独使用。

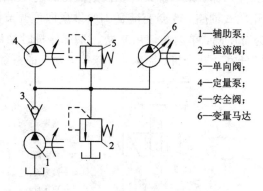

图20-18　定量泵-变量马达式容积调速回路

1—辅助泵；
2—溢流阀；
3—单向阀；
4—定量泵；
5—安全阀；
6—变量马达

（3）变量泵—变量马达式容积调速回路。如图20-19所示为采用双向变量泵和双向变量马达的容积调速回路。变量泵4正向或反向供油，马达7即正向或反向旋转，单向阀3和5用于使辅助泵1能双向补油，单向阀6和8使安全阀9在两个方向都能起过载保护作用。

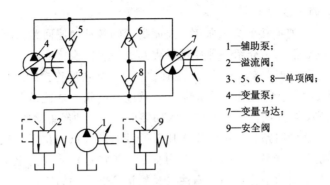

1—辅助泵；
2—溢流阀；
3、5、6、8—单项阀；
4—变量泵；
7—变量马达；
9—安全阀

图 20-19　变量泵—变量马达式容积调速回路

调节泵或马达的排量均可调节马达转速，故扩大了调速范围，也扩大了对马达转矩和功率输出特性的选择，即工作部件对转矩和功率上的要求可通过对二者排量的适当调节来达到。例如，一般机械设备低速时要求有大转矩以顺利启动；高速时则要求有恒功率输出，以不同的转矩和转速组合进行工作，这时应分两步调节转速：第一步，把马达排量 V_M 固定在最大值上（相当于定量马达），自小到大调节泵的排量 V_p，升高马达转速；第二步，把泵的排量 V_p 固定在最大值上（相当于定量泵），自大到小调节马达的排量 V_M，进一步提高马达转速。

2. 增速回路

增速回路又称快速运动回路，其功用在于使执行元件获得必要的高速，以提高系统的工作效率或充分利用功率。增速回路因实现增速方法的不同而有多种结构方案，例如，本书在前面实际上已经介绍过双泵供油增速回路、蓄能器供油器增速回路、变量泵供油增速回路等。下面仅介绍液压缸差动连接增速回路。

如图 20-20 所示的回路，当阀 1 和阀 3 在左位工作时，单杠液压缸差动连接作快进运动；当阀 3 通电时，差动连接即被切除，液压缸回油经过调速阀，实现工进。阀 1 切换至右位后，缸快退。

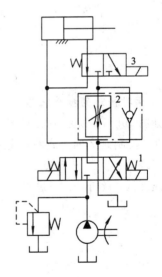

差动快进简单易行，得到普遍应用。但要注意此时阀和管道应按差动时的较大流量选用，否则压力损失过大，使溢流阀在快进时也开启，则无法实现差动。

图 20-20　液压缸差动连接增速回路

3. 速度换接回路

设备的工作部件在自动循环工作过程中，需要进行速度换接，例如，机床的二次进给工作循环为快进—第一次工进—第二次工进—快退，就存在着由快速转换为慢速、由第一种慢速转换为第二种慢速的速度换接等要求。实现这种功能的回路应该具有较高的速度换接平稳性。

1) 快速与慢速的换接回路

能够实现快速与慢速换接的方法很多,前面提到的各种增速回路都可以使液压缸的运动由快速换接为慢速。下面再介绍一种使用行程阀的快慢速换接回路。

在如图 20-21 所示的回路状态下,液压缸快进,当活塞所连接的工作部件挡块压下行程阀 4 时,行程阀关闭,液压缸右腔的油也必须通过节流阀 6 才能流回油箱,液压缸就由快进转换为慢速工进。当换向阀 2 的左位接入回路时,压力油经单向阀 5 进入液压缸右腔,活塞快速向左返回。这种回路的快慢速换接比较平稳,换接点的位置比较准确,缺点是行程阀的安装位置不能任意布置,管路连接较为复杂。若将行程阀改为电磁阀,安装连接就比较方便了,但速度换接的平稳性和可靠性以及换接精度都不如前者。

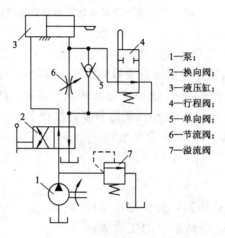

1—泵;
2—换向阀;
3—液压缸;
4—行程阀;
5—单向阀;
6—节流阀;
7—溢流阀

图 20-21　用行程阀的速度换接回路

2) 两种慢速的换节回路

如图 20-22 所示为二调速阀串联的两工进速度换接回路。当阀 1 在左位工作且阀 3 断开时,控制阀 2 的通或断,使油液经调速阀 A,或既经 A 又经 B 才能进入液压缸左腔,从而实现第一次工进或第二次工进。但阀 B 的开口需调得比 A 小,即二工进速度必须比一工进速度低;此外,二工进时油液经过两个调速阀,能量损失较大。

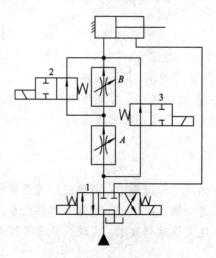

图 20-22　两调速阀串联的两工进速度换接回路

如图 20-23(a)所示为二调速阀并联的两工进速度换接回路，主换向阀 1 在左位或右位工作时，缸作快进或快退运动。当主换向阀 1 在左位工作时，并使阀 2 通电，根据阀 3 不同的工作位置，进油需经调速阀 A 或 B 才能进入缸内，便可实现第一次工进和第二次工进速度的换接。两个调速阀可单独调节，两速度互无限制。但一阀工作时另一阀无油液通过，后者的减压阀部分处于非工作状态，若该阀内无行程限位装置，此时减压阀口将完全打开，一旦接换，油液大量流过此阀，缸会出现前冲现象。若将二调速阀如图 20-23(b)方式并联，则不会发生液压缸前冲的现象。

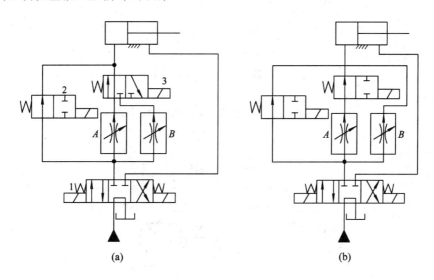

图 20-23　二调速阀并联的两工进速度换接回路

20.4　多缸工作控制回路

液压系统中，一个油源往往要驱动多个液压缸。按照系统的要求，这些缸或顺序动作，或同步动作，多缸之间要求能避免在压力和流量上的相互干扰。

1. 顺序动作回路

顺序动作回路用于使各缸按预定的顺序动作如工件应先定位、后夹紧、再加工等。按照控制方式的不同分为行程控制和压力控制两大类。

1）行程控制的顺序动作回路

（1）用行程阀控制的顺序动作回路。在图 20-24 所示状态下，A、B 两缸的活塞皆在左位。使阀 C 右位工作，缸 A 右行，实现动作①；挡块压下行程阀 D 后，缸 B 右行，实现动作②；手动换向阀复位后，缸 A 先复位，实现动作③；随着挡块后移，阀 D 复位，缸 B 退回，实现动作④。至此，顺序动作全部完成。

（2）用行程开关控制的顺序动作回路。在图 20-25 所示的回路中，1YA 通电，缸 A 右行完成动作①后，触动行程开关 1ST 使 2YA 通电，缸 B 右行，在实现动作②后，又触动 2ST 使 1YA 断电，缸 A 返回，在实现动作③后，又触动 3ST 使 2YA 断电，缸 B 返回，实现动作④，最后触动 4ST 使泵卸荷或引起其他动作，完成一个工作循环。

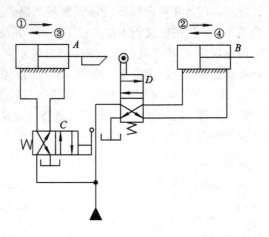

图 20 - 24　用行程阀控制的顺序动作回路

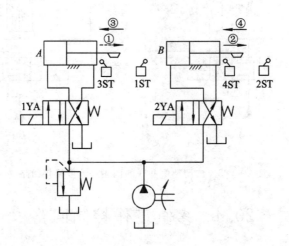

图 20 - 25　用行程开关控制的顺序动作回路

　　行程控制的顺序动作回路,换接位置准确,动作可靠,特别是行程阀控制回路换接平稳,常用于对位置精度要求较高的场合。但行程阀需布置在缸附近,改变动作顺序较困难。而行程开关控制的回路只需改变电气线路即可改变顺序,故应用较广泛。

　　2) 压力控制的顺序动作回路

　　压力控制的顺序动作回路常采用顺序阀或压力继电器进行控制。用顺序阀控制的回路在前面已作过介绍,此处不再重复。下面介绍用压力继电器控制的顺序动作回路。

　　用压力继电器控制的顺序动作回路如图 20 - 26 所示,当电磁铁 1YA 通电后,压力油进入 A 缸的左腔,推动活塞按 1 方向右移,碰上止挡块后,系统压力升高,安装在 A 缸进油腔附近的压力继电器发信,使电磁铁 2YA 通电,于是压力油又进入 B 缸的左腔,推动活塞按 2 方向右移,回路中的节流阀以及和它并联的二通电磁阀是用来改变 B 缸运动速度的。为了防止压力继电器乱发信号,其压力调整数值一方面应比 A 缸动作时的最大压力高 0.3～0.5 MPa,另一方面又要比溢流阀的调整压力低 0.3～0.5 MPa。

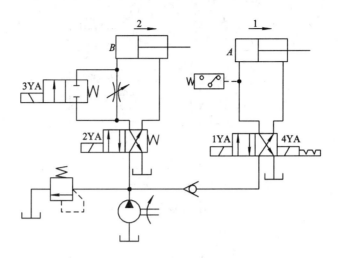

图 20-26 用压力继电器控制的顺序动作回路

2. 同步回路

使两个或多个液压缸在运动中保持相对位置不变或保持速度相同的回路称为同步回路。在多缸液压系统中，影响同步精度的因素是很多的，例如，液压缸的外负载、泄漏、摩擦阻力、制造精度、结构弹性变形以及油液中含气量，都会使运动不同步。同步回路要尽量克服或减少这些因素的影响。

1) 并联调速阀的同步回路

如图 20-27 所示，用两个调速阀分别串联在两个液压缸的回油路（或进油路）上，再并联起来，用以调节两杠运动速度，即可实现同步。这也是一种常用的比较简单的同步方法，但因为两个调速阀的性能不可能完全一致，同时还受到载荷变化和泄漏的影响，同步精度受到限制。

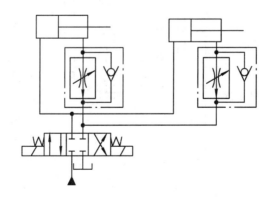

图 20-27 并联调速阀的同步回路

2) 用比例调速阀的同步回路

用比例调速阀的同步回路如图 20-28 所示，它的同步精度较高，绝对精度达 0.5 mm，已满足一般设备的要求。回路使用一个普通调速阀 C 和一个比例调速阀 D，各装在一个由单向阀组成的桥式整流油路中，分别控制缸 A 和缸 B 的正反向运动。当两缸出现位置误差时，检测装置发出信号调整比例调速阀的开口，修正误差，即可保证同步。

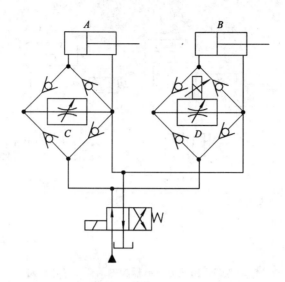

图 20-28 用比例调速阀的同步回路

3）带补偿措施的串联液压缸同步回路

在图 20-29 中两缸串联，A 和 B 腔面积相等使进、出流量相等，两缸的升降便得到同步，而补偿措施使同步误差在每一次下行运动中都可消除。例如，阀 5 在右位工作时，缸下降，若缸 1 的活塞先运动到底，它就触动电气行程开关 1ST，使阀 4 通电，压力油便通过该阀和单向阀向缸 2 的 B 腔补入，推动活塞继续运动到底，误差即被消除。若缸 2 先到底，触动行程开关 2ST，阀 3 通电，控制压力油使液控单向阀反向通道打开，缸 1 的 A 腔通过液控单向阀回油，其活塞即可继续运动到底。这种串联液压缸同步回路只适用于负载较小的液压系统。

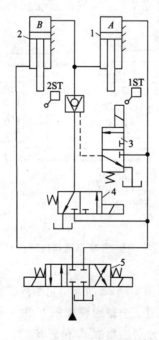

图 20-29 带补偿措施的串联液压缸同步回路

3. 互不干扰回路

在多缸液压系统中，往往由于一个液压缸的快速运动，吞进大量油液，造成整个系统的压力下降，干扰了其他液压缸的慢速工作进给运动。因此，对于工作进给稳定性要求较高的多缸液压系统，必须采用互不干扰回路。

如图 20-30 所示为双泵供油多缸互不干扰回路，各缸快速进退皆由大泵 2 供油，任一缸进入工进，则由小泵 1 供油，彼此无牵连，也就无干扰。图示状态各缸原位停止，当电磁铁 3YA、4YA 通电时，阀 7、阀 8 的左位工作，两缸都由大泵 2 供油作差动快进，小泵 1 供油在阀 5、阀 6 处被堵截。设缸 A 先完成快进，由行程开关使电磁铁 1YA 通电，3YA 断电，此时大泵 2 对缸 A 的进油路被切断，而小泵 1 的进油路打开，缸 A 由调速阀 3 调速作工进，缸 B 仍作快进，互不影响。当各缸都转为工进后，它们全由小泵供油。此后，若缸 A 又率先完成工进，行程开关应使阀 5 和 7 的电磁铁都通电，缸 A 即由大泵 2 供油快退。当各电磁铁皆断电时，各缸皆停止运动，并被锁于所在位置上。

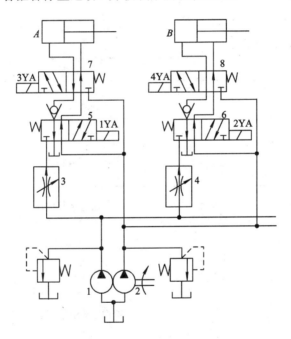

图 20-30 多缸互不干扰回路

附录　常用液压传动图形符号

(GB786.1—93)

一、基本符号、管路及连接

名　称	符　号	名　称	符　号
工作管路		柔性管路	
控制管路泄漏管路		组合元件框线	
连接管路		单通路旋转接头	
交叉管路		三通路旋转接头	

二、动力源及执行机构

名　称	符　号	名　称	符　号
单向定量液压泵		摆动液压马达	
双向定量液压泵		单作用单活塞杆缸	
单向变量液压泵		单作用弹簧复位式单活塞杆缸	
双向变量液压泵		单作用伸缩缸	
液压源		双作用单活塞杆缸	
单向定量液压马达		双作用双活塞杆缸	
双向定量液压马达		双作用可调单向缓冲缸	
单向变量液压马达		双作用伸缩缸	
双向变量液压马达		单作用增压器	

三、控制方式

名　　称	符　　号	名　　称	符　　号
人力控制一般符号		差动控制	
手柄式人力控制		内部压力控制	
按钮式人力控制		外部压力控制	
弹簧式机械控制		单作用电磁控制	
顶杆式机械控制		单作用可调电磁控制	
滚轮式机械控制		双作用电磁控制	
加压或卸压控制		双作用可调电磁控制	
液压先导控制 (加压控制)		电液先导控制	
液压先导控制 (卸压控制)		定位装置	

四、控制阀

名　　称	符　　号	名　　称	符　　号
溢流阀一般符号 或直动型溢流阀		减压阀一般符号 或直动型减压阀	
先导型溢流阀		先导型减压阀	
先导型比例电磁 溢流阀		顺序阀一般符号 或直动型顺序阀	
先导型顺序阀		集流阀	

续表

名　称	符　号	名　称	符　号
平　衡　阀 (单向顺序阀)		分流集流阀	
卸荷阀一般符号 或直动型卸荷阀		截止阀	
压力继电器		单向阀	
不可调节流阀		液控单向阀	
可调节流阀		液压锁	
可调单向节流阀		或门型梭阀	
调速阀一般符号		二位二通换向阀 (常闭)	
单向调速阀 简化符号		二位二通换向阀 (常开)	
温度补偿型 调速阀		二位三通换向阀	
旁通型调速阀		二位四通换向阀	
		二位五通换向阀	
分流阀		三位三通换向阀	
三位四通手动换向阀		三位四通换向阀	
二位二通手动换向阀		三位四通电磁换向阀	
三位四通液动换向阀		三位四通电液换向阀	
		四通伺服阀	

五、辅件和其他装置

名　称	符　号	名　称	符　号
油箱		冷却器	
密闭式油箱 (三条油路)		过滤器一般符号	
蓄能器一般符号		带磁性滤心过滤器	
		带污染指示器 过滤器	
弹簧式蓄能器		压力计	
		压差计	
重锤式蓄能器		流量计	
气体隔离式蓄能器		温度计	
温度调节器		电动机	
加热器		行程开关	

参 考 文 献

[1]　王利贤. 机械基础：第二分册金属材料与工艺. 北京：人民交通出版社，2003

[2]　王纪安. 工程材料与材料成形工艺. 2 版. 北京：高等教育出版社，2004

[3]　张定华. 工程力学：少学时. 北京：高等教育出版社，2000

[4]　廖琨. 机械基础：第三分册机械原理与零件. 北京：人民交通出版社，2003

[5]　凤勇. 机械基础：第一分册工程力学. 北京：人民交通出版社，2003

[6]　杨黎明. 机械原理及机械零件：上册. 北京：高等教育出版社，1982

[7]　邓昭铭，张莹. 机械设计基础. 2 版. 北京：高等教育出版社，2000

[8]　张绍甫，吴善元. 机械基础：上册. 北京：高等教育出版社，1994

[9]　程嘉佩. 材料力学. 北京：高等教育出版社，1989

[10]　韩东霞. 机械识图. 北京：北京大学出版社，2005

[11]　刘寿梅. 建筑力学：少学时. 北京：高等教育出版社，2000

[12]　张宏友. 液压与气动技术. 大连：大连理工大学出版社，2004

[13]　孙宝宏. 机械基础. 北京：化学工业出版社，2002

[14]　王定国，周全光. 机械原理与机械零件. 北京：高等教育出版社，1988

[15]　马永机. 机构与机械零件. 北京：人民教育出版社，1978

欢迎选购西安电子科技大学出版社教材类图书

欢迎来函来电索取本社书目和教材介绍！　通信地址：西安市太白南路 2 号　西安电子科技大学出版社发行部

邮政编码：710071　　邮购业务电话：(029)88201467　　传真电话：(029)88213675。